东南亚研究名著译介系列之六

侨　　汇
——现代中国经济分析

［日］山岸猛　著
刘晓民　译

厦门大学出版社　国家一级出版社
XIAMEN UNIVERSITY PRESS　全国百佳图书出版单位

厦门大学东南亚研究中心系列丛书
编辑委员会

主　编：庄国土

副主编：王　勤　聂德宁（常务）

委　员：王　勤　庄国土　李一平　沈红芳
　　　　　吴崇伯　陈福郎　林　梅　侯真平
　　　　　聂德宁　蒋细定　廖大珂

侨汇物资供应券（1）

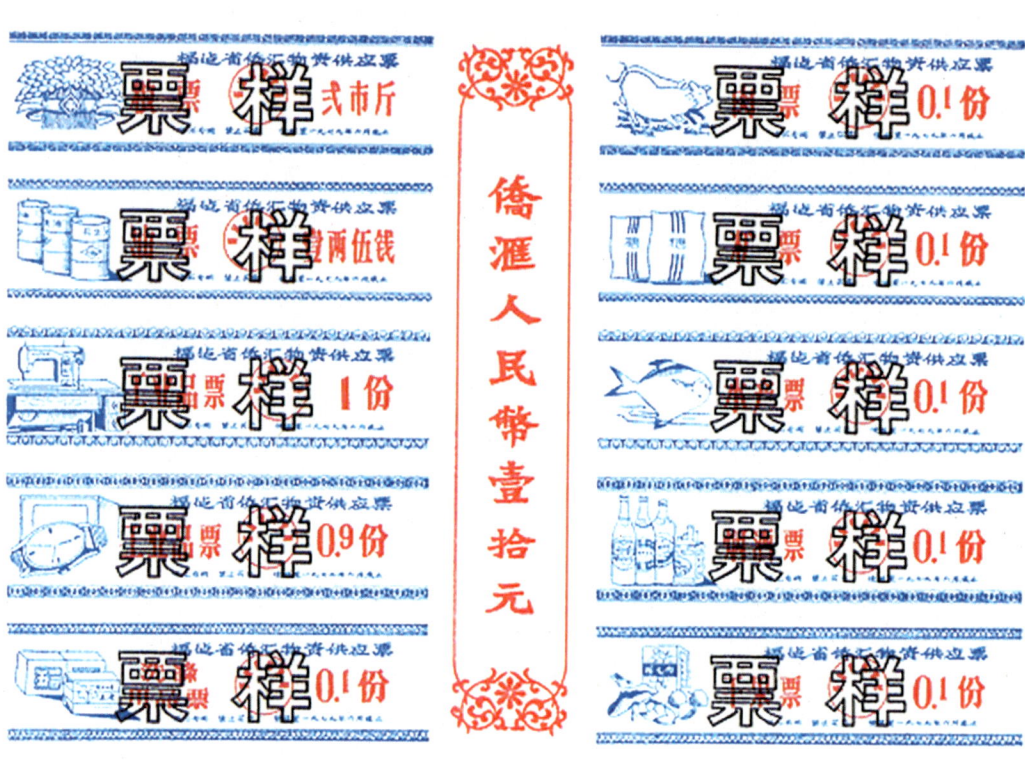

侨汇物资供应券（2）

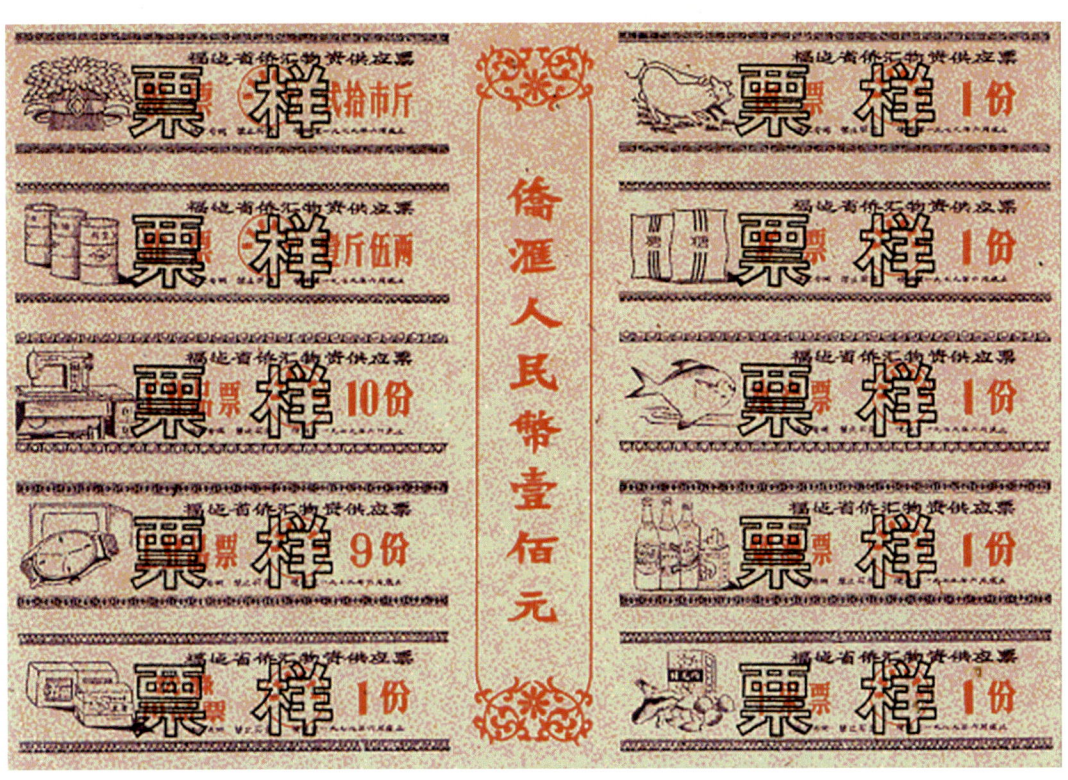

侨汇物资供应券（3）

侨汇物资供应券（4）

中译本序

山岸猛教授的专著《侨汇——现代中国经济分析》中译本付梓之前，著者约请我为之作序。我自知学识疏浅，亦非侨汇研究专家，内心惶恐难以完成托付，但我与著者相识多年，又怕辜负殷切之意，未敢婉辞。现仅就我拜读此书后的一点心得，就教于大家，并权作推荐之语。

顾名思义，侨汇就是来自海外侨民的汇款。中国使用的"侨汇"一词，指的是海外华侨华人通过各种方式向中国故乡亲友或团体组织汇寄的钱款。侨汇不仅是维持侨属侨眷生活的赡养费用和生产资金，也是国家非贸易外汇的重要来源，对平衡中国的国际收支有重大作用。近代以来，侨汇一直是华侨华人与祖籍国之间的重要经济纽带，联系着海外侨胞与国内亲属，联系着海外华人与故乡，联系着华侨华人居住国与中国。侨汇的重要性，使它成为华侨华人研究领域中长盛不衰的课题，也是中国侨乡和华侨华人居住地社会经济研究的重要组成部分，引起国内外学术界甚至政经界的关注。

日本在战前已重视侨汇的调查和研究。早在1914年，日本占据下的台湾银行调查课便完成了南洋华侨汇款状况的调查报告，并据此提出台湾银行向南洋地区扩张时应采取的对策。20世纪30年代直到1945年日本战败投降，侨汇又作为南洋华侨与中国经济关系的标志和抗日资金来源，在多册研究华侨的日文著作里出现。战后，侨汇作为学术研究的课题，也有一些成果发表，例如，20世纪60年代以来，有关研究中国国际收支和华侨经济的日文论著，往往也涉及侨汇问题。20世纪80—90年代，以日本学者滨下武志为代表的近代亚洲经济史研究，以亚洲贸易圈和华侨网络论的宏观视野，研究侨汇对亚洲经济的作用和意义，将侨汇研究拓展到新的领域，十分可贵。但是，总的来看，战后发表的侨汇研究成果，在研究华侨华人课题的日文著述中所占分量很少。

中国学者对侨汇的研究，自20世纪30年代开始，断断续续有些成果，例如陈达的《南洋华侨与闽粤社会》，通过20世纪30年代中期所作的侨乡调查,详细论述了侨汇在华侨家庭和社会经济方面产生的重要影响,此书曾被译成日文出版。20世纪40年代,郑林宽的《福建华侨汇款》、姚曾荫的《广东华侨汇款》相继出版,成为研究战前侨汇的重要基础资料。但从新中国建立直到实行改革开放的30年间,华侨研究被视为隐秘的内部研究,侨汇研究基本处于停滞状态,乏善足陈。直到改革开放后,侨汇研究重新受到关注,学术界开始了较为全面地研究侨汇的时期,具体来说,在侨批资料的发掘整理、近代侨汇史和侨汇与侨乡经济发展的关系等研究上,取得一定进展,最具代表性的学者有林金枝、袁丁、林家劲等人。另外,海外华侨的汇款又与家信同寄,有款必有信,这些家书被称为"侨批",是研究中国近代史、华侨史、家族史的民间档案。近年来,作为侨汇研究的重要组成部分,围绕侨批的历史和独特价值的研究方兴未艾,《侨批档案》已列入《中国档案文献遗产名录》,准备申请列入联合国教科文组织"世界记忆名录"。

从上述中、日的侨汇研究史来看,无论是战前或战后,都有一些研究侨汇的著述或调查报告问世,只不过其内容基本上局限于近代中国的历史时期,而新中国建立后尤其是改革开放后的侨汇问题研究,则断层迭现,尚有"未开垦的处女地"。日本秀明大学山岸猛教授经过长期的中国侨乡调查,于2005年出版的日文版《華僑送金——現代中国経済の分析》一书,正是论述改革开放后的中国侨汇发展变化的最新研究成果。这部侨汇研究专著的学术价值,笔者认为有以下可圈可点之处。首先,它是填补中国侨汇研究空白的力作。在扼要回顾侨汇历史之后,著者带着改革开放后的中国经济迅速发展与侨乡经济活力有何关系的问题意识,以福建晋江、广东台山、浙江温州等著名侨乡发生的社会经济变化与侨汇的关系为主轴,考察了改革开放时代侨乡的资金、人口的动态变化,论述了改革开放后的侨汇数量变化与政策演变、新移民的关系,侨乡经济发展与侨汇的内在关系等诸多重要问题,颇具新意。其次,具有历史的、政治经济的、国际移民的多重研究视角。将侨汇研究置于中国政治、经济发展变化和国际金融形势的大框架内,论述侨汇动态性变化及其"内"、"外"原因,为侨汇研究所仅见。再次,资料翔实鲜活,著者在侨乡进行过深入的田野调查,熟悉侨乡侨汇的来龙去脉,书中有许多第一手资料,例如书中具体论及的"农转非"、"以物代汇"、"以钞代汇"、"民间信贷"等等,在同类研究中尚属少见。一个外国学者,为了一个专题的研究,在十多年里多次到中国进行侨乡调查,这种锲而不舍地做学问的态度亦令人感佩。该书出版后,得到日本学者的肯定,有评论认为是"日本第一部真正研究侨汇的著作"。厦门大学南洋研究院主办的《南洋资料译丛》已选译部分章节发表,其观点和数据也被中国学者所引用。当然,正如中国古人所云,世人之著述不能无病。依本人管见,这部著作如能在系统性和理论性方面进一步提升,会更有价值,凸显出更大意义。

现在,由厦门大学南洋研究院资深日语翻译刘晓民教授执笔,将原著译成中文出版,既有补学术之功,又将促进中外学术交流。相信华侨华人研究工作者和有兴趣的读者将会从中吸取营养、受到启发,提升自身的研究水平,共同推动侨汇研究更上一层楼。

李国梁(郭梁)
2011年10月于厦门大学海滨东区自宅

中文版序

拙著《侨汇——现代中国经济分析》(日本论创社2005年版)已在厦门大学南洋研究院的季刊《南洋资料译丛》上作了部分介绍。在中国,《华侨华人历史研究》以及《南方人口》、《八桂侨刊》等专业杂志和陆学艺主编的《晋江模式新发展——中国县城现代化道路探索》(社会科学文献出版社2007年版)等著作也引用了本书的中译文(载《南洋资料译丛》)。

日本的代表性研究所——亚洲经济研究所的学术刊物《亚洲经济》(2008年3月号)刊载了本书的书评,并被几家学术刊物所引用,学界的研究人员对本书的关注还比较高。

此次厦门大学南洋研究院刘晓民教授将全书译成中文,并在厦门大学出版社出版,笔者感到无比的高兴。

汉语圈的人口比日语圈人口多,其地域也大得多。日语成为不了国际语,但汉语业已具有巨大的国际影响力。今后汉语在全世界的影响力将会更大。在这种情况下,本书的中文版能够出版,笔者感到十分荣幸。

笔者一直从事现代中国经济研究,并试图将侨汇作为一个切入点来阐明现代中国经济。

有关现代中国经济的日文著作以中文形式在中国出版甚为罕见。拙著的中文版能够在笔者的研究对象——中国出版,笔者感到极为高兴。也就是说,拙著将从日语圈这一狭窄范围转到汉语圈这一广域范围的读者手中。

日文版与中文版有一些不同之处。一个是在中文版中对日文版作了部分修改;另一个很大的不同点是日文版中没有"终章","终章"是专门为中文版写的。

看过"终章:21世纪的侨汇与中国经济",读者便会清楚,进入21世纪后,20世纪50—60年代不过1亿至2亿美元的全中国侨汇,仅从公开发表数值的2004年来看便达到了近150亿美元,2005年即骤增至213亿美元。与改革开放后中国经济的变化一样,侨汇(包括其用途等)也发生了变化。

改革开放后中国经济发生了迅速而巨大的变化。但是,有关侨汇的资料并不多,而且偏重于某些地区,片断性的资料比较多。笔者期待本书能起到抛砖引玉的作用,使侨汇研究能够活跃并发展起来。

这里想说一下译者。刘晓民教授曾在日本的大学度过长期的研究生活,日语水平很高,已在日本出版了几部辞典。刘晓民教授所在的厦门大学南洋研究院是中国研究华侨华人的代表性研究机构。该研究院发行有两本学术刊物——《南洋问题研究》(季刊)和《南洋资料译丛》(季刊)。刘晓民教授是两刊的编辑,对华侨华人研究当然有很深的理解。难得由精通日语、对华侨华人研究有深刻理解的译者翻译拙著,笔者深感荣幸。

在此还想感谢给拙著写了《中译本序》的厦门大学南洋研究院李国梁教授。据笔者所知,李国梁教授是中国研究华侨华人的著名学者之一。李国梁教授也曾经在日本的大学、研究机构做过两年以上的研究,是一位诚实温厚、德高望重的学者。笔者一直以来对他的真挚的研究态度甚感钦佩。李国梁教授爽快地答应笔者为本书写《中译本序》,在此深表谢意。

最后,笔者想把本书献给为中文版的出版最感到高兴、在作为临床心理师忙于工作的同时全身心地支持笔者研究生活的夫人妙子。

山岸猛
2011年6月

目 录

前 言
第一章 侨乡与海外华侨华人
　　——以对外开放后的侨汇与新移民为中心 ………………… 1
　前言 …………………………………………………………… 1
　第一节　侨汇与侨乡 ………………………………………… 2
　第二节　新移民(新华侨) …………………………………… 18
　结语：针对"侨户"的优惠措施 …………………………… 33

第二章 对外开放后福建侨乡的经济发展
　　　　与海外华侨华人的经济作用
　　——以晋江市为中心 ………………………………………… 41
　前言 …………………………………………………………… 41
　第一节　晋江市乡镇企业的发展与侨乡 …………………… 42
　第二节　乡镇企业的发展与侨资的利用 …………………… 44
　第三节　侨汇与侨眷 ………………………………………… 50
　第四节　为增加海外华侨华人向侨乡投资、汇款
　　　　　而改善条件 ………………………………………… 58
　结束语：从点到面的波及效果 ……………………………… 61

第三章 改革开放后广东省侨乡的经济变化
　　　　与海外华侨华人
　　——以台山市的新移民和侨汇为中心 ……………………… 64
　前言 …………………………………………………………… 64
　第一节　广东省的海外移居状况 …………………………… 65
　第二节　广东省代表性侨乡的"侨户"与"非侨户"的
　　　　　收入比较 …………………………………………… 73

　　　　结束语：台山的工业化与海外华侨华人⋯⋯⋯⋯⋯⋯⋯⋯⋯⋯ 80

第四章　对外开放后侨乡的经济变化与海外华侨华人
　　　　——以改革开放后至20世纪90年代初期的人口
　　　　　移动为中心⋯⋯⋯⋯⋯⋯⋯⋯⋯⋯⋯⋯⋯⋯⋯⋯⋯⋯⋯ 85
　　前言⋯⋯⋯⋯⋯⋯⋯⋯⋯⋯⋯⋯⋯⋯⋯⋯⋯⋯⋯⋯⋯⋯⋯⋯⋯ 85
　　第一节　流动人口⋯⋯⋯⋯⋯⋯⋯⋯⋯⋯⋯⋯⋯⋯⋯⋯⋯⋯⋯ 86
　　第二节　出国出境⋯⋯⋯⋯⋯⋯⋯⋯⋯⋯⋯⋯⋯⋯⋯⋯⋯⋯⋯ 89
　　第三节　海外华侨华人资本与侨乡经济的发展⋯⋯⋯⋯⋯⋯⋯ 94
　　第四节　广东、福建侨乡的经济活动与外资⋯⋯⋯⋯⋯⋯⋯⋯ 98
　　第五节　广东、福建侨乡的侨属企业与华侨华人资本⋯⋯⋯ 100
　　第六节　华侨华人的购房及其亲属的农转非⋯⋯⋯⋯⋯⋯⋯ 102
　　第七节　侨乡建设、公益事业与华侨华人捐款⋯⋯⋯⋯⋯⋯ 104
　　第八节　归国难侨⋯⋯⋯⋯⋯⋯⋯⋯⋯⋯⋯⋯⋯⋯⋯⋯⋯⋯ 106
　　第九节　侨乡与周边地区的经济联系⋯⋯⋯⋯⋯⋯⋯⋯⋯⋯ 108
　　结束语⋯⋯⋯⋯⋯⋯⋯⋯⋯⋯⋯⋯⋯⋯⋯⋯⋯⋯⋯⋯⋯⋯⋯ 111

第五章　中国的新移民与人口普查⋯⋯⋯⋯⋯⋯⋯⋯⋯⋯⋯⋯⋯ 112
　　前言⋯⋯⋯⋯⋯⋯⋯⋯⋯⋯⋯⋯⋯⋯⋯⋯⋯⋯⋯⋯⋯⋯⋯⋯ 112
　　第一节　新移民的变迁⋯⋯⋯⋯⋯⋯⋯⋯⋯⋯⋯⋯⋯⋯⋯⋯ 113
　　第二节　从人口普查看临时海外居住者⋯⋯⋯⋯⋯⋯⋯⋯⋯ 115
　　第三节　从改革开放后的人口普查看出国出境状况⋯⋯⋯⋯ 119

第六章　中国新移民及其主要输出地⋯⋯⋯⋯⋯⋯⋯⋯⋯⋯⋯⋯ 130
　　前言⋯⋯⋯⋯⋯⋯⋯⋯⋯⋯⋯⋯⋯⋯⋯⋯⋯⋯⋯⋯⋯⋯⋯⋯ 130
　　第一节　福建省的新移民⋯⋯⋯⋯⋯⋯⋯⋯⋯⋯⋯⋯⋯⋯⋯ 130
　　第二节　广东省的新移民⋯⋯⋯⋯⋯⋯⋯⋯⋯⋯⋯⋯⋯⋯⋯ 144
　　第三节　上海市的新移民⋯⋯⋯⋯⋯⋯⋯⋯⋯⋯⋯⋯⋯⋯⋯ 150
　　第四节　北京市的新移民（以留学生为主）⋯⋯⋯⋯⋯⋯⋯ 155
　　第五节　浙江省的新移民⋯⋯⋯⋯⋯⋯⋯⋯⋯⋯⋯⋯⋯⋯⋯ 157

第七章　侨汇与侨乡的经济变化 …… 169

前言 …… 169
第一节　侨汇与物资供应制 …… 170
第二节　"文革"期间的侨汇 …… 175
第三节　改革开放前后的"以物代汇"与"以钞代汇" …… 181
第四节　改革开放后厦门地区侨汇的新变化 …… 189

第八章　侨乡的外汇与金融市场化步伐 …… 195

前言 …… 195
第一节　外汇留成 …… 196
第二节　个人外汇所有与海外华侨华人 …… 207
第三节　中国的外汇调剂市场 …… 218

第九章　改革开放后的民间金融与侨乡 …… 226

前言 …… 226
第一节　中国的新钱庄、互助会：福建省和浙江省温州 …… 227
第二节　侨乡民间金融状况 …… 233

第九章补论　民间金融机构：当铺与民间金融 …… 249

第一节　现代中国的当铺 …… 249
第二节　民间借贷 …… 255

第十章　新阶段的侨汇与新移民、个人外币存款与中国银行 …… 263

第一节　外币存款与中国银行 …… 263
第二节　侨汇与新移民 …… 272

终章　21世纪的侨汇与中国经济 …… 282

前言 …… 282
第一节　改革开放后海外华侨华人
　　　　与中国经济增长的关系 …… 283
第二节　21世纪的侨汇 …… 290

第三节　改革开放后浙江省温州市侨汇的新动向……………… 308
　第四节　侨汇与民间金融…………………………………………… 314
　结语:21世纪的侨汇与热钱………………………………………… 317

后　　记……………………………………………………………… 321
译后记………………………………………………………………… 322

前　言

笔者想写这本书的原因有两点：首先，侨汇是了解现代中国经济，尤其是侨乡经济，进而是华侨华人经济网络的重要领域，而有关侨汇的正式研究却难以看到；其次，笔者迄今发表的几篇论文虽然得到部分专家的首肯，[①]但包括这几篇论文，笔者的许多论文均刊载于一般人不会光顾的专业刊物。在成书时，笔者在以往发表的论文的基础上加写了几章。笔者认为，本书在资料有限的情况下已经就现代侨汇的重要方面作了阐述。此外，本书中所用的"华侨"、"华人"与中国所用的"华侨"、"华人"的意思相同，即："华侨"指拥有中国国籍，在国外居住的人；而"华人"则是持有外国国籍、具有中国血统的外国公民。[②]关于港澳台居民的称呼，本书也按中国学术界的通常用法使用了"同胞"一词。

这里首先想写一下笔者从事侨汇研究的经历。为了研究侨乡，笔者开始走访侨乡，从那以后已有十二三年。从1992年至进入21世纪，笔者每年独自造访福建省、广东省的侨乡。每次访问时间长的有近半年，短的有2～3周，每年平均1个多月到访侨乡。在笔者开始研究侨乡的20世纪90年代初期，广东、福建沿海的侨乡交通状况不好。在冷战时代的中国，为了备战，沿海地区（称为"第一线"）根据政策没有建设公路和工厂。到了后冷战时代，随着改革开放的进展，广东（珠江三角洲）、福建（闽南）沿海地区的公路建设开始正式启动。20世纪90年代初期至中期，从厦门乘车至晋江单程（约110公里）需要5个小时左右。由于途中许多地方正在修路，不得不绕远路。20世纪90年代后期，公路状况已经好转，从厦门到晋江乘出租车只需1小时左右，乘长途汽车也不足2小时。去广东省的著名侨乡台山，20世纪90年代初期的情况也

---

① 请参照日本华侨华人学会编《华侨华人研究》创刊号（2004年9月）所载的滨下武志论文、李国梁论文，以及秋田、水岛编《现代南亚六　世界体系与网络》（东京大学出版会，2003年）所载的滨下武志论文等。

② 《辞海·国际分册》，上海辞书出版社1981年版，第226页。

大体一样。途中许多地方在修路,从广州乘车单程需要近10个小时,但到了20世纪90年代后期,走高速公路只需3个半小时左右了。

但是,不易采访侨乡的主要原因并非交通状况。笔者拜访过华侨华人相关机构,他们总说:"如果您是华侨,出于研究目的采访侨乡是很容易的,如果不是,没有特别的介绍信就很难成行。"为此,笔者采访侨乡时利用了中国旅行社,或者请位于侨乡的大学、研究机构、政府机关等帮忙。经过多次访问,许多人成了朋友,大大地支持了笔者的研究活动。

以往的研究采取了依据中国出版的报刊、图书分析现代中国经济结构的形式,未能描述实际经济状况。侨乡经济研究与此不同,笔者每年都要去侨乡采访,而每次访问侨乡都有新鲜感,因此并没有为难以发现实际状况而感到焦虑。笔者不知道在本书中能够描述多少侨乡的实际状况,不过笔者基本上采取了以实地调查研究对象为基础的实证主义姿态。

笔者想从动态的角度考察以人员和资金为中心的侨乡的变迁,并挖掘其特征,阐明侨乡经济的活力对整体中国经济产生了什么样的影响。资金的动态与人员的动态是相关联的。另外,还必须将侨乡的出国、出境情况纳入视野。笔者想要阐述现代中国整体的侨汇情况,了解两大侨乡省份——广东省、福建省的代表性侨乡的侨汇情况,因此多次前往广东省台山和福建省晋江、泉州、石狮,也多次访问了广东、福建的大学和有关华侨华人的政府机构等,还拜访了北京的华侨华人历史研究所和中国社会科学院。

当然,笔者是在摸索的状态下开始研究的。为了考察侨乡经济的实际状况,1993年在汕头大学呆了1个月,弄到了两年左右的《汕头日报》;1个月后又在泉州弄到了3年左右的《泉州晚报》。在交通不便的情况下,背着这些报纸走到邮局,邮局职员在检查时说:"地方报纸也许不能寄往日本。"我想,如果能寄到,那就是意外的收获,便寄了出去。遗憾的是,回国后,从侥幸寄达的这些报纸中并没有找到很多对考察具体状况有用的内容。此后,为了找到有用的资料,每当访问该地,就顺便到报社、侨办等看看。

当然,也有日本研究人员关心现代中国的侨汇情况,但正规的研究几近空白。其最大的原因可能就是缺乏资料。

在中国,有关现代中国侨汇的研究也不多,以厦门大学南洋研究所林金枝教授为首的研究人员只有2~3名。代表性学者林金枝教授的侨汇研究仅持续到20世纪80年代末。林教授大概是第一个阐明以往没有系统阐述的1950—1988年整个中国侨汇问题的学者。他对侨汇研究的贡献是很大的。但是,有关改革开放后侨乡经济发展与侨汇(包括捐赠等)的关系,以及侨汇对侨乡金融结构的影响等的研究仍是空白。这些问题在中国似乎也没有人进行正规的研究。其原因之一是人们常说的现代中国的知识分子政策。"文化大革命"期间，知识分子被蔑称为"臭老九"。为了不在政治运动中挨批，知识分子避免进行政治、意识形态方面的研究。尤其是"华侨华人"问题，人们认为是复杂而敏感的问题。"有海外关系"这句话在"文革"时期常被用作"海外间谍"之意。国内的侨眷也受到批判和歧视。有关侨汇史的研究比较多，但有关现代中国侨汇的研究则很少。

改革开放时代是邓小平带来的。即使"对外开放"的"外"主要表示海外华侨华人、海外同胞的时代已经到来，海外华侨华人与中国国内亲属的联系也没有得到应有的阐述。海外华侨华人、海外同胞与国内亲属之间的纽带是长期来自海外的汇款、捐赠、书信等。但有关其具体情况的资料当时还很难找到。

对侨汇进行研究，只有不断地前往当地（侨乡），持之以恒，并保持对调查研究的热情，才能逐步地进行积累。

1995—1997年的三年间，笔者曾与几位中国的华侨华人研究人员进行题为"侨乡经济与海外华侨华人"的合作研究。这里想记述一下当时写在报告书中的"序言"的部分内容。

最初想要进行侨乡研究，是因为笔者十分关注中国实施对外开放政策后对持续的高速经济增长做出贡献的海外华侨华人的经济活动，想要对支持高速经济增长的海外华侨华人与中国大陆侨乡的经济联系进行调查研究。对外开放前有关侨乡与海外华侨华人经济联系的先行研究自不待言，对外开放后该领域的研究也很少。资料方面也受到诸多限制。

海外华侨华人与他们的侨乡亲属之间的联系主要是依靠侨汇。但通过访问侨乡，很快就知道相关资料基本上没有公开。因为如果中国公布这些资料，往往会给居住在海外的华侨华人带来麻烦。例如，居住在印尼的华人是印尼公民。印尼政府为了本国经济的发展，号召印尼公民优先在本国投资、储蓄。但是，居住在印尼的华裔印尼人如果不向本国印尼投资，而向祖国中国汇款和投资，印尼政府就会感到不快。这样，便会出现政府对华侨华人实行各种限制的可能性。政府乃至原住民的"排华运动"以前也发生过几次。这种状况在众多华侨华人居住的东南亚各国基本上都存在。

以上是外因，以下是内因。在改革开放前政治运动还很激烈的时期，领取侨汇的华侨华人、海外同胞的中国国内亲属被批为"有海外关系"，侨汇被批为"剥削所得"或"特务经费"。

侨汇在中国政府看来是不必归还的、重要的非贸易外汇收入。但是，每当发生政治运动，领取侨汇的国内亲属在"群众运动"中就会受到批判。于是他们不希望公开侨汇。这种社会形势使得中国政府不能或不公开资料。对外开放后，海外华侨华人与国内亲属或侨乡的交流情况逐渐为人所知。但是，还有很多情况有待今后公开。进一步说，不去当地（侨乡），就不能弄清具体情况，但当时还不是可以随意进行田野调查的环境。在这种环境下，只能不断地与当地的普通群众、华侨华人相关机构及专家等进行交流，积累资料进行研究。

改革开放后，海外华侨华人与中国经济的联系是很深的。下面来看看大体的情况。

从全国来看，1979年至1990年海外华侨华人、港澳同胞对祖国大陆的投资为115.2亿美元（其中来自港澳地区的资本约为111.6亿美元），其后又进一步增加，至1997年12月，外国企业的投资合同额累计达5211.64亿美元，实际利用外资2218.7亿美元，其中60%～70%是华侨华人、港澳同胞的资金。①

广东省被称为中国最大的侨乡，福建省被称为中国第二大侨乡。就这两个省来看，广东省自1979年改革开放至1997年实际利用外资累计达811亿美元，占全国实际利用外资总额的36.6%，其中港澳资本和华侨华人资本占了80%。此外，广东省1978年至1987年收到的侨汇达到了26亿美元。其后10年，海外华侨华人和港澳同胞直接带回广东省的外汇额比过去10年期间的侨汇额还要多。

此外，1978—1997年广东省各地批准接受华侨华人、港澳同胞捐款赠物总值达150亿元人民币，用于建设学校、医院、养老院、公路等公益事业。②

下面来看看福建省的情况。2004年春，福建省已有2万多家侨资企业，占外商投资企业的70%以上，全省"三资"企业实际到资425亿美元，其中侨资企业占一半以上。③

据福建省侨办主任黄少萍所述，改革开放以来至2004年春，华侨华人在

---

① 任贵祥、赵红英：《华侨华人与国共关系》，武汉出版社1999年版，第298页。

② 吴行赐：《邓小平侨务思想与广东侨务工作实践》，《华侨与华人》1998年第2期，第9页。

③ 《福建侨报》2004年5月14日。

福建省的投资达300亿美元,捐赠公益事业96亿元人民币。①

由此可知,广东、福建两省都与海外华侨华人、港澳同胞有着很深的经济联系。表0-1列出了广东、福建的华侨华人、港澳同胞及国内侨眷、归侨等的情况。

表 0-1　广东、福建的华侨华人、港澳同胞及国内侨眷、归侨等的情况

单位:万人

	华侨华人	港澳同胞	合计	归侨	侨眷、港澳同胞亲属	合计
广东省	2000	500	2500	51	1359	1410
福建省	700	70	770	25	500	525

资料来源:方雄普、谢成佳:《华侨华人概况》,中国华侨出版社1993年版,第309、310页。

关于全世界华侨华人人口的叙述因文献而异,只能看出大体上的数量。杨万秀主编的《海外华侨华人概况》(广东人民出版社1989年版)认为20世纪80年代中期的全世界华侨华人人口为2413.4万人,方雄普、谢成佳主编的《华侨华人概况》(中国华侨出版社1993年版)则主张20世纪80年代中期的全世界华侨华人人口为2540多万人。此外,根据李原等编著的《海外华侨华人及其居住地概况》(中国华侨出版公司1991年版),20世纪80年代末的全世界华侨华人为2726万人。

大概可以认为,全世界华侨华人人口20世纪80年代中期约为2500万人,20世纪80年代末近2800万人。华侨华人人口不包括港澳台同胞。

本书除了研究现代中国的侨汇之外,还就与此相关的出境、出国人员进行了研究。

这里必须对"侨汇"一词作一下说明。"侨汇"全称"华侨汇款"。"侨汇"并非意味着仅来自华侨对本国的汇款。在"侨汇"中,除了华侨之外,也包括来自第二代、第三代、第四代海外华侨等华裔(称为"华人")的汇款,还包括来自港

---

①　《福建侨报》2004年7月30日。

澳同胞的汇款。①

根据范迪奎等主编的《中国银行与企业》，所谓"侨汇"，系指海外华侨、中国血统的外籍人士及港澳台同胞用其劳动所得汇给中国大陆亲属的汇款。②来自台湾的汇款也包含在侨汇中。

本书所收各章的标题及发表时间等记述如下。

第一章：侨乡与海外华侨华人——以对外开放后的侨汇与新移民为中心（山岸猛编著：《侨乡经济与海外华侨华人》，八千代国际大学国际研究中心，1998年3月）。该论文的部分内容题为"新移民与侨汇"，载于游仲勋编著的《华侨华人经济》（日本钻石社1995年版）。

第二章：对外开放后福建侨乡的经济发展与海外华侨华人的经济作用——以晋江市为中心（合作研究《中国政治经济研究》，八千代国际大学国际研究中心，1994年12月）。

第三章：改革开放后广东省侨乡的经济变化与海外华侨华人——以台山市的新移民和侨汇为中心（游仲勋编：《关于最近海外华侨华人政治、经济、社会等变化的研究》，亚细亚大学亚洲研究所，亚洲研究丛书No.32，2000年3月）。

第四章：对外开放后侨乡的经济变化与海外华侨华人——以改革开放后至20世纪90年代初期的人口移动为中心[《"华侨华人经济圈"的动态分析（一） 微观分析："华侨华人经济圈"的动向分析》，国际东亚研究中心，1993年4月]。

第五章：中国的新移民与人口普查（新著）。

第六章：中国新移民及其主要输出地（新著）。

第七章：侨汇与侨乡的经济变化（游仲勋先生古稀纪念论文集《日本的华侨华人研究》，风响社2003年版）。

第八章：侨乡的外汇与金融市场化步伐（游仲勋编：《海外华侨华人经济研究》，亚细亚大学亚洲研究所，亚洲研究丛书No.42，2002年3月）。

第九章：改革开放后的民间金融与侨乡（游仲勋编：《21世纪的华人华侨》，日本时报，2001年4月），在原成果的基础上新添了部分内容。

---

① 周南京主编：《世界华侨华人词典》，北京大学出版社1993年版，第281页；《华侨华人百科全书·侨乡卷》，中国华侨出版社2001年版，第248页。

② 范迪奎、李若虹、孙江：《中国银行与企业》，中国金融出版社1989年版，第305页。

第十章：新阶段的侨汇与新移民、个人外币存款与中国银行（新著）。

本书系由20世纪90年代以来基于实地调查、围绕本书的课题"侨汇"和"新移民"写成并发表的拙稿和新补充的论文所构成。本书围绕主要课题"侨汇"和"新移民"，以改革开放后的情况为中心进行了考察，并非作为历史的课题，而是作为现有的课题加以研究。两个课题都是复杂而敏感的。在当地（侨乡），有关这一方面的资料进入20世纪90年代后才逐渐公开。笔者恰好在邓小平发表南方谈话之后开始频繁地造访侨乡，对"侨汇"和"新移民"进行考察。在中国，这一方面的先行研究较少，笔者便前往侨乡收集相关报刊图书等，在当地听取专家的意见，根据亲眼所见、亲身感受的情况，把握其新的动向，并进行归纳，从而形成了收录在本书的各篇论文。各篇论文均反映了当时的情况，因而只要没有大的出入，基本上没有加以修改。

这十几年来侨乡虽然发生了巨大的变化，但并非单纯的、表面上的变化。在这个大变动时代，每年的变化程度虽不尽相同，但年年都在变化。如上所述，笔者抱着不断把握新动向的心态，十几年来一直造访侨乡。研究成果就是本书。

迄今为止，笔者对侨乡的研究着实得到了很多人的帮助。20世纪90年代初期，笔者的老师游仲勋先生让笔者参加他主持的华侨华人研究项目，这是我接触侨乡经济的开始。笔者在三个多月内走遍中国东北地区农村进行调查研究时，因低估东北的严寒，结果弄坏了身体，回国后四年多身体一直不好，正处于苦闷之时，游仲勋老师邀我参加华侨华人研究会，令笔者有起死回生之感。此后十多年，笔者得以参加华侨华人经济研究项目，得到了参加该项目的老师及在中国拜访的大学、研究机构、当地政府的许多人士的诸多帮助。

回想起来，笔者正式开始研究现代中国经济，还是在山口县德山大学已故今田竹千代教授（时任德山大学校长）的推荐下被录用为该校助教以后。笔者上任后，又蒙小岛正己教授多方指导，并得到许多发表研究成果的机会。小岛正己教授使笔者有了研究热情和自信。他还向笔者介绍了天野元之助老师、冯玉忠老师等许多著名的中国问题研究专家。他们是使笔者打下研究中国经济基础的恩师。这里对小岛老师表示衷心的谢意。游仲勋老师（时任熊本商科大学教授）在九州的中国研究会和现代中国学会等给予笔者悉心的指导，让笔者有机会执笔其编著的《现代中国的计划经济》（密涅尔书房1982年版）。笔者还得到了游仲勋教授所主持的华侨华人经济研究会的老师们的激励。尤其从涂照彦教授的尖锐的评语中受益匪浅。而且，没少受教于小岛丽逸老师的包罗万象地概括现代中国经济的研究。1982年8月至1983年5月的10个月间，笔者作为客座研究员在一桥大学进行研究，这对笔者的研究活动也具有很大的意义。在此受到了已故中川学老师（时任一桥大学教授）的关照，在该大学研究会上，得到中兼和津老师（时任一桥大学教授）的帮助。在山口县居住的那段时间，笔者在九州的中国研究会中心得到了西村明老师（时任九州大学教授）等许多老师的关照。1987年、1993年两次达1年8个月在中国的研究活动中，得到了冯玉忠老师（时任辽宁大学校长）和笔者的汉语老师莽景石老师（辽宁大学日本研究所前所长、现南开大学教授）等许多老师的支持。如果没有掌握汉语这个武器，就不能写出本书。在天野元之助老师生前，笔者曾有几次拜访他的机会，从他的教诲中深切地认识到了田野调查的重要性。在田岛俊雄老师主持的"天野元之助著作研究会"中也受到了激励。从大木昌老师（时任八千代国际大学国际研究中心主任、现明治学院教授）对地区研究的热情和崭新的设想中也受教不少，备受激励。在研究活动方面还得到秀明大学前董事长上野戍琉的照顾。在此表示感谢。在华侨华人机构、大学方面，得到了吴行赐老师、李国梁教授、汪慕恒教授、吴凤斌教授、赵文骝教授、张应龙博士、黄世展老师、黄安全老师、魏子熹老师、傅家栋老师、刘重民老师、晋江市前市长何锦龙、晋江市现任市长龚清概等诸多人士的帮助。

  总的说来，从上述这些人士所得到的直接或间接的激励和启发即使没有直接在书中表现，也会蕴含在书中。在此特表衷心的谢意。对仔细听取本书内容、热情致力于本书出版的论创社社长森下纪夫先生深表谢意。

  本书原来预定两年前出版。笔者任教的大学因经营问题2001年对教师实行劝退，包括笔者在内的研究生院的不少教师都接受了劝退。2002年3月底，笔者正式退职（但是，根据与大学法人的约定，至2005年3月底，笔者可以作为该大学的教授从事研究活动）。妻子同意笔者退职的条件是将笔者迄今的研究归纳成一本书。笔者自前年春天开始，由于有半年以上身体状态一直不好，因此书稿一拖再拖，直到今天才得以完成。终于履行了对妻子的承诺，总算松了一口气。

笔　者
2005年9月25日

第一章

侨乡与海外华侨华人
——以对外开放后的侨汇与新移民为中心

前 言

　　改革开放后中国的经济增长是惊人的。1979年至1990年的年平均实际GDP增长率达到了9％。由于1989年的"天安门事件",20世纪80年代末至90年代初经济增长放慢了速度,但1989年的GDP增长率仍有4.1％,1990年为3.8％。其后的1991年至1996年的GDP增长率年平均达到了11.6％,[①]实现了高速经济增长,至20世纪90年代中期成了"成长的亚洲"的重要组成部分,其市场规模之大引起了全世界的注目。

　　在促使经济高速增长的主要因素中,可以举出海外华侨华人对祖国的贡献。[②] 本章将以钱(这里主要指侨汇)和人(新移民)为中心对侨乡与海外华侨华人的经济关系加以考察。"新移民"主要指改革开放后从中国大陆前往海外的移民。这里将稍微灵活地使用"新移民"这个词(参照第五章、第六章)。

　　本章对20世纪90年代中期以前的侨汇和新移民进行考察。但侨汇对中国(侨乡)经济的涉及面很广,较为复杂,而新移民也有同样的情况,这些问题还请参照后面各章。

　　此外,在探讨"海外华侨华人与中国经济"时,有必要对形成其背景的各地侨乡进行具体的研究。关于这一点,请参照第二章(以福建省晋江市为中心)、第三章(以广东省台山市为中心)及其他章(第六章、第九章等)。

---

① 国家统计局:《中国统计摘要1997》,中国统计出版社1997年版。
② 关于华侨华人资本与中国(尤其是侨乡)经济的关系,请参照第四章。

第一节 侨汇与侨乡

一、侨汇额的变动

"侨汇"指海外华侨华人、港澳台同胞将工作所得和从事各种职业所得到的收入汇给中国国内的亲属、主要用于赡家的钱。对与华侨华人有着血缘关系的许多亲属来说,侨汇可以用于赡家、建房及投资事业;对国家来说,则是非贸易外汇收入的重要来源。

侨汇在中华人民共和国成立之前也存在过。例如,抗日战争时期为支援抗日从海外汇回的巨额款项。新中国成立以前的汇款大部分用于扶助国内侨眷的生活。根据华侨投资研究的开拓者林金枝教授等的研究,1862年至1949年华侨投资在侨汇中所占的比重为不到4%,[1]且大部分用于赡家。

这里所关注的是新中国成立后尤其是对外开放后的情况。在分期考察侨汇状况之前,首先叙述一下对外开放后侨汇对整体经济的贡献。在改革开放的初期阶段,侨汇对整体经济的贡献是很大的。国家无须偿还的非贸易外汇收入的侨汇额在对外开放初期比外国直接投资额还要多。1979—1982年外国直接投资实际利用额共计11.66亿美元,1983年1年期间外国直接投资实际利用额仅为6.36亿美元。[2] 与此相比,侨汇额1979年1年期间便达到了7亿美元以上。而且,统计中显示的侨汇额还不包括20世纪80、90年代许多华侨华人回国时带入的外汇和以物资形式寄给国内亲属的部分等。

新中国成立后侨汇的变动情况如图1-1和表1-1所示。除了全国的数值以外,还列出了第一大侨乡广东省和第二大侨乡福建省等的侨汇数值,仅这两省的侨汇额就占了全国的85%~90%。[3]

---

[1] 李国梁、林金枝、蔡仁龙:《华侨华人与中国革命和建设》,福建人民出版社1993年版,第364页。

[2] 国家统计局:《中国统计摘要1997》,中国统计出版社1997年版,第132页。

[3] 李国梁、林金枝、蔡仁龙:《华侨华人与中国革命和建设》,福建人民出版社1993年版,第270页。

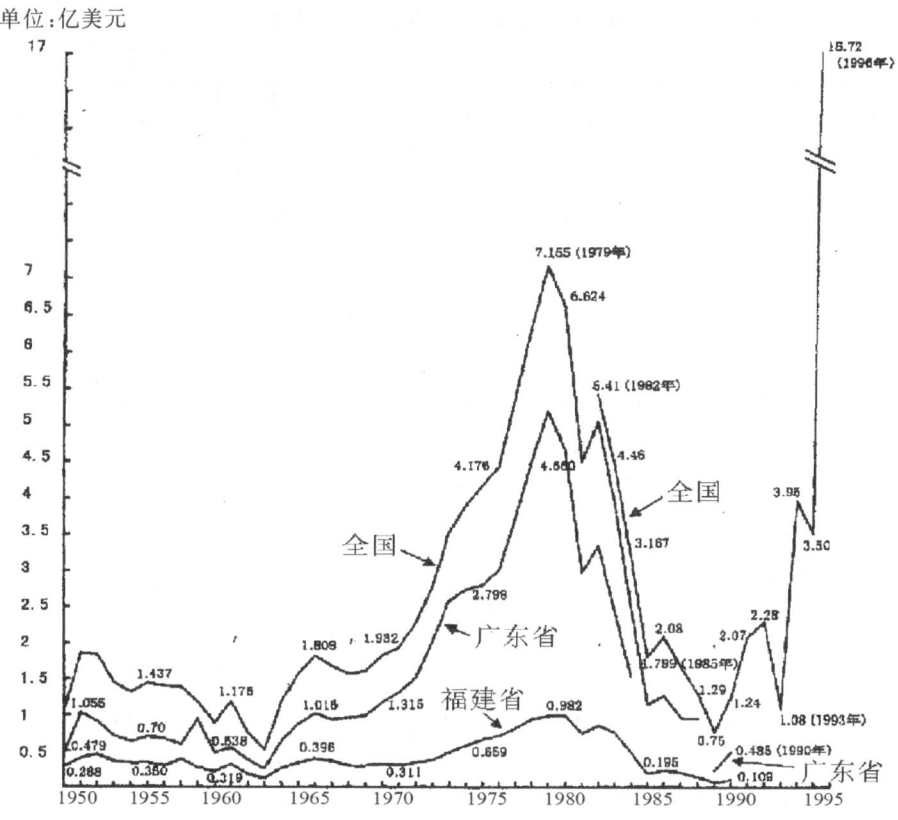

图 1-1 侨汇额的变化(1950 年至 20 世纪 90 年代中期)

资料来源:李国梁、林金枝、蔡仁龙著:《华侨华人与中国革命和建设》,福建人民出版社 1993 年版;《中国统计年鉴 1991—1997 年》;许斌、刘学胜主编:《中国国际收支概论》,中国金融出版社 1995 年版;《福建省华侨志》,福建人民出版社 1992 年版;《中国人口广东分册》,中国财政经济出版社 1988 年版;《东南亚历史学刊》1987 年第 4 期;《广东年鉴 1991》,广东人民出版社 1991 年版等。另外,1950—1988 年全国的数值出自李国梁等的著作。另一全国数值(1982—1996 年)系根据许斌等的著作和《中国统计年鉴 1991—1997 年》。

促使侨汇额增减的最重要的因素是海外华侨华人的收入,而中国国内的政治状况对其也有很大的影响。从图 1-1 和表 1-1 可知:(1)侨汇在 1958 年开始的"大跃进"时代及三年困难时期大为减少,其后的经济调整时期又有些增加,自 1966 年"文革"开始至 1970 年前后又趋于减少,其后 20 世纪 70 年代中期至 1980 年迅速增加;(2)广东省的侨汇额占了全国侨汇额的近 70%,该省侨汇额的变动是全国侨汇额变动的决定性因素。

表 1-1　全国及部分省(市、自治区)的侨汇额

单位:千美元

年度	全国	广东省	福建省	上海市	江苏省	广西壮族自治区	山东省	云南省
1950	105526	47890	28820	27420		427.78	320	130
1951	185268	102830	41220	15110		761.4	320	180
1952	182982	91320	45830	12540		502.25	330	90
1953	144490	70830	36830	6010		294.24	330	80
1954	131166	63150	34010	5300		278.69	330	70
1955	143715	70060	34590	5370		338.63	290	60
1956	139382	66962	36210	5620			300	70
1957	138040	58680	39680	4710			320	80
1958	117385	62065	27660	4900			340	90
1959	89218	48058	22080	4090			380	70
1960	117596	53816	31890	4550			390	90
1961	75255	38555	18350	4740		255.72	440	100
1962	50907	25927	12490	5620		178	440	100
1963	117659	63659	27000	6780		398	650	150
1964	155713	87413	34180	7840		400	920	200
1965	180864	101584	39640	8440		557	1050	270
1966	166956	93676	36640	7600	1964		850	270
1967	156095	95755	30170	6790	1365		640	180
1968	159713	98713	30500	7000	1302.4		640	250
1969	181631	116451	32590	7400	1277.8		650	160
1970	193195	131030	31120	7800	1479.5	221	740	110
1971	226782	157222	34780	8560	1575.1		840	140
1972	278545	202205	38160	10320	2062.2		1140	160
1973	352842	258000	48370	13170	2931.7	800	1920	240
1974	389786	273906	57940	15000	2766.3		1720	250
1975	417574	279834	65870	16200		1130	1730	410

第一章　侨乡与海外华侨华人

四川省	河南省	河北省	安徽省	海南省	吉林省	甘肃省	江西省	辽宁省
1100								
670				9040				
540				7270				
100				5600				
70								
60				4730			39	
80							122	
80				4490			127	
90				3870			226	
80				2560			134	
100					30		165	
116							197	
131					160		209	
171				3140			435	
190				4020				
226	80			4400	100			
172								
127								
130								
130								
110	53							
					10			
					20			
					40			
262	100						300	
380	121				40		320	

续表

年度	全国	广东省	福建省	上海市	江苏省	广西壮族自治区	山东省	云南省
1976	442997	300657	71170	16500	3155		1690	290
1977	534660	371817	81420	17630	3878.9		2180	400
1978	632534	446194	93170	20750	6014	2240	2730	790
1979	715463	518843	98310	25630	8787.6	4350	3780	870
1980	662377	466037	98170	28140	11000以上	5510	4670	1310
1981	449920	296890	74040	30260	13090	5740	6090	1590
1982	541000	333740	85190	32480	14060	7040	7450	2100
1983	446000	241470	75600	31330	15140	6840	8340	1830
1984	317000	151581	47450	30360			8050	1980
1985	180000	74514	19500	19550			5920	3270
1986	208000	79522	23430	23270			7180	
1987	166000	52940	20870	18430			6610	
1988	129000		14620	12930			6000	
1989	76000	23810	7020	12760			2410	
1990	124000	48510	10910	10900	3440		6630	
1991	207000			34580				
1992	228000			94160				
1993	108000			42000				
1994	395000			99870				
1995	350000			164870				
1996	1672000							
2000	21亿美元							
2001	26亿美元							
2002	42亿美元							
2003	55.5亿美元							

四川省	河南省	河北省	安徽省	海南省	吉林省	甘肃省	江西省	辽宁省
410	132	114		5620	150	67	380	
600	189	170			90	78	520	
630	360	366.6	690		190	129	780	
1050	539	531	1110		380	210	1280	
1500	946	770	1600		600	320	1920	540
2890	1260	1116	2380		750	390	2930	650
3380	1730	1210	2980	14870	960	400	3020	2250
2630	2290	1520	3110	15320	1160	440	3190	2490
2620	2650	1410	3020	10700	1000	390	3110	2540
2580	2270	1310	2910	5940	890	220	2220	1690
3060	2560	1300	2300			260	2710	
2460	2460	1080	3910			190	2730	
1700		1480	2340			320	3590	
510			2180			60	900	
1890			1820	1010		80	1820	
4270								
3350								

注:(1)1997—1999年的全国数值缺统计。(2)2000—2003年的全国侨汇额均为1—6月(上半年)的数额。

资料来源:1950—1981年的全国数值系根据李国梁、林金枝、蔡仁龙:《华侨华人与中国革命和建设》,福建人民出版社1993年版。1982—1992年的数值系根据许斌等主编:《中国国际收支概论》,中国金融出版社1995年版。1993—1996年的数值系根据《中国统计年鉴1996》,中国统计出版社1996年版;《中国统计年鉴1997》,中国统计出版社1997年版。2000—2001年的数值系根据国家外汇管理局:《2001年上半年我国国际收支状况分析》,《金融时报》2001年10月31日。2002年的数值系根据国家外汇管理局:《2002年上半年我国国际收支状况分析》,《金融时报》2002年10月18日。2003年的数值系根据国家外汇管理局负责人的记者招待会发言(《金融时报》2003年10月17日)。

广东省的数值系根据《广东省志·华侨志》,广东人民出版社1996年版,第226、227页;《中国人口广东分册》,中国财政经济出版社1988年版,第177页;《广东年鉴1991》,广东人民出版社1991年版,第579页等。

福建省的数值系根据《福建省华侨志》,福建人民出版社1992年版,第193页。

上海市1950—1955年和1991—1995年的数值系根据《上海计划志》,上海社会科学院出版社2001年版,第322页;1956—1990年的数值系根据《上海侨务志》,上海社会科学院出版社2001年版,第165页。

江苏省的数值系根据《江苏省志·金融志》,江苏人民出版社2001年版,第560~561页。

广西壮族自治区的数值系根据《广西通志·侨务志》,广西人民出版社1994年版,第265~266页。

山东省的数值系根据《山东省志·金融志》(下),山东人民出版社1996年版,第1101页。

云南省的数值系根据《云南省志·金融志》,云南人民出版社1994年版,第401~402页。

四川省的数值系根据《四川省志·侨务志》,四川科技出版社2000年版,第54页。

河南省的数值系根据《河南省志·外事志·侨务志·旅游志》,河南人民出版社1993年版,第55页。

河北省的数值系根据《河北省志·金融志》,中国书籍出版社1997年版,第509页。

安徽省的数值系根据《安徽省志·金融志》,方志出版社1999年版,第394~395页。

海南省的数值系根据《海南省志·金融志》,海南出版公司1993年版,第388~393页。

吉林省的数值系根据《吉林省志·金融志》,吉林人民出版社1991年版,第432~433页。

甘肃省的数值系根据《甘肃省志·金融志》,甘肃文化出版社1996年版,第920页。

江西省的数值系根据《江西省志·侨务志》,方志出版社2002年版,第121页。

辽宁省的数值系根据《辽宁省志·金融志》(下),辽宁科技出版社1996年版,第18、21页。

下面拟划分时期加以概述。① 在此把新中国成立后的1950—1990年的全国侨汇额的增减分为六个阶段。

(1)1950—1957年国民经济恢复和第一个五年计划时期。新中国成立后,采取了"便利侨汇,服务侨胞"的侨汇政策,使侨汇每年稳定在1亿至1.4

---

① 李国梁、林金枝、蔡仁龙:《华侨华人与中国革命和建设》,福建人民出版社1993年版,第271~274页。

亿美元之间。该期的进出口贸易额为 192.88 亿美元,贸易逆差大于贸易顺差 13.8 亿美元,而同一时期华侨汇款为 11.70 亿美元,大体上起到弥补对外贸易逆差的作用。

(2)1958—1962 年的第二个五年计划时期,侨汇大幅度减少。受 1958 年开始的"大跃进"运动的影响,提倡共产主义社会即将来临的"共产风"和绝对的平均主义。为此,主张全民为兴办工厂投资,并半强制地向侨户筹集黄金和外汇。

由于 1960—1962 年发生自然灾害等引起的大饥荒及缺粮状态,据说有 1500 多万人饿死。当时因直接和间接的营养不良而死亡的人数达 2000 万～4300 万人。这一时期政府考虑到侨眷的生活,允许海外华侨华人和港澳同胞免税向国内亲属寄送粮食、食油等食品。为此,有相当一部分赡家汇款被用于购买粮副食品进口,①因此侨汇大为减少,即:减少到年均 5000 万～1.1 亿美元之间,而 1962 年出现了最大降幅,减少到了 5000 万美元。1958—1962 年 5 年期间的侨汇额合计为 4.5 亿美元。

(3)1963—1965 年实行"调整、巩固、充实、提高"方针的经济调整时期。这个时期侨汇开始回升。1962 年政府发出了《关于争取侨汇的紧急指示》。1963 年以后经济整体好转,海外暂停向国内侨眷寄送食材,而侨汇又开始回升,从平均每年 1.17 亿美元增至 1.8 亿美元,3 年期间达到了 4.54 亿美元。

(4)1966—1975 年的第三、四个五年计划时期,即"文化大革命"时期。1970 年之前,由于"文化大革命"的影响,侨汇的增加受到了抑制。"文化大革命"自 1966 年起持续了 10 年时间,受其影响,在前半期,即 1966—1968 年的 3 年期间,只有头一年的侨汇额较多。

"文化大革命"初期,提倡"侨汇第一"的侨汇政策受到攻击,用侨汇券购买商品被污蔑为"特殊化",侨汇收入被毁谤为"剥削"等。② 当时,"四人帮"所代表的一派攻击有"海外关系"的人是"反动的社会基础",因此是无产阶级专政的批判对象。他们把与海外的亲戚朋友通信说成"里通外国",把侨汇定为"特务的经费",把有"海外关系"的人与地主、富农、反革命分子、破坏分子、右派分子、特务并列为"七类分子"。在某地区某机关,有"海外关系"的人被列入"黑名单",在入团、入党、入伍、升学、就业、结婚等方面受到了歧视和排斥,③令人

---

① 《华侨历史论丛》第四辑,福建省华侨历史学会,1987 年 10 月,第 269 页。
② 《华侨历史论丛》第四辑,福建省华侨历史学会,1987 年 10 月,第 269 页。
③ 《廖承志文集》(下),日本德间书店 1993 年版,第 102～103 页。

想起战时日本的"非国民"这个词。

不仅是侨眷,归侨在"文革"中的处境也很悲惨。"四人帮"把许多归侨视为"海外关系"。广东省出台了"海外关系黑六条"。"海外关系"不仅包含本人,还涉及子女。他们不但不能加入共产党和共青团,甚至还不能入学、结婚、就业。为此,20世纪70年代末归侨中的许多人一有机会便马上出国。①

1972年以后侨汇迅速增加。美国总统尼克松访华,中国恢复联合国合法席位,与日本、马来西亚、菲律宾、泰国等国建交等外交上的成果对侨汇增加的影响是很大的。②

(5)1976—1980年第五个五年计划时期,侨汇大幅度增加。尤其是在1978年中共十一届三中全会后,由于采取了改革开放政策,侨汇有了进一步的增加。1978年恢复了1967年取消的利用侨汇券的优惠的物资供应制度。同年还恢复了按比例留给地方使用的外汇额度。③

1979年创下了侨汇额的最高纪录,但当时即使发行侨汇券,也没有足够的物资供应。在广东省汕头,80%的侨汇券因物资不足而处于不能使用的状态。中国整体的情况也是如此。从表1-1中可知,广东省侨汇额占了全国侨汇额的约73%,但当时用侨汇券却难以购买到物资,尤其是农产品。为了解决物资供应不足问题,1979年制定了将各地侨汇留给地方的比重从以前的6%提高到20%~30%的措施。④

此外,1979年针对建筑侨汇制定了新的规定。此前建筑侨汇分配给地方的很少,因此提出了增加对地方的分配。⑤ 但是,如表1-1所示,进入20世纪80年代后,侨汇大为减少。

(6)1981—1988年的第六、七个五年计划时期。侨汇大幅度减少,但实际上侨眷所收到的侨汇在增加(详见后述)。

二、20世纪80年代侨汇减少的原因

通过银行汇款的侨汇迅速减少,有以下几个原因:

(1)国内的外汇黑市人民币兑换美元价格较高。例如,1988年的外汇牌

---

① 《廖承志文集》(下),日本德间书店1993年版,第218、219页。
② 《华侨历史论丛》第四辑,福建省华侨历史学会,1987年10月,第270页。
③ 《华侨历史论丛》第四辑,福建省华侨历史学会,1987年10月,第270页。
④ 《廖承志文集》(下),日本德间书店1993年版,第227页。
⑤ 《廖承志文集》(下),日本德间书店1993年版,第223页。

价1美元兑换人民币3.7元,但黑市价可兑换6元人民币。① 在1989年11月汇率调整前,官方汇率为1美元兑3.72元,黑市价格则为5.8元,黑市价较官方汇率高56%。汇率调整后官方汇率为1美元兑4.72元,黑市价格则为6.3元,黑市价依然较官方汇率高33%。② 因此,对外开放后华侨华人回国探亲时便直接带回外汇(以钞代汇)。据国家外汇管理局厦门、泉州分局的调查,黑市60%～70%的外币是由华侨华人、港澳台同胞探亲时带入的。③ 据统计,从广东省各港口机场入境的华侨华人、港澳台同胞的总计人数从1978年的159万人增至1985年的1608万人、1990年的2395万人、1996年的3709.8万人。此外,从广东省入境的台胞1990年为47万人(1985年仅为3800人),1996年增至98.49万人。④

(2)人们开始利用国家实行的海外乡亲捐赠小型生产设备免税进口的优惠政策,以赠送电视、音响等耐用消费品来取代侨汇(以物代汇)。以前利用侨汇券可以优先购买到食品和耐用消费品,但由于计划经济向市场经济的转换、商品经济的发展,粮票、油票等被废除,只要有钱,谁都可以买到耐用消费品,而国内侨眷已持有外汇,并拥有海外乡亲赠送的耐用消费品,侨汇的优越性只剩下建筑侨汇券。由于用建筑侨汇券可以买到较便宜的建筑材料,到了20世纪90年代后期建筑侨汇券仍具有优越性。

进入20世纪80年代后,侨汇因上述原因有了减少,但华侨华人、港澳台同胞对国内眷属的资助反而更大了。证明此项指标的方法之一是利用国内的个人外币存款额。

银行自1984年7月开办"丙种"个人外币存款业务以来,国内居民将汇入的侨汇和"0货外汇"转存"丙种"个人外币存款。据1993年6月前后的统计数字,全国"丙种"外币存款额已达100亿美元。⑤ 从增加财产的角度来看,外

---

① 李国梁、林金枝、蔡仁龙:《华侨华人与中国革命和建设》,福建人民出版社1993年版,第274页。

② 陈玉桢、吴和泉、徐涌等:《外汇交易常识与技巧》,地质出版社1993年版,第228页。

③ 陈玉桢、吴和泉、徐涌等:《外汇交易常识与技巧》,地质出版社1993年版,第228页。

④ 《广东统计年鉴1992》,中国统计出版社1992年版,第374页;《广东统计年鉴1997》,中国统计出版社1997年版,第451页。

⑤ 陈玉桢、吴和泉、徐涌等:《外汇交易常识与技巧》,地质出版社1993年版,前言及第227页。

币存款的利息比人民币高,因此到 1989 年年底,全国居民外币存款余额已达 20 多亿美元,相当于 1979 年侨汇收入的 3 倍。①

私人外币大部分存在中国银行。自 1985 年以来,中国银行的个人外币存款逐年增加,1985 年为 1.8682 亿美元,1986 年为 3.7565 亿美元,1987 年为 6.3837 亿美元,1988 年为多于 1987 年 1 倍多的 12.980 亿美元,1989 年为 19.9336 亿美元,1990 年为 32.7078 亿美元,1991 年为 44.3165 亿美元,1992 年为 60.9739 亿美元,1993 年为 91.1482 亿美元,1994 年为 118.3574 亿美元。② 就各地来看,自 1985 年的 80 年代后期,仅广东省便占了全国个人外币存款额的 30%,比北京、上海的总和还要多。但进入 20 世纪 90 年代以后,北京、上海两市分别占据了全国的近 15%,广东省的个人外币存款绝对额虽有增加,但 1993 年在全国所占的比率降到了 20%。私人外币流往北京、上海这两个大城市,与两市的经济开发动态不无关系。此外,福建省的个人外币存款额在全国的中国银行中一直占有 8%左右的比重。

从官方统计可以看到海外华侨华人及港澳台同胞的部分汇款额(参照 1982—1992 年"国际收支概览"中"无偿转让"项目的"私人"栏数值)。从《中国金融统计 1952—1987》(中国金融出版社 1988 年版)"国际收支概览"中"无偿转让"项目的"私人"栏金额来看,1982 年为 5.3 亿美元(同年的侨汇额为 5.0442 亿美元),1983 年为 4.36 亿美元(侨汇额 3.9267 亿美元),1984 年为 3.05 亿美元(侨汇额 3.167 亿美元),1985 年为 1.71 亿美元(侨汇额 1.7989 亿美元),"无偿转让"项目"私人"栏的金额与侨汇额是相应的。至 1985 年,"居民的其他外汇收支"栏基本上为 0,此后增多的部分应该是由于海外华侨华人、港澳台同胞有可能通过多渠道汇款及携带外币入境。

1985 年前侨汇额等于"国际收支概览"中"无偿转让"项目的"私人"栏金额。但是,由于前述原因,从"居民的其他外汇收入"的增多也可看出海外华侨华人利用多种渠道进行私人汇款的一面。

---

① 陈玉桢、吴和泉、徐涌等:《外汇交易常识与技巧》,地质出版社 1993 年版,第 228 页。

② 《中国金融年鉴1991》,中国金融年鉴编辑部1991年版,第137、138页;《中国金融年鉴1992》,中国金融年鉴编辑部1992年版,第536页;《中国金融年鉴1993》,中国金融年鉴编辑部1993年版,第417页;《中国金融年鉴1994》,中国金融年鉴编辑部1994年版,第529页;《中国金融年鉴1995》,中国金融年鉴编辑部1995年版,第537页。

三、侨汇增加的新动向

自20世纪90年代起侨汇又趋于增加。从图1-1和表1-1可知,侨汇从1993年的1.08亿美元增至1994年的3.95亿美元、1995年的3.5亿美元,而1996年骤增至新中国史上最高的16.72亿美元。这比以往最高的1979年的7.15亿美元还高出1倍以上。

原因可以认为有以下几点:由于1994年的外汇管理改革,官方汇率已与黑市兑换汇率大致相同;20世纪80年代侨汇骤减的原因——"以物代汇"因受到各种因素的制约而减少了;广东省、福建省自1996年春取消了海外乡亲捐赠小型生产设备免税进口的优惠措施;①侨乡的侨汇随着改革开放后新移民的增加而增多;建筑侨汇仍然具有优越性;等等。

四、侨汇管理

(一)侨汇物资供应票(券)的管理

侨汇物资供应票一般称为"侨汇票(券)"。侨汇券由结付侨汇的银行按侨汇金额计发,并在侨汇证明书(或外汇兑换证明)上加盖"已发侨汇券"的戳记后交给收款人,以作存储"华侨人民币定期存款"(原称"海外私人人民币定期存款")证明之用。

侨汇券由各省、直辖市、自治区商业部门统一印刷,由外汇专业银行办理具体发票工作。银行在结付侨汇时发给等值的侨汇券,商业部门凭票供应商品。

这种侨汇物资供应票分为5元、10元、50元、100元4种,5元以下的不发票。② 能够领到这种票证的人主要是归侨和侨眷。

(二)侨汇留成

自1979年7月1日起,华侨华人国内亲属的赡家侨汇留成额已从以往的侨汇额的6%增加到30%。同时用于购房或建房的建筑侨汇的留成也从以往

---

① 根据1996年12月、1997年春笔者在当地的采访调查。
② 陈玉桢、吴和泉、徐涌等:《外汇交易常识与技巧》,地质出版社1993年版,第224~225页。

的15％增加到40％。①

其后于20世纪80年代初期,在两大侨乡广东省和福建省,赡家侨汇的留成比重增加到了50％。1987年秋,其他各省、自治区、直辖市的留成比重也从以往的30％增加到了50％。

各省、直辖市、自治区人民政府根据当地的情况具体地决定侨汇留成的分配、使用方法等,根据"(侨汇券)物资供应者可以使用留成外汇"的原则进行分配。具体说来,赡家侨汇的留成由省政府办公室、财务部门管辖,与省计划委员会、粮食局协商制订计划。关于建筑侨汇的留成,由省侨办管辖,与省计划委员会、建筑委员会、城市建设部门协商制订计划。

关于对省、地(市)、县三级的分配,规定对基层县的分配要达到三分之一以上。② 就是说,根据对外开放后侨汇的多寡,不仅对收到汇款的华侨华人的国内亲属,对其所属的县、地(市)也进行外汇分配,因此像福建省晋江市那样侨汇较多的侨乡,可以将巨额的外汇用于该市的经济发展。③

关于20世纪90年代初期的侨汇留成比重,陈玉桢等编著的《外汇交易常识与技巧》(地质出版社1993年版)比较详细地作了说明。根据该书,侨汇留成的比例为:汇入的赡家侨汇留成50％,建筑侨汇40％。两大侨乡广东、福建建筑侨汇留成60％。

侨汇的留成方法有以下两种。

(1)省、市、自治区收入的侨汇,银行按侨汇收入结汇金额计算留成数后,由当地外汇管理分局根据该数值按部门分配固定侨汇留成比例,分给各指定收取侨汇物资供应票单位。

(2)省、市、自治区收入的侨汇,银行按侨汇收入结汇金额计算留成数后,由各地外汇管理部门根据各指定收取侨汇券单位(华侨商店等)回笼的侨汇券金额,按规定的留成比例给予留成外汇。

在这两种方法中,后者比前者更有弹性,便于管理部门管理。

以上所述的侨汇管理是存在侨汇券时的情况。在外汇券(1993年12月31日停止发行)、侨汇券、外币同时存在时,侨汇在3种票证之间兑换时总是处于不利的状况;而利用侨汇券可优先买到的日常必需的统制供应物资也能够随意在市场上买到,侨汇券失去了特别的"好处"。也许是因为这个缘故,福

---

① 冯尔泰:《金融外汇基础知识》,知识出版社1989年版,第276页。
② 根据笔者1994年9月访问北京、广州、厦门的各研究机构、书店时的见闻。
③ 关于晋江市的侨汇情况,请参照第二章。

建省于 1992 年不再发行侨汇券,除了建筑侨汇券,自 1993 年起再也没有看到人们使用侨汇券。① 广东省的情况也基本相同,建筑侨汇券虽还存在,但关于购买生活必需品的侨汇券,笔者自 1993 年起的 3～4 年期间每年都前往广东,不过已经没有听说有这种侨汇券了。

五、华侨华人、港澳台同胞的公益事业捐赠

前项叙述了以"血缘"关系为主的私人侨汇。在华侨华人、港澳台同胞的汇款中,除了个人之间的汇款之外,还有对侨乡的公益事业捐款(物)。这虽然也与"血缘"相关,但"地缘"应是主要的。

最大的侨乡广东省的华侨华人、港澳台同胞的公益事业捐款如表 1-2 所示。

表 1-2 华侨华人、港澳台同胞对广东省侨乡的公益事业捐赠

单位:万元

项目 年份	工农业	文化教育 事业	卫生事业	旅游事业	社会福利 事业	其他	总额	捐赠物品	捐赠现金
1985 年	19756	8397	2354	5209	2071	17943	55730	54343	1387
1986 年	6272	6334	1490	1067	2048	3333	20544	18186	2358
1987 年	31333	11814	3049	2616	12866	2785	64463	62633	1830
1988 年	96138	28053	11545	12888	43582	7848	200054	197869	2185
1989 年	21321	9436	5436	2316	11206	1394	51075	49396	1679
1990 年	30837	24695	10453	2480	21422	2000	91887	88239	3648
1991 年	70638	56065	17024	1860	76605	5043	227235	222025	5210
1992 年	357342	100570	39154	4309	177547	8892	687814	683859	3955
1993 年	63666	43615	21587	492	43861	14912	188133	183804	4329
1994 年	67647	55350	32007	167	42951	93534	291556	289802	1854
1995 年	129890	56512	46405	1000	27816	73824	335447	334397	1050

注:根据《广东统计年鉴 1994》第 328 页、《广东统计年鉴 1996》第 375 页,1992 年以前是批准的数值,1993 年以后是实际接受捐赠的数值。

资料来源:《广东统计年鉴》,中国统计出版社 1987、1989、1991、1993、1994、1996 年各年版。

---

① 根据笔者 1994 年在福建省的采访调查。

1993年以前的年度数值是批准额，并非实际捐赠的数值，不过，虽说是批准额，最低数值也有5亿元以上，尤其是进入20世纪90年代后，1991年为22.7亿元，1992年为68亿元以上（批准额），比1985年增加了11倍多。广东省各侨乡实际收到的捐款1993年为近19亿元，1994年为29亿元以上，1995年达到了33.5亿元。

如表1-2所示，虽说是捐款，广东省不仅用于文化教育及福利事业等，也投入到农业、工业等经济活动部门。20世纪80年代后半期用于农业、工业的捐款（物）占了广东省所获捐款整体的45％左右，1988年在20亿元以上的捐款（批准额）中，相当于48％的9.6亿元用于工农业领域。进入20世纪90年代后，每年亦有占全省捐款额的23％～52％，至少有3亿元，最多达近13亿元用于工农业领域。

就广东省各侨乡来看，江门市（对外开放后该市有许多新移民出国）在全省公益事业捐款中所占的比重很高。即：1990年占全省的40％，1991年占23％，1992年占19.6％，1993年占13.2％。[①] 侨乡地区之间也存在着差距。

就华侨华人、港澳台同胞对第二大侨乡福建省的公益事业捐款来看，在1979年至1992年的14年期间，全省收到的华侨华人、港澳台同胞的公益事业捐款达到了22亿元，[②]1979—1994年6月达到了31亿元，是改革开放前1950—1978年29年期间的28倍，其中约一半用于教育事业。[③]

1986年以后华侨华人、港澳台同胞对福建省的公益事业捐赠如表1-3所示。就近年来对福建省的公益事业捐赠额来看，1990年海外华侨华人、港澳台同胞的捐赠额比前一年（1989年）增加了31.6％，为2.5亿元，1991年全省为3.2亿元，1992年比1991年增加37.5％，达到了4.4亿元。海外对福建省侨乡的捐款（物）也有地区偏向，整体捐款（物）的约一半以上寄往泉州市（包括晋江市）。该市每年将这些捐款用于教育事业方面，此外，还用于改善该市的基础设施。

可见，第二大侨乡福建省与第一大侨乡广东省相比，来自海外的捐款额有

---

① 《广东统计年鉴1992》，中国统计出版社1992年版，第371页；《广东统计年鉴1993》，中国统计出版社1993年版，第373页；《广东统计年鉴1994》，中国统计出版社1994年版，第328页。

② 《福建省经济年鉴1993》，福建人民出版社1993年版，第108页。

③ 暨宜珍：《捐资办学，造福桑梓》，《华侨华人与侨务》1994年第2期，第25页。

很大的差距。此外,各县级侨乡之间也有很大的差距。

总之,这些捐赠被利用于各侨乡地区的教育、福利及基础设施改善。可以认为,对改革开放后各侨乡的经济、文化的发展来说,海外华侨华人、港澳台同胞所起到的作用是很大的。[①]

表1-3 海外华侨华人、港澳台同胞对福建省侨乡的公益事业捐赠
(1985—1995年)

单位:亿元

年份	捐赠额	其中:捐赠现金	捐赠物品
1985	0.88	0.58	0.3
1986	0.92	0.85	
1987	1.2	1.0	0.21
1988	1.8		
1989	1.9		
1990	2.5		
1991	3.2		
1992	4.4		
1993	6.4		
1994	7.3		
1995	8.2		

资料来源:《福建经济年鉴》,福建人民出版社1986年第407页,《福建经济年鉴》编辑部1987年第441页,《福建经济年鉴》社1988年第361页、1989年第363页,福建人民出版社1990年第335页、1991年第339页、1992年第99页、1993年第108页;《华侨华人与侨务》1994年第1期第12页、1995年第1期第16页、1996年第1期第38页。

从上述代表性侨乡广东省、福建省的情况可以知道,海外华侨华人、港澳台同胞对侨乡的公益事业捐款被用于各地侨乡的文化教育、福利设施、工农业基础设施改善等。许多捐款被用于本来需要国家和地方政府进行公共事业投资的领域。从这一点来看,侨乡的地方政府和海外华侨华人、港澳台同胞的联

[①] 关于海外华侨华人、海外同胞与侨乡的经济联系,从金额来看,最大的应该是他们对祖国的投资。关于这一点,请参照第四章。

系已经相当密切。

此外,改革开放后侨乡的华侨华人相关组织(侨联等)在侨乡及香港等开展企业活动,这也与海外的同乡会等有着直接或间接的经济联系。

另外,海外华侨华人对侨乡的捐赠从新中国成立前就已经开始,即使发生社会、政治的变动也从未中断过。

以上考察了以血缘、地缘关系为中心的海外华侨华人、港澳台同胞对中国大陆的汇款。可以认为,改革开放后,至少在初期阶段侨汇对中国(特别是南方地区)的持续高速经济增长的贡献是很大的。如果包括回乡时带回的部分和赠送小型生产设备的部分,实际数额还要多得多。

20 世纪 80 年代中期以后来自海外的直接投资不断增多,而海外华侨华人、港澳台同胞占了这些海外直接投资的大部分。就是说,1979—1990 年的 12 年期间,在中国引进的海外直接投资实际利用额 189.8 亿美元中,港澳同胞和东南亚华侨华人的投资占了 60%。此外,在 1993 年的海外直接投资实际利用额 277.7 亿美元当中,港澳地区占了 64.9%,台湾地区占了 11.3%。不可否认,他们投资的动机之一是为了在世界经济环境中取得利润极大化的一种选择,同时也不能否定以血缘、地缘为背景的海外华侨华人与中国加深经济联系的一面。

随着改革开放政策的实施,侨汇开始从"赡家"转而活用到了"产业化"。关于迄今为止的侨汇的实际情况(尤其是 20 世纪 70 年代以后),几乎还没有人予以阐明,因此有必要对侨汇进行动态性的考察,包括侨汇与引进外资有什么样的联系。

第二节 新移民(新华侨)

一、内地前往香港的移民(新中国成立后)

(一)实施抵垒政策前的内地赴港移民

第二次世界大战结束后,仅 1 年期间就有要求避难和改善生活的 100 万人从内地移居到了香港。二战后至 1950 年,香港和内地的边界是开放的,内地人可以自由地出入香港。1949—1950 年春约有 75 万人从内地的广东、福建、上海等移居到香港。① 其后也持续有大量的移民从内地来到香港,因此香港当局不得不于1950年5月禁止内地人士自由入境,对内地赴港人员进行了限制。尽管如此,20世纪50年代从内地移居香港的人仍达到40万人以上。当时香港增加的人口中有1/3以上是移民。进入20世纪60年代后,来自内地的移民(包括因粮食短缺和政治运动而移居香港的人数)骤然减少。

进入20世纪60年代后,内地往香港的移民减少与内地严厉限制人口移动的户籍制度,即20世纪50年代后半期开始实施的就业和衣、食、住、医、教一条龙的户籍制度,有着很大的关系。

20世纪70年代,又有大量的内地人移民香港。1974年香港当局修订入境条例:遣返所有从内地来的非法入境者,除非他们能够成功地进入香港市区,就如棒球的"抵垒"。这就是所谓的"抵垒政策"。② 从中国政府实施对外开放政策的1978年开始,以广东、福建为中心,包括合法、非法从内地移居香港的人接踵而至。自1978年至1980年的3年期间,合法、非法各一半合计40万人从内地移居到香港。在40万名移居者当中,有20多万人是从内地进入香港市区的非法入境者,是成功"抵垒"并被允许在香港居住的人。③

抵垒政策的目的之一是通过吸收来自内地的"一定量"的劳动力,解决地铁、公路、大厦等的建设中劳动力不足的问题,用于香港的经济增长(从1996年笔者在福建省对福建人的访谈中也确认了这一点)。但是,由于中国政府对外开放政策的实施,自20世纪70年代末大量的内地人涌入香港,因此香港当局于1980年10月23日取消抵垒政策,转而采取了对非法入境者无论在香港的何处被捕,即被送返中国大陆,也就是所谓的"随捕随解"政策。④ 但两三年内就有20多万名非法入境者进入香港,应该说大部分原因在移出方,进一步说,很大一部分是出于邻接香港的内地的推因素及边界的警备状况。改革开放后中国的剩余劳动力日益增加,农村整体有1.4亿名以上的剩余劳动力。

---

① 《人口研究》编辑部:《移民与香港的发展》,《人口研究》1997年第5期,第36页。
② 《人口研究》编辑部:《移民与香港的发展》,《人口研究》1997年第5期,第36页。
③ 《人口研究》编辑部:《移民与香港的发展》,《人口研究》1997年第5期,第36页;李若建:《香港的中国大陆非法移民与非法入境者问题》,《人口研究》1997年第1期,第45页。
④ 《人口研究》编辑部:《移民与香港的发展》,《人口研究》1997年第5期,第36页;李若建:《香港的中国大陆非法移民与非法入境者问题》,《人口研究》1997年第1期,第45页。

从改革开放后珠江三角洲(1993年该地区有600万~700万名外来暂住人口)①的"民工潮"可以知道,推因素是很强大的。从结构变化的角度来看,全球性冷战结构的瓦解应该是引起中国大陆人口外流的契机。

对香港来说,如果内地大量的难民涌入,香港社会、经济整体将会陷入混乱。与后冷战密切相关的中国的对外开放政策,在人员流动方面对20世纪70年代末以后的香港来说是一柄双刃剑。这种结构转换问题在1997年7月香港回归后也基本存在。香港的"经济自主性"在货币(港元)方面发挥了重要的作用,而对于内地往香港的人员流动,这种"经济自主性"的作用也是很重要的。考虑到香港企业向华南地区(主要是广东省)转移这一点,可以说"经济自主性"对维持一国两制的"两制"也是不可欠缺的部分。

从20世纪70年代开始到1980年香港当局取消抵垒政策时,非法移民香港的内地居民超过30万人。② 1974年实施的抵垒政策应该说是针对内地自20世纪60年代中期进行的、长达10年的"文化大革命"所导致的政局不稳、武斗频发、经济不活跃的状况下从内地往香港的非法入境者增多的政策。抵垒政策是指内地往香港的非法入境者仅"入境"不能获准在香港居留,只有抵达香港"市区"才可获准居留的政策。在实施抵垒政策之前是港英当局自1965年10月放弃以往(1962年5月实施的)针对非法入境者的强迫遣返政策、代之以收容庇护的时期。③

(二)抵垒政策取消后内地赴港移民限制及新问题

20世纪80年代初期香港当局将赴港移民人数定为每天75人以内。由于其后香港居民在内地的配偶和子女越来越多,香港当局1993年11月允许增至每天105人,1995年7月进一步增加到每天150人。④ 为此,内地赴港移民从1986年的2.7万人左右增至1993年的3.3万人、1994年的3.8万人、1995年的4.6万人,以及1996年的6.1万人(参照表1-4)。

---

① 房庆方、张蓉、蔡瀛:《珠江三角洲经济区城市群规划中外来暂住人口的分析与预测》,《城市规划》1997年第5期,第22页。

② 李若建:《香港的中国大陆非法移民与非法入境者问题》,《人口研究》1997年第1期,第45页。

③ 李若建:《香港的中国大陆非法移民与非法入境者问题》,《人口研究》1997年第1期,第45页;《人口研究》编辑部:《移民与香港的发展》,《人口研究》1997年第5期,第41页。

④ 《人口研究》编辑部:《移民与香港的发展》,《人口研究》1997年第5期,第35页。

表1-4　1986—1996年香港移民(合法)估计人数

年份	内地来港移民数（人）	来港移民总数（人）	在来港移民总数中所占的比重（%）
1986	27036	38200	70.8
1987	27173	36300	74.9
1988	26389	48100	54.9
1989	27263	54400	50.1
1990	27976	46300	60.4
1991	26782	88900	30.1
1992	28408	103300	27.5
1993	32909	129500	25.4
1994	38218	148300	25.8
1995	45986	163700	28.1
1996	61179	158800	38.5

资料来源：《人口研究》编辑部：《移民与香港的发展》，《人口研究》1997年第5期，第35页。

除了内地往香港的移居者之外，包括观光旅游及在港澳地区短期探亲或从事经济活动的短期滞留者在内，近年内地赴港澳地区的因私出境人员也很多。1992年为70.52万人，1993年为81.1万人，1994年为79.5万人，1996年为85.9万人。[①] 近年来随着居民生活水平的提高（特别是华南沿海地区），中国大陆前往海外的人数趋于增加。顺便提一下，大陆赴台湾的因私出境人员1992年为1.12万人，1993年为1.5万人，1994年为1.8万人，1995年为4.25万人，1996年为5.1万人。[②]

抵垒政策时代的"私生子"问题是在该政策取消后的20世纪80年代、90年代出现的新问题。内地往香港的非法入境者大部分是青壮年男性。由于在抵垒政策下成为香港居民的内地非法入境者迅速增加，香港的青壮年男女（包

---

① 《人民日报》(海外版)1994年3月29日、1995年3月23日、1997年2月4日。

② 《人民日报》(海外版)1994年3月29日、1995年3月23日、1997年2月4日。

括新移民)比例失调,男性极端地多。根据1981年的统计,对15~24岁的香港的男女居民加以比较,可知男性比女性多出5万人以上,25~34岁的男性比女性多出7.2万人以上。根据当时香港统计处的估计,自1981年起的未来5年内,大约有6.4万名男性找不到结婚对象。① 来自内地的新移民大部分在此范围内。为此,他们当中许多人在改革开放后,随着内地与香港的交流趋于活跃,便与内地(特别是广东省)的女性结婚,在内地生儿育女。其结果,1987年以后内地往香港的合法移民90%是香港居民的妻子(配偶)和子女。就1987—1996年期间内地赴港移民和香港居民的关系来看,该期间的移民平均47.9%是居住在内地的子女,38.9%是居住在内地的妻子,3.5%是居住在内地的丈夫,②并非一般的年轻劳动力。

另外,还有必要考察那些追求高收入而想从内地移民香港的人,即"拉因素"。有组织地介绍偷渡者到世界各地的集团——众所周知的"蛇头"也进行偷渡香港的活动。其背景是内地往香港务工的拉因素。抵垒政策取消后,在1981年至1995年期间非法进入香港而被捕的人合计达31.7万余人(参照表1-5)。由此产生了"无证妈妈"、"小人蛇(非法入境儿童)"、"水上新娘"、"黑市劳工"等问题。

表1-5 抵垒政策取消后前往香港的非法入境者

单位:人

年份	在边界被捕者	逃过边界后被捕者	合计
1981	7530	1690	9220
1982	8676	2483	11159
1983	4671	2933	7604
1984	9653	3090	12743
1985	12616	3394	16010
1986	16832	3707	20539
1987	22425	4282	26707
1988	13581	7227	20808
1989	5452	10389	15841

① 《人口研究》编辑部:《移民与香港的发展》,《人口研究》1997年第5期,第36页。
② 《人口研究》编辑部:《移民与香港的发展》,《人口研究》1997年第5期,第37页。

续表

年份	在边界被捕者	逃过边界后被捕者	合计
1990	9592	18234	27826
1991		25600	
1992		27700	
1993		37600	
1994		31400	
1995		26600	

资料来源：李若建：《香港的中国大陆非法移民与非法入境者问题》，《人口研究》1997年第1期，第46页。

二、新移民与因私出国(境)

明清两代中国人被严禁出国，以鸦片战争为契机，所谓的"华工"或"契约华工"开始前往海外，这些"华工"或"契约华工"后来被称为华侨。

就现代的海外移民来看，在二战结束后的国共内战时期至1949年新中国成立时有10万多名中国人移民欧美和东南亚各国。这次移民高潮期过后，中国大陆往海外的移民基本上停止了。

就20世纪70年代中期至20世纪80年代末大陆、台湾、香港往海外的新移民来看，其总数达到了160万～180万人，参照表1-6。

新移民与过去的"华侨"相比，其移出原因和移民目的地都不同。今天的新移民有留学后定居当地的，也有为了与海外亲属团聚的，以及投资移民、商业移民等，与过去以南洋地区为主的谋生不同。移民目的地大多是富国，而非穷国。

台湾、香港的新移民文化程度普遍较高，移民前的经济状况较好，投资移民(商业移民)、专业技术移民及留学期满后定居当地的比例比较高。

在香港，从决定1997年回归中国的20世纪80年代中期开始，出现了人口外流的情况。据香港当局1990年提出的一项移民统计调查的预测，自1990年起每年向外移民的人数约6万，移民地点首位是加拿大，其次是澳大利亚,第三是美国,而后是新西兰。① 改革开放初期来自中国大陆的新移民主要是农民,文化程度很低,移民前的经济条件不好。本章所述的主要对象是来自大陆的新移民。

表1-6　20世纪70年代中期至80年代末的中国人新移民(含部分华人)

	移民接收地与人数	移民输出地与人数
北美	美国80万人	中国大陆10万多人、台湾10万人、香港10万多人、印支华人40万多人
	加拿大20多万人	中国大陆、台湾各数万人,香港10万多人;印支华人10万多人
西欧	法国近20万人	中国大陆5万人、台湾数万人,印支华人12万人
	英国近10万人	中国大陆、台湾、香港各数万人,印支华人6万人
	荷兰、意大利、西班牙等数万人	
大洋洲	澳大利亚18万人	中国大陆、台湾各1万余人,香港6万多人;印支华人10万人
	新西兰等数万人	
拉丁美洲	巴西5万人	主要是中国大陆和台湾的新移民
	委内瑞拉、秘鲁等各数万人	
总计	160万~180万人	中国大陆新移民30多万人、台湾新移民20多万人、香港新移民30多万人、印支华人80多万人

资料来源:薄宝华:《关于90年代新移民工作的思考》,《华侨与华人》1991年第2期,第28页。

---

① 薄宝华:《关于90年代新移民工作的思考》,《华侨与华人》1991年第2期,第24~26页。另外,1980年以后香港的海外移民数1980年为2.24万人,1981年为1.83万人,1982年为2.03万人,1983年为1.98万人,1984年为2.24万人,1985年为2.23万人,1986年为1.9万人,1987年为3.0万人,1988年为4.58万人,1989年为4.2万人,1990年为6.2万人,1991年为6.0万人。90%前往加拿大、澳大利亚、美国。参见杨奇主编:《香港概论》(下卷),香港三联书店1993年版,第370~371页。

20世纪70年代初期随着中国恢复在联合国的合法席位以及中美、中加等关系正常化,人们便得以通过亲属团聚等方式从大陆移民海外。例如,从1970年中加建交至1975年间,共有21417人从大陆移民加拿大。[①]

但是,在改革开放前,海外移民还是个别的、特殊的现象。中国大陆"新移民"的新高潮始于改革开放后。新移民主要通过探亲、留学、结婚等正规的渠道及偷渡等形式进行,人数不断增加。关于偷渡者,这里想谈一下1996年广东省的情况。广东省公安边防总队在1996年1年期间查获的偷渡者为陆上2000多人,海上280多人,口岸2700多人,合计达5000多人。[②] 每年也有中国人偷渡到日本,在日本引起了社会问题,但这里基本上不论述偷渡者。

中国大陆的获准因私出国的情况如表1-7所示。

表1-7 中国大陆批准因私出国人数和实际出国人数(1986—1996年)

单位:人

年份	批准出国人数	实际出国人数
1986	77064	约40000
1987	107297	53955
1988	212182	128354
1989	238301	132727
1990	278988	175735
1991	377380	207146
1992	556000	—
1993	694000	650000
1994	705000	573000
1995	969954	
1996	1485000	

注:不包括赴港澳台人数。

资料来源:《人民日报》1990年5月12日、1992年6月21日、1993年7月8日;《人民日报》(海外版)1994年3月29日、1995年3月23日、1997年2月4日。

---

① 陈文寿:《论现代华人移民》,《华侨华人历史研究》1993年第1期,第25页。
② 《广东侨报》1997年4月17日。

因私出国人员在改革开放后急速增加。自20世纪80年代末每年实际出国人数达到了10万人以上。进入20世纪90年代后,获准因私出国的人数达到了近30万人,1992年为50多万人,1995年近100万人获得批准,1996年达到了近150万人。申请出国后获得政府批准的因私出国人员的比重很高。1996年有152.3万人申请因私出国,其中有148.5万人得到批准。在获准因私出国的人当中,实际出国人员也趋于增加。20世纪80年代的"实际出国率"为50%~60%,1993年为93.7%,1994年为81.3%,1993年以后的"实际出国率"相当高。这些因私出国人员不包括赴港澳台的"出境人员"。

表1-7中当然不包含非法移民,但多年来来自大陆的非法移民通过蛇头等有组织地进行,甚至发展成为国际问题。

根据1996年的资料,1949—1996年到海外探亲定居等的、出国留学定居的、港澳台同胞移民外国定居的,通常称之为新移民,估计有200多万人。①

仅就中国大陆的新移民来看,从1979年至1991年的13年间,中国政府批准的因私出国人员达136万人,其中80多万人为移民,约占10.3%的14万人系自费出国留学人员(顺便提一下,公费留学生为15万人)。他们主要分布在美国、日本、加拿大、澳大利亚以及欧洲一些国家。②

就各省来看,在全世界2123万(1982年)的华侨华人中,广东籍的有1400万人,约占总数的66%,广东省可以说是最大的侨乡。该省在改革开放后的1980年1年期间便有42000多名侨眷前往60多个国家,其中去美国的有16000多人(占38%),去加拿大的有11000人(占26%)。③ 改革开放以来每年经广东省政府批准出国(境)定居的近4万人,1981—1991年广东省获准出国(境)定居者达44万多人,占全国同期出国(境)定居者总数的57%。④ 而作为老移民的广东籍华侨华人有80%~90%居住在泰国、越南、柬埔寨、马来西亚、新加坡、印尼、菲律宾等东南亚国家。与此相比,新移民的目的地大多不在亚洲。此外,广东省前往毗邻的港澳的人很多。在1971年至1982年的12年

---

① 《广东侨报》1996年7月16日。
② 《广东侨报》1991年5月28日;陈文寿:《论现代华人移民》,《华侨华人历史研究》1993年第1期,第25页。
③ 《中国人口·广东分册》,中国财政经济出版社1988年版,第170、171页。
④ 刘惠民、岑南生:《新移民工作的存在问题和解决办法初探》,《华侨与华人》1992年第1期,第13页。

期间,获准赴港澳定居的人达到了 30 万余人(赴香港 185447 人,赴澳门 120113 人)。另外,加上 1971 年以前的移居人数和以往非法移居港澳的人数,广东省赴港澳的纯移居者为 60 万余人。其后由于港澳当局的移入限制和广东省的经济发展等,每年的移居者稳定在 3 万人左右。①

据《广东省志·人口志》,仅 1971—1987 年的 17 年间,广东省经批准迁往港澳定居的人数便达 32.1 万人。②

就第二大侨乡福建省来看,1971—1984 年该省移居国外的归侨、港澳台同胞、侨眷为 94063 人。他们主要前往菲律宾(58382 人)、印尼(16366 人)、新加坡(6131 人)、美国(5804 人)、马来西亚(3482 人)。占最多的是菲律宾,达 58000 多人,占了同期国外移居者总数的 62%。在此期间,改革开放开始(含 1978 年)至 1984 年的出国人员较多,为 80795 人,占总数的 85.9%。不过,这些出国人员不包括赴港澳台人员。福建省因私前往港澳台的人比出国人员多。就 1979—1984 年来看,移居这些地区的人达到了 102900 人。其中往香港的移居者为 87325 人,占 84%,往台湾的移居者为 1940 人,而且集中在 1983 年和 1984 年两年。③

福建省也与广东省一样,在政治运动激烈的时期(特别是"文革"期间),归侨和侨眷被批为"有海外关系",在就业及生活方面处境艰难,因此,自出国(境)限制放宽的 1978 年开始,归侨和侨眷的出国(境)人数才迅速增加。

据福建省公安厅出入境管理处统计,该省 1978—1988 年公民因私申请出国人数为 222664 人,批准出国人数为 186326 人。④

此外,改革开放后中国整体的新移民目的地主要是北美和大洋洲。因此,这些地区来自拥有海外华侨华人的侨乡的出国人员居多。就二战前的情况看,当时美国华侨的 60% 来自广东。⑤ 广东省江门市(包括其管辖县)改革开放后每年有近 1 万人的海外移民、定居者(新移民)。根据吴仲华所述,江门市在改革开放后的 12 年期间有 21 万归侨和侨眷通过正当合法途径移民到海外

---

① 山岸猛:《对外开放后侨乡的经济变化与华侨华人——以人口(劳动力)移动为中心》,载游仲勋编著:《华侨华人经济圈动态分析》,日本国际东亚研究中心 1993 年版,第 29 页。
② 《广东省志·人口志》,广东人民出版社 1995 年版,第 75 页。
③ 《中国人口·福建分册》,中国财政经济出版社 1990 年版,第 146、148 页。
④ 《福建省志·华侨志》,福建人民出版社 1995 年版,第 249 页。
⑤ 程希:《中国大陆新老华人移民浅析》,《华侨华人历史研究》1993 年第 4 期,第 55 页。

定居。① 移民目的地大部分是美国、加拿大、澳大利亚等经济发达的国家。②

三、新移民的背景

二战前,美国、加拿大、澳大利亚、新西兰等国实施了"排华法",严加限制中国移民。战后,这些国家相继取消了"排华法"。为此,一些中国人移民开始得到了批准。但是,主要的移民目的地美国对亚洲的战略在美苏冷战结构中并没有形成接纳中国大陆移民的结构。因此,近年来美苏冷战结构的终结使得美国对来自中国大陆的新移民(不含非法移民)敞开了大门,使他们大幅增加。③

就中国来看,在外有冷战结构的崩溃,在内则与苏联的解体相关,摆脱极"左"路线,向市场经济转换。在这种环境下,打开了占国内人口80％的农民的出路。就海外移居方面看,首先开始出现侨眷从侨乡到海外探亲的情况。

有人把改革开放后的移民称为"新移民",以与过去的"老移民"(华侨)区别。④ 如前所述,后冷战后的中国大陆移民以留学、探亲等目的个别地、分散地、自发地进行,因此与过去的华侨(契约华工)时代那种有组织地大量地集体前往海外谋生的移民有着本质的不同。

新移民的目的地不是过去"华侨"前往的南洋,而是美国、加拿大、澳大利亚等发达工业国。从表1-6可知,美国是最大的华侨华人、海外中国人(包括大陆、港台地区)的接纳国,而且也是从东南亚再流出的部分华侨华人的接纳国。当然,世界华侨华人的分布发生了变化。1972年亚洲(主要是东南亚)占了95％,但1992年前后美国已占9.4％,欧洲占2.5％,澳大利亚占1.9％。⑤

为了理解这种新的海外华侨华人的外流,有必要了解成为其重要基础的、

---

① 吴仲华:《改革开放与新移民工作》,《华侨与华人》1994年第2期,第24页。

② 刘惠民、岑南生:《新移民工作的存在问题和解决办法初探》,《华侨与华人》1992年第1期,第13页。

③ 名古屋大学涂照彦教授对笔者在游仲勋项目(笹川和平财团·日中友好基金的华侨华人经济研究会)中表明的后冷战对中国的海外移民带来很大影响的观点所进行的评论。

④ 程希:《中国大陆新老华人移民浅析》,《华侨华人历史研究》1993年第4期,第55页。

⑤ 陈文寿:《论现代华人移民》,《华侨华人历史研究》1993年第1期,第30页;黄英湖:《战后华人新移民问题初探》,《中国华侨历史学会成立十周年纪念论文集》,东方出版社1993年版,第367页。

分布在全世界的中国人之间的联系。

日本的代表性华侨研究学者游仲勋认为,关于华侨华人社会的"缘",有必要了解血缘(同族)、地缘(同乡)、业缘(同业)这三缘,尤其是前二者的结合。这是因为,华侨在海外不拥有政府,靠同族、同乡实现海外移民的他们便组成一种互助、自治组织,"约束(华侨华人)社会生活的所有方面,比起表面上的人际关系乃至网络,其基础更为牢固"。①

表1-8是根据方言划分的海外华侨华人的分布情况。作为主要方言而闻名的是闽南方言、广州方言、潮州方言、客家方言等。

表1-8 从方言看海外华侨华人的分布

方言种类	主要居住地	台湾、港澳	合计
闽南方言区(泉州、厦门、漳州等)	菲律宾华人的80%、新加坡华裔的42%、马来西亚华人的32%。500万人。	台湾100万人	600万人
广州方言区(包括珠江三角洲及其周围大部分县市)	美国、加拿大、拉丁美洲及东南亚的一部分。广州、四邑(台山、新会、恩平、开平)、佛山是三大侨乡。四邑的海外华侨华人有150万人,主要分布于美国、加拿大。台山县有100万人,开平县有50万人,主要分布于美国、加拿大。广州市的海外华侨华人有140万人,侨居于90个国家和地区。佛山市、中山市的海外华侨华人主要侨居于新加坡、马来西亚。	港澳80余万人(广州市出生)	500万人
潮州方言区(以潮州为代表的潮阳、潮汕、普宁县、澄海县、揭西县)	泰国400万人,占泰国华侨华人的3/4。新加坡57万人。此外,柬埔寨、越南、马来西亚侨居者也很多。印度支那发生"排华事件"时,10万多人移居美国,6万人流亡法国。讲潮州方言的海外华侨华人有500万余人。其中,潮阳县100万人,潮州市70万人,普宁县60万人,澄海县40万人,揭西县31万人。		

① 游仲勋:《华侨——联网的经济民族》,日本讲谈社1990年版,第159、160页。

续表

方言种类	主要居住地	台湾、港澳	合计
客家方言区[以梅县（现梅州市）为代表的广东省梅州市、福建省龙岩地区、广西赣州地区]	印尼50万人、马来西亚30万人、新加坡18万人、泰国30余万人、越南30万人、缅甸10万人、英国10万人、毛里求斯3万人。客家人在世界各地有崇正会馆组织。	香港200万人	500万人

资料来源：李原等编著：《海外华人及其居住地概况》，中国华侨出版公司1991年版，第29~32页。

就闽南方言的海外侨居地分布来看，菲律宾、新加坡、马来西亚居多。尤其是菲律宾，有人说其华侨华人的80％系闽南出生。广州方言的海外侨居者大多在东南亚，北美也很多。潮州方言的海外移居者很多，甚至占了泰国华侨华人的3/4。此外，柬埔寨、越南、马来西亚的潮州方言侨居者也很多。在印尼、马来西亚、新加坡、泰国、越南等东南亚国家，客家方言的海外侨居者人数众多。世界各地都有客家人，侨居英国的有10万人。

基于方言的地缘、血缘还可以从同样基于方言的"帮"看出。华侨华人社会中具有代表性的"帮"据说有五大帮，即潮州帮、福建帮、广府帮、客家帮、海南帮。①

游仲勋教授说，"帮"是在华侨华人社会以地缘、血缘为基础形成的支配与被支配的组织，是合法的乃至非法的社会组织，它形成了"华侨社会的基本结构"。②

根据周南京主编的《世界华侨华人词典》，潮州帮由讲潮州方言的人士组成，该帮占泰国华侨华人人口的约70％，垄断泰国大米贸易的70％，掌握泰国金融业的90％以上，并控制生活必需品的商业流通机构，拥有巨大的经济势力。该帮在柬埔寨占华侨华人人口的67％，在老挝占50％以上，在越南南部占37％。下面来看看客家帮。客家帮是客家人组成的"帮"，多数在侨居国从事制鞋、缝纫、金银首饰等行业，或在矿山和种植园从事体力劳动。客家帮也

---

① 周南京主编：《世界华侨华人词典》，北京大学出版社1993年版，第78页。
② 游仲勋：《华侨——联网的经济民族》，日本讲谈社1990年版，第159、160页。

有富豪,例如东南亚客家帮的领袖胡文虎被称为"制药大王"。福建帮是华侨华人社会中闽南方言地区出生者组成的"帮"。他们是菲律宾、印尼、新加坡、缅甸等国华侨华人社会的主要势力,以经营商业和贸易业为主,并经营海运、陆运、金融、造船、橡胶、罐头、肥皂、酿酒等行业。广府帮是华侨华人社会中广州方言地区(珠江三角洲地区)出身者组成的"帮",多从事矿山和农业等体力劳动,并经营金银首饰、铜器、铁器等手工业以及屠宰、皮革、酱油、酿酒、油漆、烹饪、洗衣、旅馆、剧场、印刷等行业。该帮的规模在越南南部的华侨华人社会是最大的。①

华侨华人最多的东南亚的"帮"的情况如表1-9所示。

表1-9 东南亚地区各同族、同乡集团(帮)的华侨华人人口结构

单位:%

	福建帮	广府帮	潮州帮	客家帮	海南帮	其他
泰国	10	8	60	10	10	2
马来西亚	30	26	11	22	5.5	5.5
新加坡	40	18	23	1		18
印尼	55	15	10	20		
菲律宾	80	20				
越南	8	41	37	11	3	
柬埔寨	6	15	67	5	7	
缅甸	50					50

资料来源:游仲勋:《东南亚的华侨》,亚洲经济研究所1983年版,第6页;方雄普、谢成佳主编:《华侨华人概况》,中国华侨出版社1993年版,第393~394页。

20世纪90年代中期以后,日本的中国非法入境者(大多是福建人)往本国汇款时多利用地下银行(最近3年仅关东地区揭发出来的就有500亿日元),据说这也与"帮"有关。②

---

① 周南京主编:《世界华侨华人词典》,北京大学出版社1993年版,第875、599、845、40页。
② NHK:《特写现代》,1998年3月2日。

四、赴美国的新移民

根据出生地("帮"或"方言")来探讨表1-8、表1-9所示的世界各地华侨华人的方法可以说具有一定的合理性。但分布在全世界的华侨华人并不是固定的。由于华侨华人本身的情况或侨居国政府的"排华运动"等,华侨华人的侨居国、地区的分布时常发生变动,而且即使在新中国成立后,事实上在印尼、越南等国也发生了"排华运动",出现了许多难侨。

例如,仅在1977年至1979年期间,就有约28万名越南难侨流入祖国。此外,也有移居美国和欧洲及越南周边国家的。这一时期侨居越南的华侨华人人口理所当然地减少了。

因此,这里有必要看看难侨的动向。从表1-6可知,除了流入祖国之外,往美国、加拿大、澳大利亚等发达工业国的再流出也很显著。下面来看看近年具有代表性的移民目的地美国。

美利坚合众国独立后,由于铁路建设、矿山开发、开垦等的需要,接纳了大量的欧洲移民,但劳动力仍然严重不足,1850—1870年以四邑人为首,部分福建人也作为华工(大多数是被诱拐或绑架的破产农民)从中国移民美国。

1848年在加利福尼亚发现金矿,1850年开始便有大量的中国人为了从事金矿劳动而移居该地。

但是,1882年美国政府制定了禁止"华工移民"的"排华法"后,至1943年在美华侨华人趋于减少。1943年"排华法"被取消,此后在一定范围内允许合法移民。1953—1965年期间,移居美国的中国人数量为50456人。1965年美国政府每年批准中国大陆和台湾各2万人移居美国。如表1-10所示,1970年在美华侨华人达到了43万人。他们主要是香港、台湾的移居者和东南亚的一些移居者。1975年以后,由于印支三国政局骤变,约有40万人移居美国,其中有许多华裔。

1979年中美建交后,许多自费留学生、探亲人员从中国大陆前往美国。1980年全美人口普查时华侨华人人口是80万人,[1]1990年已迅速增加到164.5万人。这164.5万人是从大陆、香港、台湾移居美国的中国人人数,不包括来自印支3国难民中的华裔及东南亚各国移民中的华裔,更不包括那些非法入境的中国移民。因此,实际上有200万以上的华侨华人居住在美国。[2]

---

[1] 杨万秀:《海外华侨华人概况》,广东人民出版社1989年版,第150~151页。

[2] 《福建省志·华侨志》,福建人民出版社1995年版,第134、135页。

表 1-10　美国的华侨华人人口

单位：人

年份	华侨华人人口	年份	华侨华人人口
1880	105465	1950	117629
1890	107488	1960	237292
1900	89863	1970	435062
1910	71531	1980	806027
1920	61639	1985	1079000
1930	74954	1988	2000000
1940	77504	1990	1645000

资料来源：1985年前的数据系根据杨万秀：《海外华侨华人概况》，广东人民出版社1989年版，第151页；1988年的数据系根据周南京主编：《世界华侨华人词典》，北京大学出版社1993年版，第936页；1990年的数据系根据《福建省志·华侨志》，福建人民出版社1992年版，第135页。

结语：针对"侨户"的优惠措施

以上主要从侨汇（钱）和新移民（人）考察了对外开放后海外华侨华人与侨乡的联系。最后作为总结，想考察一下针对中国国内侨户的优惠措施之一、今天在中国象征着社会地位的"城市户口"的获得。

一、"农转非"与侨户

在当时的户籍制度下，不从事农业的城市居民（非农户）可以比农户多享受下列优惠待遇。(1)可以入托儿所、幼儿园，接受义务教育，中等职业学校也可免学费。(2)至粮食配给制度改革前（至20世纪90年代初期），可以低价购买到粮食、食用油、肉及其他副食品，还可领到食品补贴。(3)国家分配工作，就业后，可享受公费医疗、分娩津贴、对生活困难者发放的补贴及其他福利待遇。(4)住宅制度改革前可以从单位或城市住宅部门租住房租便宜的房子。住宅制度改革后可以购得比商品住宅价格便宜得多的住宅。(5)退休后至死亡前，可以从退休前的单位领到退休金，也有失业救济金，死亡后其家属可以领到丧葬慰问金等,可以享受许多福利。但农村户口的人即使到城市务工(称为农民工),也不能享受到拥有城市户口的人所享受的上述待遇。

就城市居民和农民的生活水平来看,一般说来,自20世纪70年代实施农村改革后城乡差距开始缩小,1978年城市居民的消费支出是农民的2.9倍,而1985年已缩小到2.2倍。但1992年城乡生活水平差距再次拉大,达到3.1倍。而且1992年城市职工人均保险福利费用为885.5元,相当于职工实际工资的33.3%,再加上相当于实际工资20%的无形住宅补贴,市民的全部实际消费便是有形消费的1.533倍,也就是说,城乡生活水平的实际差别不是3.1倍,而是4.8倍。① 从农业户口转为非农业户口称为"农转非",这是农民渴望实现的目标。

政府对华侨和港澳台同胞采取了这样的措施:购买房产或投资一定数额以上,便批准其国内的亲友(侨户)农转非。这对政府来说是一种积累资金的手段。

广州市人民政府为了加快广州市的经济建设,于1984年10月24日制定了《广州市华侨、港澳同胞投资优惠暂行办法》,规定对他们的投资进行优惠。该办法第4条规定了华侨、港澳同胞投资所享受的亲友变更户籍的优惠措施。即:华侨、港澳同胞引进先进技术,投资经营广州市急需的工业项目,投资老企业的技术改造,投资经营开发性事业,凡一次实际投资30万美元(市属八县为20万美元)者,可允许其亲友一人由农村户口转为企业所在的城镇常住户口并享受商品粮供应。凡一次实际投资额60万美元(市属八县为40万美元)者,准其亲友二人由农村户口转为企业所在的城镇常住户口并享受商品粮供应。每个项目最高限额为二人。② 如果是非生产性项目,则需要生产性投资金额的两倍。

根据笔者1993年2月在汕头市侨办的采访,通过这种生产性(或非生产性)投资申请"农转非"的情况极少,"农转非"主要是通过购买房产进行的。笔者同一时期访问广东省侨联时也听说人们主要通过购房来进行"农转非"。

就广东省汕头市的事例来看,凡用侨汇购房的华侨、港澳台同胞,可照顾其亲属迁往住宅所在城镇入户。建筑面积为50~70平方米的,可照顾其直系

---

① 俞德鹏:《论现行户籍制度与城乡关系的改革》,《中国农村经济》1995年第2期,第36页。

② 麦崇楷:《广东法规全书:1979—1993》(下),广东人民出版社1995年版,第2038页。

亲属或旁系亲属1人入户;建筑面积为80平方米以上的,可照顾2人入户。①关键是不能用人民币,而用海外汇款(根据1993年2月在当地的采访,只要是外汇就行)。据说在深圳可用人民币购买(1993年)。就房价来看,1993年汕头市为1平方米约3000元,深圳为1平方米约8000元,有很大的差距。

就1990年前广东省的情况看,至同年年底的3年期间,全省共向"三胞"(华侨同胞、港澳同胞、台湾同胞)售房100.66万平方米,总创汇1.012亿美元,为此有16649名侨港澳台属(侨户)实现了"农转非"。②

自20世纪80年代末开始,中国有相当一部分城市可以在市场上随意买到粮食等生活必需品(1993年基本上取消了粮票)。1993年2月,笔者在汕头、广州、深圳了解到城市户口所具有的意义。在汕头,户口与住宅、就业、福利、就学密切相关。在深圳,如果没有常住户口,便很难买到房屋,也不可能在有保障的企业就业,孩子的就学也很困难,这些情况对制约人口移动仍产生很大的影响。

1977年11月,公安部为贯彻国务院指示下达了"农转非"控制指标,即"每年批准从农村迁入市镇和转为非农业人口的职工家属人数不得超过非农业人口数1.5‰"。③ 1980年以后"农转非"的控制指标由不超过当地非农业人口的1.5‰调整为2‰。④

中国政府为了从财政、粮食、就业及城市接受能力方面在行政上控制农村人员流往城镇,尤其在1988年开始的经济调整、1989年的"天安门事件"以后采取了尽可能在"本地"吸收劳动力的措施,实施了控制外地人口流入的政策。

当然,20世纪80年代末出台了严厉限制使人口不断流入大城市的"农转非"的规定,即:1989年10月31日,国务院发出了《关于严格控制"农转非"过快增长的通知》。根据该通知,1990年6月23日国家计划委员会、公安部、商业部针对"农转非"提出了改变政治上缺乏统一指导、检查不严的状态,加强管理体制的具体建议。尽管有这些通知和建议,但实际上从农村流向城市的人口仍趋于增加。改革开放前后主要靠自己的劳力致富的一部分农民中出现了购买城镇户口的动向。

---

① 《广东侨报》1990年2月6日。
② 《广东侨报》1991年1月22日,《华声报》1991年6月21日。
③ 殷志静、郁奇虹:《中国户籍制度改革》,中国政法大学出版社1996年版,第5页。
④ 殷志静、郁奇虹:《中国户籍制度改革》,中国政法大学出版社1996年版,第11页。

二、各地"农转非"户口状况

各地将农村户口转为非农村户口(城市户口)的做法主要分为以下4种：(1)为吸引资金，一些地区制定了投资迁移入户的优惠政策；(2)允许购买商品房迁移入户；(3)放宽特定地区的入户条件；(4)对有突出贡献人员实行户口优惠政策。如上所述，出现了不同形式的"地方性户口"。[①]

下面就这一点进行简单的说明。

(1)关于投资"农转非"，很多情况是来自"三胞"的投资。例如，四川省规定，"三胞"在国内投资20万美元、捐赠2万美元的，可为其国内亲属办理一个"农转非"户口。河南省也一样，规定"三胞"投资10万美元，安排1人；投资15万美元，安排2人；投资30万美元，安排4人；投资100万美元，安排6人；投资500万美元以上，安排8人。

(2)以购买商品房的形式取得当地的城市户口。这是在各城市均可见到的情况。四川省规定，对在市区购买一套三室一厅商品房的，可为本人或其亲属办理一个"农转非"户口。广东省规定，凡经批准在城镇购买商品房住宅或自建住宅，要求迁入城镇居住的，可以为其办理自理口粮户口。

(3)各地相继兴建了经济开发区、保税区、高科技园区等，从而必须考虑到入区人员的户口问题。河南省南阳市规定，到开发区经商办企业的，可解决自理口粮户口，发给绿皮户口本，按常住人口进行管理。青海省格尔木市实行"蓝皮户口"制度，规定对到自然资源开发区工作的，可以解决与当地城镇居民相同待遇的户口，但在规定的服务期限内离开的，按原户口性质迁出。大连市规定，如果"蓝皮户口"(暂住)人员在经济开发区内工作4年，便可转为"红皮户口"(常住)。

(4)对有突出贡献的人办理"农转非"或自理口粮户口。陕西省规定，对年满40周岁、工龄满20年的省以上的劳动模范，可以解决其家属"农转非"户口。青海省格尔木市规定，对高中以上文化程度、有一技之长的原系农业户口的人员，可以解决自理口粮户口。

三、蓝印户口与侨乡(以广东省为主)

上述的"农转非"按国家规定可占该城镇非农业人口的2‰以内。但是，

---

① 殷志静、郁奇虹：《中国户籍制度改革》，中国政法大学出版社1996年版，第50~51页。

随着改革开放的加速,由于"农转非"政策范围以外的投资办企业人员、被征地农民大量增加,产生了"户口转换"问题。进入20世纪90年代后,这个问题趋于深刻。自1992年起,不少地区出现了买卖非农业户口的现象。

为了缓减城市的"农转非"压力,公安部1992年8月拟就了《关于实行当地有效城镇居民户口制度的通知》,同年10月开始,广东、浙江、山东、山西、河北等十多个省先后以省政府名义下发了实行当地有效城镇居民户口的通知,并着手试行。办理"当地有效城镇居民户口"的原则是:当地需要、当地受益、当地负担、当地有效。办理对象应符合在常住地登记户口的原则,履行正常的户口迁移手续。与当地城镇居民享有同等权利,履行同等义务。

办理这种户口的对象有以下这些:(1)在城镇投资兴办实业的外商(包括华侨和港澳台同胞)的国内亲属和聘用的管理人员、生产骨干及其直系亲属;(2)在城镇投资兴办实业的(国内)单位所聘用的管理人员和生产骨干及其直系亲属;(3)在城镇投资兴办实业或经批准在城镇购买商品房或自建房的国内居民及其直系亲属;(4)华侨及港澳台同胞经批准用侨汇在城镇购买商品房或自建房,需要照顾入户的内地亲属;(5)到经济不发达地区或城镇工作的科技、教育、管理人才和有突出贡献的人及其直系亲属;(6)因工厂建设等被征用土地的农民、落实政策人员、老工人在农村的家属以及长期居住在城镇的常住户口待定人员;等等。

(1)和(4)以"三胞"为主要对象。[①] 在广东省,针对通过(1)、(4)取得蓝印户口及购买商品房的国内一般农村户口,要收取"城镇基础设施增容费"。[②] 收费标准由市、县政府制定,报上级政府备案。

此外还规定,蓝印户口主要适用于县城(全国约有2500个)、建制镇和集镇(以非农业人口为主的镇),大中城市原则上不实施。[③]

"农转非"的蓝印户口,即按该城镇非农业人口2‰以内的规定迁入城镇的人和以蓝印户口迁入城市的人都必须向该城镇缴纳"城市建设配套费"。"配套费"有向用人单位收取的,也有直接向个人收取的。各城市的数额互不

---

① 殷志静、郁奇虹:《中国户籍制度改革》,中国政法大学出版社1996年版,第14、15、88、89页。

② 殷志静、郁奇虹:《中国户籍制度改革》,中国政法大学出版社1996年版,第105页。

③ 殷志静、郁奇虹:《中国户籍制度改革》,中国政法大学出版社1996年版,第68页。

相同。高的像绍兴4万元,低的如济南2000元(1992年前后)。① 辽宁省的城镇人口增容配套费最少的县镇是每人3000元,大城市最多的是每人1万元。辽宁省1991年开始出现蓝印户口,至1993年5月,在沈阳、大连等10个城市拥有蓝印户口的人达8.8万余人。②

在各地的城镇,有不少地方采取集资手段买卖城镇户口。根据公安、金融等部门的推算,1994年各地卖城镇户口所得金额可能达到200亿元之巨。③ 其中包括超计划办理"农转非"所收的"城市建设配套费"。

1992年5、6月开始,广东省一些县、市出现了公开卖户口的不正常现象。卖户口的收费因地而异,从低的2000元到高的2万元不等。④

不过,在改革开放后经济增长带动下人口流动显著的广东省,希望获得城市户口的人长期滞留在城镇。至1995年,广东省常住待定户口人员已超过20万人。⑤ 这些人长期居住在广东省的城镇,在原籍已失去生活基础。2万元是一般工人平均月收入约800元的两年收入额。20世纪90年代初,广东省整体的流动人口超过了1000万人。1994年广东省外和省内各地在珠江三角洲务工的外来劳动力总数为600万人左右。⑥ 仅就珠江三角洲的东莞市来看,据1994年8月的统计,暂住登记的外来人口达150万人,比该市常住人口135万人还多,加上未进行暂住登记的大量民工,农民工实际数量可能已达到180万人。⑦

1992年"城市户口买卖"件数骤增后,广东省从1993年1月起在全省范围内办理蓝印户口。由于实施了蓝印户口,即当地城镇居民户口,取消了原来由省分配的"农转非"指标,即城镇户口的2‰,将农村人口向城镇迁移的调控

---

① 殷志静、郁奇虹:《中国户籍制度改革》,中国政法大学出版社1996年版,第90页。
② 曹景椿:《蓝皮蓝印户口引发的思考》,《人口与经济》1993年第5期,第38页。
③ 殷志静、郁奇虹:《中国户籍制度改革》,中国政法大学出版社1996年版,第86页。
④ 殷志静、郁奇虹:《中国户籍制度改革》,中国政法大学出版社1996年版,第104页。
⑤ 殷志静、郁奇虹:《中国户籍制度改革》,中国政法大学出版社1996年版,第104页。
⑥ 杨宏山:《珠江三角洲"民工潮"的调查与分析》,《人口研究》1995年第3期,第53页。
⑦ 杨宏山:《珠江三角洲"民工潮"的调查与分析》,《人口研究》1995年第3期,第53页。

权下放给县(市)政府。① 蓝印户口在"严格限制人口流入大中城市,适当放宽流入小城市,开放流入乡镇"的方针下加以实施,但根据1996年12月笔者在上海、广州、福州所听到的情况,在这些大城市也有可能转为蓝印户口。一般说来,在各个大城市购买商品房就可拿到当地的蓝印户口。在广州市,两房一厅便可换取两人的蓝印户口。以4人为限,购买四房一厅(约100平方米)便可领到4个人的广州市常住户口。在广州市中心部的日本领事馆附近,房价每平方米约6000元。最小的房屋也需要1个房间和1个厨房,这样就可得到1个广州市的实际常住户口。一般的中国人买不起每平方米6000元左右的住房。广州市的地理条件不错,因此购房者主要是香港人,另外还有华侨华人、台湾人及一些外国企业。

福建省省会福州市的房价比广州市便宜,每平方米2000~3000元,是广州市的半价以下。一般以100平方米,即约20万元购买福州市内的公寓、住宅,就可取得蓝印户口。进入1996年后,即使不买房,也可以买到福州市的蓝印户口。1996年12月笔者采访当地时其价格为2万元。

笔者于1996年12月在上海听说,该市市内各处都在售房,浦东开发区也在销售。价格多为每平方米4000~5000元,也有1万元的。购买100平方米以上的住宅,农村户口便可转为相当于上海常住户口的蓝印户口,即需要40万~50万元。这对一般中国人来说是可望而不可即的。

根据王建民、胡琪著《中国流动人口》,自20世纪80年代末,在安徽、湖北、河南、江苏等省的部分县城和小城市率先推出了蓝印户口政策,蓝印户口比暂住户口更接近常住户口,因此进入20世纪90年代后蓝印户口政策很快在全国中小城市风行起来,沈阳、兰州、广州、武汉等一些大城市也对部分流动人口采取了蓝印户口政策。② 1994年,全国人口户籍移动最激烈的上海也开始实施蓝印户口政策。根据《上海市蓝印户口管理暂行规定》(1994年1月发布),对上海投资20万美元或100万人民币,或者购买100平方米以上的住宅,或作为专家被上海市的事业单位聘任3年以上的人可以在上海市取得蓝印户口。该蓝印户口经过一定的年限可以转为常住户口。

取得蓝印户口的人在就业、子女入学等方面均享有与城市常住人口同等

---

① 殷志静、郁奇虹:《中国户籍制度改革》,中国政法大学出版社1996年版,第105页。

② 王建民、胡琪:《中国流动人口》,上海财经大学出版社1996年版,第262页。

的权利。① 另外,根据《人民日报》(海外版)2002年4月6日报道,上海市已于2002年4月1日取消了"蓝印户口"。根据该报道,上海市从1994年开始实施"蓝印户口",8年期间有4.2万人取得蓝印户口成为上海新市民。他们当中88%的人通过买房,10%的人通过投资,余下的2%通过企业的人才招聘取得了蓝印户口。上海公安局负责人说,取消蓝印户口的原因在于,由于上海市是特大型城市,如果继续实施蓝印户口政策,不仅不利于控制上海市的人口增加,而且将对上海市的财政负担及公共服务、公共政策及上海市民的生活质量、上海经济的持续发展带来影响。

如上所述,蓝印户口制度作为售房(筹资)的方法之一,得到了实施。不可否认,它使人们承认城市户口具有很高的交换价值,使得造成城市户口与农村户口间差距的"二元户籍"问题进一步扩大。

---

① 王建民、胡琪:《中国流动人口》,上海财经大学出版社1996年版,第263页。

第二章

对外开放后福建侨乡的经济发展与海外华侨华人的经济作用
——以晋江市为中心

前　言

　　福建省晋江市(1992年撤县改市,以下称为"晋江市")的乡镇企业自改革开放以后取得了显著的发展。人们一般称之为"晋江模式"。晋江主要通过农民联户集资,使乡镇企业取得了迅速发展。该地区是全国著名的侨乡,海外亲属对这一地区的支援起到了决定性的作用。该市(不包括石狮)1988年的人口是83.42万人,其中归侨、侨眷为57.87万人,海外华侨华人及港澳同胞为76.35万人。[1]

　　晋江市位于福建省省会福州市和厦门市之间的沿海地区,与"海上丝绸之路"的起点泉州市接邻,距金门岛只有7公里。

　　新中国成立后,该地区的归侨、侨眷与海外华侨华人、港澳同胞的关系仍然主要通过经济纽带——"侨汇"维持着。20世纪80年代对外开放后,这一经济纽带有了迅速的加强,从而带来了使晋江市整体经济水平提高到中国最高水平的效果。

　　以下将阐明对外开放以后促进晋江市经济发展的重要因素——海外华侨华人、港澳同胞对晋江的经济支援状况。为此,首先概述一下晋江市乡镇企业的发展,就华侨华人对晋江市的汇款、捐赠、投资等状况以及为加大其投资的基础设施建设等加以考察。

---

　　[1]　李国梁、林金枝、蔡仁龙:《华侨华人与中国革命和建设》,福建人民出版社1993年版,第530页。

第一节　晋江市乡镇企业的发展与侨乡

　　20 世纪 80 年代初晋江市在行政上属于晋江地区,自 1985 年 5 月归属于泉州市。1988 年,原晋江县内的部分地区——石狮镇、蚶江镇、永宁镇、祥芝乡分离出来组成了石狮市。石狮市也是著名的侨乡,是服装等驰名全国市场的地区。1992 年春,晋江市成为福建省管辖的市,由泉州市代为管理。

　　晋江市的基础条件是人口较多,耕地面积较少。1965—1978 年,晋江农村劳动力从 28.76 万人增加到 34.12 万人,但农村劳动力的人均耕地面积却从 1.85 亩下降到 1.55 亩,[①]长期处于粮食自给困难的状态。"文革"时期按照"以农业为中心发展工业,为了农业而搞好工业"的口号,在高度集中的指令性计划经济体制下寻找劳动力过剩的出路,主要生产机械、食品、建材等的人民公社、生产队的企业(乡镇企业的前身)取得了一定的发展。农村工副业产值从 1965 年的 377 万元上升至 1978 年的 3128 万元,年递增 17.7%。尽管如此,1978 年农村工副业产值也仅占工农业总产值的 17.56%。[②]中共十一届三中全会以后,进入了人称邓小平时代的改革开放时期,乡镇企业的发展成效日趋显著。

　　晋江市是著名的侨乡,晋江籍华侨华人及港澳台同胞很多。据 1988 年的不完全统计,晋江籍(包括石狮市)华侨华人约为 95 万人。按国家、地区来看,菲律宾 65 万人、印尼 9.5 万人、马来西亚 7.5 万人、新加坡 4.5 万人、缅甸 1.3 万人、泰国 0.5 万人、越南 1 万人、日本 0.1 万人、美国 0.2 万人、加拿大 0.2 万人、澳大利亚 0.1 万人等。香港、澳门的晋江籍人为 29.85 万人。[③]另外,据说从大陆到台湾的晋江籍人也非常多。根据 1988 年的统计数据,祖籍晋江(包括石狮市)的台胞有 130 多万人。[④]

---

　　① 《中国国情丛书:百县市经济社会调查·晋江卷》,中国大百科全书出版社 1992 年版,第 130 页。

　　② 《中国国情丛书:百县市经济社会调查·晋江卷》,中国大百科全书出版社 1992 年版,第 130 页。

　　③ 《中国国情丛书:百县市经济社会调查·晋江卷》,中国大百科全书出版社 1992 年版,第 378 页。

　　④ 《中国国情丛书:百县市经济社会调查·晋江卷》,中国大百科全书出版社 1992 年版,第 379 页。

表 2-1　1978—1992 年晋江的劳动力人数

单位：人

年份	年末人口	农村劳动力人数	乡镇企业从业人数	占农村劳动力比重（%）
1978	948098	341182	51961	15.2
1979	963355		78016	
1980	972872	358982	99499	27.7
1981	978693	350477	115083	32.8
1982	1004821	361578	103209	28.5
1983	1013549	369631	122818	33.2
1984	1026609	383074	161069	42.0
1985	1041337	392104	164886	42.1
1986	1054639	404803	167946	41.5
1987	1074504	415818	177143	42.6
1988	846700①		168039②	
1989	869100③		152400④	44.2④
1990	910400⑤			
1991	934100⑥			
1992	941200⑦	460000⑧		

注：1988年以后人口大为减少是因为1987年12月23日原属晋江县的石狮镇、永宁镇、蚶江镇、祥芝乡这三镇一乡成为石狮市，作为省辖县级市与晋江市分开了。

资料来源：《中国国情丛书：百县市经济社会调查·晋江卷》，中国大百科全书出版社1992年版，第25、147页。①《福建经济年鉴1989》，《福建经济年鉴》社1989年版，第776页；②《福建经济年鉴1989》，《福建经济年鉴》社1989年版，第535页；③《福建经济年鉴1990》，福建人民出版社1990年版，第640页；④《福建经济年鉴1990》，福建人民出版社1990年版，463页；⑤《福建经济年鉴1991》，福建人民出版社1991年版，第648页；⑥《福建经济年鉴1992》，福建人民出版社1992年版，第598页；⑦《福建经济年鉴1993》，福建人民出版社1993年版，第677页；⑧《福建经济年鉴1993》，福建人民出版社1993年版，第673页。

对外开放以后，该市与海外乡亲的联系极为密切。海外乡亲在家乡投资办厂，引进先进设备、技术及管理经验，从"三闲"①（闲资金、闲房、闲散劳动

---

① 根据1986年8月29日的《经济参考》，晋江县利用的"三闲"是侨汇的"闲钱"、靠侨汇生活的侨眷的"闲人"及"闲房"。

力)起步,"三来一补"过渡,"三资"企业上路,到成片土地开发迈大步。1990年晋江市乡镇企业的总产值为17亿元(工业产值16.23亿元),占全市工农业总产值的85.4%,乡镇工业产值占全市工业总产值的91%。全市农业产值与工业产值的比例从1978年改革开放开始时的61.5∶38.5到1990年的10.98∶89.02,工业产值占工农业总产值的比重大为增加。① 乡镇企业的劳动力吸收数量也从1978年的51961人增至1987年的177143人,在农村劳动力中所占的比例从15.2%提高到了42.6%,参照表2-1。②

第二节 乡镇企业的发展与侨资的利用

一、乡镇企业与"三资"企业

晋江市在发展乡镇企业时一般来说利用了"三闲",经历了"三来一补"逐步向"三资"企业发展的过程。所谓的"三闲"系指:闲资金、闲房、闲散劳动力。全国都存在剩余劳动力,而闲资金和闲房与作为侨乡的晋江市有很大的关系,即晋江市有着这样的特殊优势:可以利用海外亲友的汇款以及他们在故乡晋江市所拥有的房产和让他们的亲属购置的房产。

1985年,晋江市为发展乡镇企业筹集的资金总额达24460万元,1986年达30400万元。其中侨资(来自海外华侨华人、港澳同胞的资金)均占一半以上。③

晋江市1978年的财政收入只有1476万多元,赤字73万元,但1990年财政收入达到了1.5亿元,居全国2353个县中的第52位。④ 该市农民的人均收入也从1978年的107元增至1990年的1012元。这样的发展与乡镇企业的发展有着很深的关系。而给乡镇企业带来发展的最大因素之一是"外资"的

---

① 宋桂选:《县(市)施政录·晋江卷》,中国人事出版社1992年版,第55页。
② 《中国国情丛书:百县市经济社会调查·晋江卷》,中国大百科全书出版社1992年版,第147页。
③ 《中国国情丛书:百县市经济社会调查·晋江卷》,中国大百科全书出版社1992年版,第400页。
④ 《福建日报》1992年1月12日。

利用。

晋江市20世纪80年代初开始引进"三来一补"企业,而正式利用外资则始于"三资"企业的引进。1983年"三资"企业兴起,1990年之前便有380家得到批准,其中有219家开业,实际利用外资额为5.155亿元(外汇券)。① 到1991年8月,全市共批准"三资"企业445家,总投资8.83亿元,利用外资7.12亿元,占全省利用外资额的10%,占泉州市的1/3。② 到1993年8月底,晋江市已批准"三资"企业1358家,利用外资75.5亿元。③ 其中1992年1月至1993年2月新批准"三资"企业514家,居福建省首位,合同投资总额47.89亿元,其中利用外资额骤增至40.3亿元。④ 其原因之一是1992年春县改市后,投资环境(电力、交通、通信、供水等)的改善进一步加速,基础设施投资额有所增加。

截至1993年2月,全市"三资"企业总产值达18.1亿元,占全市工农业总产值的33.1%。⑤

投入晋江市的外资可以认为大部分是来自海外华侨华人的资金。关于福建省的外资,根据《福建经济年鉴1993》,1992年年底之前全省实际利用外资32.5亿美元,其中海外华侨华人的资金(侨港资金)占68%以上。⑥ 而且在1988年以后,包括晋江市在内的闽南地区的台湾资本有了迅速的增加。

由于台湾当局的"三不"政策,1987年年底之前台湾企业(台商)对福建的投资只有4000万美元,而且其中不少是以港商或外商的身份登记注册的。⑦ 1988年开始台商对福建省的投资迅速增加,至1991年年底全省累计台商投资项目1167项,合同台资金额达14.87亿美元。⑧ 到1992年年底止,全省累计批准成立台资企业1927家,合同台资金额达24.99亿美元。在1992年度各国和地区对福建省的投资当中,台湾仅次于首位的香港列第二位。⑨

---

① 《特区时报》1991年10月6日。
② 《福建侨报》1991年10月6日。
③ 《人民日报(海外版)》1993年10月6日。
④ 《福建侨报》1993年4月25日。
⑤ 《福建侨报》1993年4月25日。
⑥ 《福建经济年鉴1993》,福建人民出版社1993年版,第107页。
⑦ 顾明:《中国改革开放辉煌成就十四年·福建卷》,中国经济出版社1993年版,第84页。
⑧ 《福建经济年鉴1992》,福建人民出版社1992年版,第106页。
⑨ 《福建经济年鉴1993》,福建人民出版社1993年版,第197页。

就晋江市来看,台湾的晋江籍人超过了100万人,截至1991年,该市台商投资额为2.27亿元外汇人民币,约占泉州市的1/3,其中近一半(1.12亿元)是台商全额出资(独资)。①

二、股份制的侨资所带来的乡镇企业的发展

乡镇企业的发展模式比较有名的有:以乡镇集体企业为主体取得发展的"苏南模式"、以个体私营企业为主体取得发展的"温州模式",以及通过股份合作制给乡镇企业带来发展的"晋江模式"(有时也叫"泉州模式")。

晋江(泉州)模式的主角是侨属侨眷。这种形态是私人各自投入资金、固定资产、劳动力等兴办企业,是以"专业户"为基础而产生的新型经济联合体。

表2-2 1981—1987年晋江农民联户企业发展情况

	1981	1982	1983	1984	1985	1986	1987
乡镇企业总数(家)	1944	1936	2271	3968	5581	5418	5840
联户企业数(家)	137	544	714	2795	3997	4329	4261
联户企业在乡镇企业中的比重(%)	7	28.09	31.44	70.44	71.62	79.9	72.96
联户企业职工人数(人)	10186	18940	21580	79452	96233	113628	107170
联户企业职工人数占乡镇企业职工总数的比重(%)	8.85	18.35	17.57	49.32	58.36	67.66	60.50
联户企业的平均职工数(人)	74	35	30	28	24	26	25
联户企业收入总额(万元)	1881	4428	5397	32127	46932	54738	57533
联户企业收入总额在乡镇企业中的比重(%)	10.98	23.92	21.95	57.93	64.05	67.88	58.68
联户企业职工月平均工资(元)			555.6	739.8	932.4	809.5	1337.8

资料来源:《中国国情丛书:百县市经济社会调查·晋江卷》,中国大百科全书出版社1992年版,第132、389、402页。

---

① 宋桂选:《县(市)施政录·晋江卷》,中国人事出版社1992年版,第137页。

从表 2-2 可知,改革开放以后,以农民集资为基础的企业兴办取得了发展。至 1985 年,该市农民利用共同集资等创办了 3997 家"集资企业",这种企业约占该市乡镇企业总数的 71.62％,占乡镇企业总产值的 64％,集资企业的职工人数占乡镇企业总职工人数的 58.4％,达到了 96200 人。① 就整个泉州市来看,至 1988 年侨属侨眷按照股份制形式兴办侨资企业 5480 家,从业劳力 20 万人,年产值达到了 5 亿多元。② 其代表性的镇是陈埭镇。该镇是 20 世纪 80 年代初期时任福建省委书记的项南称赞为"侨乡一枝花"、福建省头一个产值达亿元的镇。这些企业是由几户到十几户的农民合作兴办的联办乡镇企业。根据改革开放以后至 1986 年前半年的统计,在该镇的 457 个乡镇企业中,有 404 个、88.4％是农民集资兴办的乡镇企业。③

农民联户办的企业形式多样,农民之间联合是主要的,另外还有农民和外商直接合作经营等。合作也是多种多样的,既有生产、销售方面的全面合作,也有资金、技术、固定资产、劳动力等的单项或数项的合作。

总之,1987 年晋江市总人口的 69.3％是侨属侨眷。来自海外的汇款、捐赠等对乡镇企业的发展做出了很大的贡献。1979—1987 年间晋江侨属侨眷共投资办厂 3325 个,占晋江群众集资办厂总数的 60％。④

政府仅对海外华侨华人出于建设侨乡的目的赠送小型生产设备实行特别优惠措施。从 1984 年开始,政府对海外华侨华人赠送给家乡 2 万元以下的小型生产设备实行了特别减税措施。自 1988 年开始对侨胞赠送 10 万元以下的小型生产设备实行特别优惠政策(免除进口关税等)。⑤ 由于这种政策,海外亲友开始向侨乡赠送小型生产设备。这似乎也被看作一种"合作"的形态。

表 2-3 是海外亲友赠送给晋江市的小型生产设备的数量。从该表来看,海外亲友赠送给泉州市的小型生产设备自 1991 年以后占了整个福建省的半数以上。就 1993 年来看,全省归侨、侨眷接受海外亲友赠送的进口小型生产工具达 1798 台(总价值近 1000 万元),其中泉州市就接受了 1784 台,占

---

① 《经济学动态》1986 年第 7 期,第 28 页。
② 《华声报》1988 年 10 月 14 日。
③ 《文汇报》1986 年 7 月 5 日。
④ 《中国国情丛书:百县市经济社会调查·晋江卷》,中国大百科全书出版社 1992 年版,第 384 页。
⑤ 《中国国情丛书:百县市经济社会调查·晋江卷》,中国大百科全书出版社 1992 年版,第 412 页。

99%。① 晋江市是泉州地区经济发展成效显著的地区,晋江市的小型生产设备赠送数量年年都在增加,其中有不少是新型机械。

表 2-3　海外华侨华人赠送给泉州、晋江眷属的小型生产设备

年份		申请份数	赠送数量 （台、件）	价　值 （万元）
1985	福建省			500
	泉州		826	280
	晋江	161	444	83
1986	福建省			
	泉州		200	
	晋江	37	179	29
1987	福建省			
	泉州			
	晋江	67	338	57
1988	福建省	208		
	泉州			
	晋江	112	762	171
1989	福建省		1048	700
	泉州			
	晋江		760	368
1990	福建省		1400	1450
	泉州			
	晋江		550	738①
1991	福建省		2031	
	泉州		1984	
	晋江		1102	854
1992	福建省		3300	
	泉州		2444	4012
	晋江			
1993	福建省		1798	约 1000
	泉州		1784	
	晋江			

注：①《福建日报》1991 年 2 月 12 日。

① 《福建侨报》1994 年 2 月 6 日。

资料来源:《福建经济年鉴》,福建人民出版社 1985 年、1986 年版,《福建经济年鉴》编辑部 1987 年版,《福建经济年鉴》社 1988 年、1989 年版,福建人民出版社 1990—1993 年版;《福建侨报》1994 年 2 月 6 日;《中国国情丛书:百县市经济社会调查·晋江卷》,中国大百科全书出版社 1992 年版,第 384 页。

三、来自海外华侨华人的公益事业捐款

海外华侨华人向故乡捐款的历史十分悠久。在现代中国,他们仍向家乡汇来公益事业基金,其一半以上用于教育事业。就晋江市来看,1950—1965 年海外华侨华人捐款 311.6 万元用于家乡教育事业;1966—1977 年捐款 315.7 万元用于教育事业。1978 年开始的改革开放时期海外华侨华人的捐款数额迅速增加,1978—1985 年华侨华人捐款 2171.43 万元,修建校舍面积达 122635 平方米。20 世纪 80 年代中后期海外华侨华人捐款数额迅速增加,1986 年达 1317.07 万元,1987 年达 1140 万元,两年捐款总额接近于过去 35 年的总和。① 1992 年,包括晋江市在内的泉州市整体接受侨胞捐赠 2.3 亿元,占全省侨胞捐赠(4.4 亿元)的 52.3%;②1993 年达 2.9 亿元,占全省(6.4 亿元)的 45%。③ 海外华侨华人的捐赠大部分用在了教育事业,但有的捐赠也用于促进发展侨乡经济的公益事业。表 2-4 列出了 1949—1987 年晋江市海外华侨华人捐赠的用途。

对外开放以后,海外华侨华人对基础设施建设的捐资急速增加。例如,改革开放以来至 1993 年海外乡亲用于家乡路桥建设的捐款达到了 5000 多万元。④

以上叙述了晋江市改革开放后海外华侨华人向故乡的投资、捐资(捐物)迅速增加的情况,而促使侨资增加的主要原因可以说是环境的改善,这一点将在后文叙述。

要从动态的角度探讨晋江市的经济发展,必须就新中国成立以后至改革开放初期海外华侨华人对该市侨属侨眷的汇款(侨汇)的变化情况进行考察。⑤

---

① 《中国国情丛书:百县市经济社会调查·晋江卷》,中国大百科全书出版社 1992 年版,第 229~230 页。
② 《福建经济年鉴 1993》,福建人民出版社 1993 年版,第 108 页。
③ 《福建侨报》1994 年 2 月 6 日。
④ 《福建侨报》1993 年 11 月 7 日。
⑤ 这里仅概述侨汇的变化,其他情况拟另文探讨。

表 2-4　1949—1987 年晋江市海外华侨华人捐资公益事业情况表

	用　途	金额(万元)	数　量
教育	中学	948.06	
	小学	5437.84	
	幼儿园	113.80	
	教育基金	468	
医院及文化卫生	院站(数)	140	40
	文化卫生	199.8	
其他公益事业	农田水利建设	613	
	修桥造路	1663	163(村)
	安电照明	1416	304(村)
	自来水	81.7	
	汽车		177(辆)
	电视机		191(台)
	录音机		157(台)
	其他物品		422(件)
	侨联	188	

资料来源:《中国国情丛书:百县市经济社会调查·晋江卷》,中国大百科全书出版社 1992 年版,第 383 页。

第三节　侨汇与侨眷

一、新中国成立后的侨汇

图 2-1、图 2-2 和表 2-5 是新中国成立以后至 1990 年海外华侨华人(包括港澳台同胞)对晋江市汇款(侨汇)金额的变化。

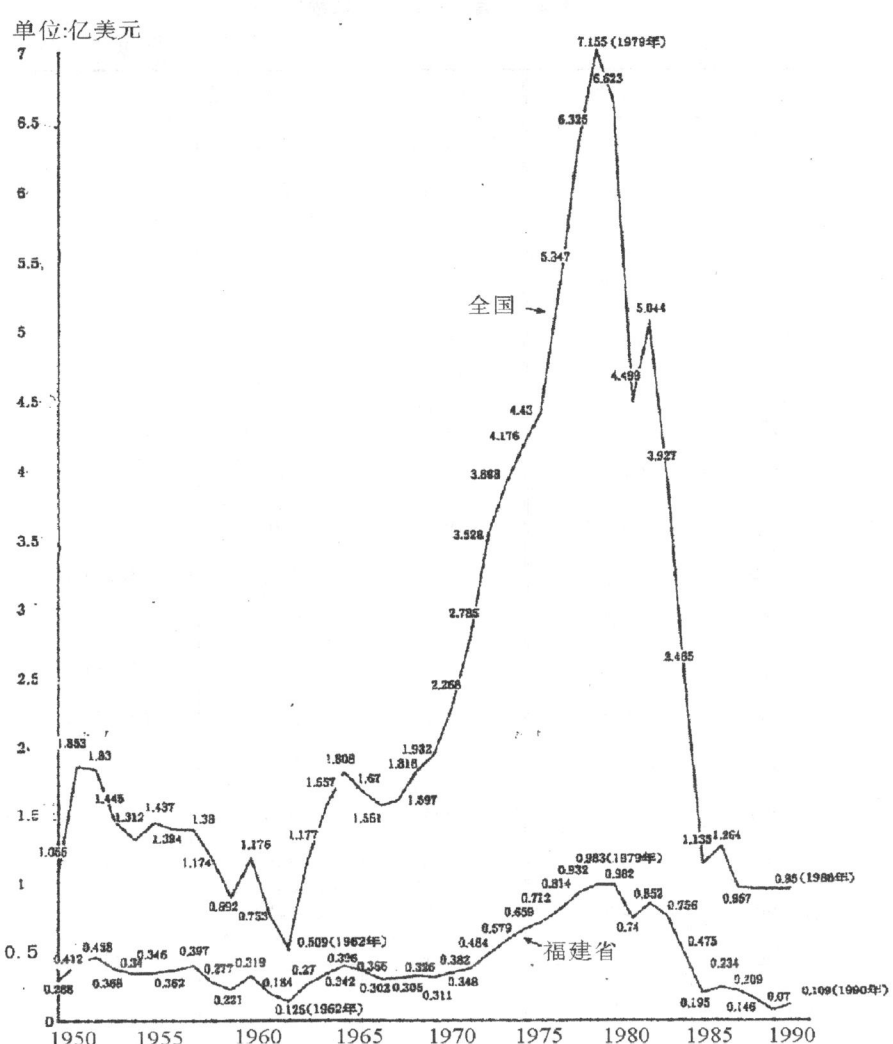

图 2-1 新中国成立后福建省乃至全国的侨汇情况

资料来源：全国数值系根据李国梁、林金枝、蔡仁龙：《华侨华人与中国革命和建设》，福建人民出版社 1993 年版，第 268、269 页。福建省数值系根据《福建省志·华侨志》，福建人民出版社 1992 年版，第 193 页。

表 2-5　晋江市的侨汇数额

单位：万元人民币

年份	金额	年份	金额	
1950	2925	1970	2146	
1951	4306	1971	2582	
1952	4399	1972	2477	
1953	4114	1973	2631	
1954	4018	1974	3145	
1955	3517	1975	3315	
1956	3263	1976	3736	
1957	3204	1977	4049	
1958	2510	1978	3902	
1959	1774	1979	3776	(3514)
1960	2186	1980	2479	(2158)
1961	1746	1981	1570	(1388)
1962	2146	1982	2132	(2222)
1963	2528	1983	1752	
1964	3122	1984	805	
1965	3315	1985	340	
1966	2981	1986	429	(427)
1967	2594	1987		(811)
1968	2310			
1969	2876			

资料来源：《中国国情丛书：百县市经济社会调查·晋江卷》，中国大百科全书出版社1992年版，第381页。（　）内数据出自该书第212页。

福建省接受侨汇的数额在 1950—1965 年期间约占全国总数的 25％，1979 年仅占全国总数的约 15％，但最大的侨乡广东省和第二大侨乡福建省两

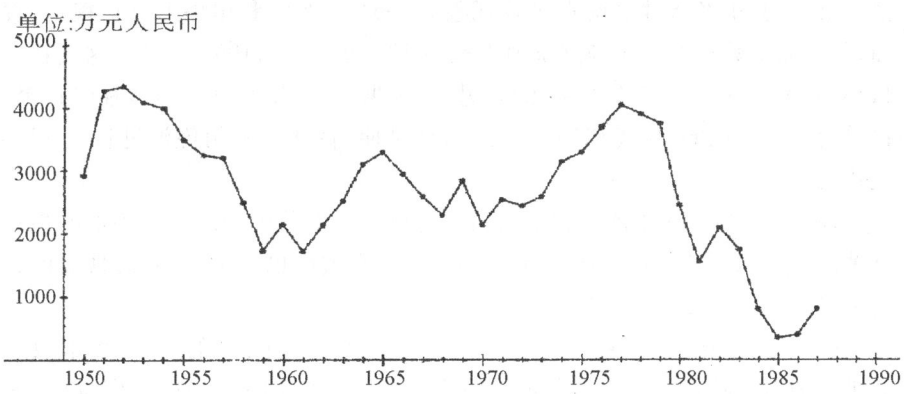

图 2-2 新中国成立后晋江的侨汇情况

资料来源:《中国国情丛书:百县市经济社会调查·晋江卷》,中国大百科全书出版社 1992 年版,第 381 页。

省就占了全国侨汇总数的约 85%~90%。[1]

从新中国成立后的 1950 年至 20 世纪 80 年代末,全国侨汇增减数额大体经历了 6 个阶段的变化。虽然有变动幅度不同的时期,但从 20 世纪 50 年代后半期至 1978 年,在指令性计划经济体制时期,晋江市乃至福建省的增减原因基本上也是一样的。[2] 下面概述一下晋江市乃至全国的侨汇变动情况。

(1)1950—1957 年国民经济恢复时期和 1953 年开始的第一个五年计划时期,侨汇基本上处于稳定增长状态。这似乎与新中国成立后党和国家的侨汇保护政策有关。

(2)1958—1962 年第二个五年计划时期,侨汇大幅度减少。在"大跃进"时期掀起了"平调风"、"共产风",强制动员侨眷缴售金、银、首饰及外钞等,"全民投资办工厂",侨眷的合法权益受到了侵害。此外,这个时期应该特别记述的是,在 1960 年至 1962 年自然灾害所造成的粮食困难时期(据说当时有 1000 万~2000 万人饿死),曾利用侨汇进口粮食、食油、副食品。根据《中国国

---

[1] 李国梁、林金枝、蔡仁龙:《华侨华人与中国革命和建设》,福建人民出版社 1993 年版,第 270 页。

[2] 《中国国情丛书:百县市经济社会调查·晋江卷》,中国大百科全书出版社 1992 年版,第 380~382 页;李国梁、林金枝、蔡仁龙:《华侨华人与中国革命和建设》,福建人民出版社 1993 年版,第 271~274 页。

情丛书:百县市经济社会调查·晋江卷》,1961年晋江利用侨汇进口粮食、食油、副食品的数量是1211吨(价值人民币171万多元),1962年进口这类物资4143吨(价值人民币653万多元)。另外,根据1991年9月29日《福建日报》报道,在20世纪60年代初期的经济困难时期,晋江市利用侨汇进口了1143吨化肥。

(3)1964—1965年侨汇有了增加。这似乎与中共中央的争取侨汇的指示有关。1963年以后,经济逐步好转,市场、物资供给也有了改善,海外也停止向侨属侨眷寄送食品。

(4)1966—1972年,由于1966年开始的"文化大革命"的影响,侨汇收入被诽谤为"剥削",1967年下半年华侨投资公司①停止吸收华侨投资资金(股金),1969年撤销了华侨投资公司。为此,从1967年开始侨汇便减少了。

(5)1973—1980年侨汇大幅度增加。因尼克松访华、与日本及菲律宾等国建交、海外华侨华人的爱国意识高涨等因素,1973年开始侨汇有了增加。1976年10月"文革"结束,保护侨汇的政策得到恢复,尤其在1978年12月中共十一届三中全会以后,国家的侨汇保护政策开始受到重视。同时,海外华侨华人、港澳同胞的经济实力增强了,外汇汇款趋于增加。为此,福建省乃至全国的侨汇额又大幅度地增加了。

(6)1981—1988年,侨汇虽然大幅减少了,但海外给侨属侨眷的汇款及带回的外汇却增加了。这段期间,海外华侨华人、港澳同胞通过中国银行向侨属侨眷的汇款额出现了大幅度减少。其原因是对外开放政策实施以后,回到侨乡探亲的海外华侨华人、港澳同胞大量增加,黑市外汇兑换价和中国银行的外汇牌价有30%~80%的差价,因此直接带回外币的人增加了。据统计,从广东入境的海外华侨华人、港澳同胞的人数从1978年的总计168万人增加到了1987年的总计2203万人。政府开始不对入境者携带外币加以限制。就晋江市来看,进入20世纪80年代后,每年回晋江市探亲的海外华侨华人、港澳同胞的总数约5万人次,以每人次带入港币5000元计算,每年带给晋江侨眷的港币就有2.5亿元。

此外,由于放宽了海关对海外华侨华人、港澳同胞携带物品的限制,因此

---

① 华侨投资公司是新中国成立后为促进海外华侨华人对祖国的投资而设立的投资公司。华侨华人通过华侨投资公司进行投资。广东省于1955年3月正式成立华侨投资公司,福建省则更早,于1952年7月成立华侨投资公司。设立时为公私合营,1957年改为国营。

他们带进了电视机、冰箱等耐用消费品,即转变成了"以钞代汇"、"以物代汇"的形式。

这里就侨汇的具体使用方法作一个说明。1975年以后,海外华侨华人、港澳同胞对侨眷的汇款通过中国银行(此前主要通过民间的"侨批业")进行,国内各地的中国银行将汇入的外币兑换成人民币。这种人民币是与一般中国人使用的人民币不同的"侨汇券",银行把侨汇券交给侨属侨眷,一般称为"解付侨汇"。用侨汇券可以购买一般中国人无法随意买到的粮食、食油、布料、肉等生活必需品,还能买到建筑材料等,当时是很方便的"票券"。但在实行改革开放政策以后,随着商品经济的发展,在市场上可以随意买到的国家"统购统销"物资也越来越多。

由于上述变化,汇入中国银行的侨汇额自20世纪80年代一直在减少。

侨汇不仅在扶助侨属侨眷的生活方面起了很大的作用,而且在国家经济的贸易结算方面也起到了重要的作用。根据林金枝教授所述,1950—1988年期间中国对外贸易逆差达到了61.24亿美元,侨汇对弥补逆差起到了重要的作用。另外,同一时期的侨汇额为96.10亿美元,即使弥补了贸易逆差,仍然还剩余34.86亿美元。[①]

二、福建省的侨汇收入

20世纪80年代以后福建省的侨汇收入越来越少。以1980年为基数100%,则1981年为74.4%,1982年为85.6%,1983年为76%,1984年为47.7%,1985年为19.6%。[②]

就侨汇减少的最大原因来看,一句话,是海外华侨华人向家乡的汇款方式多样化了。即便侨汇减少了,但他们往家乡的汇款绝对额并没有减少。

如前所述,进入20世纪80年代以后,海外华侨华人已可以回国探亲,侨汇的兑换率远比直接带入外币现金不合算,因此回国时携带外币现钞交给眷属的福建籍华侨华人年年都在增加。此外,回乡时带回电视机、冰箱等耐用消费品的人也增多了。与外币一样,耐用消费品的黑市同样也存在。另外,20世纪80年代中期颁布了小型生产设备进口优惠条例,为此享受优惠条例免税进口小型生产设备,用于兴办侨属企业的眷属也增加了。也有一部分侨汇用

---

① 李国梁、林金枝、蔡仁龙:《华侨华人与中国革命和建设》,福建人民出版社1993年版,第268~271页。

② 《福建经济年鉴1986》,福建人民出版社1986年版,第375页。

于投资"三资"企业。

就是说,从20世纪80年代初期到中期,非贸易外汇收入增加了,但侨汇收入却大大地减少了。福建省的侨汇收入在非贸易外汇收入中所占的比例1980年以前是95%以上,而1985年则降到了58%。如果考虑同期外币兑换数额和个人外币存款的因素,1985年非贸易外汇收入比1980年还增加了13%。[1]

1986年与1985年相比,全省的侨汇收入增加了20.2%,[2]但1987年比1986年减少了10.9%,[3]1988年比1987年下降了29%(但旅游外汇收入等其他非贸易外汇收入比1987年增加了78.6%)。[4] 1989年比1988年大幅度减少了52%,是1980年以来福建省侨汇下降率最大的一年。1989年福建省通过银行结汇的侨汇收入减少到只有历史最高年份的7%。该年发生了"天安门事件",旅游外汇收入比1988年下降了40.4%。[5] 这种倾向在福建省乃至全国都可以看到(参照图2-1)。为了避免侨汇减少,国家外汇管理局于1989年12月16日将人民币对外币的兑换率实际降低了21%。[6] 其效果是1992年的侨汇比1989年增加了55.4%,[7]1991年比1990年增加了80.4%,[8]但1992年又比前一年下降了35.1%。[9] 人们认为减少的原因是汇款途径的多样化。

1994年以后,人民币对外汇的兑换率有了大幅度的变动。外国人使用的外汇券停止发行,1993年年底1万日元约合550元外汇券,但1994年外汇管理改革以后,1万日元便可兑换约790元人民币。这与前一年(1993年春)笔者在辽宁省沈阳市听到的黑市价大致相同。尽管外汇对人民币的兑换率提高了,但例如1994年3月厦门市繁华大街上的华联商厦等百货商店门前,买卖港元等的黑市依然存在。因为在国内市场,在侨汇券、外汇券、外币之间,侨汇券总是处于不利的状态,用侨汇券才能购买的统制供给物资已可随意在市场

---

[1] 《福建经济年鉴1986》,福建人民出版社1986年版,第375页。
[2] 《福建经济年鉴1987》,福建人民出版社1987年版,第402页。
[3] 《福建经济年鉴1988》,《福建经济年鉴》社1988年版,第328页。
[4] 《福建经济年鉴1989》,《福建经济年鉴》社1989年版,第320、324页。
[5] 《福建经济年鉴1990》,福建人民出版社1990年版,第279、300页。
[6] 《福建经济年鉴1990》,福建人民出版社1990年版,第279、300页。
[7] 《福建经济年鉴1993》,福建人民出版社1993年版,第303页。
[8] 《福建经济年鉴1992》,福建人民出版社1992年版,第275页。
[9] 《福建经济年鉴1993》,福建人民出版社1993年版,第284页。

上买到,所谓的特别"照顾"已经不存在。1992年福建省停发侨汇券,到1992年年底侨汇券便停用了,除了建筑侨汇券之外,1993年以后再也没有看到侨汇券。①

另外,从晋江市的侨汇收入占全省侨汇额的比例来看,可以知道其所占的比例相当高。1981年以前晋江市的侨汇额比该市的财政收入还要多。如1978年该市的财政收入为1488万元,而这一年的侨汇收入达3902万元,等于财政收入的262%。②

下面来看看侨汇的用途。

根据福建省侨汇调查,1957—1964年的侨汇用途如表2-6所示。

表2-6 1957—1964年福建省侨汇用途统计表

单位:%

年份	赡家汇款	建筑汇款	投资	其他
1957	55.6	19.97	9.45	14.98
1958	68.3	15	4.63	12.09
1959	83.52	8	6.78	1.70
1960	57.1	15.54	11.78	15.58
1961	75.52	8.06	4.25	12.17
1962	84	4.8	3.2	8
1963	78.6	15.36	1.47	4.57
1964	73.5	17.7	5	3.8

资料来源:李国梁、林金枝、蔡仁龙:《华侨华人与中国革命和建设》,福建人民出版社1993年版,第252页。

从表中可知,平均70%左右的侨汇用于赡家,其次是用于修建住房。20世纪50年代中期至60年代中期用于投资的侨汇很少。海外对侨乡的汇款大量用于投资的情况到了20世纪80年代对外开放政策实施以后才开始出现。

---

① 《福建经济年鉴1993》,福建人民出版社1993年版,第284页;1994年3月笔者在厦门市的采访。

② 《中国国情丛书:百县市经济社会调查·晋江卷》,中国大百科全书出版社1992年版,第212页。

第四节 为增加海外华侨华人向侨乡
投资、汇款而改善条件

一、华侨及侨眷（包括港澳同胞的眷属）私房的退还

改革开放以后,实施了退还误没收或占有的华侨及侨眷私房的政策。退还华侨、侨眷私房的第一阶段首先是清还"文革"期间所占用的华侨及侨眷的私房(侨房),第二阶段是退还土地改革时误没收、征收、占用的侨房。

1982年12月31日以前,福建省的4个主要城市福州、厦门、泉州、漳州全部退还了"文革"期间被占用的侨房。

根据国务院华侨办公室主任廖晖于1985年春节公布的有关退还侨房的情况,"文革"期间被挤占的侨房基本上已经退还业主,1985年年初政府又决定将土地改革中农村和城市、城镇没收、征收的华侨私房退还华侨业主,对社会主义改造时错改造(已不是个人所有)的侨房撤销改造。①

关于"文革"期间被占用的华侨及侨眷的私房,由于比在土地改革时期及社会主义改造时期被没收、征收的面积要少,而且还是记忆犹新的时期,因此比较容易退还。

在第一阶段,对退还侨房影响最大的是人民解放军占住的侨房的退还。根据1985年6月9日《福建侨乡报》,福州军区当时召开各大单位的领导干部会议,决定退还驻闽部队新中国成立以来,尤其是"文革"中占用的华侨、港澳同胞的私房。实际上,另据该报1983年1月6日报道,驻晋江部队已经在1982年10月下旬之前全部退还长期借用的华侨私房。

晋江市距金门岛仅有7公里之隔。② 在台湾海峡局势紧张的时代,晋江地区、厦门地区当然驻扎了很多部队。作为前线基地的晋江地区的驻军退还占用的侨房,这象征性地反映了台湾海峡紧张局势的缓和。如果紧张局势没有缓和,以晋江市为代表的沿海地区的经济发展也不可能实现。

第二阶段是处理20世纪50年代初土地改革时期及其后的社会主义改造

---

① 《福建侨乡报》1985年3月3日。
② 《中国国情丛书:百县市经济社会调查·晋江卷》,中国大百科全书出版社1992年版,第385页。

时期、数次政治运动时期的遗留问题,因时间长、数量多,在查找档案、资料等方面有很多困难。

第二阶段的福建省侨房退还情况经历了以下过程。

1984年年底之前已经退还错没收的侨房产权47.1万平方米、使用权30.5万平方米。① 截至1985年9月底,福建省各地农村所退还的侨房为:产权86.33万多平方米,使用权57.25万多平方米。根据1985年2月3日《福建侨乡报》,全省土改中错没收的侨房为64万多平方米,但根据同年11月10日《福建侨乡报》,该省应退还土改时没收、征收的侨房共121.4万多平方米。前后两个数据相差甚远,也许是1985年应退还的标准发生了变化。

截至1988年年底,福建省农村侨房已有141.9万平方米的产权和139.1万平方米的使用权退还给房主,分别占应退还总面积的99.3％和97.4％。在福建省城市误改造的侨房中,1988年年底前已退还产权26.6万平方米、使用权7.7万平方米,分别占应退还总面积的56.7％和30.3％。②

截至1990年上半年,福建省农村已退还侨房使用权145.4万平方米,占应退还总面积的98％。另外,该省城市侨房产权已退还71.4％,使用权已退还52.7％。③

根据《福建省经济年鉴1992》,截至1991年年底,全省农村侨房已退还产权143万平方米,退还使用权142万多平方米,分别占应退数的99.8％和99.3％。比上述的1990年上半年的数据稍有减少。这似乎是因资料不同所引起的。另外,至1991年年底,城市侨房已退产权46.7万平方米,已退使用权25.6万平方米,各占应退数的83.5％和65.7％。④

如上所述,(1)农村侨房退还率较高,1988年年底已退还使用权97％以上;(2)城市侨房退还率比农村要低得多,至1991年使用权退还率只有65.7％。城市占用侨房的许多机关、部门似乎因搬迁困难而难以退还。

下面来看看晋江市侨房退还情况。

上文已经论及驻晋江市某部归还了长期借用的侨房。1985年夏,中共晋江地委(按20世纪80年代中期的行政区划,包括泉州市、惠安县、晋江县、南安县、安溪县、永春县、德化县)要求在同年年底前将应退还的侨房产权95％

---

① 《福建侨乡报》1985年2月3日。
② 《福建侨报》1989年2月26日。
③ 《福建侨报》1990年8月5日。
④ 《福建经济年鉴1992》,福建人民出版社1992年版,第99页。

以上、使用权70％以上退还给业主。另外,该市至1985年夏已退还侨房产权20万平方米,退还使用权14万多平方米。① 至1985年12月上旬已退还产权354400平方米(占应退还总面积397249平方米的89.2％),退还使用权223743平方米(占应退还总面积的56.2％)。据1985年12月15日《福建侨乡报》报道,由于上述原因,该地区的回乡探亲旅游人数大大增加,泉州中旅社(主营华侨、华人旅游业务的旅行社)接待团数比1984年增加了70％。另外,海外华侨华人汇回兴办公益事业的资金也比1984年增加了50％以上。

二、采取恢复名誉等措施

如上所述,改革开放以后一直在进行占住侨房的退还工作。此外,(1)纠正"文革"时期及以前强加给华侨及侨眷侨眷的冤假错案;(2)针对20世纪60年代初实施精简机构政策时被下放到条件恶劣的工作场所的归国华侨职工、华侨直系亲属,也采取了让他们重返原单位等措施。

(1)全省清理复查"文革"期间和"文革"以前的冤假错案工作已于1986年全部结束。共为3967名沉冤多年的归侨、侨眷平反昭雪,恢复名誉。另外,在1988年之前为8000多户华侨地主、富农改变了出身成分。②

在晋江市,1978—1984年除了协助有关部门改变华侨地主、富农成分484户之外,还平反冤假错案51件、54人。③

(2)1978年12月至1988年,全省20世纪60年代初被精简下放的归侨和华侨、归侨直系亲属职工已收回安排工作的1751人,作为正式职工安排退休退职的2941人,④1989年和1990年又分别审批3224名和1268名被精简的这类职工的落实政策申请,给予收回原地办理退休退职。⑤

在晋江市,至1986年收回了190名20世纪60年代被精简的归侨、华侨及归侨直系亲属的职工。⑥

如上所述,由于对海外华侨华人及其亲属的政策性照顾,海外华侨华人、

---

① 《福建侨乡报》1985年8月4日。
② 《福建经济年鉴1989》,《福建经济年鉴》社1989年版,第361页。
③ 《中国国情丛书:百县市经济社会调查·晋江卷》,中国大百科全书出版社1992年版,第355页。
④ 《福建经济年鉴1989》,《福建经济年鉴》社1989年版,第361页。
⑤ 《福建经济年鉴1990》,福建人民出版社1990年版,第334页;《福建经济年鉴1991》,福建人民出版社1991年版,第338页。
⑥ 《福建日报》1986年6月17日。

港澳台同胞向侨乡公益事业的捐赠和对侨乡亲属的汇款有了增多。但是,从图 2-1、图 2-2 可知,对侨属侨眷的汇款自 1980 年以后趋于减少。来自海外华侨华人的汇款或在回国探亲时带回,或利用优惠条件向侨乡亲属赠送小型生产设备,或以和家乡的亲属合作、合资的形式进行投资,通过多种途径进行资金、物资的投入。

结束语:从点到面的波及效果

以上以著名侨乡晋江市为中心就对外开放以后经济发展的重要因素——海外华侨华人所带来的经济效果进行了论述。来自海外的汇款和投资从晋江市波及了其他地区。其主要效果有市场的扩大和劳动力的吸收。

一、市场的扩大

晋江市和石狮市的服装、陶器、帽子、运动鞋等消费品如今已形成了全国性销售网。在辽宁省沈阳市(距晋江、石狮约 2000 公里)的大型批发市场"五爱市场"(中国第二大规模的城市集贸市场)有很多石狮市和晋江市的制品(主要是服装)。此外,笔者于 1993 年夏天访问的中俄民间贸易的主要基地之一哈尔滨市,以及与俄罗斯毗邻的边境地区黑龙江省黑河市也都在销售石狮市和晋江市的服装。根据笔者在沈阳"五爱市场"的采访调查,运输队(大多是私营)一般是两人一组开一辆卡车,用 4~5 天时间把货物从晋江运到沈阳。也有用火车运输货物的,但卡车运输比较发达。1994 年 1 月,厦门市的一位原卡车司机说,卡车司机 1 个月可收入数千元。晋江市、石狮市的市场扩大有几个要素。除了交通运输工具发达、电话通信网等基础设施已得到改善、扩充之外,还有该地区拥有许多供销员的因素。例如晋江市磁灶镇(陶瓷器有名的镇)在全国各大城市有 4000 多名供销员,形成了庞大的销售网和信息网。晋江市青阳镇也有 1500 多名供销员遍布全国各大城市,对跨越行政区范围的"横向型经济联合"做出了很大的贡献。① 但在他们当中也有文化水平不高的人,似乎还有人挑起过经营纠纷。

下面谈一下基础设施的完善与扩充。在晋江市对外开放、改革政策实施后 10 年期间(至 1989 年),共投入 1.17 亿余元(是新中国成立后 30 年期间总

---

① 宋桂选:《县(市)施政录·晋江卷》,中国人事出版社 1992 年版,第 143、164 页。

和的3.4倍)建设基础设施。例如,1988年投入834万元从日本购进电话设备,实现全市电话自动化,用户可直拨日本、美国、香港、菲律宾、新加坡等17个国家和地区。① 1991年3月,晋江市陈埭镇平均8.66户就有一部电话。② 此后晋江市各家庭的电话有了进一步的普及。1994年1月,笔者访问泉州市、晋江市、石狮市时才知道,该地的电话普及率远比中国第四大城市辽宁省沈阳市高,市内到处都有可打长途电话的地方。道路的修建在改革开放以后也有迅速的发展,1989年全市公路通车里程达553公里,1993年公路密度已是全国平均水平的近8倍。③ 此外,港湾的修建与扩充、电力和自来水的普及等也得到了促进。

二、劳动力的吸收

广义上的泉州市(包括晋江市和石狮市)由于乡镇企业的发展,已能够吸收外地劳动力。即使在1989年初期全国经济调整、紧缩时,石狮市和晋江市各乡镇企业还大规模地进行招工。根据1989年3月5日《福建侨报》,1988年前后石狮市和晋江市的各企业除了吸收本地的劳动力之外,还从外地吸收了10万余名工人。外来工除了来自福建省内的其他地区之外,还有来自四川省、安徽省、山东省等地的工人。这是因为,该地区商品经济的发展,使各企业的生产规模逐年扩大,新的"三资"企业有了增加。当时是经济紧缩的严峻时期。晋江市乡镇企业1989年第三季度的生产虽呈负增长,但因当地领导对经济发展的大力支持,第四季度乡镇企业的生产又有了恢复,1989年整年仍有发展。进入20世纪90年代后,泉州地区经济发展加速,对劳动力的需求也增加了。据泉州市劳动管理部门的统计,1993年1—10月,该地区吸收的外地劳工已达40万人次,年底便达到了50万人。这相当于该市农村劳动力的20%。这些劳工有省内的,也有省外的。在省外劳工中,江西、四川、安徽三省占70%。在本省劳工中,闽北地区、龙岩、三明等地占多数。这些外来劳工有90%受雇于乡镇企业、"三资"企业、私营企业和个体企业。外来劳工素质较低,文盲、半文盲占了40%。④

1993年12月底笔者访问晋江市时,从政府干部和侨联干部那里了解到,

---

① 《福建侨报》1989年8月20日。
② 《福建侨报》1991年3月31日。
③ 《福建侨报》1989年8月20日、1993年11月7日。
④ 《福建侨报》1993年12月26日。

来自晋江市以外的外来工有35万人以上。这基本上与晋江市的劳动力数量相等。

物资、资金、人员的流动与人民公社时代有了根本的不同,可以超越行政范围在全国流动,而且这种流动不断加速。

过去(土改及集体化时代)农村的主角是贫下中农,但改革开放后侨乡的主角已经转换为海外华侨华人的眷属。华侨华人眷属不仅自己已经富裕起来,而且他们依靠海外的资金、物资、技术援助所进行的经济活动具有波及效果,对整个侨乡及其他地区,乃至对海外华侨华人的再投资等都起到了推动作用。

第三章

改革开放后广东省侨乡的经济变化与海外华侨华人
——以台山市的新移民和侨汇为中心

前　言

改革开放后中国急速的经济增长引起了全世界的注目。众所周知,其原因之一是海外华侨华人起到了很大的作用。在 21 世纪,如果忽略亚洲经济,就很难谈及世界经济。尤其是华侨华人经济的动向值得关注。海外华侨华人经济对中国大陆经济的影响很大,今后也将继续保持一定的影响力。我们有必要对这种大的潮流加以阐述。

这里有必要说明形成这种潜在趋势的海外华侨华人的中国故乡——侨乡在改革开放后的经济增长及与海外亲属的经济联系处于何种状态。因为这是了解海外华侨华人经济与中国的经济网络的一个重要因素。最近日本的报纸(例如《朝日新闻》1996 年 11 月 21 日)[①]也编辑了"华人网络"特集,从中可以看到来自侨乡的报告。但这一方面的研究在日本几近空白。例如,有关改革开放后海外华侨华人向中国的侨眷汇款(侨汇)的情况如何? 在侨乡,依赖侨汇的侨眷和一般农民的生活状况如何? 从侨乡投奔海外亲属的海外移民的状况如何? 这些问题因资料的限制等,几乎还未得到阐明。

本章出于对这些问题的关注,拟以最大的侨乡广东省为中心,就改革开放后侨乡的侨汇、侨户和非侨户的收入差距以及新移民加以考察。

---

① 但是,关于近年来的台山,并不像报纸所说的"贫穷出移民",这一点可以从本章中得到理解。

第一节 广东省的海外移居状况

一、改革开放前后往港澳移居情况

约有90%的港澳居民的祖籍是广东。新中国成立后广东省与港澳之间的人口移动仍在持续。20世纪50年代初期,曾有过从港澳回到广东省的人数增加的时期,但由于当时政策的影响,不久从港澳回乡的人数便大为减少。与此相反,从广东省到港澳的出境人员则增加了。但人们认为,1971年以前从广东省赴港澳的30万名出境人员中有相当多的非法出境人员。在1971年至1982年的12年期间,正式获准从广东省前往港澳的人为30多万人(参照表3-1)。仅次于广东省的第二大侨乡福建省当然也有侨眷和归侨出国或出境。仅就赴港澳台的出境人员来看,仅1979—1984年这5年期间就有10万余人获得政府批准移居香港、澳门、台湾。[①]

表3-1　1971—1982年广东省获准赴港澳定居人数

单位:人

年份	香港	澳门
1971	575	
1972	3970	
1973	17694	
1974	8863	
1975	7056	
1976	8259	1971—1977年
1977	10546	合计 56963
1978	23038	3834
1979	26609	44742
1980	24927	4822
1981	26706	4895
1982	27204	4857
合计	185447	120113

资料来源:《中国人口·广东分册》,中国财政经济出版社1988年版,第158页。

---

① 《中国人口·福建分册》,中国财政经济出版社1990年版,第149页。

"文革"时期处于一种一般群众(包括侨眷)难以出国、出境的社会、政治状况。侨眷被说成"与海外有特殊关系"及"外国的间谍"等,侨汇也被批为"剥削",处于艰难困苦的处境下。为此,许多侨眷想要出境投奔海外的亲戚。但在对外开放之前,出境是很困难的。直至1979—1980年,才有大量的侨眷(包括归侨)移居海外,因为这一时期中国政府才开始批准人们出国、出境。第一大侨乡广东省的出国、出境人数占了大多数。

二、改革开放时期台山及广东省其他侨乡的国外迁移

改革开放初期,1980年是出国人员最多的年份,从广东省赴港澳地区以外的人有42000多人。其中,去美国的有16000多人,占38%,去加拿大的有11000多人,占26%,仅北美地区就占了64%。①

1978—1985年广东省台山(台山于1992年撤县改市,以下统一称为"台山市")、顺德等侨乡的国际迁出率如表3-2所示。

表3-2　1978—1985年广东省侨乡的人口国际迁移及迁出率

单位:%

	1978	1979	1980	1981	1982	1983	1984	1985	1978—1985年均值
台山	280	11.1	16.2	13.2	2.7	6.9	5.2	5.7	7.96（7435人）
顺德	0.12	0.57	1.9	0.06	0.13	0.20	0.10	0.14	0.40（323人）
澄海	0.50	0.44	0.37	0.63	0.5	0.31	0.27	0.29	0.41（260人）
广州	0.96	3.06	4.30	2.80	1.94	1.95	1.80	1.80	2.38（13401人）
全省	0.17	0.58	0.77	0.58	0.39	0.45	0.34	0.34	0.45（26940人）

注:台山 934068×7.96÷1000=7435.18;顺德 807860×0.4÷1000=323.1;
　　澄海 635113×0.41÷1000=260.39;广州 5630033×2.38÷1000=13401.144;
　　广东省 59867320×0.45÷1000=26940。
资料来源:陈印陶、廖莉琼:《改革开放以来广东省人口国际迁移的特征及其发展趋势》,《中山大学学报》1990年第4期,第31页。

在1978—1985年平均迁移人数的计算中使用了1982年的人口数值(《中华人民共和国人口统计资料汇编1949—1985》,中国财政经济出版社1988年

---

① 《中国人口·广东分册》,中国财政经济出版社1988年版,第171页。

版)。

广东省公安厅的统计表(表 3-3)以 1977 年的迁出人数为 100,列出了 1977—1987 年全省国外迁移人数。

表 3-3 1977—1987 年广东省和广州市的人口国际迁移情况

(以 1977 年为 100)

年份	1977	1978	1979	1980	1981	1982	1983	1984	1985	1986	1987
广东省	100	357	1270	1712	1308	896	942	734	742	950	1254
广州市	100	221	728	1051	693	488	502	465	491	729	1027

资料来源:陈印陶、廖莉琼:《改革开放以来广东省人口国际迁移的特征及其发展趋势》,《中山大学学报》1990 年第 4 期,第 31 页。

从表 3-3 可以知道,20 世纪 70 年代末实施改革开放政策后,最大的侨乡广东省的海外移居者有了迅速的增加。尤其是改革开放后不久的 1979—1981 年 3 年间的国外迁出人数占 1978—1987 年 10 年间的迁出总数:全省为 43.8%,广州市为 38.7%,台山为 55.3%,顺德为 73.2%。这似乎有着对"文革"结束前海外移居受到限制而进行各种"补偿"的意思。

如表 3-2 所示,广东省各侨乡的国外迁移绝对数有很大的差异。台山市和广州市每年有 8000～10000 人移居海外(主要是北美)。其原因之一似乎与移居目的地有关。改革开放后"新移民"的移居目的地与以前被称为"猪仔"、"华工"、"苦力"的华侨的移居目的地多为东南亚地区的时代不同,已经变为美国、加拿大、澳大利亚、欧洲各国等发达工业国。其移民形式也不是过去的半"奴隶"的劳动力移出,而变为与居住国的家属和亲属团聚以及留学、经商、就业等。就台山市来看,1978—1987 年间,海外移居者平均每年达 8118 人,其中近 80% 前往美国,①大部分是投靠移居目的地的家属和亲属。就广州来看,由于 1972 年尼克松总统访华及 1979 年中美建交等,1980—1990 年年底与居住在海外的家人团聚和继承祖业的海外移居者达 6 万余人。移居地区是美国、加拿大、巴拿马、澳大利亚、新西兰等,而不是亚洲和非洲。在 6 万人当中,移民美国就有 3.8 万人。②

---

① 陈印陶、张蓉:《广东省台山、顺德两县女性人口国际迁移比较研究》,《中国人口科学》1989 年第 4 期,第 38 页。

② 《广州市志》第十八卷华侨志,广州出版社 1996 年版,第 17 页。

台山以美国移民的家乡而闻名。据统计,1855年居住在加利福尼亚州从事金矿劳动的4万名华工当中,包括台山人在内的"四邑人"(开平、台山、恩平、新会人的总称)占了41.6%,1866年占55.8%,1876年甚至占了82%。① 其后在建设横贯美国大陆的铁路期间,前往美国参加铁路建设的四邑华工有了进一步的增加。

1876年美国的台山籍人达到了8万人(1848—1882年赴美国的华工总计约30万人)。在北美、中南美的华侨总数中,台山籍华侨占了35.5%,其中北美有50%。② 根据有关20世纪80年代的资料,居住在外国及港澳的台山籍人超过了100万人,美洲最多,其中美国42万人,加拿大15万人,中南美和南美约10万人。③

因历史上许多台山人移民美国,新中国成立后,尤其是改革开放以后,台山市移居美国的人数越来越多。本章所关心的是新中国成立后美国的中国人移民的著名家乡台山的"新移民"状况。

改革开放以来,与中国国内的其他地区一样(实际上先于其他地区),台山市的海外移居人数逐渐增加。即,从1978年改革开放开始到1989年年底,台山市迁往美国、加拿大的人数达到了7万人,同期赴香港、澳门定居的人也有7600人。④ 其中,1982—1985年因私出国的定居者为23842人,赴港澳的定居者为1218人。⑤ 这些都是经政府正式批准出国出境的移居者。

表3-4、表3-5是改革开放后至20世纪80年代中期广东省台山市、顺德县因私移居海外人员(包括赴港澳的出境人员)的情况。

1978年至20世纪80年代中期的台山年平均移居海外人数为8118人。台山1个市便占了全省的1/4以上,1980年占了1/3,海外移居者占了台山市人口的1.62%(参照表3-2、表3-4)。顺便提一下,广东省顺德县1980年因私移居海外人员是全省的3.5%,1980年的海外移居者仅占顺德县人口的0.9%。

---

① 梅伟强:《美国对华人移民政策的历史考察》,《五邑侨史》1994年总第15期,第7页。

② 陈印陶、张蓉:《广东省台山、顺德两县女性人口国际迁移比较研究》,《中国人口科学》1989年第4期,第38页。

③ 黄道记:《台山人的对外交往与移居海外溯源》,《五邑侨史》1989年总第7期,第9页。

④ 台山县侨务办公室编:《台山县华侨志》,1992年,第238页。

⑤ 《台山县志》,广东人民出版社1998年版,第106页。

表 3-4 台山、顺德的因私出境者占广东省因私出境人数的比例

单位:%

	1978 年	1980 年	1983 年	1985 年	1987 年
台山	27.8	34.0	26.6	28.2	—
顺德	—	3.5	0.7	0.6	0.5

资料来源:陈印陶、张蓉:《广东省台山、顺德两县女性人口国际迁移比较研究》,《中国人口科学》1989 年第 4 期,第 38 页。

台山出国人员的移居目的地 96%是北美,其中 79.6%是美国(参照表 3-5)。

表 3-5 台山、顺德因私出国出境人员流向构成
(1978 年至 20 世纪 80 年代中期)

单位:%

	美国	奥地利	加拿大及中南美	泰国	大洋洲	欧洲	亚洲	非洲	其他
广东省	43.5	6.6	10.7	14.1	—	—	—	—	25.1
其中									
台山	79.6	—	9.2	—	2.0	—	—	—	1.3
顺德	17.0	—	17.3	—	4.6	3.9	3.6	53.9	—

资料来源:陈印陶、张蓉:《广东省台山、顺德两县女性人口国际迁移比较研究》,《中国人口科学》1989 年第 4 期,第 38 页。

祖籍广东的海外华侨华人 86%以上聚居在亚洲,居住在美国、加拿大两国的只占 8%。[①]

从表 3-5 可知,改革开放期间海外移居目的地主要是美国。即:全省的 43.5%、台山的 79.6%(广州有 42.76%)是赴美国的新移民。此外,顺德 17%(澄海 1.22%)是赴美国的新移民。居住在非洲的顺德籍华侨相当多,占了该县出国人员的 53.9%。另外,澄海县新移民的 95.26%前往泰国和新加坡。顺德县新移民有许多前往非洲各国,但改革开放期间往美国、加拿大的移

---

① 陈印陶、廖莉琼:《改革开放以来广东省人口国际迁移的特征及其发展趋势》,《中山大学学报(哲社版)》1990 年第 4 期,第 32 页。

居者增多了。广州市的情况也一样。其主要原因是"期望收入"。①

进入20世纪90年代以后,新移民仍持续不断。就具有代表性的往美国的新移民输出地台山市来看,20世纪70年代末改革开放以来至90年代中期,新移民总数达到了11万人(不含赴港澳人数),年平均有5000～6000人移居到外国。② 根据1996年12月笔者在广州市与华侨相关干部及研究人员的访谈,近年来台山市每年约有8000人移居美国等地。根据1998年6月台山市侨务机构所进行的"侨情"调查,改革开放20年来台山市新移民(投资移民、技术移民、探亲)达到了168067人,占了台山市总人口的16.3%。新移民人数因地区而异,该市的重点侨乡大江镇的新移民达到了该镇总人口的39.4%。③ 改革开放以来至20世纪90年代初期,五邑(台山、开平、恩平、新会、鹤山5市)有15万余人移居海外(主要是美国)④,由此可知台山的新移民之多。根据前述的1998年6月台山市"侨情"调查报告,1998年在台山依靠血缘、地缘关系的海外居住者约130万人(包括港澳台居住者)中,北美居住者为:美国50万人(1994年为45万人)、加拿大175500人(1994年为15万人),两国合计67万人以上,占整体的约半数。此外,居住在东南亚的台山人为10万人,其中半数居住在马来西亚。香港居住者只有36367人。另外,欧洲居住者为2万人,澳大利亚居住者为17600人。当然,台山市内有许多华侨华人、港澳台居住者的眷属。根据"侨情"调查报告,这些眷属1998年为803953人(141832个家庭),台山市总人口的78%在海外有亲属(其中港澳台居住者的台山市内眷属为276572人)。

三、台山人的海外移居并不是因为贫困

过去的海外移民在很大程度上是因为贫困而发生的。改革开放后台山的海外移民是否也是如此？回答是:否。台山是全国百强县之一,是比较富裕的县。尤其在改革开放后经济增长很快。台山市居民的收入在全省乃至全国是比较高的。具体说来,占台山市居民80%的农民的人均纯收入为:1985年533元(全省农民平均收入为495元,下同),1989年1080元(955元),1990年

---

① 陈印陶、廖莉琼:《改革开放以来广东省人口国际迁移的特征及其发展趋势》,《中山大学学报(哲社版)》1990年第4期,第32页。
② 《台山报》1996年11月28日。
③ 《台山报》1999年3月23日。
④ 梅伟强:《美国对华人移民政策的历史考察》,《五邑侨史》1994年总第15期,第14页。

1221元(1043元),1991年1336元(1143元),1992年1723元(1308元),1993年2382元(1675元),1994年2684元(2182元),1995年3210元(2699元)。①由此可知台山并非广东省的贫困地区。

台山的工业化建设在改革开放后也有进展。外来劳动力逐年增加,可见台山市的就业机会并不少。1996年10月台山市有30747名外地农村来的工人。② 尽管如此,台山市海外移民的一个因素仍是过去移民史中所存在的很深的"血缘"关系。此外,移民目的地也是中国人向往的美国等发达国家。那是以各个移民家属的"血缘"关系为中心的行动,既不是作为与全省乃至全国的经济交流的桥梁优先进行的移居,也不是人才外流及投资移民。

根据廖莉琼于20世纪80年代前期所进行的实地调查(台山、澄海),如表3-6所示,出国的目的主要是与亲属团聚,占了60%。其中,台山、澄海两地与海外父母团聚的出国人员均占了30%;第二位是投靠兄弟,台山占19.7%,澄海占23.4%;与配偶团聚,台山为18%,澄海为8.6%;与子女团聚,台山为8.9%,澄海为11.1%。继承祖业和协助经商是第二大原因。根据1998年6月台山"侨情"调查,改革开放后20年来该市的海外移民也主要是基于"亲属"关系的移民。③

表3-6 台山、澄海人因私出国的主要原因

单位:%

主要原因	与亲属团聚	继承祖业	协助经商	结婚	留学	其他	合计
台山	61.6	14.9	18.5	3.3	0.6	1.1	100
澄海	68.4	13.2	15.5	0.9	0.3	1.4	100

资料来源:廖莉琼:《改革开放以来广东台山、澄海侨乡人口国际迁移概况》,《人口研究论丛》,中山大学人口研究所,1989年,第127页。

如上所述,侨乡的特征是,过去输出移民的代表性地区现在主要是基于

---

① 《广东统计年鉴1996》,中国统计出版社1996年版,第417页;《广东年鉴》,广东人民出版社1990—1993年各年版,广东年鉴社1994—1996年各年版;《新宁杂志》1996年第2期,第11页。

② 《台山报》1996年10月10日。

③ 《台山报》1999年3月23日。

"血缘"、"地缘"关系的移民。

四、国内(广东省)的人口移动与台山

中国国内的人口移动长期受到事关粮食、住宅、就学、就业的户籍制的限制。特别是农村到城市的人口移动受到了严厉的限制。由于商品经济的逐渐发展及外资的引进等,城市地区开始认可来自农村的"暂住人口"(需要手续和证明)。引进外资最多的省份是广东省,与香港毗邻的珠江三角洲地区是流动人口,即来自农村的务工人口集中的地区。特别是进入20世纪90年代后流动人口有了增加。就各地区来看,珠江三角洲中经济增长较快的深圳、东莞等地区外来劳动力比较多。1993年广东全省的外来劳动力为400万人(其中外省劳动力234.5万人),其中深圳123.6万人(其中外省劳动力72.7万人),东莞89.7万人(其中外省劳动力55.4万人)。[1] 1995年进一步增加,全省的外来劳动力为438.3万人(其中外省劳动力305.4万人),其中深圳126.3万人(其中外省劳动力81.3万人),东莞103.7万人(其中外省劳动力76.3万人)。[2]

台山市属于珠江三角洲,位于广州以南的沿海,在珠江三角洲中并非经济增长快的地区。包括台山市在内的五邑地区属于江门市。江门市整体的外来劳动力1993年为7.49万人(其中外省劳动力6.11万人),1995年为9.63万人(其中外省劳动力6.74万人)。其中,1993年台山市的外来劳动力为11356人(其中外省劳动力9974人),1995年13432人(其中外省劳动力11725人)。[3] 台山市的外来劳动力还达不到全省外来劳动力的0.5%,但也在逐步增加。根据当地的新闻报道,1996年秋台山市的外来劳动力有3万多人。

台山市也有外出务工的人。台山市的外出劳动力1993年为38327人,1995年为40110人。[4] 根据1997年春笔者对台山市广海镇政府干部的访谈,部分年轻人前往珠江三角洲经济增长快的地区(东莞、深圳等)务工,贫困省或自治区(四川、广西、贵州等)的人则来到台山市务工。如上所述,虽说台山市

---

[1] 《广东农村统计年鉴1994》,中国统计出版社1994年版,第27页。
[2] 《广东农村统计年鉴1996》,中国统计出版社1996年版,第31页。
[3] 《广东农村统计年鉴1994》,中国统计出版社1994年版,第27、35页;《广东农村统计年鉴1996》,中国统计出版社1996年版,第31、39页。
[4] 《广东农村统计年鉴1994》,中国统计出版社1994年版,第29页;《广东农村统计年鉴1996》,中国统计出版社1996年版,第33页。

新移民较多,但并不是说台山市没有就业机会,台山人才远赴海外。

第二节 广东省代表性侨乡的"侨户"与"非侨户"的收入比较

一、改革开放初期的侨汇与国内侨眷收入的关系

中国最大的侨乡广东省及该省主要侨乡的侨汇如表3-7所示。从该表可知,在现代中国,台山市在全省侨汇(约占全国的70%)中所占的比重为10%左右,相当突出。侨乡的侨户是如何使用侨汇的?这里有必要与一般农民(非侨户)做一个比较。

表3-7 广东省及该省各代表性侨乡的侨汇统计表(1950—1995年)

单位:万美元

年份	广东省	江门市区	台山市	新会市	潮州市	佛山市	澄海县	梅县	中山县	三水县
1950	4788.8	212.9	333.9					226.8		2.4
1951	10282.8	515.5	1254.1				131.5	486.7		16.2
1952	9132.2	302.7	848.7		356		161.0	296.9		29.0
1953	7083.0	282.8	816.7		303		179.3	262.8		26.3
1954	6314.6	217.9	634.4		294	44.4	182.0	258.6		30.3
1955	7005.5	181.6	673.9		312	51.7	202.0	285.8		35.7
1956	6696.2	157.5	605.3		322	40.4	204.9	357.6		30.2
1957	5868.0	131.5	423.3	134.7	305	25.7	209.4	383.3		21.1
1958	6206.5	149.3	630.9	185.1	289	38.0	199.7	289.3		27.5
1959	4805.8	123.1	467.3	129.2	217	43.1	122.8	136.6		27.0
1960	5381.6	124.2	511.4	145.2	214	55.7	133.0	158.5		31.3
1961	3855.5	79.5	462.3	146.4	144	38.1	105.2	84.9		20.3
1962	2592.7	49.7	327.0	115.4	72	23.9	38.6	43.7		12.4
1963	6365.9	90.5	669.2	269.2	230	74.5	136.7	130.2		53.5
1964	8741.3	127.4	831.3	368.8	263	104.3	169.2	156.2		84.6
1965	10158.4	147.5	935.8	444.6	289	120.7	184.5	166.5		98.7
1966	9367.6	134.2	840.0	401.0	281		193.8	129.5		84.4
1967	9575.5	125.3	878.3	400.1	289		199.6	133.7		84.7

续表

年份	广东省	江门市区	台山市	新会市	潮州市	佛山市	澄海县	梅县	中山县	三水县
1968	9871.3	105.5	899.3	393.9	297	96.7	209.4	98.0		79.8
1969	11645.1	130.8	1062.8	478.8	336		251.2	101.8		97.5
1970	13095.5	146.8	1186.5	556.9	356		250.9	115.6		114.1
1971	15722.2	146.4	1131.8	688.6	375		269.3	145.9		156.4
1972	20222.5	181.5	1547.4	878.1	436		312.4	174.9		202.6
1973	25610.2	220.4	1795.7	1141.5	527		371.5	227.5		266.0
1974	27390.6	236.1	1854.4	1160.8	659		445.0	294.6		266.7
1975	27983.4	238.5	2063.2	1181.9	666		440.0	280.0		257.2
1976	30065.7	253.9	2271.4	1324.7	665	272.7	456.0	321.8		295.8
1977	37182.0	306.4	2641.2	1599.7	744	328.2	487.0	391.8		370.4
1978	44618.4	491.6	3047.7	1886.9	887	442.8	559.0	555.7		511.8
1979	51884.3	517.9	3336.1	2336.4	1071	508.0	616.2	644.2	2685.9	576.0
1980	46603.7	541.1	3637.1	2570.5	1076	381.0	582.8	857.9	2695.0	584.7
1981	29689.0	482.0	3193.5	2019.0	947	223.5	486.9	771.4	1398.7	421.3
1982	33374.0	622.0	3565.3	2314.8	979	298.7	460.0	806.3	1566.2	484.1
1983	24147.0	436.0	3022.2	1445.7	903	202.1	418.7	657.1	911.4	289.0
1984	15161.0	204.0	2226.6	777.2	696	110.2	293.6	415.4	533.3	144.0
1985	7451.4	108.0	1260.0	346.3	330	47.8	151.2	187.0	219.4	
1986	7955.2	167.0	1348.8	392.3	347	100.1	159.6	167.6	252.5	
1987	5294.0	79.4	981.9	264.3	204	73.7		115.0	155.4	
1988			577.1	162.9	176				99.1	29.0
1989	2381.0		292.1	96.6					49.6	
1990	4851.0			159.3					64.8	
1991			727.9	250.1						32.0
1992			691.0	242.2						254.0
1993										
1994										
1995			2586.8							
1996			3027.8							

资料来源：①广东省 1950—1987 年的数据取自《广东省志·华侨志》，广东人民出版社 1996 年版，第 22～227 页；1989 年、1990 年的数据取自《广东年鉴 1991》，广东人民出版社 1991 年版，第 579 页。

②江门市区：《江门市志》(下)，广东人民出版社 1998 年版，第 1233～1234 页。

③台江市 1950—1989 年的数据取自《台江县华侨志》，台山侨务办公室，1992 年，第 249 页；1991 年、1992 年的数据取自《台江年鉴 1993》，广东人民出版社 1993 年版，第 232 页；1995 年、1996 年的数据取自《新宁杂志》1997 年第 2 期，第 13 页。

④新会市：《中国国情丛书：百县市经济社会调查·新会卷》，中国大百科全书出版社 1997 年版，第 55 页。

⑤潮州市：《潮州市志》(上)，广东人民出版社 1995 年版，第 1008 页。

⑥佛山市：《佛山市华侨志》，广东科技出版社 1990 年版，第 106～107 页；《佛山市志》(下)，广东人民出版社 1994 年版，第 1615～1616 页。

⑦澄海县：《澄海县华侨志》，1989 年，第 60 页。

⑧梅县：《梅县志》，广东人民出版社 1994 年版，第 595 页。

⑨中山市：《中山市金融志》，广东科技出版社 1993 年版，第 118 页。

⑩三水县：《三水县志》，广东人民出版社 1995 年版，第 705、1302 页。

在这一方面已经有苏燕①及陈印陶、廖莉琼等②的出色的调查研究。这里拟根据他们的研究加以叙述。

苏燕于 1987 年 12 月到 1988 年 1 月对广东省台山(1986 年的总人口是 95 万人，总户数是 22 万户，其中侨眷 46 万人，侨户 10 万户)大江镇和端芬镇的 3 个乡进行了调查。根据该调查，1978 年和 1986 年的侨户、非侨户的收入状况如表 3-8a、表 3-8b 所示。

从苏燕于 1978 年和改革开放期间的 1986 年所进行的台山 3 乡的收入状况调查(表 3-8a、表 3-8b)可以知道如下情况。(1)1978 年侨户与非侨户收入的决定性差别是有无侨汇。所调查的侨乡的侨汇占侨户收入的一半多。(2)如果扣除侨户的侨汇，1978 年侨户户均收入为 857 元(1939－1082 元)，比同年非侨户户均(约 980 元)少了 123 元，1986 年扣除侨汇后的侨户户均收入为 4800 元，比非侨户的 5486 元少 686 元。因此就依靠劳动力的收入来看，非侨户要比侨户多一些。而且一般农户(非侨户)的收入增加率比侨户快。侨户的

---

① 苏燕：《广东台山县侨乡国际移民家庭收入分析》，《南方人口》1988 年第 4 期。

② 陈印陶、廖莉琼等：《广东省侨户与非侨户人口、家庭结构和经济状况调查报告》，《中国人口年鉴 1990》，经济管理出版社 1990 年版。

主要收入来源是侨汇,因此侨户最为关心的对象自然是海外汇款人。另外,从表 3-8b 可知,非侨户的主要收入来源是广义上的农业和家庭副业,占了近 80%。从 1978 年这个时间来看,恰恰反映了 1979 年重视"绝对平等"的计划经济向市场经济转换之前的台山的侨户与非侨户的收入来源。在其后的改革开放过程中,这种差别起到了什么样的作用呢?

表 3-8a 1978 年与 1986 年台山(大江镇、端芬镇的 3 个乡)侨户、非侨户收入状况

户类	侨户						非侨户				
年份	1978 年			1986 年			1978 年			1986 年	
收入分组 \ 项目	户数	占侨户比例(%)	户均收入(元)	户均侨汇收入(元)	占总户比例(%)	户均收入(元)	户均侨汇收入(元)	户数	占非侨户比例(%)	户均收入(元)	占非侨户比例(%)	户均收入(元)
高(3000 元以上)	13	18.8	4782	3266	65.3	12159		5	3.2	4054	43.9	10316
中(400~3000 元)	53	76.8	1335	600	23.8	2081		130	82.8	981	54.1	1749
低(400 元以下)	3	4.4	333	43	0.9	350		22	14.0	278	2.0	300
合计(或平均值)	69	100	1939	1082	100	8444	3644	157	100	980	100	5486

资料来源:苏燕:《广东台山县侨乡国际移民家庭收入分析》,《南方人口》1988 年第 4 期,第 31、33、34 页。

表 3-8b 1978 年与 1986 年台山 3 乡的收入结构

	年份	户均收入(元)	收入来源构成(%)					
			工资	农林渔牧业	家庭副业	个体工商业	侨汇	其他
侨户	1978	1939	5.1	22.1	14.7	—	55.8	2.2
	1986	8444	9.7	13.8	8.6	20.5	43.5	4.2
非侨户	1978	980	7.2	45.1	34.7	—		13
	1986	5486					—	

资料来源:苏燕:《广东台山县侨乡国际移民家庭收入分析》,《南方人口》1988 年第 4 期,第 32、33、35 页。

就表 3-8b 所示的 1986 年侨户的收入结构与 1978 年加以比较,侨汇在侨户收入中所占的比重从 55.8% 减少到了 43.5%。1986 年个体工商业占了 20.5%,有了大幅度的增加,这是因为改革开放后市场经济开始受到重视,全国的个体户、私营企业得到了迅速的发展。台山市也是如此。以往用于赡家的侨汇被投资到经济活动,这一点作为有可能动态地使市场经济取得发展的条件是很有意义的。

下面来看看陈印陶、张蓉、廖莉琼于 1989 年 5—7 月对广东省广州市东山区和四邑侨乡之一的开平县(台山的邻县)所进行的调查结果。侨户和非侨户的家庭收入状况如表 3-9a、表 3-9b 所示。

表 3-9a 东山区、赤坎镇的侨户和非侨户的收入状况(1989 年)

单位:元

	广州市东山区		开平县赤坎镇		广东省整体	
	侨户	非侨户	侨户	非侨户	城镇户	农村户
户均年收入	8638.4	6622.5	7618.6	4878.0	5504.18	5375.37
人均年收入	2125.3	1417.0	1599.6	995.8	1369.20	920.44

资料来源:《中国人口年鉴 1990》,经济管理出版社 1990 年版,第 410 页。

表 3-9b 东山区、赤坎镇两侨乡的侨汇情况

单位:%

		广州市东山区	开平县赤坎镇
侨汇等级	1000 元以下	34.7	35.6
	1000~5000 元	44.9	34.3
	5000 元以上	20.4	27.1
侨汇来源地分布	港澳	69.3	57.6
	北美	12.2	32.2
	东南亚	10.2	0.18
	其他	8.2	9.02
	合计	100	100

资料来源:《中国人口年鉴 1990》,经济管理出版社 1990 年版,第 412 页。

从该调查也可知道,侨户的收入比非侨户高。根据该调查,赤坎镇侨户户均侨汇收入为2471.2元,占了侨户年收入的32.4%。侨汇占了家庭收入的约30%。虽然比前述的台山3乡的50%少,但也是赤坎镇侨户的主要收入来源。在台山3乡的调查中,海外寄给侨户的"物资"均按当时汇率换算成人民币在侨汇数额中表示,但却将电视机、冰箱等耐用消费品另行表示。考虑到这一点,侨汇在侨户收入中所占的比重应该更高。

二、20世纪80年代以来广东省侨乡侨汇减少的原因

如广东省及该省代表性侨乡的侨汇统计表(表3-7)所示,从20世纪70年代末期开始侨汇有了迅速的增加。进入20世纪80年代后,海外往各地侨乡的钱财的流动呈多样化。许多人在探亲时携带外币回国,也有人带着彩电等耐用消费品回乡。有的华侨华人为了帮助侨户兴办企业,利用优惠税制赠送生产设备。

20世纪80年代侨汇汇款的减少是以下几个原因造成的。

第一,黑市的外汇兑人民币汇率更高。例如,1988年银行外汇牌价为1美元兑3.7元人民币,但黑市价是1美元兑6元人民币。[①] 在1989年11月人民币汇率调整前,官方汇率为1美元兑3.72元,黑市价格则为5.8元,有56%的差额;汇率调整后(1989年12月16日)官方汇率为1美元兑4.72元,黑市价格则为1美元兑6.3元,仍有33%的差额。[②] 为此,对外开放后,华侨华人回国探亲时便直接带回外币(以钞代汇)。1990年前后广东、福建的侨乡和沿海城市到处都有外汇黑市,尤其在侨乡更是猖獗。根据国家外汇管理局厦门、泉州分局的调查(1990年前后),黑市上60%~70%的外币是由华侨华人、港澳台同胞探亲时带入的。[③] 据统计,经广东入境的海外华侨华人、港澳台同胞的人数从1978年的159万人增至1985年的1608万人,1990年达到了2395万人,同年台湾同胞增加到了47万人(1985年只有3800人)。

第二,利用政府对10万元以下的小型生产设备实行免税或减税的优惠政

---

① 李国梁、林金枝、蔡仁龙:《华侨华人与中国革命和建设》,福建人民出版社1993年版,第274页。

② 陈玉桢、吴和泉、徐涌等:《外汇交易常识与技巧》,地质出版社1993年版,第228页。

③ 陈玉桢、吴和泉、徐涌等:《外汇交易常识与技巧》,地质出版社1993年版,第228页。

策向侨户赠送小型生产设备,①或以赠送电视机、音响等耐用消费品(日本造电器产品在黑市可以卖高价)来代替侨汇。

在统计上很难准确地把握那些取代侨汇的、通过海外华侨华人探亲时携带入境等对侨乡亲属的多渠道外汇资助。这里可以利用 20 世纪 80 年代中期以后准许的银行个人外币存款来看看其趋势。1985—1994 年广东省的中国银行个人外币存款额达到了 87.5 亿美元,在同期全国的中国银行个人外币存款额中所占的比重为 22.23%。广东省是全国个人外币存款最多的省份。从《中国金融年鉴》各年版具体地来看整个广东省的中国银行个人外币存款额,1985 年为 0.55 亿美元(占全国的 29.6%),1986 年为 1.14 亿美元(30.5%),1987 年为 2 亿美元(32%),1988 年为 3.41 亿美元(28.2%),1989 年为 5.66 亿美元(28.4%),1990 年为 9.1 亿美元(27.8%),1991 年为 11.66 亿美元(26.3%),1992 年为 14.26 亿美元(23.4%),1993 年为 17.83 亿美元(19.6%),1994 年为 21.39 亿美元(18.1%)。在这 10 年期间,从 1985 年的 5525 万美元增加到了 1994 年的 21.3921 亿美元,实际上增加了 37.7 倍。尤其是 20 世纪 80 年代末开始年平均增加约 3 亿美元。在这个数额当中,除了海外华侨华人、港澳台同胞的国内亲戚朋友在广东省内的存款之外,还包括在海外务工赚取的外汇等。

就广东省代表性侨乡台山市的个人外币存款额来看,1991 年为 7729 万美元(占全省的 6.63%),1992 年为 8344 万美元(5.85%),1993 年为 1.0102 亿美元(5.66%),1994 年为 1.13 亿美元,1995 年为 1.23 亿美元,1996 年为 1.29 亿美元,1997 年比前一年增加 16.6%,达到了 1.51 亿美元。② 自 1991 年开始的 7 年期间增加了 7000 万多美元,年平均增加 1000 多万美元。

从表 3-7 来看台山市的侨汇,改革开放初期(20 世纪 70 年代末至 80 年代初)有年平均 3000 万美元以上的侨汇。1980 年达到了 3600 万美元。由此来看,个人外币存款额为年平均 1000 万美元的话,会少 2000 万美元以上。进入 20 世纪 90 年代后,台山的侨汇约为 700 万美元,因此即使扣除这个金额,1300 万美元以上的海外汇款(包括携带入境的金额)也比改革开放初期少。其中有一部分是作为"物资",即耐用消费品赠送给了侨户。关于这些情况,前

---

① 请参照第二、四章。
② 《新宁杂志》1993 年第 1 期,第 3 页;1994 年第 1 期,第 4 页;1995 年第 1 期,第 4 页;1996 年第 1 期,第 4 页;1997 年第 1 期,第 5 页;1998 年第 1 期,第 4 页。另外,这些数值因资料而异。例如,据《台山年鉴 1993》,1992 年台山市个人外币存款额为 8603 万美元。

面已经作过叙述。

三、20世纪90年代中期侨汇又开始增加

1994年前后侨汇又开始增加。1996年台山市的非贸易外汇收入为4806万美元（比1995年增加了700万美元），其中经中国银行的侨汇为3027.78万美元，①占非贸易外汇收入的63％。仅1995年的1个月就有333万美元的侨汇汇入台山市的中国银行。②

如上所述，20世纪90年代中期台山市的侨汇又开始增加，银行方面认为这是以下原因造成的：(1)通过1994年的外汇制度改革，将官方汇率和市场汇率的双重汇率制统一为市场汇率；(2)中国银行采用先进的通信设备，通过电信国际化，将一天电汇的手续时间缩短为1~2分钟（以前需要5~6天），加快了外汇汇款速度；(3)侨汇减少的原因——以赠送耐用消费品来代替侨汇的"以物代汇"和探亲时带回外汇的"以钞代汇"的做法因受到各种因素的制约而减少了；(4)近年来台山市每年有数千名城乡居民移居海外，随着新移民的增多，侨汇也增加了。③

此外，对海外中国人向国内眷属赠送小型生产设备所实行的税制优惠措施至1996年春便废除了，这也是主要原因之一。上述的(1)是特大原因。1993年年底，1万日元约兑换550元人民币，但1994年外汇管理改革以后，1万日元约兑换790元人民币。这与笔者1993年春在辽宁省沈阳市时所了解到的黑市价大致相同。

结束语：台山的工业化与海外华侨华人

20世纪80年代中期开始侨汇急速减少，而台山市居民的收入则增加了。20世纪90年代外来劳动力也增加了。来自海外的汇款、捐赠从"输血"变成了"造血"。这是因为：(1)20世纪80年代中期以后华侨华人、港澳同胞捐赠公益事业费增加，一部分用于铁路和桥梁等台山的基础设施建设；(2)利用侨

---

① 《新宁杂志》1997年第2期，第13页。
② 《台山报》1995年2月28日。
③ 《台山报》1995年1月28日、2月28日。

汇和对小型生产设备进口的优惠措施创设侨属企业;(3)与华侨华人、港澳同胞保持密切联系的侨办和侨联等机构招徕港澳同胞和海外华侨华人的投资。可以认为这些情况大大改变了台山市的经济结构。以下来看看这一点。

（1）台山市是广东省的代表性侨乡,台山有 80 万人移居海外,此外,台山籍港澳同胞有 35 万人。台山市内有 75％以上的居民是海外华侨华人和港澳同胞的眷属。①

侨乡一般有很多来自海外亲属的捐物和捐款。台山是代表性侨乡,因此来自海外的捐款比其他侨乡多。1979 年至 1985 年年底,广东省共接受海外华侨华人捐赠折合人民币 15 亿元。人们利用这些捐款建起了汕头大学和五邑大学等。② 台山市是江门市下属 5 县(市)中的 1 个市。包括台山的江门市的海外捐款在全省所占的比重是很大的,1990 年达到了 40％,1991 年占 23％,1992 年为 19.6％。③

就台山市的海外亲属捐赠额来看,从改革开放开始的 1978 年至 1985 年达到了 2.6038 亿港元。1980 年开始便已超过 1000 万港元,具体说来,1980 年为 1105 万港元,1981 年为 3004 万港元,1982 年为 2310 万港元,1983 年为 3674 万港元,1984 年超过了 7000 万港元,达到了 7484 万港元,1985 年为 7791 万港元。就 1986 年以后至 1990 年的情况看,1986 年为 4700 万港元,1987 年为 6017 万港元,1988 年为 8669 万港元,1989 年为 4533 万港元,1990 年为 5617 万港元。④ 进入 20 世纪 90 年代后至 1995 年年底这 6 年期间,台山市的海外捐款额达到了 3.46 亿港元,⑤年平均约为 7000 万港元。改革开放以来至 1995 年年底的约 17 年间,捐款总额达到了 9 亿港元以上,项目达到了 15000 件。⑥ 这些捐款多用于中小学的图书馆建设等教育方面和医院建设等医疗方面。此外,还用于大宗的桥梁、公路、水利、水电工程等台山市的基础设施建设。具体说来,仅就进入 20 世纪 90 年代后至 1995 年的 6 年期间来看,海外中国人对台山的公益事业捐款(3.46 亿港元)被用于新建 280 所学校(包

---

① 台山侨务办公室编:《台山县华侨志》,1992 年,第 6 页。
② 廖建祥、关其学:《广东对外经济关系》,广东高等教育出版社 1988 年版,第 208、209 页。
③ 《广东统计年鉴 1992》,中国统计出版社 1992 年版,第 371 页;《广东统计年鉴 1993》,中国统计出版社 1993 年版,第 373 页。
④ 台山侨务办公室编:《台山县华侨志》,1992 年,第 159 页。
⑤ 《台山报》1996 年 7 月 23 日。
⑥ 《新宁杂志》1996 年第 1 期,第 10 页。

括修缮),26个养老院和托儿所,29个电影院、剧场、图书馆等文化设施,19个医院(包括修缮),15座桥梁,207公里的公路(村道)、25个自来水工程、37个水力发电工程等。①

(2)关于改革开放后侨汇额的骤减,我们在表3-7中已经看到。侨乡的华侨华人亲属用20世纪80年代以前个人存储的侨汇和20世纪80年代后上述的多渠道外汇收入(海外华侨华人、港澳同胞带回的外汇等),利用对国内眷属的优惠政策兴办了企业。这些企业一般称为"侨属企业"。"侨属企业"指归侨、侨眷利用海外亲属朋友的汇款、赠送的物品及外币存款利息等兴办的企业。因此,与华人企业集团投资的"三资"企业等不同,是利用海外亲属的汇款和赠物而设立的企业,其规模很小。改革开放后至1989年,台山市约有8000个侨属个体户在商业部门和部分修理业部门兴办了企业。台山市的侨属企业1992年达到了13000多家,至1995年年底已达到近2万家,与1990年相比增加了1倍多。1995年侨属企业的产值达到了30多亿元,1992年以来年平均产值也有20亿元以上。侨属企业一般说来是利用小型生产设备优惠措施兴办。广东省政府规定,1984年开始海外华侨华人对侨乡亲属赠送的2万元以下的小型设备(其后为10万元)如果是自家用生产设备,可免除进口关税。就整个江门市(开平、台山、恩平、鹤山、新会)来看,1995年侨属企业为16562家,累计投资额近30亿元,职工达17万人。②

(3)台山的外资引进。台山市的外资于20世纪90年代开始增加。进入20世纪90年代后至1995年的5年期间台山市的实际利用外资增加到近3亿美元。这相当于1990年以前该市引进的外资总额的7倍。③ 其大部分是来自海外华侨华人的投资(侨资)。改革开放后台山市的实际利用外资额1980年为118万美元,1985年为493万美元,1994年突破了1亿美元大关,为1.01亿美元,1995年达到了1.06亿美元。④

从表3-10可知,20世纪80年代台山市侨汇大为减少,而20世纪90年代外资则有增加,这应该是由于以往侨汇的一部分被作为外资投入。作为对20

---

① 《台山报》1996年7月23日。
② 《广东年鉴1996》,广东年鉴社1996年版,第512页。
③ 《台山报》1996年7月23日。
④ 《珠江三角洲国民经济统计资料1980—1991》,第154页。《新宁杂志》1993年第1期,第13页;1994年第1期,第4页;1995年第1期,第16页;1996年第1期,第10页。《台山报》1996年1月26日、7月23日。

表 3-10　江门五邑的外资投资额和台山市侨汇额(1984—1995 年)

单位:万美元

年份	江门五邑实际利用外资		台山市侨汇额
	江门五邑	其中台山	
1984	1750①		2226.6①
1985	4478①	493②	1260①
1986	4755①		1348.8①
1987	1.26 亿①		981.9①
1988	1.256 亿①③	1511③	577.1①
1989	9650⑤③	630③	292.1
1990	7863⑤③	246②③	
1991	1.2767 亿⑥③	1146②③	727.9④
1992	1.8076 亿⑥③	2326③	691.0④
1993	3.471 亿⑦③	4503③	
1994	5.4145 亿⑧	1.12 亿⑨	
1995	6.3697 亿⑧	1.612 亿⑩	2586.8

注:根据《侨史学报》1995 年第 1 期的论文,1984—1988 年江门五邑的实际利用外资额是"华侨华人投资"额。

资料来源:①1984—1988 年数值:《侨史学报》1995 年第 1 期,第 25 页。
②《珠江三角洲国民经济统计资料(1980—1991)》,第 154 页。
③《江门市志》(下),附录"二、1988—1993 年国民经济统计表",广东人民出版社 1998 年版。
④《台山年鉴 1993》,广东人民出版社 1993 年版,第 232 页。
⑤《广东统计年鉴 1991》,中国统计出版社 1991 年版,第 330 页,江门市"实际利用外资"的数值。
⑥1991—1992 年数值:《广东统计年鉴 1993》,中国统计出版社 1993 年版,第 371 页,"江门市的数值"。
⑦《广东统计年鉴 1994》,中国统计出版社 1994 年版,第 326 页,"江门市的数值"。
⑧《广东统计年鉴 1996》,中国统计出版社 1996 年版,第 373 页,"江门市的数值"。
⑨《中国城市统计年鉴 1995》,中国统计出版社 1995 年版,第 367 页,"台山市区的数值"。
⑩《中国城市统计年鉴 1996》,中国统计出版社 1996 年版,第 400 页,"台山市区的数值"。

世纪80年代台山市外资投资与侨汇关系的补充,下面来看看江门市管辖的五邑的投资状况。与台山市侨汇的减少相比,五邑的侨汇在1988年之前有了迅速的增加。1989年、1990年的减少大概是受到1989年"天安门事件"的影响,但其后自1991年便有了急速的增加。台山市的投资状况也显示了同样的动向。这与邓小平发表南方谈话(1992年)后沿海地区(尤其是华南地区)的趋势是一致的。

台山市侨汇的减少部分并非都用于投资。根据笔者在台山市看到的当地报刊所反映的情况,潜在侨汇额至多在4000万美元左右,没有在侨汇中反映出来的部分有一部分用于前述的利用优惠税制的自家用小型生产设备的进口,但大部分是作为外汇用于个人定期存款,实际上作为海外投资在统计中出现的数额并不多。外资主要投在"三资"企业。1991年至1995年年底的5年期间,侨办及侨联等机构多次在香港召开台山市经济发展恳谈会,吸引了近500家"三资"企业(包括加工、组装工厂)。20世纪90年代年平均投资额接近6000万美元。1994年开始超过了1亿美元。其大部分是来自香港的投资。近年来来自台湾的投资也在增加。1993年台商在台山市投资创办的企业为15家,1994年春台资企业增加到40多家,合同投资额达到3100万美元,其中绝大多数(98％)是对"三资"企业的投资。①

台山引进外资的特征之一是开发性农业部门的外资利用。外资一般投入到工业部门,但台山利用华侨华人及港澳台的资本来发展养殖业、果树园等农业。至1993年春,该方面的外资利用额为1.5亿港元,1996年春达到了2亿港元以上。

台山市引进外资在很大程度上依赖香港。1992年5月台山市由"县"升格为"市",并于1993年春在香港举行了第一次经济恳谈会。在香港签订了68个项目,其中"三资"企业占了41项。在这些合同中,同年秋季前业已投入的外资达到了7985万元。在1994年5月举行的香港台山市经济恳谈会中,签订了投资总额4.5亿美元、其中引进外资额3.5亿美元的合同。在新合同中有相当多项与"三资"企业相关,占了83项(总项目为107个)。② 由于地理上距离很近,今后台山市将会逐渐加强与香港的经济联系。

台山开放后(尤其是20世纪90年代)逐渐加强了与海外市场(主要是香港)的联系,摆脱了以往那种依赖侨汇和移民的体制,利用位于珠江三角洲地区一角的优越性和香港经济,积极完善投资环境,以加速工业化的步伐。

---

① 《新宁杂志》1994年第1期,第12页。
② 《新宁杂志》1993年第3期,第7页;《新宁杂志》1994年第2期,第7页。

第四章

对外开放后侨乡的经济变化与海外华侨华人

——以改革开放后至 20 世纪 90 年代初期的人口移动为中心

前　言

　　20 世纪 90 年代初期,中国仅农村就有 1.2 亿至 1.5 亿剩余劳动力。① 农村的剩余劳动力超过了日本的人口总数。而在城市,却一直是"5 个人干 3 个人的活"。而且,使问题更加复杂的是由于人口基数大,每年出生的人口也很多。

　　官方统计表明 1991 年时就有近 12 亿人口。假设独生子女政策有效地得以实施(实际上农村拥有两个子女的家庭在增加),即使每年的自然增加率为 1‰(统计上 1991 年为 1.298‰),每年也将增加 1200 万人。不仅要提供剩余劳动力的就业机会,每年还要给达到就业年龄的年轻人提供就业机会。如何解决这些就业问题,是中国面临的最大问题,也是长期的问题。

　　对外开放给中国,尤其是沿海地区,带来了经济发展。但是,对外开放主要是引进外国对中国的投资,在向海外输出过剩人口、创造新的经济价值方面效果不大。中国的劳动力输出仅占全世界的约千分之三。今后,对外劳动力输出不大可能迅速地增多。这意味着必须在国内解决大多数剩余劳动力。

　　本章所要探讨的问题是有无办法利用庞大的剩余劳动力来创造新的经济价值,而作为其一部分,将以人口(劳动力)为中心,探讨对外开放后海外华侨华人及港澳台同胞的出生地(侨乡)的经济变化。但有关这一方面的研究较少,而且资料也有限,进行定量分析有许多困难,因此这里拟试作一个考察。

---

①　《人民日报》1992 年 7 月 28 日。

第一节 流动人口

户籍不变的移动人口称为"流动人口",以区别于变更户籍的"迁移人口"。进入20世纪80年代后,涌向大城市的人口流动已相当显著。尤其从20世纪80年代中期开始,流动人口大为增加。截至1988年,就拥有100多万流动人口的大城市来看,北京131万人(占非农业人口的比重为23.52%,下同)、上海124.6万人(17.26%)、天津112.9万人(25.6%)、武汉120万人(37.62%)、广州117万人(41.64%)等,比20世纪80年代初期增加了3~4倍。①

由于户籍、就业及粮食分配制度,人口(尤其是来自农村的人口)移动长期受到了限制,改革开放政策实施以后,以城市的建筑潮等为契机,从农村往城市移动的建筑队(农民工)有了增加。这是城市的"拉"因素。另外,作为从农村移到城市的"推"因素,可以举出收入差距这一点。由于乡镇企业的发展,旨在"离土不离乡"的政府的意向对乡镇企业的发展起到了一定的效果。1980年不足3000万人的乡镇企业从业人员1989年增加到了9366万人。② 乡镇企业的发展给农村带来了新的收入,但由于农村拥有大量的剩余劳动力,因此地区间的经济差距使得大量的流动人口(尤其是青少年)流入沿海城市。

即使就对外开放后取得急速增长的广东省等地的情况来看,收入差距也是很大的(参照表4-1)。这诱发了农村到城市、贫穷城市到富裕城市的人口流动。

根据广东省第四次人口普查(1990年9月),全省常住1年以上的流动人口共有329.26万人,比1982年第三次人口普查时的28.09万人增加了10.72倍。加上常住不满1年的流动人口约200万人,居住在广东省的流动人口总数达530万人。③

广东省流动人口多的地区是珠江三角洲地带。深圳、东莞、珠海、广州、佛山5市的流动人口占全省流动人口总数的72.51%。深圳市尤为突出,流动

---

① 李梦白、胡欣:《流动人口对大城市发展的影响及对策》,经济日报出版社1991年版,第97页。

② 《中国乡镇企业年鉴1990》,农业出版社1991年版,第126页。

③ 彭发强:《广东流动人口现况》,《南方人口》1991年第3期,第24~27页。

人口达 102.27 万人,占全省流动人口总数的 31.06%。从动态上了解对外开放以后取得显著经济增长的深圳的流动人口,《日中经济协会会报》(第 228 期,1992 年 9 月)刊载的张纪涛论文大概有一定的参考价值(参照表 4-2、表 4-3)。该论文没有提到的是,没有暂住户口的无户籍人员在临时工中占了 20% 以上(占工人总数的约 6%)。

表 4-1 广东省、福建省各地人均国民收入(1990 年)

单位:元

广东省	人均国民收入	福建省	人均国民收入
广州	4772	福州	2784
深圳	6963	厦门	5996
珠海	3848	莆田	1260
汕头	2997	三明	3993
韶关	4324	泉州	1894
河源	817	漳州	2234
梅州	2549	南平	2338
惠州	3629	宁德	866
潮州	1563	龙岩	2088
汕尾	1374		
东莞	4079		
中山	3511		
江门	5266		
佛山	8347		
阳江	1617		
湛江	2366		
茂名	3299		
肇庆	2911		
清远	1318		

注:(1)市管辖区的数值,不含市管辖县的数值。(2)1990 年全国人均国民收入是 1267 元。省级最高的是上海市 4822 元、最低的是贵州省 654 元。广东省整体平均为 1842 元,福建省整体平均为 1313 元。见《中国统计年鉴 1992》,中国统计出版社 1992 年版,第 32、37 页。

资料来源:《广东统计年鉴 1992》,中国统计出版社 1992 年版,第 473~475 页;《福建统计年鉴 1991》,中国统计出版社 1991 年版,第 473~475 页。

表 4-2　深圳市的常住人口和暂住人口

单位:万人

年份	1979	1980	1981	1982	1983	1984	1985	1986	1987	1988	1989
年底总人口	31.41	33.29	36.69	44.95	59.52	74.13	88.15	93.56	115.44	153.14	191.60
其中特区	7.14	9.4	13.13	19.86	28.50	33.75	46.98	48.87	59.96	78.4	102.69
年底常住人口	31.26	32.09	33.39	35.45	40.52	43.52	47.86	51.45	55.60	60.14	64.82
其中特区	7.09	8.14	9.86	12.86	16.50	19.14	23.19	25.74	28.69	32.19	36.20
年底暂住人口	0.15	0.2	3.3	9.50	19.50	30.00	40.29	42.11	59.84	93.00	126.78
其中特区	0.05	1.0	3.3	7.00	12.00	14.01	23.79	23.13	31.27	46.21	66.49

资料来源:张纪涛:《深圳的经济发展与人口流动》,《日中经济协会会报》第 228 期,1992 年 9 月。

表 4-3　深圳市人口的增加(1979—1989 年)

年份	1979	1980	1981	1982	1983	1984	1985	1986	1987	1988	1989
年底人口(万人)	31.41	33.29	36.69	44.95	59.52	74.13	88.15	93.56	115.44	153.14	191.60
净增人口(万人)		1.88	3.40	8.26	14.57	14.61	14.02	5.41	21.88	37.70	38.46
自然增加(人)		5002	5812	5267	3502	3394	4073	4349	4577	4333	6654
流动增加(人)		13798	28188	77333	142198	142701	136127	49751	214223	372667	377946

资料来源:同表 4-2。

就省外流入广东省各地区的人口比例来看,广西为 31.39%、湖南为 17.84%、四川为 10.24%、海南为 7.24%、江西为 4.93%、福建为 4.26%、湖北为 3.87%、浙江为 3.42%、河南为 2.74%、贵州为 2.36%、江苏为 1.69%等。

就广东省内各地流动的 257.58 万人来看,流动人口的流出地主要是北部、西部、东部的贫困县。广东省的流动人口多数是从农村流往城市,流动人口总数的 60.86% 分布在城市,其余的主要分布在乡镇。

就移动原因来看,从省外流入广东省的近 60% 以务工经商为目的,即使是广东省内的流动人员,该目的也同样占了最高的比重,达到近 51%。①

据《经济日报》(1992 年 7 月 8 日)报道,流入广东省的不少民工在该省就业受阻,并轻信"台商要在福建招工 70 万"的传言转而向北,以致 1992 年涌向福建省的民工突然大量增多。

第二节 出国出境

一、因公出国——劳动力输出

在许多发展中国家,作为追求富裕的选择之一,出国务工受到了重视。中国从新中国成立至改革开放时期基本上没有输出劳动力。由于旧中国输出的华工流落海外受尽凌辱的史实、以支援全世界解放斗争为主的友好合作的对外活动政策方针等,基本上没有进行劳动力输出。即便是现在也不说"劳务出口",而称为"对外劳务合作"。②

1978 年 12 月中国共产党十一届三中全会以后,转而采取了对外开放政策,其结果,为了取得经济发展,开始重视国内外资源及国内、国际市场的利用,并开始输出劳动力。

在中国,劳动力输出以"承包工程"和"劳务合作"为主。"承包工程"往往需要劳动力。而且,这种劳动力输出是在国家(国务院)的管理下进行的。个人出国务工则大多采取留学的形式。③

从表 4-4 可知,劳动力输出人数比较少。1987 年也只有 64000 多人,仅占国际劳动力输出总数约 2000 万人的千分之三。④ 在海湾战争前,劳动力主要输往中东产油国。尤其是前往伊拉克的劳动力很多。截至 1985 年年底,劳动

---

① 彭发强:《广东流动人口现况》,《南方人口》1991 年第 3 期,第 24~27 页。
② 何宪开:《国际劳务市场与对外劳务合作》,机械工业出版社 1988 年版,第 5 页。
③ 何宪开:《国际劳务市场与对外劳务合作》,机械工业出版社 1988 年版,第 178 页;丸川知雄:《中国的劳动力输出》,《大原社会问题研究所杂志》1991 年 4 月第 389 号,第 35 页。
④ 何宪开:《国际劳务市场与对外劳务合作》,机械工业出版社 1988 年版,第 182 页。

力输出总数的 39.1％、约 20900 人在伊拉克工作。① 对中国来说,海湾战争在利用输出劳动力创汇方面造成了不利的影响。

如上所述,从国际上看,中国的劳动力输出人数并不多。即使从出国务工的工人的素质和劳动力的国际环境来看,也很难认为在短期内会迅速增加。②

表 4-4　以承包工程、劳务合作的形式在国外居留的人数

单位:人

年份	合计	承包工程	劳务合作
1983	30791	13056	17663
1984	49975	21910	27557
1985	56264	30640	24895
1986	47062	27403	18991
1987	64145	31300	31949
1988	70884	30024	39810
1989	67066	23951	41867
1990	57939	21823	36116

资料来源:丸川知雄:《中国的劳动力输出》,《大原社会问题研究所杂志》,第 389 号,1991 年 4 月号,第 38 页。《中国对外经济贸易年鉴》,中国社会出版社 1990 年版,第 628 页;中国社会出版社 1991 年版,第 654 页。《中国劳动工资统计年鉴 1990》,中国统计出版社 1990 年版,第 567 页。

二、因私出国

因私出国在改革开放后的 13 年期间达 70 万人,其中自费留学 14 万人。③ 1986—1991 年因私出国的情况如表 4-5 所示。

就因私出国的申请人数来看,以广东省为例,1981 年为 1.2 万人,1982 年为 2.7 万余人,1983 年为 2.2 万余人,1984 年为 1.8 万余人,1985 年为 1.9

---

① 石林:《当代中国的对外经济合作》,中国社会科学出版社 1989 年版,第 40 页。
② 《对外承包劳务合作》,中国对外经济贸易出版社 1987 年版,第 34 页。
③ 任英超:《"出国热"是改革开放中的正常现象》,《海内与海外》1992 年第 11 期,第 52 页。

万余人,1986年为2.5万人,1987年为3.2万余人。① 这些自费出国人员有干部、教师、科研人员、医生、工人、农民、个体经营者、待业人员(失业者)、学生等各行各业的人。下面以广东省为中心,看看1970年以后(主要是改革开放以后)中国人的国际移动情况。

1953—1982年期间,广东省的移动人口为,移往省外247.1万人,从省外移入109.4万人,净移出人口137.7万人。该数值包括向国外移动的人数。1953—1982年广东省往国外的净移出人数(移出人数和移入人数之差)是8万多人,其中不包括赴港澳的移居者。

在新中国成立初期的20世纪50年代初,有过港澳往内地的移居人口激增的时期。但因政府针对他们的政策等问题及其后政治运动的变化,从港澳回内地定居的人数大为减少。相反,从广东省移居到港澳的人数则增加了。如表4-6所示,在1971年至1982年的12年期间,获准赴港澳定居的人数达30万余人。而且,加上1971年以前的移居人数和30多年来的非法移居港澳的人数,广东省往港澳的净移居人数共为60万余人,占省外净移出总数的46.9%。

由于港澳当局对移入人口的限制和广东省的经济发展等,进入20世纪80年代后,每年的移居人数便稳定在3万人左右。

除了新中国成立初期的海外华侨华人的回国高潮期外,归侨、侨眷等的出国在1978年12月中共十一届三中全会后开始出现。此前,尤其是"文化大革命"期间,全国几乎处于"锁国"状态,因此归侨、侨眷的出国没能得到批准。改革开放以后,"文革"时期几乎没有回国的华侨、华人的回国人数开始逐步增多。广东籍归侨(归国难侨除外)1978年为686人,1979年为508人,1980年为828人,1981年为938人,1982年为1022人。他们中有86.7%来自东南亚各国,2.7%来自美国,2.2%来自加拿大,8.4%来自其他9个国家。

表3-2反映了改革开放后广东省几个侨乡及全省的因私出国状况。从该表可知,侨乡之间存在着差异。台山市出国人员很多,而澄海、顺德很少。台山市人口95万余人(1987年),但归侨和侨眷占了一半以上,他们的移居目的地大部分是美国。为此,改革开放以后,该县的侨眷便开始向富裕的美国移居。1978—1985年年均迁出率为7.96‰,是全省平均值的17.7倍,1980年

---

① 毛起雄、聂小虎:《出国指南——留学、探亲、移民之路》,中国人民大学出版社1990年版,第174页。

表 4-5　因私出国的批准人数和出国人数

单位：人

年份	批准出国人数	实际出国人数
1986	77064	约40000
1987	107297	53995
1988	212182	128354
1989	238301	132727
1990		175735
1991		207146
1979—1991		940704

资料来源:《人民日报》1990年5月12日、1992年6月21日。

表 4-6　1971—1982年广东省赴港澳定居的人数

单位：人

年份	香港	澳门
1971	575	
1972	3975	
1973	17694	1971—1977年合计
1974	8863	56963
1975	7056	
1976	8259	
1977	10546	
1978	23038	3834
1979	26609	44742
1980	24927	4822
1981	26706	4895
1982	27204	4857
合计	185452	120113

资料来源:《中国人口·广东分册》,中国财政经济出版社1988年版,第158页。

高达 16.2‰,8 年期间移民的绝对数占全省移民总数的 1/4 以上。① 尤其是 1980 年的出国人数占了该市人口的 1.6%。根据《中国人口·广东分册》,1980 年 1 年期间广东省有 42000 多人前往 60 多个国家。其中,去美国的人数为 16000 多人(占 38%),去加拿大的人数为 11000 多人(占 26%),可见赴北美的出国人员占了大多数。

以往在"锁国"状态下侨眷的出国难以获得批准,但这种状况在 1978 年 12 月中共十一届三中全会以后得到改善,因此,1980 年是一直希望出国的侨眷获准出国人数比较集中的一年。② 广东籍海外华侨华人所居住的地区 86% 是亚洲。但自 20 世纪 70 年代末海外移居的主流便转向美国,占了全省出国人员的 43.5%。就地区来看,广州市占 42.76%,顺德县占 17%,澄海县仅占 1.2%,而台山市竟有 79.6% 是赴美国的移居者。另外,澄海县海外移居者的 95.26% 前往泰国和新加坡。顺德县的大部分移居者前往非洲各国,但近年来赴美国、加拿大的移居者不断增加。广州市的情况也一样。其主要原因是"期望收入"。③

台山、澄海的移居者自不待言,即使是移居地不同的侨乡,血缘、地缘关系依然具有很大的影响力,这从各国的唐人街的状况也可轻易地了解到。

1981—1985 年广东省因私出国的移居国别可以归纳为表 4-7。

表 4-7　1981—1985 年广东省各类因私出国的流向分布

单位:%

	美国	加拿大	澳大利亚	泰国	其他	合计
定居	60.0	20.0	2.0	15.75	2.25	100
探亲	6.2	2.1	3.7	38.3	49.7	100
自费留学	68.4	13.1	0.25	0.05	2.2	100

资料来源:陈印陶、廖莉琼:《改革开放以来广东省人口国际迁移的特征及其发展趋势》,《中山大学学报》1990 年第 4 期,第 32 页。

---

① 陈印陶、廖莉琼:《改革开放以来广东省人口国际迁移的特征及其发展趋势》,《中山大学学报》1990 年第 4 期,第 31 页。
② 《中国人口·广东分册》,中国财政经济出版社 1988 年版,第 171 页。
③ 陈印陶、廖莉琼:《改革开放以来广东省人口国际迁移的特征及其发展趋势》,《中山大学学报》1990 年第 4 期,第 32 页。

三、出国的原因

根据陈达著《南洋问题与闽粤社会》(1938年),旧中国人口的出国原因近70%是由于半封建半殖民地社会中所发生的"经济压迫"而被迫移民的。现在的出国原因当然是不同的。

改革开放后台山市和澄海县国际移居的主要原因如表4-8所示。

表4-8 台山、澄海因私出国的主要原因

单位:%

	探亲	继承祖业	协助经商	结婚	留学	其他	合计
台山	61.6	14.9	18.5	3.3	0.6	1.1	100
澄海	68.4	13.2	15.5	0.9	0.6	1.4	100

资料来源:廖莉琼:《改革开放以来广东台山、澄海侨乡人口国际迁移概况》,《人口研究论丛》,中山大学人口研究所,1989年1月,第127页。

20世纪80年代的澄海县移民与以前的潮州移民有很深的关系。就是说,他们有130万名亲属在国外,其中直系亲属占了80%。

第三节 海外华侨华人资本与侨乡经济的发展

实施对外开放政策以来,利用外资的工业化成了主要的方向。而海外华侨华人在中国大陆投资尤其受到重视。

对外开放后海外华侨华人在中国大陆的投资至少达到了表4-9所示的数额。

20世纪70年代末开始实施对外开放政策后,对海外华侨华人在中国大陆投资采取了各种各样的优惠措施,为此,与新中国成立后至1966年的18年间海外华侨华人、港澳同胞在大陆投资1亿美元相比,1979—1988年上半年已增加了50多倍。[①] 据统计,在1979年至1987年年底外商对华直接投资

---

① 林金枝:《海外华人在中国大陆投资的现状与前景》,郭梁主编:《战后海外华人变化国际学术研讨会论文集》,中国华侨出版公司1990年版,第135页。

85.5亿美元中,港澳资本占了43亿美元。而且,林金枝教授认为,港澳资本对内地的投资额约占全部海外华侨华人在华投资的90%,纯粹的华侨华人资本占极少数。①

表4-9　1979—1988年海外华侨华人在中国大陆的投资金额

单位:亿美元

年份	外商投资额	海外华侨华人投资额
1979	1	1
1980	2.1	1.15
1981	4.6	2.53
1982	7.0	3.85
1983	8.2	4.51
1984	12.7	6.98
1985	14.1	8.03
1986	18.0	9.90
1987	18.3	10.06
1988(上半年)	9.23	5.07

注:华侨华人中包括港澳中国人。
资料来源:林金枝:《海外华人在中国大陆投资的现状与前景》,郭梁主编:《战后海外华人变化国际学术研讨会论文集》,中国华侨出版公司1990年版,第134页。

表4-10主要根据国家统计局的数值列出了20世纪80年代中期以后中国吸收直接投资的情况。其数值大于林金枝教授所列的数值。尽管如此,1984—1989年来自港澳台的合计投资额也占了近70%。

此外,据国务院副秘书长、国务院外国投资工作领导小组副组长、国务院特区办主任何春霖所言,至1989年年底中国引进的307亿美元外资中,有70%是由华侨、港澳台同胞及外籍华人投资的。② 根据广东省侨联负责人

---

① 林金枝:《海外华人在中国大陆投资的现状与前景》,郭梁主编:《战后海外华人变化国际学术研讨会论文集》,中国华侨出版公司1990年版,第137页。
② 《广东侨报》1989年10月10日。

1993年2月对笔者所言,全国1979—1992年的外资引进额(大概是合同额)为483亿美元,其中80%是港澳台同胞及华侨华人的投资。其中,同期广东省为200亿美元,仅1992年1年便达到40亿美元。尤其是在邓小平发表南方谈话以后有了急速增加。

表4-10　1984—1989年主要国家和地区对华直接投资状况
（根据各年年底的实际额算出）

单位:万美元;%

	1984年		1985年		1986年		1987年		1988年		1989年		合计	
	金额	比例	金额	比例	金额	比例	金额	比例	金额	比例	金额	比例	金额	比例
港澳	74753	52.7	95568	48.9	132871	59.2	159821	69.1	209520	65.6	207775	61.2	880292	60.6
美国	25625	18.1	35719	18.3	32617	14.5	26280	11.4	23596	7.4	28427	8.3	172264	11.9
日本	22458	15.8	31503	16.1	26335	11.7	21970	9.5	51453	16.1	35634	10.5	189357	13.0
澳大利亚	40	0.07	1436	0.7	7877	3.5	496	0.2	416		4442	1.3	14707	1.0
法国	2016	1.4	3254	1.7	4363	1.9	1555	0.7	2267	0.7	460	0.1	13975	0.96
英国	9797	6.9	7135	3.6	3526	1.6	455	0.2	3416	1.1	2848	0.8	27177	1.9
意大利	1800	1.3	1938	1.0	2940	1.3	1626	0.7	3054	0.9	3028	0.9	14386	0.99
联邦德国	756	0.5	2414	1.2	2691	1.2			1490	0.5	8139	2.4	15490	1.1
奥地利					2175	1.0			35		69		2279	0.16
新加坡	120	0.08	1013	0.5	1362	0.6	2163	0.9	2782	0.9	8414	2.5	15854	1.1
加拿大			940	0.5	225	0.1	1022	0.4	602	0.2	1695	0.5	4514	0.31
泰国			884	0.5	910	0.4	1124	0.5	610	0.2	1268	0.5	4796	0.33
比利时			789	0.4	882	0.4	754	0.3	389	0.1			2814	0.19
挪威							150	0.1	3201	1.0	1866	0.6	5217	0.36
荷兰					249	0.1	21		2062	0.6	1773	0.5	4105	0.28
丹麦					141	0.1	242	0.1	1980	0.6	831	0.2	3194	0.22
台湾							10000	4.3	42000	13.2	48000	14.1	100000	6.9
韩国							600	0.3	600	0.2	1400	0.4	2800	0.17
合计	141885	100	195615	100	224373	100	231353	100	319368	100	339257	100	1451851	100

资料来源:樊勇明:《中国的工业化与外国资本》,日本:文真堂1992年版,第53页。

从华侨华人投资方面来看,1987—1989 年期间仅东南亚华侨华人及港澳台同胞的直接投资就有 12701 件,占了同期中国引进的外商直接投资件数 15472 件的 80.09%。合同投资额为 192.8 亿美元,占了同期合同投资总额 246.8 亿的 78.12%。①

尽管海外华侨华人通过港澳进行投资,但把来自港澳的投资全部视为海外华侨华人的投资也未必正确。因为近年来中国的大规模资金投资香港,其中一部分利用税收方面的优惠措施又回流到大陆进行投资,还有港澳台的日资企业通过当地子公司或与香港企业合作向中国大陆投资。因此,对港澳资本和东南亚华侨华人资本进行明确区分是很困难的。②

表 4-11　1979—1987 年外商投资企业地区分布

地区	企业数量(家)	比重(%)
广东	6111	61
福建	1020	10
上海	303	3
广西	292	2.9
北京	256	2.6
天津	240	2.4
辽宁	225	2.2
江苏	204	2
浙江	152	1.5
山东	137	1.4
陕西	112	1.1
湖南	101	1
其他	860	8.9
合计	10013	100

资料来源:樊勇明:《中国的工业化与外国资本》,日本:文真堂 1992 年版,第 53 页。

---

① 樊勇明:《中国的工业化与外国资本》,日本文真堂 1992 年版,第 57 页。
② 林金枝:《海外华人在中国大陆投资的现状与前景》,郭梁主编:《战后海外华人变化国际学术研讨会论文集》,中国华侨出版公司 1990 年版,第 137 页。

从表 4-11 也可知道,海外企业的对华投资集中于沿海地区。沿海地区外商投资企业数量最多的是广东,为 6111 家(占总数的 61%),其次是福建,为 1020 家(占 10%),沿海地区总共达到 8940 家,占总数的 89.28%。①

第四节 广东、福建侨乡的经济活动与外资

改革开放以后,侨乡与外资结合的经济活动相当活跃。广东省和福建省是两大侨乡,而广东省是最大的侨乡。据说全世界约有 3000 万华侨华人,其中约有 2000 万人来自广东。1993 年 2 月广东省侨联负责人对笔者说,该省约有 2000 万侨属及归侨。根据 1979—1985 年的统计,广东、福建两省引进、利用外资 35 亿美元,其中侨资及港资占了 80%。②

就广东省来看,1978—1988 年全省共签外资合同 88606 件,实际利用外资 80 余亿美元,其中华侨华人及港澳台同胞资金占 80%以上。"三资"企业合同共 8757 件,占全国总数的 55%,实际利用外资 40 多亿美元,占全国总额的 44.4%。"三来一补"企业和租赁企业合同 78467 件,实际利用外资 12 亿多美元。③ 广东省是"三来一补"企业发展显著的地区。

根据国家统计局的资料,在 11 个沿海省、直辖市的开发区中,至 1987 年广东省"三来一补"企业实际利用外资累计额为 16.2166 亿美元,占了 11 个省市总额的 82.56%。该省"三来一补"企业的出口额至 1987 年累计占 11 个省市总额的 95.8%。④ "三来一补"企业引进外资与"三资"企业相比规模较小,但在吸收劳动力方面起到了很大的作用。广东省是中国最早开展"三来一补"业务的省份,截至 1990 年 8 月,该省共兴办"三来一补"企业 1.8 万多家,雇用职工 140 万名。⑤ "三来一补"的行业以纺织、家电、玩具、电子为主,生产规模比侨属企业(后述)大,平均每家企业的员工为 80 人左右。

---

① 林金枝:《海外华人在中国大陆投资的现状与前景》,郭梁主编:《战后海外华人变化国际学术研讨会论文集》,中国华侨出版公司 1990 年版,第 136 页。

② 王京治:《侨务知识手册》,中国华侨出版公司 1989 年版,第 118 页。

③ 《广东侨报》1989 年 9 月 26 日。

④ 国家统计局:《沿海经济开放区经济研究和统计资料》,中国统计出版社 1989 年版,第 179、181 页。

⑤ 《广东侨报》1990 年 8 月 7 日。

1991年,珠江三角洲地区港澳企业等外资企业的职工人数达到了300万人。① 广东省灵活利用地利人和,使"三资"企业和"三来一补"企业获得了发展。

下面来看看福建省实际利用外资的情况。至1987年,福建省累计引进外资额为3.3507亿美元(不包括对外借款772万美元)。② 1979—1990年实际利用外商直接投资额为10.4952亿美元。其中来自香港的投资为5.9856亿美元,占了57%。③ 根据某资料,从采取对外开放政策的1979—1985年,全省批准或已经开工的"三资"企业有80%以上是港澳资本和华侨华人资本。④

在该省,1988年以后来自台湾地区的投资有了迅速的增加。数值虽不清楚,但据说全额独资企业较多。在实际利用外资额中,1988年达到1000万美元的全额外商投资1989年迅速增至1.2682亿美元,1990年增至1.3605亿美元,⑤估计其半数以上是来自台湾地区的投资。在1989年厦门经济特区吸收外资总额中,80%以上是台资。⑥ 福建省引进外资的行业与广东省一样,主要是服装、鞋、箱包等轻工业品、电子、水产加工品等,1989年已经开工的外资企业所吸收的就业人员为28万人,开业投产的外资企业有1500多家,因此平均每家企业的职工约为180人,似乎比广东省的平均职工人数还多,规模也更大。⑦

另外,根据《日本经济新闻》(1992年1月22日)报道,1991年1年期间从台湾流入大陆的资金达50余亿美元,其中20亿～30亿美元是总数达120万人的台湾赴大陆探亲人员带进来的外汇。他们的家乡大多数在福建省。

---

① 《珠海特区报》1991年6月27日。
② 国家统计局:《沿海经济开放区经济研究和统计资料》,中国统计出版社1989年版,第179页。
③ 《福建统计年鉴1991》,中国统计出版社1991年版,第320页。
④ 《当代中国的福建》(下),当代中国出版社1991年版,第387页。
⑤ 《福建统计年鉴1991》,中国统计出版社1991年版,第320页。
⑥ 《福建统计年鉴1990》,中国统计出版社1990年版,第187页。
⑦ 《福建统计年鉴1990》,中国统计出版社1990年版,第188页。

第五节　广东、福建侨乡的侨属企业与华侨华人资本

　　侨属企业指的是归侨和侨眷利用海外亲友赠送的款物及外币存款利息等兴办的企业，因此，与华侨华人投资兴办的"三资"企业等不同。由于是用海外亲属的款物设立的企业，所以规模不大。因存在税制方面等复杂的问题，实际上很大程度上依赖各地的侨联和侨办的指导。

　　在福建省，改革开放以后至1989年年底，归侨、侨眷先后筹资4亿元（其中70％是侨资），兴办了12000多家乡镇企业，解决了40多万名归侨、侨眷等的就业问题。[①] 根据改革开放后至1985年年底的统计，127家中外合资乡镇企业加上各种侨资的乡镇企业，福建全省共有6800多家乡镇企业，就业的归侨、侨眷及其子女达14万人。[②] 20世纪80年代后期侨属企业有了进一步的发展。

　　20世纪80年代中期以后，侨属企业之所以取得发展，政府对侨眷接受海外华侨华人赠送的小型生产设备采取优惠措施是其主要原因之一。

　　福建省于1986年11月对海外华侨及港澳同胞向内地亲属赠送2万元以下的生产设备并用于兴办企业采取了关税减半的措施。自1988年，优惠范围进一步扩大，对赠送10万元以内的小型生产设备免税进口。1988年，由于这项优惠措施，仅泉州市就接受了海外侨胞赠送的670多套这类设备，[③]1989年全省利用该优惠措施获赠1048套设备，价值700多万元人民币。其中，在作为乡镇企业模式而闻名的晋江市，利用该优惠措施接受华侨华人赠送的各类小型设备760套，比前一年（1988年）增加了1.2倍，其中具有20世纪80年代国际先进水平的设备有29套。[④] 在该市，至20世纪80年代中期，通过与海外华侨华人和港澳同胞的关系从海外引进的先进设备达到1.8万套，平均每个乡镇企业引进3套设备。[⑤] 该市乡镇企业的发展似乎可以在这里找到

---

　　①　《福建经济年鉴1990》，福建人民出版社1990年版，第333页。
　　②　《当代中国的福建》（下），当代中国出版社1991年版，第337页。
　　③　《福建经济年鉴1989》，福建人民出版社1989年版，第362页。
　　④　《福建经济年鉴1990》，福建人民出版社1990年版，第334页。
　　⑤　《当代中国的福建》（上），当代中国出版社1991年版，第300页。

原因。

即使在最大的侨乡广东省,由于1984年国家颁布了侨眷、归侨接受海外亲友赠送小型生产工具的优惠条件,至1987年,全省侨眷、归侨和港澳同胞家属利用外资、侨汇等兴办了4万多家企业,投资总额达10亿元以上,引进生产设备1.5万套,解决了50多万人的就业问题。①

就一些地区的侨属企业和就业状况来看,汕头市兴办各类侨属企业1.5万多家,解决了12.68万多人的就业问题。地处山区的肇庆市1463户归侨、侨属等筹资1844万元,利用外资1538万元,兴办各种企业1706家,解决了10960人的就业问题。增城县办起了200家生产牛仔裤等的制衣厂和洗衣厂,解决了6800多人的就业问题。②

此外,广州市珠海区、荔枝区、增城县等兴办的侨属企业1987年只有60家,至1990年利用近1亿元资金,已办起810家企业,其职工人数达到1.2万人(主要是归侨和侨眷)。③从以上可知,每家侨属企业的从业人员平均有10人左右。

此后,侨属企业进一步转换为生产型、外向型、创汇型企业,并努力开拓"三来一补"业务,与海外亲友合作、合资。截至1991年,荔枝区有40%的侨属企业已转换为生产型企业。换言之,是从"输血型"企业转换为"造血型"企业。

为了加速广州市的经济建设,广州市人民政府于1984年10月24日颁布的《广州市华侨、港澳同胞投资优惠暂行办法》规定了对华侨、港澳同胞投资的优惠办法。全额独资经营,与内地的国营企业或集体企业合资、合作经营,采取中国政府准许的其他方式在广州市进行投资,都可以享受所有的优惠,甚至比外国企业得到更多的优惠。例如,第1条规定,华侨、港澳同胞在广州市投资的企业所使用的土地,其土地使用费按广州市规定8折征收。就是说,比一般要便宜20%。此外,第10条还规定,华侨、港澳同胞赠送其亲属价值人民币2万元以下属自用的先进适用生产技术设备,经批准可免税进口。④

---

① 《当代中国的广东》(下),当代中国出版社1991年版,第315页。
② 《广东侨报》1989年9月26日。
③ 《广东侨报》1991年7月2日、8月20日。
④ 人民日报工商部:《中国对外开放工作实务手册》,工商出版社1987年版,第909、911页。

第六节　华侨华人的购房及其亲属的农转非

　　侨乡的侨眷由于可以依靠海外华侨汇款维持部分生活,其经济比侨乡的一般群众相对较好。上述暂行办法规定,除了前述的优惠措施以外,亲属还可随华侨、港澳同胞的投资进行户籍迁移,以扩大与一般群众的"差距"。该办法第4条规定,华侨、港澳同胞引进先进技术,投资经营广州市急需的工业项目,投资老企业进行技术改造,投资经营开发性事业,凡一次实际投资30万美元(市属八县20万美元)者,可允许其亲友一人由农村户口转为企业所在的城镇常住户口,凡一次实际投资60万美元(市属八县40万美元)者,准其亲友二人由农村户口转为城镇常住户口,每个项目最高限额为2人。如果是非生产性投资,需要比生产性投资多1倍的金额。

　　关于随这种生产性(或非生产性)投资的农转非,根据1993年2月笔者在汕头市侨办的采访,因生产性投资所提出的农转非申请极少,农转非主要是通过购房来进行的。广东省侨联也说,大部分农转非是通过购房来实现的。各地的情况互不相同,各地县政府似乎就住房价格及农转非的比例等有具体的规定。

　　以广东省汕头市为例,凡用侨汇购房的华侨、港澳台同胞,可照顾其亲属迁往住宅所在城镇入户。建筑面积为50～70平方米的,可照顾其直系亲属或旁系亲属1人入户;建筑面积为80平方米以上的,可照顾2人入户。[①] 不是用人民币,而是用外汇券购买(1993年在当地听说用外汇便可购买)。在深圳用人民币也可购买。就房价来看,截至1993年,汕头市内每平方米约2000元,深圳每平方米约8000元,有很大的差距。在汕头市,农转非购房时每平方米需要3000元。

　　就整个广东省来看,在1988—1990年的3年间,共向侨胞售房100.66万平方米,总创汇1.012亿美元,照顾侨港澳台属"农转非"16649人。[②] 作为筹资的手段,"农转非"得到了利用。

　　20世纪90年代初期,在许多城市可在市场上随意买到粮食,笔者于1993年2月在汕头、深圳了解了这一时期城市户口所具有的意义。在汕头,户口与

---

　① 《广东侨报》1990年2月6日。
　② 《广东侨报》1991年1月22日,《华声报》1991年6月21日。

住宅、就业、福利、就学有很深的关系。在深圳,如果没有常住户口,就难以买到住房,很难有稳定的身份保证就业,生活方面成为最大的问题。如果没有常住户口,医疗费等福利费大部分由自己承担。对人口移动的限制依然具有很大的影响。

因鼓励利用海外汇款购房,并调节海外汇款汇率,1990年广东省侨汇在连续3年下降后大幅回升,全年侨汇总额达4851万美元,比上年增加100%以上。① 在官方汇率较低的情况下,探亲时带回侨乡的外汇现钞应该多于通过中国银行汇款的外币金额。

中国政府从财政、粮食、就业以及城市的接受能力等方面考虑,为了从行政上控制农村人口往城镇移动,尤其在1988年秋开始的经济调整及1989年的"天安门事件"以后,尽量采取在本地吸收劳动力的措施,实行了控制外地人口流入的政策。

当然,针对促使人口稳定流入大城市的"农转非",从20世纪80年代末开始政府出台了严厉限制"农转非"的规定。1989年10月31日,国务院颁发了《关于严格控制"农转非"过快增长的通知》。根据该通知,1990年6月23日,国家计委、公安部、商业部向国务院提出了具体的建议,要改变"农转非"缺乏政治上统一领导、检查不严的状态,加强管理体制。

尽管有该通知和建议,但实际上农村往城市的流动人口却增加了。改革开放后,主要靠劳动致富的部分农民当中出现了购买城镇户口的动向。为此,作为临时工和合同工进入城市的"农民工"对企业来说已是一支不可忽视的生力军。前者的户口买卖往往是为了地方经济开发而对开发区进行的一种投资,从而出现了中央的意向与地方的利益相对立的情况。在四川省某县升格为市时,据说建立了开发区,卖出了9000人的户口。②

《农民日报》编辑座谈会的内容以"横在城乡之间的最后一道壁垒——本报编辑漫谈'买卖户口'"为标题刊登在1992年11月4日该报第1版上,可见"买卖户口"已成为相当大的社会问题。根据该报报道,等级差别和社会歧视被现行户籍制度在某种程度上合法化了,但改革以后部分致富的农民已可通过购买城镇户口得到不受歧视的"身份"(即城镇户口)。笔者于1993年2月访问汕头、广州、台山、深圳各地时也了解到,由于户口问题,农户与非农户之间在经济利益、社会保障、就业、入学等多方面存在着差别。尤其是居住在深

---

① 《广东年鉴1991》,广东人民出版社1991年版,第579页。
② 《农民日报》1992年11月4日。

圳却没有该市户口的人,他们没有资格在该市购买住房,很难从事稳定的职业。

人员移动主要由户口所在地政府进行管理。即使中央政府发出严格限制流动人口和"农转非"的指示,只要户口所在地的地方政府批准,农民即可移动。地方政府为了从流动人口中获得好处,希望人们前往城市务工。在四川省某县,外出务工者需要向该县交纳劳力调配费30~50元、劳务开发基金20元、外出人员管理费10元、铁路捐资10元、人民教育基金20元、计划生育抵押金200元等总共500多元的费用。进而,还有向村、乡、区、县4级交纳的费用。该县有20多万名剩余劳动力,但因外出务工负担太重,仅输出劳力五六万人。① 这种做法只能起到抑制农民流动的作用。

第七节 侨乡建设、公益事业与华侨华人捐款

为了筹集海外华侨华人的资金用于侨乡建设和公益事业,改革开放后对他们采取了优惠措施。

1984年12月19日,广东省人民政府公布了《广东省华侨、港澳同胞捐办公益事业支援家乡建设优待办法》。这是利用侨汇建设医院、学校、公路、桥梁等公益事业的奖励措施之一。华侨华人有着捐赠公益事业的传统。例如,已故著名华侨陈嘉庚先生从1913年前后开始在福建省同安县集美建设了幼儿园、小学、中学、师范学校、水产学校、航海学校等,1921年创建了厦门大学。

根据广东省的《优待办法》,华侨华人、港澳同胞捐资兴办公益事业、工厂、企业等工程项目,捐赠金额在人民币5万元以上者,可安排其亲属一人到捐建项目就业;捐赠金额20万元以上者,安排就业的亲属人数可酌情增加,最多不超过5人。就业人员如属农村户口,公安、粮食部门可予以办理城镇的入户手续。②

改革开放以来至1990年中期,华侨华人、港澳台同胞的公益事业捐款广东省达到60多亿元,福建省达到12亿多元。③ 以下来看看改革开放后福建、

---

① 《农民日报》1992年12月7日。
② 杨万秀主编:《海外华侨华人概况》,广东人民出版社1989年版,第449页。
③ 全国人大华侨委员会研究室编:《中华人民共和国归侨侨眷权益保护法讲话》,中国华侨出版公司1990年版,第55页。

广东的海外华侨华人对公益事业的捐款金额。1978—1985年,福建省华侨华人捐资办学总金额为1.14亿元,为1978年以前29年总和的2.4倍。在医疗方面,1979—1985年,华侨华人办医院的捐款总数达1300万元,是1978年以前29年总和的4倍多。①

就1987年以后海外华侨华人对福建省公益事业的捐款来看,1987年比前一年增加3000万元,达到1.2亿元,1988年为1.8亿元,1989年为1.9亿元,呈逐步增加的状态。自1979年起的10年期间,海外华侨华人对福建省公益事业的捐赠已超过8亿元人民币,其中有半数以上用于兴办教育事业。②

传统上对教育方面的捐款较多,但部分公益事业捐款也用于公路建设及生产性事业。就成为全国乡镇企业模范市的晋江市来看,该市1987年是接受公益事业捐赠最多的市,有3200万元,其中1/4用于工农业生产和发展交通事业。③ 1989年,该市有4200万元以上的公益事业捐款,其中891万元用于47公里的公路建设。④

作为晋江市经济发展的强有力的支柱,除了实行优惠措施引进海外小型生产设备之外,还将海外华侨华人对公益事业的部分捐款投入到基础设施部门等。晋江市可以说是中国改革开放后具有极好环境的地区。从整体中国经济来看,这种特别好的经济环境可以使乡镇企业得到发展,但如何提高对其他地区,尤其是周边地区的波及效果则是一个问题。

下面来看看广东省海外华侨华人的公益事业捐款。1978—1987年全省华侨和港澳同胞自愿支援家乡建设,兴办各种公益事业的款项(包括捐赠实物折款)共达23.8亿元。除了教育事业费之外,用于支援侨乡工农业生产建设的占40%。就同期各侨乡公益事业捐款金额来看,江门市为8.98亿元,汕头市为5.71亿元,中山市为3.06亿元,佛山市为3.03亿元,梅州市为2.59亿元,东莞市为0.66亿元。⑤

就20世纪80年代中期以后广东省公益事业捐款情况来看,1985年为5.5730亿元,1986年为2.0544亿元,1987年为6.4189亿元,而1988年迅速增至20.0054亿元。其中支援工农业生产的捐款最多,达9.6138亿元,占了

---

① 《当代中国的福建》(下),当代中国出版社1991年版,第339、340页。
② 《福建经济年鉴1989》,《福建经济年鉴》社1989年版,第361页。
③ 《福建经济年鉴1988》,《福建经济年鉴》社1988年版,第361、362页。
④ 《福建经济年鉴1990》,福建人民出版社1990年版,第335页。
⑤ 《当代中国的广东》(下),当代中国出版社1991年版,第316、317页。

48.06%。①

即使在"天安门事件"后的1990年,对广东省的公益事业捐款也达到了9.1887亿元,其中有3亿多元用于支援工农业生产。② 1991年该省的公益事业捐款达到了22.7235亿元之巨,其中相当于31.1%的7亿元以上用于支援工农业生产。③ 这反映了改革开放后广东省有着良好的经济发展条件和特殊的环境。

第八节 归国难侨

如前所述,由于富裕的海外亲属对侨乡的投资及购房等,一部分归侨、侨眷有可能通过"农转非"等在城镇就业、生活。但从某种意义上说,安置了难民等的国营华侨农场的状况则留下了一些"阴影"。

新中国成立后广东、福建两省的归侨、难侨接纳情况如表4-12所示。

1990年年底,广东省有10万多名归难侨安置在36个华侨农场和农垦农场。由于农场地少人多,每年从农场初高中毕业的归难侨子女有相当部分无法就业,当时农场的待业归难侨子女就达8000多人,占归难侨人数的7%~8%。广东省难民办公室于1989年初建了一座职业短期培训中心,对他们进行短期职业培训。④

在有关广东省茂名市归侨贫困状况的新闻报道中,登载了关于归侨的调查报告,表明在群众中普遍认为"侨"字号有"南风窗",不存在贫困,但实际情况未必如此。根据该报道,茂名市有归侨3524户6437人,大部分定居在农村,尤其住在偏远山区的归侨,人均年收入不足200元、粮食不足200公斤的贫困户仍有342户。⑤

根据金旭东所述,1978年、1979年流入中国的印支难民共有27.9万人,其中26.5万人是1978年流入的。他们当中的77%是华人或华裔。中国政

---

① 《广东省统计年鉴1990》,中国统计出版社1990年版,第351页;《广东省统计年鉴1989》,中国统计出版社1989年版,第359页。
② 《广东统计年鉴1991》,中国统计出版社1991年版,第331页。
③ 《广东统计年鉴1992》,中国统计出版社1992年版,第371页。
④ 《广东侨报》1991年1月15日。
⑤ 《广东侨报》1991年10月22日。

府将他们安置于南方5省、自治区的233个国营农场和一些工商企业。就各省、自治区的安置人数来看,广东省为11万人,广西壮族自治区为9万人,云南省为4万人,福建省为3万人,江西省为0.13万人。至1984年,中国政府为安置印支难民共花费了10.8亿元人民币。①

表4-12 新中国成立后归侨、难侨接纳情况(广东省、福建省)

广东省			福建省		
时期	种类	人数	时期	种类	人数
1950—1958	其中缅甸难民	25万余人 约2万人	1950—1959	东南亚归侨	7万余人
1960	印尼难侨	5万余人	1960—1965	印尼归国难侨	35203人
1963	印度难侨	5000余人	1966—1968	印尼、缅甸归侨	8000余人
1964	缅甸难侨	3000余人			
"文革"期间	归侨、难侨被说成"海外间谍"、"反动社会基础"而受到迫害				
1978—1979	受越南迫害的印支难侨 其中到广东的人 其中到华侨农场的人	26万人 10.6万人 8万人	1977—1979	越南难侨 其中到福建的人 主要安置于14个华侨农场和3个华侨工厂	26万人 3万人

资料来源:《当代中国的广东》(下),当代中国出版社1991年版,第275~305页;《当代中国的福建》(下),当代中国出版社1991年版,第324~332页。

根据《朝日新闻》特派员的报告,1978年、1979年来自越南的难侨达到了28.6万人,截至1991年,广西壮族自治区有10万人,广东省有7万人,云南省有5万人,海南、福建两省各有2万人定居,集体从事农渔业。② 在这些越南难民中,一部分人作为假难民再次出国到日本等。但不少人被日本作为假难民遣送回中国。

---

① 金旭东:《试论印支难民问题特征》,《华侨华人历史研究》1988年第1期,第16~20页。

② 堀江义人:《留下严重敌对后遗症的中越——从位于边境的中国广西壮族自治区来看》,《朝日新闻》1991年11月4日。

在流入中国的越南难侨中,一些地区的难侨过着富裕的生活。例如,在沿海开放城市北海,1991年11月有1.4万人从事渔业,他们利用纳税和贷款方面的优惠等,建起了3层楼的住宅,没有一个难民想回越南。① 听到这一消息的广东省和海南省的难民在1990—1991年的一年期间纷纷来到北海。②

中国政府将一部分归国难侨和华裔从华侨农场分配到市内的企事业单位。例如在广东省深圳市,根据政府的要求,在1989年和1990年两年内共安置了22个华侨农场的归难侨(含子女、配偶)500人到市内78个单位及部门就业。③ 在市内就业的500人在市劳动局、公安、粮食部门等办理手续后成了城市人口。

实际上,针对这种归侨、难侨的"政策"性职业介绍有相当困难的一面。蚁美厚在广东省第七届人大第五次会议上提交的议案反映了这一点。根据该议案,1992年初广东省华侨农场待业归、难侨近9000人,其中有5000人已在城镇做临时工,但由于种种限制,户口无法迁入城市,当然也不能保证粮食供应,其生活很不安定。另外还有华侨农场职工子女的就业问题,他们就业也很困难。④

第九节　侨乡与周边地区的经济联系

一、从外省农村到城市的劳动力移动

如前所述,华侨华人的投资和汇款促进了侨乡的企业化,创造了新的就业机会。在侨乡就业的人大部分是从本省其他地区来的,外省来的人很少。这主要是由于各地的政策所导致的。其根源是户籍制度依然制约着人口移动这一事实,在这一方面,与对外开放前相比并无根本的变化。但如前所述,伴随户籍变更的流动人口在各大城市分别都超过了100万人。以大城市和沿海地区为中心的经济发展引起了人口移动。

---

① 堀江义人:《留下严重敌对后遗症的中越——从位于边境的中国广西壮族自治区来看》,《朝日新闻》1991年11月4日。
② 《新闻周刊》(日本版)1992年3月18日,第10页;《朝日新闻》1991年11月4日。
③ 《广东侨报》1991年7月23日。
④ 《华夏》1992年第1期,第23页。

政府区分常住户口和暂住户口来管理人口的移动。对常住户口,像以往那样进行粮食配给。不仅粮食,在就业(特别是固定工)、社会保障、入学等方面,常住户口所具有的意义是很大的。几年来,笔者每每访问中国的城市,都会听到户口黑市交易的情况。例如,20世纪80年代末,听说在北京用几千元可以买到郊区户口。户口是城市居民的保险阀。在深圳特区,1987年12月进行了一次关于"劳动用工制度"的抽样问卷调查,共发出问卷1200份(有效问卷896份)。其结果,占回答者43%的临时工最需要解决的问题是户口迁入(约占其中的70%)。他们当中有16.8%具有深圳特区的常住户口,宝安县(特区管辖县)10.4%、广东省内57.8%、广东省外15.0%的临时工因在深圳特区没有常住户口而造成了生活上的不便和不稳定。这些临时工有28%是没有暂住户口的"黑户"。

不过,回答问卷的固定工(占15%)、合同工(占8%)、临时工(占15%)是来自广东省外的务工人员。问卷调查回答者的13%是来自省外的务工人员。①

来自与广东省相邻的湖南省、四川省等的务工人员似乎较多。就湖南省来看,1988—1990年的3年期间,从该省到沿海省、直辖市务工的人为51.4万人。② 其中,广东省是重点省,据说以珠江三角洲为中心,每年从湖南省来的务工人员达12万人以上。他们的工作主要依靠亲友介绍,并非由省政府等行政机关介绍。可见人际关系发挥着很大的作用。

在四川省大竹县,从1992年春节至7月,相当于全县农村劳动力24%的107035名农民到外地务工经商。他们大部分前往广东、福建。1991年,该县外出务工农民汇回的款项就达5000万元以上,相当于全县农业总产值的9%。大竹县位于四川省东北部,人均耕地只有1.1亩,是地方工业、乡镇企业不发达,拥有20万农村剩余劳动力的贫困山区。③ 在中国有很多这样的县。正如大竹县政府领导所言,农民到经济比较发达的沿海地区务工经商,是一条致富的门路。

---

① 曾曲宏、钟光、鄢国藩等:《深圳特区劳动管理研究》,中山大学出版社1988年版,第131~143页。
② 《劳动经济与人口管理》,复印报刊资料1991年,第8~22页。
③ 《人民日报》1992年7月28日。

二、地区性经济圈形成的萌芽

广东省通过横向经济交流和劳动力流入与国内其他地区不断加强联系，采取形式多样的投资联合、产销联合、进出口联合、资源开发及产品开发联合等，此外，区域经济协作也在不断加强。例如广东省韶关市与湖南郴州地区的"粤湘边区协作区"、广东广西的"西江经济走廊经济协作区"、"闽粤赣边区经济技术协作区"等。1992年，闽粤赣边区经济技术协作区已经有组织地进行了信息交流、经济合作的活动，促成商品物资交流金额3亿多元。①

但是，各省、自治区之间经济合作关系的形成也经历了许多波折。这里必须看到改革开放以来以香港为轴心的经济区向广东等省的扩大。据著名社会学家费孝通所言，改革开放后从香港这个中心向内地扩散，像波浪般形成了若干层次的同心的环形地带。第一环是经济特区深圳和珠海。第二环是广州附近的东莞、中山、顺德、南海4县，它们已被称为突飞猛进的"四小龙"。第三环是通过肇庆市扩散的，广东省的梅县与广西壮族自治区的玉林、梧州地区。以香港为轴心的环已经扩大到第二环，关于扩大到第三环的可能性，1988年前后笔者访问梅县、玉林、梧州等地时，已微微感到了香港吹来的风。从地区分工方面来看，作为第二环的香港经济区的粮食和副食品的供给基地，已经从珠江三角洲延伸至桂东地区。随着经济的发展，深圳、珠海以及珠江三角洲的"小龙"脱离农业的人达到了1000万人，他们的粮食和副食品需求均依赖市场。

珠江三角洲原来是向广州和香港提供粮食和副食品的基地，但随着该地区的工业发展和农业劳动力的增加，粮食供给基地正在沿着周边地区，尤其是西江、北江扩展。这种地区经济联动的形成并非一帆风顺。例如，湖南省和广东省曾有过经济纠纷。1985年，两省之间围绕猪肉问题发生过摩擦。1987年由于香港和广东的需求量增大和价格提高，湖南郴州地区的粮食和生猪大量外流，提高了当地的米价和肉价。1988年因湖南粮食歉收，这些问题愈发严重，导致湖南用行政手段封锁粮食输往广东。②

发生经济摩擦的很大原因是以经济力量差距为背景的价格差。例如郴州

---

① 《人民日报》1992年7月14日。

② 费孝通：《从沿海到边区的考察》，上海人民出版社1990年版，宇野重昭、朱通华编：《农村地区的现代化与内发的发展论——日中"小城镇"共同研究》，国际书院1991年版，第177~181页。

的特产烟叶在广东省的收购价比湖南省高出50%,因此农民把烟叶都卖到了广东。为此,湖南省政府得不到预期的财政收入。湖南省的"诸侯经济"化的封闭经济只能拉大其与广东省之间的经济差距,1990年7月湖南省便放弃封闭经济,重新转为对外开放。此后,湖南省省长曾3次致力于修复与广东省的经济关系,并全面开放了两省之间的交易。①

结束语

政府管理下的国际人口(劳动力)移动在对外开放以后逐步有了增加和发展,但还远远不能减轻整个中国的人口压力。仅从这一点来看,可以认为目前对外开放还没有涵盖人员向国外移动的部分。从人口压力考虑,人们希望中国取得稳定的经济发展。能否为他们创造就业机会? 在哪里可以得到创造就业机会所需的资本和市场? 是否存在能够吸收12亿多(1995年)中国人所创造的财富的世界市场? 这是与吸收1.2亿日本人创造的财富完全不同的市场规模。

本章论述了侨乡如何创造就业机会的情况。海外华侨华人和港澳台同胞的参与起到了决定性的巨大作用。他们采取为追求廉价劳动力的投资、对家乡公益事业的捐款、对亲属的汇款等多种形式对其出生地投入了资本和技术。中国政府也为其不断改善环境,并退还新中国成立后(包括土地改革时)没收的侨房。土地改革时误没收的侨房有90%以上已经退还。此外,"文革"等政治运动开展时被批为"海外间谍"、"反动的社会基础"的人已经全部恢复了名誉。而且,不仅在税收方面对华侨华人、港澳台同胞的投资和汇款加以优惠,还对其亲属的"农转非",尤其是侨汇购房入户实施了优惠措施。

这当然在中国人之间产生了差距。华侨华人、港澳台同胞的汇款使侨眷及港澳台同胞的亲属与一般中国人(尤其是同一侨乡的中国人)之间的生活水平出现了差距。在感到经济停滞、生活水平长期不能提高时,这种差距将成为混乱的因素,也会成为政治斗争的焦点。

海外华侨华人也并非局外人。因为在对外开放的现阶段,海外华侨华人仍是主角。只要对外开放政策保持不变,海外华侨华人与中国的联系便会越来越密切。

---

① 游川和郎:《广东省与内陆的经济合作关系》,《中国的地区开发——沿海、内陆、资源基地经济的动向》,日本贸易振兴会1992年版,第121～122页。

第五章

中国的新移民与人口普查

前　言

　　改革开放后,中国大陆流往海外的人口有了增加。特别是在 1986 年出入境管理法施行以后,前往海外的新移民人数急速上升。

　　首先看一下所谓的"新移民"是什么意思。某资料认为,"所谓新移民,系泛指改革开放以后从中国大陆、港澳台等地移居国外并取得永久居住权——绿卡的华人"。[①] 另一份资料(广州市侨联)也认为,"所谓新移民,一般指我国改革开放以来通过各种途径移居国外的人员,或称新华侨华人。他们中有的是经过合法手续移居国外的;有的是出国留学、讲学、进修而居留不归的;有的则是非法移民而取得合法地位的"。[②]

　　这里所用的"新移民"的"新"是改革、开放后的意思,主要表示改革开放后为了移居海外而因私出国的中国公民。中国一般称之为"新华侨华人"。新华侨与新华人的差异似乎以有无居留国国籍来划分。实际上,是为了定居而出国,还是前往海外旅游及短期留学等的短期出国,很难作出严格的区分。这里拟保持灵活性,使用"新移民"这个词。另外,与"出国"分开使用的有"出境"这个词。"出境"用于从大陆前往港澳台地区的场合。实际上,作为"出国"的基础,有不少因私出境的人。因此,这里也将关注与"出国"相关的"出境",并对其加以论述。

　　改革开放后,前往海外的新移民有了增加,这些情况大多从片断的报道中

---

　　① 石炳祥:《我国新移民概况与新移民工作》,《华侨与华人》1999 年第 2 期,第 70 页。
　　② 广州市侨联:《关于新移民工作的调查与思考》,《华侨与华人》1999 年第 1 期,第 47 页。

第五章 中国的新移民与人口普查

得知。例如从华侨出生地（侨乡）出国、出境探亲（海外华侨华人）的报道，在富裕起来的中国人当中前往海外留学的人增多的报道，来自福建等地的偷渡者骤增的报道等。

关于中国整体的新移民人数及新移民输出地与新移民的社会经济变化，由于对研究对象的调查很困难，正规的研究极少。

本章拟根据改革开放后的人口普查（1982年、1990年、2000年）及中国公安局公布的出国、出境资料等，探讨一下与整体新移民相关的情况。

第一节 新移民的变迁

改革开放后，中国的出国、出境人员不断增多，尤其是在1986年2月施行了《中华人民共和国公民出入境管理法》以后。该法第5条规定，中国公民因私事出境，向户口所在地的市、县公安机关提出申请，除本法第8条规定的情形外，都可以得到批准。相当于第8条所规定的犯罪嫌疑人、被告人等5个项目的人以外都可以获准出国、出境。①

这种情况表明在人员外流方面"开放"也在进展。该法实施的1986年后中国大陆批准公民因私出国人数和实际出国人数如表5-1所示。

在出国人员中也包括出国旅游者。随着经济的发展，出现了一部分富裕阶层，进入20世纪90年代后，便出现了出国旅游热。

1993年出境旅游共96万人次，占出国出境总人数的63.1%。其中前往港澳的出境旅游人数48.7万人，而出国旅游人数达47.6万人。出国旅游目的地是俄罗斯、越南、缅甸等周边国家，前往这些国家的观光旅游人数为35万人次，约占出国旅游总人数的70%，比1992年的15万人增加近1.1倍。除周边国家外，前往泰国、马来西亚、新加坡等东南亚国家旅游的也达到了14万人次，比1992年增加2.37倍。②

出国旅游人数1999年达193.3万人次，占同年因私出国出境总人数的67.1%，在因私出国出境人员中所占的比例高居首位，比自费留学出国人员8万人次、探亲访友人数53.6万人次等要多得多。③ 2002年，全国公安机关出

---

① 《中国人口年鉴1986》，社会科学文献出版社1987年版，第14～15页。
② 《人民日报》（海外版）1994年3月29日。
③ 《人民日报》2000年2月5日。

入境管理部门共批准公民因私出国旅游265.1万人次。①

表5-1 中国大陆批准公民因私出国人数和实际出国人数(1986—2000年)

单位:人

年份	批准出国人数	实际出国人数
1986	77064	约40000
1987	107297	53995
1988	212182	128354
1989	238301	132727
1990	278988	175735
1991	377380	207146
1992	556000	
1993	694000	650000
1994	705000	573000
1995	969954	
1996	1485000	
1997		
1998	批准出国出境人数285万人	
1999	批准出国出境人数429.4万人,其中批准出国人数288.1万人	
2000	批准出国出境人数497万人,其中批准出国人数310.9万人	

注:据赵红英所言,在1978年至1995年的17年期间,因私出国人数达400万人,其中移民海外的约有80万人。特别是在1986年2月施行了《中华人民共和国公民出入境管理法》之后,批准因私出境的人数明显增加。见赵红英:《近一二十年来中国大陆新移民若干问题的思考》,《华侨华人历史研究》2000年第4期,第9页。

资料来源:山岸猛:《侨乡与海外华侨华人——以对外开放后的华侨汇款和新移民为中心》,山岸猛:《侨乡经济与海外中国人、华人》,八千代国际大学国际研究中心,1998年3月,第20页;1999年、2000年的数值系根据《人民日报》2000年2月5日、2001年2月13日。

---

① 《人民日报》(海外版)2003年8月4日。

由于还有偷渡者等因素,因此很难准确地弄清这些出国旅游者和临时海外滞留者除外的新移民的情况。这里拟根据公开发表的数据来探讨新移民的动向。

全国政协台港澳侨联络委员会从 1996 年 11 月到 1997 年 5 月对新移民进行了专门调查。根据其内容,改革开放以来中国大陆已有百万公民移居国外,广东省最多,约为 40 万人(1980 年以来平均每年有 2 万人出境定居),浙江省 25 万人、福建省 10 多万人、上海 10 多万人。①

移居目的地并不一样。他们根据是否拥有海外亲属,或是否为经济发达国家,或是否适合谋生,或对外来移民是否采取宽松政策等条件来选择目的地。他们多移居到美国、加拿大、澳大利亚、新加坡、日本、英国、法国、意大利、比利时、秘鲁、巴拿马、委内瑞拉等国。

根据赵红英所述,自 1949 年起近 30 年期间因私出国的中国公民只有 21 万人,但在改革开放后的 1978—1995 年的 17 年期间,中国大陆公民因私出国的人数达到了 400 万人,其中移民海外的约有 80 万人。②

特别是在 1986 年 2 月《中华人民共和国公民出入境管理法》施行之后,批准因私出境的人数明显增加。这与表 5-1 的因私出国人数相一致。根据赵红英的叙述,如果改革开放后 400 万名因私出国者中的 80 万人是移民海外的,那么因私出国者的 1/5 便是海外移民。这些移民海外的人并不包含在后文的人口普查的"临时海外居住者"中。

第二节 从人口普查看临时海外居住者

一、人口普查中的"临时海外居住者"之意

表 5-2 根据第三次人口普查(1982 年)、第四次人口普查(1990 年)、第五次人口普查(2000 年)归纳整理了临时海外居住(出国留学、工作)者的状况。表中的数值是在各次人口普查时不在中国的常住户籍所在地(市、县),而"在

---

① 石炳祥:《我国新移民概况与新移民工作》,《华侨与华人》1999 年第 2 期,第 70 页。
② 赵红英:《近一二十年来中国大陆新移民若干问题的思考》,《华侨华人历史研究》2000 年第 4 期,第 9 页。

国外工作或学习,暂无常住户口的人"的数量。①

表 5-2 20 世纪 80 年代后各次人口普查时临时海外居住(留学、工作)者人数

单位:人

出生省、市、自治区	1982 年 第三次人口普查时	1990 年 第四次人口普查时	2000 年 第五次人口普查时
北 京	12565	48956	39468
天 津	1353	3817	4881
河 北	2554	1476	4070
山 西	828	977	1688
内蒙古	272	1489	2698
辽 宁	2099	7261	38908
吉 林	552	2744	57450
黑龙江	907	3639	33464
上 海	5457	66336	42801
江 苏	2750	12165	33288
浙 江	822	4349	54786
安 徽	1442	3525	3831
福 建	997	29580	133373
江 西	1568	1590	3487
山 东	1270	3065	13092
河 南	1607	1668	8476
湖 北	2647	6591	6733
湖 南	2370	2153	5027
广 东	2950	18688	25508
广 西	575	1835	3565

---

① 《中国人口年鉴 1985》,中国社会科学出版社 1986 年版,第 128 页;《中国 1990 年人口普查 10％抽样资料》,中国统计出版社 1991 年版,第 692 页;《中国 2000 年人口普查资料》,中国统计出版社 2002 年版,第 1893 页。

续表

出生省、市、自治区	1982年 第三次人口普查时	1990年 第四次人口普查时	2000年 第五次人口普查时
海 南		580	790
重 庆			2064
四 川	4579	6084	9269
贵 州	1569	859	701
云 南	790	1277	219999
西 藏		159	156
陕 西	2947	3250	3400
甘 肃	693	1080	1017
青 海	24	223	393
宁 夏	576	456	225
新 疆	167	1152	2118
合 计	56930	237024	756726

资料来源:第三次人口普查系根据《中国第三次普查的主要数据》(中国统计出版社1982年版,第8、9页);第四次人口普查系根据《中国统计年鉴1992》(中国统计出版社1992年版,第88页);第五次人口普查系根据《中国统计年鉴2002》(中国统计出版社2002年版,第100、101页)。

关于其具体内容,在各次的"人口普查表填写说明"中写道:"驻外大使馆、领事馆的工作人员,各驻外业务人员及派遣到国外的专家,职工,劳务人员,留学人员(包括公费、自费),实习生,进修人员和随这些人员出国的家属"等。

就是说,在人口普查中所显示的、不在常住户籍所在地的"临时海外居住者"中,偷渡者自不待言,在海外取得永久居住权的、真正的新移民并没有包括在内。此外,在人口普查中包括一些短期(3个月以上)出国进修学习、探亲、工作、经商的人,这些人仍要回国工作学习,不是真正的移民。①

在人口普查的说明中,没有记载中国公民进行国际移动的原因、时间、国别等。另外,人口普查中不包括前往港澳台等的"出境人员"。实际上有不少

---

① 黄润龙:《海外移民和美籍华人》,南京师范大学出版社2003年版,第127页。

人先到易于出境的香港,不久再前往国外。如果想要弄清新移民的动向,对这一方面的探讨也是很重要的。

改革开放后因私出国、出境多是基于历史上形成的血缘、地缘、业缘关系,即主要从侨乡出去与海外亲属(华侨华人)团聚。

二、自费留学生的增加与改革开放

改革开放后人口流往海外的特征之一是自费出国留学人员的骤增。"人口普查表填写说明"中也写有自费留学人员。但实际情况相当复杂。根据郭玉聪所述,[①]20世纪90年代中期中国国家教委公布的赴美留学人员共有10万人,但是美国公布的数据是16.5万人,其差距有6.5万人。关于这一点,郭玉聪认为其原因有如下3点:(1)中国政府公布的统计数据不包括留学人员的陪读配偶以及其他可转化为留学人员的移民;(2)到国外读语言学校的,中国方面没有计入留学人员,而他们中约有1/3的人员升入国外的大学;(3)中国方面对自费留学人员难以进行准确的统计。根据上述情况,郭玉聪认为美国方面的数据较为准确,留学人员的实际数据应是中国统计数据的1.65倍。

1992年,中国政府提出了"支持留学,鼓励回国,来往自由"的政策。中国公民已有可能自由来往于国内外,近30万名留学人员转化为新华侨华人。

根据《北京周报》2004年第8期(2月16日—2月20日),1978—2003年留学人员累计总数达700200人,回国留学人员达172800人,以留学人员身份出国并在海外居住的人为527400人,另有继续在海外学习、合作研究、学术交流的人356600人。该报记载,在2003年度的117300名新留学人员当中,自费留学生占了109200人。

1983年以前,中国的出国留学生基本上以公派为主,进修及访问学者占了80%,攻读研究生的人还不到10%。1984年12月,国务院发布了《关于自费留学的暂行规定》,打开了自费留学之门。1984—1988年期间,公派留学和自费留学在中国出国留学人员中各占一半。1989年以后出国留学便以自费留学为主了。[②]

中国国家教育委员会于1996年10月公布了1979年以来的留学人员统计数据。根据该统计,国家公派的留学人员为5万人,单位公派的留学人员为

---

① 郭玉聪:《新华侨、华人群体的形成及其特点》,庄国土、黄猷、方雄普:《世纪之交的海外华人》,福建人民出版社1998年版,第24页。

② 黄润龙:《海外移民和美籍华人》,南京师范大学出版社2003年版,第65页。

8万人,自费留学人员为12万人,合计25万人。①

此外,据教育部国际交流司统计,改革开放以来至1999年,中国出国留学人员将近32万人,加上以其他身份出国后转为留学的近10万人,总计40多万人。在以留学为目的出国的30多万人中,国家公派5万人,机关、单位公派9.4万人,自费留学16万人。总数40多万人的留学目的地为:美国16.5万人,日本10万人,加拿大、澳大利亚各6万人,德国1万人,英国0.8万人,美国、加拿大、日本合计占了80%以上。②

准确把握中国留学人员(特别是自费留学人员)的数量有很多困难,但自20世纪90年代中期开始自费留学人员每年约有1万人。进入21世纪后急速增加,仅2003年一年自费留学人员就有11万人,超过了10万人。留学人员调查研究小组的共同点之一是调查留学人员的留学目的地比例。就1978年至20世纪90年代中期前后中国大陆留学人员的留学目的地来看,52%～56%是美国,14%～17%是日本,加拿大、德国各占8%,英国为4%,法国为3%～4.4%,澳大利亚为2%～4%。③

第三节 从改革开放后的人口普查看出国出境状况

一、从1982年的人口普查看出国出境状况

根据1982年的人口普查,当时有56930人在海外,他们都是在中国没有临时常住户口的中国公民。其中北京出生者为12565人,占了全体的22%。

根据《中国人口·北京分册》(中国财政经济出版社1987年版),改革开放前首都北京市的海外人口移动由于受到严厉限制,因此有半数以上是国家机关人员因工作调动的迁移。迁往港澳地区和国外的1973年有58%、1975年有66%都是出于工作调动。第二位是投靠亲友,1973年占了37%,1975年占了32%。

从表5-3看北京市1978—1982年迁往港澳地区和国外的人口,可以知道

---

① 郭玉聪:《新华侨、华人群体的形成及其特点》,庄国土、黄猷、方雄普:《世纪之交的海外华人》,福建人民出版社1998年版,第24页。
② 黄润龙:《海外移民和美籍华人》,南京师范大学出版社2003年版,第73页。
③ 黄润龙:《海外移民和美籍华人》,南京师范大学出版社2003年版,第75页。

从1979年的3899人增加到1981年的7110人,1982年为6433人,也比1979年多得多。北京人迁往港澳地区和国外的主要原因与移入原因基本一样,工作调动占了出国出境人员的50%(1982年)。就1982年从港澳和国外移入北京的主要原因来看,工作调动占了70%,第二位是海外留学人员回国,占了26%。[1]

表5-3 改革开放初期北京与港澳地区和国外间的人口迁移数量

单位:人

	1979年	1980年	1981年	1982年
净迁移	2186	3514	4602	2338
移入	1713	1650	2508	4095
移出	3899	5164	7110	6433

资料来源:《中国人口·北京分册》,中国财政经济出版社1987年版,第179页。

从年龄结构来看北京市与港澳地区及国外间的人员移动,移入和移出在20世纪80年代中期以前都以中青年为主,1983年,从海外移入北京的人15～39岁占了45%,其余的基本都是40～59岁的人。同年,就文化程度来看,从港澳地区及国外移入北京的人当中,大学水平的占72%,高中11%,初中15%,小学2%;迁出者中大学水平的占50%,高中17%,中学17%,小学14%。移入者和移出者都是大学文化水平的最多。

就北京市移往海外的目的地来看,1983年发展中国家占了69%,发达国家仅占31%,[2]反映了当时中国的对外政策比较重视第三世界。这是改革开放虽已开始,但国家的计划管理体制仍有着很大影响的时代。

下面来看看1982年的人口普查中仅次于北京市海外移出者的上海市(5457人)的情况。根据《中国人口·上海分册》,上海与港澳台地区和国外间的人口移动1982年移入者为1740人,移出者达到了7122人。其中,上海市区的移出者占了6750人,与1976年相比增加了7倍以上。在"文革"中的1973年,从港澳台及国外移入上海的理由以"投靠亲友"和"回国定居"为主,两者占了90%。同年从上海市移往海外的人当中约50%是投靠亲友型人口。

---

[1] 《中国人口·北京分册》,中国财政经济出版社1987年版,第179～181页。

[2] 《中国人口·北京分册》,中国财政经济出版社1987年版,第182页。

在改革开放后不久的 1982 年,上海的国际人口移动以投靠亲友者居首位,占移入人口的 83.3%,占移出人口的 48.15%。1982 年上海移往海外人口的 37.04% 是工作调动型,海外留学则占了 14.81%。工作调动型人口大多是支援发展中国家建设和劳务出口的工人和技术人员,海外留学则主要去发达国家。①

从人口普查来看北京、上海这两大城市在改革开放后不久的 1982 年的海外人口移动,可以看出以下几个特征:(1)当时国家的计划体制的影响仍然很大,因此改革开放前海外移动的主要原因——地缘、血缘带来的"投靠海外亲友",即与海外亲属团聚的情况较多;(2)工作调动及公派留学等因"公"移动较多;(3)当时中国的对外政策是重视第三世界,因此海外业务也以前往发展中国家为多。

由此可知当时还不是可以自由进行海外移民的环境。第三次人口普查的时候是国家的计划管理体制具有很大影响力的时代。因此第三次人口普查时"在国外工作或学习,暂无常住户口的人"的意思与其后的第四次(1990 年)、第五次(2000 年)人口普查时的内容相比大为不同,在后者中尤其有了自费留学等自由移出的内容。

如前所述,"出国热"是在 1986 年 2 月《中华人民共和国公民出入境管理法》施行以后出现的。通过该法,中国公民因私出境受到了法律的保护。在 1986 年 12 月国家教育委员会公布的《关于出国留学人员工作的若干暂行规定》中,规定由其定居外国及香港、澳门、台湾地区亲友资助,或使用本人、亲友在国内的外汇资金,到国外学习或进修,均可申请自费出国留学。② 就是说,有必要根据自费留学等因私出国出境人员急速增加的 20 世纪 80 年代以后的人口普查,对出国出境状况加以探讨。因此,根据 1990 年的人口普查,可以知道与 1982 年人口普查时的结构完全不同的海外移动情况。从这一点来看,1990 年的第四次人口普查资料是很重要的。

二、从 1990 年的人口普查看外流人口

从表 5-2 可知,1990 年人口普查时居住在海外(留学、工作)的中国人为 237024 人,比第三次人口普查(1982 年)增加了 3 倍以上。从 1990 年的第四

---

① 《中国人口·上海分册》,中国财政经济出版社 1987 年版,第 166、167 页。
② 何宪:《跳槽·下海·出国——人才流动热门政策问题解答》,中国人事出版社 1993 年版,第 195~197 页。

次人口普查资料来看,237000 多人的输出地仅上海(27.9%)、北京(20.6%)、福建(12.48%)、广东(7.8%)这两省二市就占了近七成(69%),可见偏重于特定的省、市,即大城市和侨乡。各地的状况将在第六章论述。

包括第四次人口普查,各次人口普查对外流人口几乎都没有加以说明。但第四次人口普查显示,新移民的特征之一是受教育程度很高。全国居民平均受教育时间为 6.43 年,而新移民的平均受教育时间为 13 年,要高得多。①

上海市居民平均受教育时间为 8.5 年,而该市新移民的平均受教育时间为 13.3 年。上海市新移民的 35%是大学本科毕业,加上中专和大专,达到了 58%。北京市新移民的受教育程度则相当高。北京市居民平均受教育时间为 9 年,而新移民平均受教育时间为 14.9 年。其中大专、大学本科毕业占了 82.4%。表 5-4 具体列出了 1990 年两省二市的新移民受教育水平。

表 5-4 1990 年两省二市 15 岁以上移民的受教育程度

	文盲、半文盲(%)	小学(%)	初中(%)	高中(%)	中专(%)	大专(%)	大学本科(%)	移民平均受教育年数(年)	居民平均受教育年数(年)
北京	0	1.89	2.91	9.01	3.78	10.17	72.24	14.9	9
上海	0	0.92	15.68	24.91	8.3	15.13	35.06	13.3	8.5
福建	0.62	23.22	33.44	29.41	2.48	3.1	7.74	9.9	6.1
广东	0.61	1.83	11.59	21.34	3.05	25	36.59	13.5	7
全国	0.42	7.1	16.39	17.23	5.38	11.3	42.18	13	6.43

资料来源:黄润龙等:《近十年我国大陆海外新移民》,《人口与经济》1998 年第 1 期,第 22 页。

就第四次人口普查(1990 年)时居住在海外(留学、工作)的人数来看,第一位是上海,66336 人,第二位是北京,48956 人,第三位是福建,29580 人,第四位是广东,18688 人,第五位是江苏,12165 人。第一、二位的上海、北京是大城市,从表 5-4 可知,新移民的文化程度很高。第三位福建省的居民和新移民

---

① 黄润龙、鲍思顿、刘凌等:《近十年我国大陆海外新移民》,《人口与经济》1998 年第 1 期,第 22 页。

的平均受教育时间没有达到全国平均水平,但居住在海外的人却比其他省多。因为福建省是代表性侨乡,广东省也同样是代表性侨乡。这些侨乡省份历史上投靠海外亲友及"探亲"的海外移居者和归侨很多。第五位江苏省的海外移居者也是出于同样理由,其新移民大部分从温州、青田等侨乡出去。

三、从 2000 年的人口普查看海外居住者

从第五次人口普查来看海外居住者人数,如表 5-2 所示,比第四次人口普查时增加了 2 倍以上,为 756726 人。从 2000 年第五次人口普查时的海外居住者人数来看,其与第四次人口普查的差异有如下几点。

1. 云南省的海外居住者人数

第一位云南省为 219999 人,而在第四次人口普查时(1990 年)仅有 1277 人,11 年期间骤增了 171 倍以上,令人难以置信。云南省不是华侨华人输出地。根据李原等编著的《海外华人及其居住地概况》,云南省的海外华侨华人数量 1990 年为 19.5 万人(广东为 1940 万人、福建为 700 万人),归侨和该省的侨眷为 26 万人(广东为 1500 万人、福建为 520 万人)。①

从云南省的受教育水平来看,很难认为 2000 年该省的海外留学人员会急速增加。如果不是侨乡,往海外的外流人口一般说来城市地区的移出者要比农村地区多。特别是省会的外流人口很多。但云南省省会昆明并非如此。1990 年第四次人口普查时,"在国外工作或学习,暂时没有户口的人"在云南省的 1277 人当中,昆明达 1025 人,占了 80%。② 但在云南省 2000 年人口普查时公布的海外居住者人数约 22 万人当中,来自昆明的"因在国外学习暂时没有户口的人"仅有 1255 人。③

从 20 世纪末到 21 世纪,中国对印度支那地区的发展援助和投资不断增多,而对缅甸的支援尤为显著。根据《日本经济新闻》有关缅甸的报道,自 1994 年前后开始,中国人便在缅甸的中部城市曼德勒不断建筑高层大厦,街上到处都是中国造商品,在曼德勒经商的缅甸籍华人在云南省也有许多亲戚朋友,他们依靠这种人际关系经商。近年来前往当地调查的研究人员认为,从

---

① 李原、陈大璋:《海外华人及其居住地概况》,中国华侨出版公司 1991 年版。另外,杨万秀主编的《海外华侨华人概况》(广东人民出版社 1989 年版)第 411 页的表中有云南省 1986 年的数值。

② 《云南省 1990 年人口普查资料》(上),中国统计出版社 1992 年版,第 21 页。

③ 《昆明 2000 年人口普查资料》,云南科技出版社 2002 年版,第 3 页。

云南省前往缅甸、泰国等国的务工者不断增加。即使从这一点来考虑,云南省2000年人口普查时居住在海外的人数也相当多。出于上述情况,关于云南省在外人数的人口普查数值在使用时值得注意。

2. 东北三省的在外人数和流往俄罗斯的人口

2000年人口普查时东北三省的情况似乎与云南省一样。第三位吉林省的海外居住者为57450人,比1990年人口普查时的2744人增加了近20倍。第七位辽宁省的海外居住者为38908人,比1990年人口普查时的7261人增加了4.3倍以上。第八位黑龙江省的海外居住者为33464人,比1990年人口普查时的3639人增加了8倍以上。东北三省作为侨乡并不出名。根据李原等的《海外华人及其居住地概况》,就1990年前后归侨、国内侨眷人数来看,黑龙江省为26.5万人,吉林省为10万人,辽宁省为5.5万人。① 东北三省海外华侨华人的主要居住国是日本和北美。在辽宁省1954—1982年10115人的国际人口移动中,去朝鲜定居的有7823人,占全部迁出人口的77%,去日本的有1129人,占全体的11%。日本定居者的98%是在实行改革开放政策以后出去的。② 在对外开放后的1978—1982年这5年期间,从辽宁省迁往国外的人口合计有1624人,其中去日本定居的有1120人左右。③ 第三次人口普查时,辽宁省移居海外的人口达到了2099人,可以认为其大多是前往日本的。主要原因之一应该与留在中国的日本战争孤儿有关。根据《中国人口·吉林分册》(中国财政经济出版社1988年版),1982年第三次人口普查时,吉林省的"去国外工作或学习,暂时没有户口的人"为552人,人口的国际移动非常少。

下面从《中国人口·黑龙江分册》(中国财政经济出版社1989年版)来看看黑龙江省的外流人口。黑龙江省从地理上看,北接西伯利亚,东南面离朝鲜半岛和日本很近。根据1954年的统计,该省的苏联侨民有39579人,1955—1959年期间有3.6万人回到苏联。新中国成立后,来自朝鲜的归侨很多。1952年有4706人、1953年有7444人从朝鲜回到黑龙江省。其大部分被分配到农村,分到城市的很少。

在出国方面,"文革"末期的1976年至改革开放初期的1983年,黑龙江省

---

① 李原、陈大璋:《海外华人及其居住地概况》,中国华侨出版公司1991年版,第37、38页。

② 《中国人口·辽宁分册》,中国财政经济出版社1987年版,第143~145页。

③ 《中国人口·辽宁分册》,中国财政经济出版社1987年版,第143、144页。

的出国定居者为 3802 人,其大部分是国家派遣的公务人员。改革开放之前,因私出国人员很少(见表 5-5)。

表 5-5　黑龙江省的出国人数(1975—1983 年)

单位:人

年份	1975	1976	1977	1978	1979	1980	1981	1982	1983	合计
人数	110	107	491	234	345	471	680	1032	1496	4966

资料来源:《中国人口·黑龙江分册》,中国财政经济出版社 1989 年版,第 173 页。

从上述东北三省 20 世纪 80 年代初期的出国情况,如何理解 2000 年第五次人口普查时国外移居者骤增的状况呢?

就第三次人口普查至第四次人口普查的外流人口来看,辽宁省从 2099 人增至 7261 人,吉林省从 552 人增至 2744 人,黑龙江省从 907 人增至 3639 人。这些省份外流人口的增加幅度与全国外流人口的增加幅度差不多。

2000 年人口普查时东北三省外流人口骤增的原因是什么?与云南省一样,数值的可靠性值得怀疑,但可以考虑的是从东北三省大量流往毗邻的俄罗斯务工以及日本人遗孤等大量移居日本的可能性。就日本人遗孤回国定居来看,他们从中日邦交正常化后的 1974 年开始寻找亲属,1984 年日本成立了定居促进中心,遗孤们便开始正式回到日本,至 2003 年年底已有近 2500 人回到日本定居。① 从数据来看,日本人遗孤的回国并不是东北三省外流人口骤增的主要原因。但 2002 年年底在日东北三省的华人达到了 127000 多人,约占在日中国人总数的 33.5%,这是事实。②

进入 21 世纪后,中国人移往俄罗斯的许多报道也许与东北三省的外流人口有关。赵定东、李效生的论文《历史与现实:中俄边民跨境流动的社会因素分析》③就 21 世纪初以前的中国、俄罗斯边境的流动人口进行了历史的考察,意味深长。根据赵、李的论文,1893 年俄罗斯远东地区总人口为 90.84 万人,在远东的外国人有 3.55 万人,其中中国人 2.89 万人,朝鲜人 0.55 万人,日本人 700 余人,欧洲人 500 余人。自 1900 年,俄罗斯为了开发西伯利亚农业,招

---

①　《朝日新闻》(晚报)2003 年 9 月 24 日、11 月 27 日。
②　《2003 日本华人社会十大新闻》,《八桂侨刊》2004 年第 2 期,第 64 页。
③　赵定东、李效生:《历史与现实:中俄边民跨境流动的社会因素分析》,《人口研究》2003 年第 3 期。

入了大量的中国人,1910年年底有15万人在俄罗斯常住。1911年俄罗斯在远东建设军事城堡及军港等,又从中国征召2.4万人。至1913年,中国人占外国人总数的比例在采金业中占87.6%,伐木业占67.1%,港口工作占57.8%,铁路建设占53.3%,黑龙江航运工作占32.8%。

20世纪90年代,中俄边民流动又掀起一个高潮。1993年俄罗斯接待75.1万人次中国人,其中41万人为公务活动,23.7万人是旅游购物者,3.34万人是个体商人,5.71万人是从事运输的。居住在俄罗斯的中国籍常住人口也迅速增加。根据俄罗斯的有关统计,远东地区的中国人常住人口1989年为1742人,1990年为1.5万人,1993年为10万人,2001年为23.7万人。

俄罗斯的远东(西伯利亚)地区由于劳动力不足和资源开发上的需要,即使到了21世纪,对外国劳动力的依赖性仍然在加强,并没有减弱。俄罗斯的远东地区面积占了全俄罗斯的36.4%,但人口1998年1月1日仅有相当于全俄罗斯人口5%的733.63万人。1991年苏联解体后,远东地区的收入水平有了下降,为此从该地区外流的人口不断增多,原来人口就少的地区人口愈发减少。进而由于该地区老龄人口的增加,俄罗斯远东地区越来越缺乏劳动力。1998年俄罗斯远东地区的人口比1991年减少了72万人,2010年减至629万人,[①②]预计2015年将减至450万人。② 另外,俄罗斯远东的自然资源十分丰富,木材可采总量213亿立方米,工业用石油储量3.27亿吨,天然气15976亿立方米,海洋生物资源总存量2600万吨等,以自然资源的宝库而闻名。[③]

自然资源开发所需的劳动力或许大多依赖外国劳动力,尤其是毗邻俄罗斯的中国东北部的过剩劳动力。以辽宁省为代表的东北地区的大型国有企业拥有大量的失业人员。东北三省的失业人员及青壮年劳动力一部分去开发西伯利亚,或前往西伯利亚和中亚跑单帮,这是容易理解的。20世纪90年代中期民间边境(中国的黑河及绥芬河等)贸易实际上有过几次发展。

根据赵、李的论文,在叶利钦时代的1992年1月,俄罗斯当局在纳霍德卡、萨哈林州等设立了自由经济区,还在筹建布拉戈维申斯克—黑河跨国自由

---

① 《俄罗斯远东人口20年减少25%,总统称"危险趋势"》,http://www.chinanews.com/gj/2010/07-05/2380653.shtml。

② 中国商务部欧洲司:《俄远东地区人口8年间减少6%》,http://ozs.mofcom.gov.cn/aarticle/ztxx/201104/20110407510126.htm。

③ 朱显平:《俄远东的劳动力资源与区域经济合作》,《人口学刊》1999年第3期,第54~56页。

经济区。其后,中俄之间签订劳务协定、中国劳务输出合同,在法律上具有了计划性和保障性,来自中国的合同劳动开始实施。中俄劳务合作(中国向俄罗斯输出合同工)从 1990 年的 1 万人增加到 1992 年的 1.7 万～1.8 万人。其中 46% 从事建筑业,47% 从事农业。1994 年为 20301 人,其中工人为 9126 人,从事农业的人为 6506 人。1995 年为 26528 人,1996 年为 24043 人,1997 年为 22227 人,均在 2 万人以上,但 2000 年增加到了 3.5 万人。① 这是因为根据中俄两国政府的协定,劳动力从中国向俄罗斯远东移动的缘故。俄方支付给中国人的工资不是直接支付给中国工人、农民,而是支付给中国劳务公司。因此,个体黑市商人及从事运输的中国人不包括在上述数据中,所以实际上流入西伯利亚的中国人要比上述数据多得多。如前所述,据俄方资料记载,中国人在俄罗斯远东地区的常住人口 1993 年为 10 万人,2001 年增至 23.7 万人。有俄罗斯人口学家预测,21 世纪中期前往俄罗斯的中国人移民将从 700 万人增加到 1000 万人。②

根据新华网消息,2002 年出国、出境的中国公民总计 1660.23 万人,比前一年增加了 36.84%。出国、出境目的地的前五位是,第一位香港,第二位澳门,(以上为出境目的地)第三位日本,第四位俄罗斯,第五位泰国。俄罗斯为第四位,作为出国目的地仅次于日本,列第二位。③ 2003 年中国大陆出国、出境人数总计为 2020.46 万人,其出国、出境目的地的前四位同样是香港、澳门、日本、俄罗斯。④ 出国、出境的理由很多,分别是会议、商务、旅游、探亲等。总之,进入 21 世纪后,事实上前往俄罗斯的中国人一直在增加。

3. 浙江省 2000 年人口普查时在海外人员的骤增

浙江省的临时海外居住(海外留学、工作)者从第四次人口普查时的 4349 人骤增到第五次人口普查时的 54786 人。从顺序来看,从全国的第九位(第四次人口普查)迅速上升到了第四位(第五次人口普查)。浙江省还是新移民显著增加的省份。

根据第四次人口普查(1990 年)的资料,当时浙江省"在国外工作或学习,暂无户口的人"为 4349 人。其中男性 2995 人,女性 1354 人。外流人口最多

---

① 赵定东、李效生:《历史与现实:中俄边民跨境流动的社会因素分析》,《人口研究》2003 年第 3 期。
② 《亚洲周刊》2001 年 4 月 30 日—5 月 6 日,第 22 页。
③ 新华网,2003 年 1 月 14 日。
④ 新华网,2004 年 1 月 12 日。

的是杭州,达到了2448人(男性1650人,女性798人)。温州市为713人(男性405人,女性308人),其中鹿城区最多,为300人(男性178人,女性122人),永嘉县169人(男性87人,女性82人),文成县125人(男性66人,女性59人),瑞安市53人(男性31人,女性22人)。丽水地区为79人(男性66人,女性13人),其中青田县仅有7人(男性5人,女性2人)。此外,过去有名的华侨输出地宁波为419人(男性291人,女性128人),舟山市284人(男性269人,女性15人),台州地区为117人(男性103人,女性14人)等。

就2000年的第五次人口普查来看,浙江省整体的"在国外工作或学习,暂无户口的人"为54786人,男性28844人,女性25942人。就人数占多的市、县来看,最多的是温州市,为25251人(男性13832人,女性11419人),约占整个浙江省的一半。丽水市次之,为9283人(男性5394人,女性3889人),接下来是杭州市6135人(男性2972人,女性3163人),宁波市5039人(男性1919人,女性3120人)。在2000年第五次人口普查中,温州市和丽水市两市就占了全省"在国外工作或学习,暂无户口的人"的63%。

在温州市的25251人中,文成县最多,为9991人(男性5670人,女性4321人),瑞安市次之,为6254人(男性3451人,女性2803人)。在丽水市的9283人中,青田县最多,达到了7902人(男性4715人,女性3187人)。①

与各地的新移民人数相比,情况又如何呢?温州市领取护照的出国人员1990年为8607人,是1990年人口普查数值713人的10倍以上。此外,赴港澳台的出境人员有639人。青田县实际上在改革开放开始后至1986年,年平均1368人移居海外,远远多于1990年人口普查时的7人。

人口普查中所说的海外居住者的范围是以在海外留学、工作(包括前往中东油田及远洋货轮的劳务出口)为主体,不包括定居移民及海外旅游等,当然也不包括偷渡者。像浙江省这样海外留学人员少的省份,人口普查时的海外居住者人数并不多。

与1982年第三次、1990年第四次人口普查相比,2000年第五次人口普查的数值似乎反映了省内新移民的动向。

就丽水市青田县来看,在2000年一年期间,该县的新移民已突破了3万

---

① 《浙江省2000年人口普查资料》(第一册),中国统计出版社2002年版,第35～37页;《浙江省1990年人口普查资料》(上),中国统计出版社1992年版,第14～16页。

大关。① 根据浙江省 2000 年人口普查，丽水市青田县"在国外工作或学习，暂无户口的人"为 7902 人，与该县实际上的出国人数大为不同，在丽水市整体的人口普查人数 9283 人当中，仅青田县就有 7902 人，一个县就占了一区八县的 85% 以上。出国目的与以往一样是务工，并不是留学。仅从改革开放初期至 20 世纪 80 年代前期，便有年平均 1360 多人前往欧洲。可以认为，这些移民在得到居留权等之后，在 2000 年人口普查时通过正规渠道将国内的同乡、亲属接到了身边。

我们已经看到温州市 2000 年人口普查时海外居住者的人数，全市 1998 年取得护照的出国人员（包括赴港澳台的出境人员）达到了 26017 人。据说直到 21 世纪，温州市的新移民热并没有降温。从文成县的新移民潮、瑞安县的新移民动向很容易了解到新移民人数要比温州市 2000 年人口普查时的 25251 名海外居留者多。仅 10 年期间，温州市"在国外工作或学习，暂无户口"的人数便从第四次人口普查时的 713 人增至 25251 人，增加了 34.4 倍。大幅度增加的地区有：文成县从第三次人口普查的 125 人增至 9991 人，增加了 78.9 倍，瑞安市从第四次人口普查时的 53 人增至 6254 人，增加了 117 倍。可以认为其原因之一与青田县相同，改革开放后，文成县和瑞安市的新移民先驱前往欧洲等地，其后通过大赦获得居留权，然后通过血缘、地缘、业缘网络，由正规渠道从故乡温州把亲友接到国外。可以说，2000 年浙江省人口普查的数值反映了该省前往欧洲等地的新移民正在增加的实际状况。

---

① 吴潮、周望森：《浙江籍海外新移民研究初论》，《华侨华人历史研究》2001 年第 3 期，第 22 页。

第六章

中国新移民及其主要输出地

前 言

从人口逐渐有可能往海外移动的20世纪80年代中期以后的人口普查可以看出中国新移民的趋势。本章拟根据第四次人口普查（1990年）、第五次人口普查（2000年）的数字，在移往海外人口最多的省、地区中，选出可以按时间顺序捕捉其动向的地区，考察移民输出地的特征。

"新移民"主要指改革开放后因私出国定居的中国公民，因此出国旅游者不算在内。但是，实际上因私出国定居和出国旅游有时难以进行严格的区分。短期探亲和与海外亲属团聚也难以区分。在留学生当中，也有毕业后就业而取得居留权的人，因此是在海外居住还是学成后回国也很难区分。实际情况也很复杂。本章的主要目的是探讨改革开放后中国往海外的国际人口（劳动力）移动。另外还想叙述一下具有出国预备军性质的出境人员。

第一节 福建省的新移民

根据福建省侨办1997年实施的侨情普查，1949—1996年全省的移民为53.35万人，其中90%以上是1979年以后出国的新移民。1979—1996年的新移民人数为50万人左右。[1]

图6-1是改革开放后福建省出国人数的变化情况。1979年出国人数为

---

[1] 朱美荣：《福建省新移民问题剖析及相关政策初探》，《人口研究》2001年第5期，第65页。

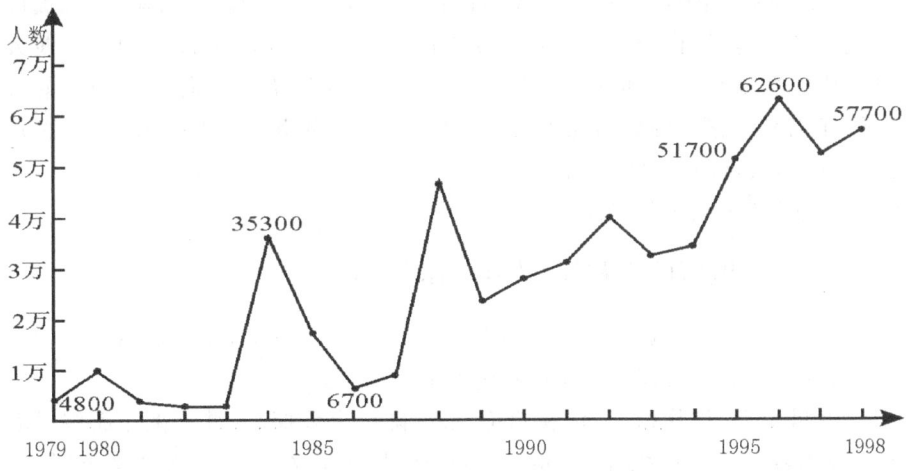

图 6-1　1979—1998 年福建省公民因私出国人数变化情况

资料来源：朱美荣：《福建省新移民问题剖析及相关政策初探》，《人口研究》2001 年第 5 期，第 66 页。

4800 人；1984 年公安部颁发《公发(境)59 号文件》后，出国人数骤增至 35300 人；1986 年公安部颁发《公发(境)61 号文件》后，出国人数降至 6700 人。1989 年后与其他各地的情况一样，在福建省也可看到出国人员的增加倾向。1995 年达到 51700 人，同年国外定居人数升至 13100 人。1996 年公安部颁发《公境出 744 号文件》后，出国人数升至最高，达 62600 人。1998 年稍有减少，但也有 57700 人因私出国。

就 1979—1998 年福建省因私出国的目的来看，探亲最多，占了 31.3%，旅游占 16.1%，定居占 10.1%，自费留学占 9.8%，劳务应聘占 6.4%，等等。不过，这是近 20 年的平均值，各年度有很大的不同。例如，就海外留学来看，1988 年在福建省的因私出国人员当中，自费留学人员占了 78.8%，而 1997 年和 1998 年仅占因私出国总人数的 2% 和 3%。[1]

在 2000 年的第五次人口普查中，福建省的海外暂住人口为 13 万余人，仅次于云南省。而且其他省份的因私出国人员都在 6 万人以下，福建省的因私出国人数便更为显著。该省与北京和上海相比，在出国人员中自费留学生很

---

[1]　朱美荣：《福建省新移民问题剖析及相关政策初探》，《人口研究》2001 年第 5 期，第 66 页。

少。就福建省的因私出国(新移民)目的地来看,美国、菲律宾、日本、新加坡最多,这4个国家占了66%。全省的新移民有60%前往美国、欧洲、日本、澳大利亚等发达国家,40%前往东南亚。这与以前的华侨出国时代不同。就自1979年以来新移民的输出地来看,主要是福州和泉州。福州占49.6%,泉州占34.6%,仅这两个市便占了84%以上。

下面来看看各地区的情况。

一、晋江地区的新移民(出国、出境人员)

晋江市1994年被列为全国百强县(市)的第十五位,改革开放后通过发展乡镇企业,1997年农民人均纯收入达到了5257元。[1]

20世纪50年代以来,仍有归侨、侨眷陆续出境探亲、继承祖业而旅居境外。据晋江县公安局统计,1953—1965年,出境人数为9636人,"文革"结束后的1976—1986年,出境人数增至16965人。[2]

表6-1中的1953年至"文革"开始前的20世纪60年代中期的出境人员大部分是前往亚洲,改革开放后才出现了赴美国、加拿大、日本、澳大利亚、奥地利、西班牙等发达国家的出国人员。

在1953—1986年的26601名出境人员当中,一部分人获得菲律宾、印尼、美国、加拿大等居住国的许可定居下来,但一部分人并未取得移民签证,便居留于香港、澳门,或成为两地的居民。根据吴泰主编的《晋江华侨志》附录中登载的"1953—1986年经出入境部门批准往港澳的晋江人数一览表",1955—1959年经出入境部门批准往香港、澳门的人就有16834人,这些人大多数前往香港。除了"文革"期间的10年,1953—1986年前往港澳的出境人数为60234人,是表6-1数值的2.2倍以上,而且这个数字是前往港澳的出境人员,并未包括出国人员。[3] 晋江前往港澳的出境人员历来很多。[4]

---

[1] 陆学艺、朱明:《从贫穷到富裕:晋江的现代化之路》,社会科学文献出版社2000年版,第1页。

[2] 吴泰:《晋江华侨志》,上海人民出版社1994年版,第35页。

[3] 吴泰:《晋江华侨志》,上海人民出版社1994年版,第229、233页。

[4] 《晋江市志》(下),上海三联出版社1994年版,第1220页。

表 6-1 1953—1986 年晋江人出境情况表

单位:人

年份	出境人数	年份	出境人数
1953	552	1976	136
1955	682	1977	156
1956	1071	1978	7055
1957	962	1979	185
1958	581	1980	1471
1959	381	1981	207
1960	419	1982	55
1961	1467	1983	1056
1962	1506	1984	2350
1963	739	1985	2458
1964	615	1986	1836
1965	661		
小计	9636	小计	16965
合计	26601		

注:(1)缺 1954 年、1966—1975 年的统计数字。(2)标明居住国的计 13985 人,没标明居住国的计 12616 人,合计 26601 人。见吴泰主编:《晋江华侨志》,上海人民出版社 1994 年版,第 33~34 页。

资料来源:根据晋江县公安局出入境管理科档案数字编制。

从表 6-2 可以看出新中国成立后晋江前往港澳的出境人员之多。

根据 1987 年的晋江侨情普查统计,晋江市共有海外华侨华人 94.45 万人,其大多数集中于东南亚各国。菲律宾最多,有 65 万名晋江人居住,占总数的 68.8%。第二位是印尼,有 9.5 万人,第三位是马来西亚,为 7.5 万人,第四位是新加坡,为 4.5 万人。[1] 此外,还有在港澳的晋江人。根据 1987 年侨务部门的统计,赴港澳的晋江人已有 29.85 万人(其中澳门 2 万余人)。[2] 而

---

[1] 吴泰:《晋江华侨志》,上海人民出版社 1994 年版,第 35 页。

[2] 吴泰:《晋江华侨志》,上海人民出版社 1994 年版,第 230 页。

且,新中国成立后,尤其是在改革开放后的 20 世纪 90 年代,有很多新移民移往香港。

表 6-2 晋江人出境、出国目的地(1953—1995 年)

单位:人

年份	港澳	东南亚、欧洲、美国	合计
1953—1977	36840	9928	46768
1978—1986	23394	16673	40067
1991—1995	30991	4532	35523
合　计	91225	31133	122358

注:缺 1954 年、1966—1975 年、1987—1990 年的统计数字。
资料来源:根据晋江出入境管理部门(公安局、侨务办公室)统计数字编制。

前往传统上居住着许多华侨华人的菲律宾的人数在经济困难时期的 1960 年和 1961 年这两年期间便超过了 1000 人。改革开放后,1985 年为 2258 人,1986 年为 1804 人,在已知的出国目的地中,大多数前往菲律宾。[①] 就同一时期从晋江前往港澳的人数看,1961 年为 1809 人,1962 年为 4418 人,可见在经济困难时期人数较多。改革开放后,1985 年为 1493 人,1986 年为 1499 人。另外,新中国成立后,从晋江前往港澳的出境人数最多的年份是:1957 年 4288 人、1958 年 4784 人、1959 年 3813 人,在大跃进这个政治运动时期出境人数较多。此外,改革开放前的 1976 年,即"四人帮"倒台时为 4888 人,改革开放后的 1980 年为 5410 人,1981 年为 3852 人,1983 年以后稳定在 1500 人左右。[②]

以上是 20 世纪 80 年代中期以前的情况。20 世纪 90 年代晋江市的因私出境、出国情况如表 6-3 所示。

从表 6-3 来看,因私出境、出国人员自 20 世纪 90 年代中期开始增加,晋江市因私出境、出国人数的增减与上述的福建省因私出境、出国总人数的变动大体相同。但如果仅限于晋江市,比起因私出国,前往港澳的因私出境人数的增多更应该是一个特征。

---

① 吴泰:《晋江华侨志》,上海人民出版社 1994 年版,第 33、34 页。
② 吴泰:《晋江华侨志》,上海人民出版社 1994 年版,第 233 页。

表 6-3　晋江市出入境管理部门受理申请出境、出国人数(1993—1998 年)

单位:人

	1993 年	1994 年	1995 年	1996 年	1997 年	1998 年
1.申请因私出国受理人数 (定居、探亲、自费留学、劳务等)	584	801	1799	5310	3940	3961
2.批准赴港澳人数　a.定居	2996	1244	1696	2023	1468	1378
b.探亲	4276		5011	5411	4988	6077
3.批准赴台人数　　a.定居	10	127	771	1387	3940	1404
b.探亲	44	145				

资料来源:1993—1995 年的数字系根据《晋江年鉴(1996)》(方志出版社 1998 年版,第 249 页);1996 年的数字系根据《晋江年鉴(1997)》(方志出版社 1998 年版,第 111 页);1997 年的数字系根据《晋江年鉴(1998)》(中国社会科学出版社 1999 年版,第 106 页);1998 年的数字系根据《晋江年鉴(1999)》(中国社会科学出版社 2000 年版,第 120 页)。

晋江市公安局出入境管理科向晋江市内的港澳眷属散发《内地居民申请往港探亲须知》、《1998 年内地居民赴香港、澳门定居、探亲审批办法》等小册子,为前往港澳地区居住、探亲提供了方便。在关于赴港探亲申请的小册子中写有上级的指示,即允许香港同胞的晋江眷属每月 500 人前往香港探亲。

改革开放后,尤其是在 20 世纪 90 年代以后,以前菲律宾华侨华人较多的晋江人的主要出国、出境地区已经转移到了香港、澳门。晋江市公安局出入境管理科对赴港澳定居和探亲提供特殊方便也反映了这一点。人员流往港澳台成为主流的原因之一是这些地区的资本不断流入晋江市。

从表 6-4 来看,1997 年以前晋江市的累计合同外资额为 294814 万美元。其中香港为 20 亿美元以上,占总数的 69.7%;加上澳门的 5.4%,占了 75.1%;再加上台湾的 7.22%,港澳台占了 82.3%。改革开放后持续取得显著经济增长的福建省晋江市的外资(合同额)82.3%、投资件数 91.8%是来自港澳台的资本。尤其来自香港的投资额占绝对多数。1997 年,在晋江市出口总额约 2.5 亿美元中,出口港澳地区 11538 万美元,占 46%;第二位是东南亚 5 国,为 3762 万美元,占 15%;第三位是欧洲,为 3010 万美元,占了 12%。[①] 由此可知对港澳的出口额之多。

---

① 《晋江年鉴(1999 年)》,中国社会科学出版社 2000 年版,第 26 页。

表 6-4 晋江市外资来源国、地区(累计至 1997 年年底)

国家和地区	项目数(件)	合同外资(万美元)
香港	1886	205543
澳门	95	15937
台湾	158	21279
菲律宾	114	39470
新加坡	27	3232
印尼	3	466
马来西亚	9	1115
泰国	2	257
日本	10	601
韩国	13	5603
美国	6	749
加拿大	2	227
西班牙	1	18
澳大利亚	1	58
法国	1	7
委内瑞拉	1	72
匈牙利	1	180
合计	2330	294814

资料来源:晋江市外国经济贸易委员会。见赵文骝:《晋江海外联系的变化与经济社会结构改造》,《南洋问题研究》1999 年第 1 期,第 32、40、41 页。

如上所述,改革开放后,尤其是在 20 世纪 90 年代以后,晋江市人员、资金、物资外流的主要目的地是港澳。

2002 年晋江人出国、出境除以往的主要途径——探亲访友之外,还有旅游观光、商务洽谈、自费留学等,出国、出境途径更加多元化。晋江公安部门也放宽了出国、出境申请条件,因此 2002 年 1—10 月申请出国、出境人数达 4 万多人,从而进入了 100 名晋江人中有 4 人出国、出境的时代。①

二、福建省福清市、三明市(明溪县)的新移民

(一)明溪县的新移民

以往并非著名侨乡的一些地区改革开放后成为新移民大量出国(境)的新侨乡。福建省三明市明溪县就是这样的地区。三明市位于福建省内陆地区。根据 1988 年的统计,三明全市的华侨华人只不过占该市总人口的 1.79%。全市的归侨(2869 人)和侨眷(21731 人)合计为 24600 人,仅占该市总人口的 1.08%。可见在 20 世纪 80 年代三明是与海外华侨华人关系淡薄的地区。在属于三明市十县之一的明溪县,同样根据 1988 年的统计,在明溪县 10.2 万人口中,海外华侨华人只有 776 人,明溪县的归侨(49 人)和侨眷(613 人)合计为 662 人,仅占该县人口的 0.65%,是一个与华侨华人的关系比三明市整体平均水平更为淡薄的县。但是,改革开放后,前往东欧和亚洲、美洲等 23 个国家工作、劳务出口的人增加了。2002 年夏,明溪县出国人员有 5530 人,占全县人口的 4.7%。他们中的许多人将 80% 以上的资产汇回家乡。②

根据《福建侨乡报》(2002 年 5 月 3 日),20 世纪 90 年代明溪县鼓励农民出国务工挣钱。该县政府设立出境服务中心,为农民提供海外就业信息和法律法规咨询、代购机票及银行、金融机构的贷款咨询服务,并设置海外需求量多的烹调、电工、电脑、英语、俄语及东欧国家风土人情等培训班,同时制定出对出国者保留责任田等优惠政策。这样,全县便有 3169 人出国务工。他们自 1995 年以来每年寄回家乡的外汇达 1000 万美元,7 年期间共汇回人民币 6 亿元。

以厦门大学人类学研究所李明欢研究员为首的研究小组对三明市明溪县的新侨乡进行了调查。③ 根据该调查,明溪县位于福建省西北部,是典型的山区农业县,下辖四镇五乡,总人口 11.6 万人,其中农业人口占 80%。1989 年,第一位从明溪县出国的是沙溪乡沙溪村的胡志明。胡志明老家在浙江温州文成,文成以侨居欧洲的同乡众多而闻名。

---

① 《福建侨报》2002 年 11 月 8 日。
② 《福建侨报》2002 年 8 月 16 日。
③ 李明欢、江宏真、俞云平:《一个旅欧新侨乡的形成、影响、问题与对策——福建省三明市明溪县新侨乡调研报告》,《华侨华人历史研究》2003 年第 4 期。

胡志明大约在20世纪70年代末80年代初迁居明溪县沙溪村,从事蘑菇栽培。1989年,受文成老家的移民潮的影响,胡志明通过老家亲友的帮助,申请了赴乌干达的签证,正式出国。与同期出国的许多文成人一样,胡志明出国到了意大利后,就留居当地,在一家皮革厂打工,次年正巧赶上意大利政府对非法移民实施大赦,便成了"意大利华侨"。其后,胡志明仅在1990年一年内就帮助16名沙溪人去了意大利,并利用意大利政府对非法移民的大赦,使他们获得了意大利华侨身份,人们甚至说"胡志明是我们这里的大英雄"。明溪县出国人员骤增的动因主要是收入差距。"在意大利干一个月,超过在明溪县干一年,在意大利干一年,就能在家乡盖一幢楼。"这种信息转眼之间便传开了。进入20世纪90年代后,随着东欧剧变后出现的新机遇,又增加了"在俄罗斯、匈牙利也能赚钱"的传闻,"出国热"愈发高涨。

明溪人出国务工的目的地主要是欧洲。根据2003年6月的统计,赴意大利的占36%,赴匈牙利的占34%,仅这两个国家就占了全体的70%。此外,赴俄罗斯的占14%,赴保加利亚的占3%。如上所述,明溪人出国集中于欧洲,亚洲明溪人最多的国家是新加坡,但也仅占4%。20世纪70年代以后,西欧各国对接纳移民趋于严厉,仅限于以下移民:(1)家庭团聚;(2)政治难民;(3)拥有特殊技能的人才或投资移民。明溪县的新移民并不具备上述条件。但在短短的十多年间,明溪县新移民中获得移入国各类长期或短期合法身份者已达到55%以上。移入意大利的明溪县新移民抓住了该国对非法移民实行大赦的机遇。在意大利,1982年、1986年、1990年、1995年对总计55万人的外国非法移民实施了大赦,给予其承担纳税义务的合法居留身份。其中包含明溪县新移民。

匈牙利的情况与意大利不同,根据1988年中匈两国签订的《中匈互免签证协议》,直到1992年11月13日之前,中国人均可自由进入匈牙利,并可获得具有2~3年居留权的黄卡和具有15年居留权的蓝卡。[1]过去缺乏基于血缘、地缘、业缘的海外关系的明溪县也由于改革开放后新移民的增加而成了新侨乡。

除了明溪县以外,作为地方政府为鼓励出国打工赚钱设立培训机构,奖励出国务工的地区,还有属于福建省莆田市的莆田县。2002年在该县110多万人口中,相当于1%的1万人出国务工。该县埭头镇石城村依靠海外的1000

---

[1] 李明欢、江宏真、俞云平:《一个旅欧新侨乡的形成、影响、问题与对策——福建省三明市明溪县新侨乡调研报告》,《华侨华人历史研究》2003年第4期。

多名侨胞、侨眷,从 1994 年起大量输出劳务。他们先在老家接受从上海等请来的英语老师的英语强化培训,然后搭乘新加坡的远洋轮船出国工作。海外亲属多的江口镇也有几千人在海外侨胞的帮助下出国打工。1994—1999 年 6 年间仅莆田县埭头镇石城村依靠海外亲属出国务工者就挣回了 1.6 亿元。该县萩芦镇水办村曾有 60 多个农民到美国塞班岛种菜。①

(二)福清的新移民

福建省福清县属于福州市,作为福建省的代表性侨乡而闻名。福清县别称"玉融"。近年来作为往日本的大量偷渡者输出地而闻名。

据 1988 年的统计,福清县的人口为 101 万人,海外华侨华人为 40.4 万人。福清县内的归侨为 1.33 万人,加上县内侨眷 20 万人,为 21.33 万人,占该县总人口的 21.1%,是福建省的重点侨乡。②

根据 1992 年福清市侨联所进行的调查,福清市的海外华侨华人约为 50 万人,③其 70% 以上居住在印尼。

据 1997 年福清市的侨情调查,福清海外华侨华人共有 516543 人,其中华侨 104965 万人,华人 411488 人。福清市 1949—1979 年的出国人数只有 5290 人,改革开放后的 1979—1997 年侨情调查时迅速增加到了 44214 人。④ 截至 1999 年上半年,福清籍海外华侨华人总数达 62 万人,其中新移民总数达 8 万人。⑤ 总之,从福清的情况也可知道,改革开放后,尤其是 20 世纪 90 年代,海外移民正在迅速地增加。

1997 年福清市侨办对新移民进行了调查。根据该调查,从福清出国的新移民情况如表 6-5 所示。

---

① 《福建侨报》2002 年 4 月 5 日。
② 《福建省志·华侨志》,福建人民出版社 1992 年版,第 185 页。
③ 施雪琴:《改革开放以来福清侨乡的新移民》,《华侨华人历史研究》2000 年第 4 期。
④ 施雪琴:《改革开放以来福清侨乡的新移民》,《华侨华人历史研究》2000 年第 4 期。
⑤ 王付兵:《改革开放以来华人华侨对福清的捐赠及其作用》,《华侨华人历史研究》2000 年第 3 期,第 9 页。

表 6-5 福清市新移民状况

单位：人

国家、地区		福清华侨华人总数	1949—1979年出国人数	1980年后出国人数	未取得侨居国居留权的人数
亚洲	印尼	364383	3726	27328	4193
	新加坡	73036	723	5477	3153
	日本	54516	587	4089	15726
	马来西亚	15504	185	1162	61
	越南	964	0	964	19
美洲	美国	3051	37	229	1666
	加拿大	1601	18	1583	183
	阿根廷	383	0	383	580
	洪都拉斯	10	0	10	93
	巴西	31	0	31	20
	玻利维亚	1	0	1	27
欧洲	意大利	60	0	60	35
	匈牙利	57	0	57	55
	法国	43	0	43	10
	比利时	35	0	35	5
	德国	80	0	80	121
	英国	180	0	180	10
	瑞典	57	0	57	0
	瑞士	69	0	69	0
	俄罗斯	2	0	2	357
	西班牙	1	0	1	38
南太平洋	澳大利亚	1588	16	1572	1795
	新西兰	306	0	306	45
	巴布亚新几内亚	1	0	1	38

资料来源：施雪琴：《改革开放以来福清侨乡的新移民》，《华侨华人历史研究》2000年第4期，第27页。

从表 6-5 来看,侨居印尼、日本、新加坡的福清新移民很多。偷渡到日本的福清新移民特别多。在赴日本的福清新移民当中,有五分之四没有合法居留权。20 世纪 80 年代以前,欧洲基本上没有福清人。表 6-5 中的侨居欧洲的福清人于 20 世纪 80 年代以后出国。如表所示,福清新移民 1980 年以后前往世界各地。最近在伊拉克被武装势力绑架并释放了的中国人都是来自福清的务工人员。

根据 1997 年的福清侨情调查,在 1979 年以来出国的 44214 人当中,大学以上学历的人为 1340 人,其中研究生以上学历的人为 60 余人。大多数文化程度较低,他们移民后的工作形态与老华侨一样,在华人餐馆及工厂打工。

大量的新移民从海外给家乡带来大量的汇款,使福清出现了许多海外务工者的豪宅。

但福清新移民并非都遇到好事。依赖蛇头的偷渡总是伴随着危险,从有关中国人偷渡的报道可以知道这种情况。[①] 从中国偷运一名人蛇,蛇头集团收费 2 万～3 万美元。仅 1996 年一年蛇头集团偷运人蛇暴利就高达 70 亿美元以上。进入 21 世纪,每年偷运人蛇暴利在 100 亿美元以上。[②]

蛇头的偷渡活动被称为"人蛇贸易",它控制着秘密的国际劳动力移动渠道。

三、福建省内的海外新移民活动与国内劳动力移动的联动

因计划经济体制和户籍制度而窝在农村的大量剩余劳动力由于改革开放政策的实行开始了全国性的流动。20 世纪 80 年代中期农民工开始流入大中小城市,被称为"民工潮"。1989 年春,百万民工挤满了火车站和长途公共汽车站。进入 20 世纪 90 年代后,民工潮的规模并未减小,反而增大了。20 世纪 90 年代中期每年有 2500 万～8000 万农民从内陆的四川省、贵州省、湖北省、河南省等流动到珠江三角洲、闽南三角洲、长江三角洲、辽东半岛、山东半岛及全国各大城市。改革开放以后,乡镇企业约吸收了 1 亿农村剩余劳动力。20 世纪 80 年代作为乡镇企业发展的典型模式,出现了苏南模式(江苏省南部的集体所有制企业)、温州模式(以个体、家庭工业为基础的浙江省温州民营企

[①] 例如莫富邦的《蛇头》(日本草思社 1994 年版)、森田靖郎的《东京中国人》(日本讲谈社文库 1998 年版)等。

[②] 施雪琴:《改革开放以来晋江侨乡的劳动力流动与人口城镇化》,《南洋问题研究》1999 年第 1 期,第 30 页。

业)、晋江模式(在福建省著名侨乡晋江,利用海外华侨华人的捐款、汇款、技术、商品模式、销售市场取得发展的民营企业——参照第二章)等。

(一)典型的侨乡乡镇企业的模范地区——以晋江为例

据该市公安局估计,1998年春晋江市的外来劳动力为236100人。1994年就已经超过了20万人,[1]但这个数字是指经过登记的外来人口。根据魏子熹等的统计,公安机关登记的晋江外来人口1991年只有9万多人,但1994年已上升到25万人,加上未经公安机关登记的,约有30万人。[2]据笔者1993年12月在当地采访时从晋江市政府了解到的消息,当时晋江市的外来劳动力在35万人以上。该数字大概包括了公安机关未登记的人数。从1993年前后到20世纪90年代末,晋江市的外来劳动力人数似乎并没有太大的变化。许多外来劳动力是从福建省内其他地区流入的。来自外省的务工人员以四川、江西、安徽为多。[3]

1998年,在晋江市的236100名外来劳动力当中,登记人数最多的镇是陈埭镇,为61000人,其次是磁灶镇的25000人,接下来是市政府所在地青阳镇的23000人。外来劳动力多的镇都是乡镇企业发展很快的地区。陈埭镇皮革、运动鞋产业很是发达,磁灶镇的陶瓷器生产发展很快。在青阳、安海、英林、金井等,塑料、玩具、纺织等行业相当发达。

外来劳动力大多数是未婚青年,文化程度多为中学毕业。许多务工者在拥挤不堪的工厂宿舍起居。20世纪90年代中期,在晋江市看到的许多乡镇企业提供的是三、四层楼的集体宿舍,一般一个房间住4～5人,在工厂的集体食堂吃饭。新工人多是先到的务工者春节回乡时带来的。笔者在厦门和广州等从出租车司机口中得知,改革开放初期时的务工者多是知识青年和城市工人在下放的农村认识的农民,他们投靠"文革"后返城的知识青年和工人,求他们帮忙找工作。

务工者的收入大多月平均600元左右。除了自己的生活费以外,每年往

---

[1] 施雪琴:《改革开放以来晋江侨乡的劳动力流动与人口城镇化》,《南洋问题研究》1999年第1期,第69页。

[2] 魏子熹、傅家栋、施永康等:《晋江的实践与启示》,福建教育出版社1997年版,第172页。

[3] 请参照第二章;魏子熹、傅家栋、施永康等:《晋江的实践与启示》,福建教育出版社1997年版,第172页。

家乡汇款3000~4000元。

表6-6中的晋江市外来民工汇回家乡的款额自1995年以来几乎每年都超过了10亿元。务工者回乡时自己带回的金额并未列入表中。

表6-6 晋江市外来民工往家乡的汇款额(1993—1997年)

单位:元

年度	外来民工汇款额	外来民工汇款比例(%)
1993	488965321	85
1994	666706349	85
1995	1101892142	85
1996	1027789358	85
1997	999161668	85

资料来源:施雪琴:《改革开放以来晋江侨乡的劳动力流动与人口城镇化》,《南洋问题研究》1999年第1期,第70页。

根据《福建侨报》(2003年4月8日),泉州地区的晋江市、石狮市、南安市和泉州市鲤城区、丰泽区等三市两区的民工在2003年春的1个月期间汇回家乡的款额便达到了6.7亿元。许多民工都在春节汇款回家,因此平均月汇款额也许并未达到6.7亿元,但确有大量的汇款。

(二)从外出务工的代表性省份看国内汇款

以上论述了福建省典型侨乡的人口(劳动力)的外流(新移民)与内流。作为补充,下面就中国国内务工者输出省的外出务工情况略抒管见。

四川省和安徽省是出省民工较多的代表性省份。白南生、宋洪远的《回乡,还是进城?——中国农村外出劳动力回流研究》一书是1999年对这两个省62个县的外出劳动力情况进行调查并加以分析的出色论著。根据该书,两省的务工目的地为省内1/3,省外2/3。根据该书对2286人的调查,就外出时间和往家乡汇款(包括带回部分,下同)的情况来看,外出时间平均为9.56个月,月平均汇款为298.37元。其中,男民工月平均318.7元,女民工为254.34元,可见男民工汇款较多。就文化程度来看,中学毕业者占全体的一半以上,为1489人,月平均汇款299元,中专毕业者(40人)月平均汇款340元,汇款额最多,大专以上毕业者(13人)月平均汇款324.4元,汇款额因文化程度而异。因外出务工工种的不同也会出现收入差距。外出务农的民工汇款额最少,月平均为266元,从事工业、建筑业的民工为月平均300元左右。服务业分为几个工种。交通运输、邮电通信的民工汇款额最多,月平均为422元,社会服务业(拾垃圾、清扫等)的汇款额最少,月平均汇款258元。此外,服务业还分为文教卫生、批发零售、饮食业等。

根据1999年安徽省、四川省的抽样调查,两省民工往外省的务工目的地为华东地区(51%),中南地区(约30%),二者约占了80%,即往上海、江苏、浙江、福建、山东、北京等省市的务工者比较多。①

正如人称"民工潮",从中国内地农村到城市务工的劳动力流动的气势如同潮水,不知衰退。起点始于改革开放。中国农村的剩余劳动力有1亿多人,这就是不可阻挡的大量人口流动的原因。

这些剩余劳动力流入经济趋于发展的大中城市。这与改革开放后的乡镇企业、"三资"企业的发展有着密切的联系。可以说,W.路易斯的"双重经济发展模式"及托达罗模型起到了有效的作用。②

农村的剩余劳动力是在国内务工,还是出国务工,收入差距有很大的影响。如果有可能外出赚钱,出国与国内移动都一样。而在拥有许多海外亲属的侨乡,人口的国内移动与海外移动更是没有什么区别。总的来说,人们会从务工目的地往家乡汇款(包括投资、捐赠)。这不仅在福建,其他侨乡的情况也基本相同。

第二节 广东省的新移民

广东省与其他省份不同,改革开放前也有人前往港澳定居。1971—1977年能够获准前往港澳,这与1971年6月国务院下达的放宽华侨、国内侨眷出入境的指示密切相关。

在1971—1982年期间,以正当理由获准迁往港澳定居的广东人为30多

---

① 白南生、宋洪远:《回乡,还是进城?》,中国财政经济出版社2002年版,第14~26页。

② 石川滋:《发展经济学的基本问题》,岩波书店1990年版,第25~27页;渡边利夫:《发展经济学》,日本评论社1990年版,第165~172页。

万人,加上 1971 年以前的迁出人数和 30 多年来的非法出境人数,达 60 多万人。①

广东省是输出华侨华人最多的省份。根据《中国人口·广东分册》,1982年世界各国的华侨华人为 2123.3 万人(亚洲 1921 万人、欧洲 24.3 万人、非洲 6.9 万人、大洋洲及太平洋岛屿 22.2 万人、北美 116.5 万人、拉美 29.4 万人等)。广东省是最大的侨乡,海外华侨华人达 1400 万人,约占全国总数的 66%。

1978 年 12 月,中共第十一届三中全会以后,实施了改革开放政策。此前的"文革"时代(1966—1976 年)出国受到了严厉的限制。在广东省,1971—1977 年出国得到批准的人(例如因侨居海外的亲属去世而出国继承遗产的人)为 2.5 万人。虽是"文革"时期,但 1971—1977 年年平均有 3600 人出国,这是因为 1971 年 6 月国务院颁布了《关于华侨、侨眷出入境审批工作的规定》,针对华侨、侨眷出入境审批工作问题,强调为了更有利于团结国外华侨,应适当放宽对华侨、侨眷出入境的审批。② 出入境情况自改革开放前的 20 世纪 70 年代起逐渐发生了变化。

自 1979 年起,在海外拥有亲属的广东省内的侨眷侨属中自然出现了出国人员。就改革开放后全省的情况来看,其新移民状况因发表的资料而异。

据全国政协台港澳侨联络委员会于 1996 年 11 月至 1997 年 5 月进行的调查,改革开放以来已有 100 万公民从中国大陆移居国(境)外,其中广东省的移居人数约为 40 万人。③ 根据其他资料,在 1981—1991 年这 11 年期间,从广东省出国(境)的人累计达 44 万人,占了同期全国出国(境)定居总数的 57%。④

关于广东省的新移民,以下调查报告应该具有可靠性,即广东省侨办根据国务院侨办的关于新移民的意见所做的新移民调查报告。根据反映 1996 年前后情况的该调查报告,广东省的新移民人数为 37.8 万人(不包括港澳地区),其中江门市最多,为 18.2 万人,广州市为 11.3 万人。⑤

---

① 《中国人口·广东分册》,中国财政经济出版社 1988 年版,第 157 页。
② 《广东省志·华侨志》,广东人民出版社 1996 年版,第 231 页。
③ 石炳祥:《我国新移民概况与新移民工作》,《华侨与华人》1999 年第 2 期,第 70 页。
④ 刘惠民、岑南生:《新移民工作的存在问题和解决办法初探》,《华侨与华人》1992 年第 1 期,第 13 页。
⑤ 岳乔言:《广东省新移民概况与开展新移民工作的调查报告》,《华侨与华人》1997 年第 1 期,第 63 页。

（一）广东省的因私出境、出国

要考察中国的国（境）外移民，实际上不仅要对"出国"，也必须对"出境"加以探讨。特别是广东省邻接香港、澳门，地理上和传统上与两地的人员、金钱、物质的往来很多。新中国成立后，比起去外国，出境去香港、澳门更为容易。对广东人来说尤为如此。不少人先去香港或澳门，然后再去外国。"出境人员"具有"出国人员"预备军的性质。表6-7是20世纪90年代广东省包括留学、探亲、海外旅游等在内的获准出国、出境人数。

广东省的因私出国（境）情况不是根据实际出国（境）的人数，而是根据"获准的人数"。这无疑反映了因私出国（境）人员的实际动态。

与前述的福建省因私出国（境）人员的图表相同，20世纪90年代后半期以后广东省的因私出国（境）人员大为增加。中国整体的因私出国（境）人数在20世纪80年代中期以后有所增加，尤其是在20世纪90年代后期以后有了急速的增加。这意味着随着改革开放的进展，从传统的侨乡省份以外的各地区因私出国的"出国热"已经来临。出境、出国旅游更推动了"出国热"。就广东省来看，出国旅游者有了迅速的增加。从表6-7来看，进入20世纪90年代后，以著名的华侨居住地泰国、新加坡为中心，仅广东1990年就有5000人左右、1992年有13000人、1993年有24000人出国旅游。1994年开始急速增加，该年达73000人，1995年达146000人，1996年达168000人，该年出国旅游者是广东省因私出国获准者的将近两倍。仅5～6年间出国旅游者便从5000人左右增加到了16万人以上。

出国旅游对许多参加者来说不仅是观光旅行，也是寻找商机的旅行。出国旅游者中的不少人可以看作是为了定居海外的新移民预备军。仅靠中国方面发行护照还不能出国，只有取得居留国发行的签证才能出国，但如果是出国旅游，则比较容易取得出国签证。

此外，广东人的因私出境是到"同胞"的地区，因此与出国相比较为容易。但台湾与大陆之间还有限制。虽然厦门、晋江附近的金门岛实行部分"小三通"，但大陆与台湾之间的直接而全面的往来似乎还需要时间。

从中国往海外的外流潮的整体框架包括了台湾地区，冷战格局崩溃后的世界性结构改变、香港和澳门回归中国、中国改革开放政策的实行等自然是其基础。

表 6-7　广东省的因私出国出境人数（1989—1997 年）

单位：人

年份	获准因私出国人数	获准因私出境到港澳的人数 香港	获准因私出境到港澳的人数 澳门	获准赴港澳的旅游人数 香港	获准赴港澳的旅游人数 澳门	广东获准出国旅游人数
1980	42000 以上①					
1989	64549	86882		93414	114739	新加坡旅游 85 泰国旅游 6990
1990	60000 以上（取得护照）97900			96200	135400	泰国 4752 新加坡 608
1991	60386	95622（探亲、定居）	3383（探亲、定居）	120782	182218	泰国 3945 新加坡 718
1992	60502（取得护照）	112258（探亲、定居）	3469（探亲、定居）	154040	217974	13312（新马泰）
1993	59570	134596（探亲、定居）	3310（探亲、定居）	182249	225344	24309
1994	82481	165197（探亲、定居）	4423（探亲、定居）	181666	197525	73812
1995	74554	46484（香港人子女申请定居香港）		193422	435523	146237
1996	88094	58785（在广东子女申请定居香港）		210848	333123	168759
1997	119219	15206（在广东子女申请定居香港）		198249	247252	118209

注：①在 1980 年广东省出国人数 42000 人中，16000 人走美国，11000 人走加拿大（《中国人口·广东分册》，第 171 页）。这是广东省内的侨眷因改革开放政策放宽部分出国限制（包括侨务政策）而出国的，并非一般中国人的自由出国。
资料来源：《广东年鉴》（1990—1998 年），广东人民出版社 1990—1998 年各年度版。

广东人的出境以毗邻的香港、澳门为主。特别是往香港的因私出境较多。改革开放前广东人就以探亲等形式出境。1971—1982年这12年期间以正当的理由在港澳定居的出境人员达到了30万人。如表6-7所示,出境人数到了改革开放政策实施后的20世纪90年代更多。广东人赴港澳的出境人员(以探亲、定居为主)1994年超过了16万人,1996年超过了22万人。他们当中有不少人作为再移民从香港、澳门移居到国外。移居港澳的内地人从港澳往国外再移民是众所周知的。

(二)江门市的新移民情况

移居国外的情况因输出地的状况而异,是多元性的。广东省在改革开放后输出了最多海外移居者。但广东省内的新移民输出地偏重于一部分地区。侨乡和新移民输出地在广东省有两个,江门市和广州市。具有代表性的是江门市,因此这里拟探讨江门市的情况,并探索广东省新移民的特征。

改革开放以来,江门市是广东省内输出新移民最多的地区。至1996年前后,江门市以合法方式移居国外的新移民共有182409人,占全省新移民37.8万人的48.2%。上述新移民不包括赴港澳的出境人员。江门市新移民的移民目的地为:美国87008人,占总数的47.7%;加拿大52315人,占28.7%;南美洲27927人,占15.3%;大洋洲7688人,占4.2%;欧洲2772人,占1.5%;其余4699人,占2.6%。以与居住在海外的亲属团聚等形式出国的移民占总数的85%;海外留学(包括自费、公费)人员学成不归转变为长期居留的人约占10%;其他的技术移民者、投资移民者、劳工移民者、探亲后转变身份者等占了5%。①

江门五邑是中国典型的侨乡。江门市的五邑系指新会市、台山市、开平市、恩平市、鹤山市。1996年,江门市包括两区、五市的总人口为3743615人(1999年为379.8万人),非农业人口只不过占总人口的36.32%,汉族占99.79%。根据1995年的1‰人口调查,江门市每1万人中有大学文化132人,高中文化1002人,中学文化3054人,小学文化4040人,②并非文化程度高的地区。

1998年江门市侨务部门所进行的侨情调查如表6-8所示。从该表可知,

---

① 岳乔言:《广东省新移民概况与开展新移民工作的调查报告》,《华侨与华人》1997年第1期,第63页。

② 《江门年鉴(1996—1997)》,广东人民出版社1997年版,第79页。

江门五邑是当地人口总数与海外华侨华人及港澳台五邑人总数大致相同的、海外移民相当多的地区。江门五邑人的侨居地不是大量华侨华人侨居的东南亚，而主要集中在美洲（包括美国、加拿大、委内瑞拉等），这是江门地区的特征。就是说，五邑人中有1551426人侨居美洲，占五邑华侨华人总数的72％。其中，侨居美国的五邑人为917694人，仅台山市侨居美国的乡亲就有502236人，约占五邑旅美华侨华人总数的55％。[①]

表6-8　江门五邑华侨华人、港澳台同胞人数（1998年）

单位：人

	海外华侨华人	香港同胞	澳门同胞	台湾同胞	小计
新会市	286737	361725	59229	4861	712552
台山市	867009	365758	66098	6367	1305232
开平市	491403	228193	26413	4548	750557
鹤山市	181251	133677	10038	2960	327926
恩平市	307832	90096	21115	4682	423725
蓬江区	17961	71496	5772	619	95848
江海区	3697	58247	9991	528	72463
总　计	2155890	1309192	198656	24565	3688303

资料来源：梅伟强：《从侨情调查看江门五邑侨乡的特色》，《华侨与华人》2001年第1期，第91页。

根据上述的1998年江门市侨情调查，改革开放以来包括港澳移居者在内的江门五邑的海外新移民（也称新侨民）超过38万人，其中台山市16.8万人、恩平市12万人、开平市6万人、新会市2.2万人、鹤山市9000人。作为移民目的地，美国、加拿大、委内瑞拉等是江门人最多的国家。[②]

[①]　梅伟强：《从侨情调查看江门五邑侨乡的特色》，《华侨与华人》2001年第1期，第93页；另外，关于台山市与海外移民的关系，请参照第三章。

[②]　梅伟强：《从侨情调查看江门五邑侨乡的特色》，《华侨与华人》2001年第1期，第91～93页。

第三节　上海市的新移民

林金枝教授的力作《近代华侨投资国内企业史资料选辑(上海卷)》就广东、福建、上海的近代华侨的国内投资(1900—1949年)进行了考察。从该书来看,这段期间华侨年平均投资额为:广东443.8万元、福建231.98万元、上海214.69万元。[①]

广东省是输出华侨最多的省份,福建省是输出华侨第二多的省份。当时,上海作为华侨输出地在全国处于低位,但作为海外华侨华人的投资对象则处于高位。今天,由于改革开放的进展,以海外华侨华人资本为主的外商投资正在从珠江三角洲往闽南三角洲、长江三角洲扩大、增加。上海是长江三角洲的中心。自20世纪90年代起,外商对上海的投资开始增多。从经济效益考虑,外商对基础设施不断完善的沿海地带的中心、与内陆有密切接触的上海的投资当然是会增多的。以海外华侨华人、海外同胞投资为主的外商投资有了增加,但上海人的海外移动情况又是如何呢?下面来看看现代上海的海外移民情况。

上海的海外移民也与其他地区一样,改革开放前后大不相同。

(一)第一阶段:1949—1978年

这一时期取得护照因私出国的上海人总计1万人左右。出国的申请理由以探亲、定居为多。就出国目的地来看,印尼为32.1%,马来西亚为8.5%等,东南亚整体占了57.3%。中国政府在1958年以前对归侨、国内侨眷的出国限制很宽松。但是,1958年实施大跃进政策后出国受到了严厉的限制。

(二)第二阶段:1979—1998年

在此主要对这一时期加以论述。在1979—1998年的20年期间取得护照因私出国出境的上海人达到了65.3万人。

改革开放时代还可分为三个阶段:(1)1979—1985年的发展准备阶段;

[①]　林金枝:《近代华侨投资国内企业史资料选辑(上海卷)》,厦门大学出版社1994年版,第4页。

(2)1986—1991年的发展阶段;(3)1992—1998年的稳定发展阶段。①

1. 发展准备阶段(1979—1985年)

1982年,从上海移往港澳台及外国的人口为7122人。其中大部分来自上海市区,为6750人。1982年前往海外工作的占37.04%,海外留学占14.8%。1982年上海迁往海外的人有20%是具有大学以上学历的人。②

根据第三次人口普查资料,上海因在国外学习或工作,暂时没有户口的人为5457人。上述的7122人除了赴港澳台的出境人员人数,便是第三次人口普查的数值(5457人)。这一时期赴海外留学的人较少。根据骆克任等的论述,第一阶段上海人取得护照因私出国出境人员为53000人,是改革开放前总和的5倍以上。这一阶段的特征是,新移民的移出目的为:探亲占52%,定居占22.8%。传统的出国形式仍是主流,但在国外学习语言的人占了20.7%,已看到其后大批人员赴国外留学的征兆。这一阶段上海的出国目的地以北美为多,美国占63.9%,加拿大占6.2%,这些出国人员的文化水平很高。中等文化水平占62.2%,而大学本科毕业占了31.3%。③

2. 新移民增加阶段(1986—1991年)

在这个阶段,上海人取得护照因私出国的人数为21.6万余人,年平均达3.6万人。1986年2月《中华人民共和国公民出入境管理法》施行以后,法律上已承认中国公民有权利出国、出境,上海的因私出国(境)人员有了增加。1986年,上海市的出国、出境人员在上海现代史上第一次超过了1万人,达10067人。1987年倍增至20261人。1988年,日本和澳大利亚的语言学校留学签证比较容易取得,因此赴日本等国的语言学校留学的人迅速增加,形成了盲目的"出国热"。这样,出国人员骤增到了64066人。在日本、澳大利亚,中国留学生骤增后实施了入境限制,日本还发生了日语学校未退还上海留学生学费的问题等,1989年以后,出国人员便趋于减少。1991年出国人员减至30302人。此外,根据1990年第四次人口普查的资料,上海"在国外学习或工作而暂无户口的人"为66336人,在全国各省市中是最多的。这可以认为是因为20世纪80年代末骤增的以语言留学为主的留学生等在1989年以后仍留在该地区。

关于这个阶段因私出国的目的,据《上海侨务志》(上海社会科学院出版社

---

① 关于上海的新移民,骆克任、马振东在《上海国际迁移变动分析》(《人口研究》2000年第5期,第51~56页)中作了诸多论述。

② 《中国人口·上海分册》,中国财政经济出版社1987年版,第166~168页。

③ 骆克任、马振东:《上海国际迁移变动分析》,《人口研究》2000年第5期,第52页。

2001年版)记载,出国就读语言学校的人数占首位,为54.4%,探亲占第二位,为31.6%,海外定居占5.2%。即:这个时期的因私出国人员骤增的原因主要是自费学习语言。就出国目的地来看,作为学习语言的国家,日本占第一位,为38.1%;第二位是美国,占了24.7%;澳大利亚占第三位,为17.4%;第四位是加拿大,为5.4%。

上海的新移民很少前往过去华侨华人集中的东南亚。发达工业国占了大多数。这个阶段上海出国人员文化水平很高,中等文化程度占43.7%,高等文化程度(大专以上)占49.9%,约各占一半。①

3. 稳定增加阶段(1992—1998年)

这个阶段上海取得护照因私出国的人总计38.4万人,平均每年5.5万余人,有了稳定的增加(参照图6-2)。这个时期,由于改革开放的进展及高速经济增长和出入境政策的改善,上海的出国出境人员有了大幅增加。

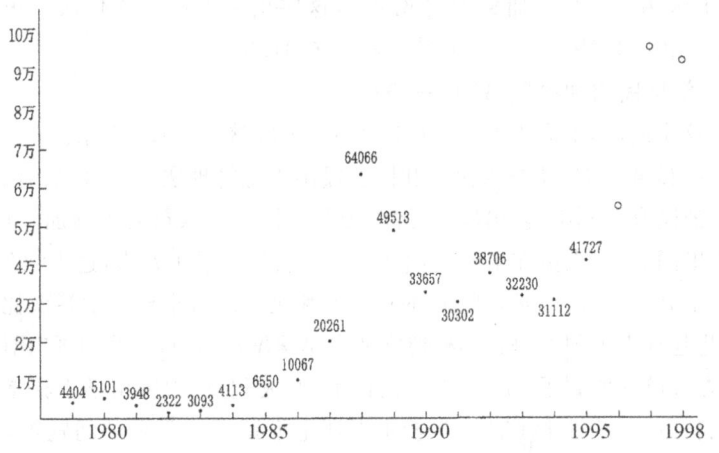

图6-2　1979—1998年上海市出国出境人数统计

资料来源:1979—1995年的数值引自《上海侨务志》,上海社会科学院出版社2001年版,第76~77页;1996—1998年的数值引自骆克任、马振东:《上海国际迁移变动分析》,《人口研究》2000年第5期,第53页。

20世纪80年代末以来以语言留学为目的的出国人数趋于减少,以探亲、访友为目的的出国人数增多了。此外,还有自费留学、出国旅游、就业、定居

---

① 《上海侨务志》,上海社会科学院出版社2001年版,第77页;骆克任、马振东:《上海国际迁移变动分析》,《人口研究》2000年第5期,第52页。

等,出国目的出现了多样化。就比例来看,就业占14.8%、语言留学占11.5%、自费留学占5.4%、公费留学占8.7%、定居占9.2%、会友占3.1%、旅游占2.3%。

出国目的地以美国居多,占28.2%;日本次之,占25.1%;澳大利亚列第三,占9.2%。此外,新加坡、泰国、加拿大、新西兰、马来西亚、法国、韩国也进入了前十位。这个阶段出国人员中高中学历和大学学历占了大多数,具有较高的文化程度。[1]

在20世纪80年代初期前往海外的人当中,出现了取得绿卡或居留权的上海人。他们帮助上海市内的亲属、朋友移居海外。既有高科技人才在海外就业的情况,也有在侨居国兴办合资企业,从中国国内雇用亲友的情况,其形态趋于多样化。

改革开放后,上海市民利用多种渠道出国出境,在居住地取得永久居住权或入籍,这些人被定为"新移民"。关于其动向,《上海侨务志》作了介绍。根据该书,在1979—1995年期间,在上海获准出国出境的人有34.4万余人。其中一部分成为新移民。根据上海侨办自1996年5月开始半年期间所进行的新移民调查,1978—1993年上海新移民达到了41399人,40岁以下的人为17510人,占了42%;40~55岁的人为10096人,占了24%。可见主要是青壮年。新移民的特征是,出国出境前具有大学(大专)学历的人占60%以上,在海外获得更高的知识和技术后,许多人从事专业工作。留学和出国出境的目的地当然是IT产业等尖端技术发达的国家或地区为多。在新移民中,赴美国的人占了总人数的35.4%,港澳地区为33.6%,日本为7.4%,澳大利亚为7.1%,加拿大为7.2%,其他地区为9.3%。

侨居北美、西欧等的上海新移民在公司、科研教育机构工作的人较多,收入比较高,但还处于发展的初期阶段,仍在积蓄财力。出于相互依靠、相互保护的目的,许多上海新移民联合起来,建立以他们为主体的专业社团。如上海复旦大学毕业的施伟山任美国华人计算机协会会长,上海医科大学毕业的洪钧言任美中医药开发协会会长。这些专家团体已为上海乃至国内其他地区的经济、科技等方面做了许多工作,是一支不可忽视的力量。[2]

这些上海的专家、知识分子在发达国家留学,在发达国家的尖端产业就

---

[1] 骆克任、马振东:《上海国际迁移变动分析》,《人口研究》2000年第5期,第53页;《上海侨务志》,上海社会科学院出版社2001年版,第77页。

[2] 《上海侨务志》,上海社会科学院出版社2001年版,第381、382页。

业,在侨居国建立上海人网络,这种与祖国的尖端产业之间的网络的形成与扩大的结构在传统的华侨华人身上是没有的。这是上海新移民的一种新华侨形象。许多老华侨是前往东南亚(发展中国家)的出国劳工。在上海新移民中,许多高学历、高技术的人赴美国留学、就业。高收入、更高技术的获得使得他们在财力和技术力量方面的影响比以往的华侨华人和从事单纯劳动的新移民要大得多。中国国内产业尤其是IT产业的发展,与上海新移民知识分子之间的关系越来越密切,上海新移民的重要性越来越大。

此外,根据1995年上海市侨办对海外华侨华人的调查,上海13区、7县、各机关部门(各局、学校、科学研究所)的海外移民(海外华侨华人)及港澳同胞共有345395人。其中17591人侨居国不详。在上海市的海外华侨华人、港澳同胞总人数345395人当中,海外华侨华人为177510人(51.39%),香港同胞为143876人(41.6%),澳门同胞为6718人(1.9%),其他不详者为17591人(5%)。就分布情况看,北美90143人(26.1%)、亚洲233491人(67.6%)、欧洲10982人(3.2%)、拉美2995人(0.9%)、大洋洲2759人(0.8%)、非洲1155人(0.3%)。①

根据1990年前后的数字,上海籍海外华侨华人为2.7万人,主要侨居地是北美和日本。② 王京治主编的《侨务知识手册》(中国华侨出版公司1989年版)也记载,上海籍海外华侨华人为2.66万人,港澳同胞为6.1万人。③ 2.66万名华侨华人这一数字与山西省、安徽省基本相同。与其他地区相比,1990年前后上海籍华侨华人规模很小。由此可见,仅6年期间,1995年上海籍海外华侨华人便增加了5.7倍以上,达177510人。

1979—1989年有152000名新移民从上海出国出境(大多是因私出国)。在这些出国人员当中,侨居海外的新移民占了多数,因此可以认为,上述20世纪80年代末期的2.66万名上海籍海外华侨华人大多数是改革开放后的新移民。

---

① 《上海侨务志》,上海社会科学院出版社2001年版,第77~79页。
② 李原、陈大璋:《海外华人及其居住地概况》,中国华侨出版公司1991年版,第38页。
③ 王京治:《侨务知识手册》,中国华侨出版公司1989年版,第291页。

第四节 北京市的新移民(以留学生为主)

改革开放以来至2000年,北京市新移民为10万余人。① 出国留学后成为新移民的人占了大多数。例如在北京市宣武区的出国人员当中,出国留学占了70%,学成后,许多人在居住国成了白领。改革开放后,北京的新移民增多了,北京也成了"新侨乡"。

根据20世纪90年代末对北京市海淀区进行的调查,从海淀区出国的6932名新移民及留学人员中,具有博士学位的占19.4%,硕士学位的占30.21%,学士学位的占20.04%。② 北京与上海一样,新移民的特征也是高学历者居多。

根据方雄普等主编的《华侨华人概况》(中国华侨出版社1993年版),北京籍海外华侨华人、港澳同胞为25万人,该市的归侨、侨眷仅为4.9万人。此外,根据李原、陈大璋的《海外华人及其居住地概况》(中国华侨出版公司1991年版),北京市的海外华侨华人(不包括港澳同胞)为8000人,没有达到1万人,在整个中国也是很低的数值。改革开放后至1990年前后,北京往海外的移民也不多。

根据《中国人口·北京分册》(中国财政经济出版社1987年版),北京是新中国的首都,因在国外大使馆工作及支援盟国等,其因公出国人员比其他地区多。但是,在1975年,赴港澳及国外的出国出境人员只不过2833人。改革开放后逐渐有了增加,1979年为3899人,1980年为5164人,1981年为7119人,1982年为6433人。这段期间的出国出境人员以政府部门的工作调动和公费留学为主。即:工作调动占50%,公费留学占35%。而且20世纪80年代初期的出国出境人员仍反映了重视第三世界这一国家政策。派往发展中国家的人占了69%,支援发展中国家的建设事业及相互合作受到了重视。③

1979年改革开放虽已开始,但1983年以前的出国留学仍以公派为主。1984年12月,国务院发布了《关于自费留学的暂行规定》,允许中国公民自费

---

① 《广州侨商报》2000年7月10日。
② 李光耀:《新老移民及社团的对比分析和工作构想》,《华侨与华人》1999年第1期,第22页。
③ 《中国人口·北京分册》,中国财政经济出版社1987年版,第178~182页。

留学。①

改革开放以来,北京市的出国留学人员在 2000 年之前为近 7 万人。仅 1998 年北京自费出国留学人员便超过了 5000 人。② 全国自费留学人员 1997 年为 14720 人,1998 年为 11443 人,③ 由此可知北京市的自费出国留学人员之多。

北京的自费留学人员以高学历者为多。表 6-9 是 1996—1998 年北京大学和清华大学的自费留学情况。两校都是位于北京的代表性大学。北大、清华有 10%～20% 的毕业生(包括研究生)自费出国留学,其人数令人吃惊。

表 6-9 北京大学、清华大学的自费出国留学情况(1996—1998 年)

大学	学位	1996 年（人）	占毕业生比例(%)	1997 年（人）	占毕业生比例(%)	1998 年（人）	占毕业生比例(%)
北京大学	四年制本科	275	12.00	427	15.00	301	14.00
清华大学	四年制本科	229	9.70	351	14.60	379	15.40
北京大学	硕士、博士	150	16.70	176	17.00	261	23.70
清华大学	硕士、博士	239	24.60	345	31.00	388	36.30

资料来源:黄润龙:《海外移民和美籍华人》,南京师范大学出版社 2003 年版,第 82 页。

根据 1990 年的人口普查,居住在海外(留学、工作)、暂时没有户口的人上海市占首位,为 66336 人,北京市次之,为 48956 人。两市的 11.5 万人在该普查中占了全国侨居国外人口的 48.5%。两市都是国外留学人员占大多数。在 1990 年的人口普查中,北京市仅海淀区就有近 2 万人,即 19538 人成为出国人员,占了该市出国人员 48956 人的 40%。2000 年人口普查时,海淀区出国留学、工作等暂时没有户口的人为 20437 人,占了在国外居住、没有户籍者 39468 人的 51% 以上。海外留学人员之多与海淀区有北京大学、清华大学等

---

① 黄润龙:《海外移民和美籍华人》,南京师范大学出版社 2003 年版,第 65 页。
② 黄润龙:《海外移民和美籍华人》,南京师范大学出版社 2003 年版,第 82 页。
③ 黄润龙:《海外移民和美籍华人》,南京师范大学出版社 2003 年版,第 72 页。

高校,许多计算机企业、研究机构集中于中关村的情况不无关系。①

第五节 浙江省的新移民

一、改革开放后不久(20 世纪 80 年代初期)浙江省的新移民

根据改革开放后不久的 1980 年年底对浙江省内侨眷进行的调查,当时在国外的浙江人有 56000 多人。其移居目的地多是欧洲(荷兰、法国、意大利、联邦德国等)、亚洲(新加坡、日本、印尼、马来西亚等)、美洲(美国、加拿大等)。浙江省的主要移民输出地(5001 人以上)是永嘉、黄岩、青田、温州、杭州。浙江人移居欧洲的人口绝大多数是从浙南迁出。其中,温州、青田、瑞安、永嘉、文成 5 市县占了旅欧浙江人的 83%。② 这是 1980 年年底调查的情况。提起海外华侨华人,人们只会想到侨居东南亚的中国人,可见居住在欧洲的华侨华人很少。浙江省海外移民的特征之一是欧洲移居者很多。如后文所述,由于改革开放的进展,移居欧洲的浙江人增加了。

浙江省也有移居港澳的人。根据 1980 年年底对浙江省内港澳同胞眷属的调查,1980 年年底原籍浙江的港澳同胞为 52000 多人。浙江省的赴港澳人员与赴欧洲人员不同,以宁波、鄞县、镇海、舟山一带的人为多,他们之中有一些人在香港工商界、海运界、金融界颇有影响。③

改革开放初期的浙江新移民(出国、出境)的情况如表 6-10a、表 6-10b 所示。从《中华人民共和国公民出入境管理法》施行的 1986 年开始,出国出境申请作为中国公民的一项基本权利得到了确定,因此因私出国、出境的人增加了。在 20 世纪 60 年代中期开始的"文革"时期,"海外关系"曾被等同于"反革命关系"④,受到了批判,改革开放后不久的出国、出境人员便只有从侨乡等出去的一些人。

---

① 黄润龙:《海外移民和美籍华人》,南京师范大学出版社 2003 年版,第 134 页;《北京市 1990 年人口普查资料》(上),中国统计出版社 1992 年版,第 6 页;《北京 2000 年人口普查资料》,中国统计出版社 2002 年版,第 11 页。
② 《中国人口·浙江分册》,中国财政经济出版社 1988 年版,第 169、170 页。
③ 《中国人口·浙江分册》,中国财政经济出版社 1988 年版,第 168 页。
④ 李明欢:《欧盟国家移民政策与中国新移民》,《厦门大学学报(哲社版)》2001 年第 4 期。

表 6-10a 浙江省获准去港澳定居、临时居留人数(1978—1984 年)

单位:人

年份	去香港人数	去澳门人数
1978	1078	
1979	1549	
1980	1408	35
1981	1432	73
1982	1353	35
1983	1508	40
1984	2309	56

资料来源:《中国人口·浙江分册》,中国财政经济出版社 1988 年版,第 169 页。

表 6-10b 浙江省移居国外的人数(1978—1984 年)

单位:人

年份	出国人数
1978	956
1979	2044
1980	2551
1981	1871
1982	1839
1983	3019
1984	3609

资料来源:《中国人口·浙江分册》,中国财政经济出版社 1988 年版,第 171 页。

二、浙江省新移民的整体情况

根据中国政协台港澳侨联络委员会 1996 年 11 月至 1997 年 5 月实施的新移民专题调研,改革开放以来,中国大陆的海外移居者达到了 100 万人。从各输出地省份来看,浙江省仅次于广东省的约 40 万人,达到了 25 万人,福建省、上海市各为10多万人。① 根据该调研,浙江省是全国新移民第二多的省份。

根据浙江省侨办的资料,1998年以前的浙江省新移民为364513人。此外,根据浙江省出入境管理部门的资料,1998年以前的浙江省新移民人数与侨办资料大体相同,为366752人。

在上述3种资料中,吴潮等认为浙江省出入境管理局的数字最为可靠。理由是没有依赖其他部门,而是依靠出入境管理局的下属部门得到的第一手资料。根据吴潮等的主张,估计2000年浙江省新移民从1989年年底的40万人又增加了10万人以上,达到了50多万人。其依据之一是1998年一年期间浙江省因私出国人数便有61213人。进入21世纪后"出国热"仍然没有衰退。② 从2000年的人口普查来看,浙江省的临时赴国外工作、留学等的人数为54786人,而1998年的因私出国人员为61213人,比2000年更多一些。

虽说是浙江省的新移民,其输出地实际上偏重于该省的一部分地区,即温州地区和丽水市管辖的青田县等浙南地区。浙南地区的新移民占了浙江全省新移民的约90%。③ 拥有作为传统侨乡而闻名的宁波和舟山的浙江省东部与国外新移民的关系很淡薄。而如上所述,赴港澳的出境人员以宁波、舟山为多。

浙江省新移民的移居目的地并非以前华侨所去的东南亚。其70%是西欧。法国、荷兰、意大利、西班牙是主要的移居国。浙江省新移民的20%移居美国。浙江省新移民的90%移居西欧和美国。④

从浙江省新移民移居前的职业来看,农民最多,约占50%。其次是工人,占25%,商人约占12%,学生占7%～8%,干部约占5%。输出许多新移民的温州地区和青田县的农民比重较高,经济比较发达的杭州地区、宁波地区、绍兴地区的农民比重较前两个地区低。

浙江省新移民出国前的文化水平不太高。文盲、半文盲占7%～8%,小学文化程度约占30%,初中文化程度占40%以上,高中文化程度占10%以

---

① 石炳祥:《我国新移民概况与新移民工作》,《华侨与华人》1999年第2期,第70页。
② 吴潮、周望森:《浙江籍海外新移民研究初论》,《华侨华人历史研究》2001年第3期,第22页。
③ 吴潮、周望森:《浙江籍海外新移民研究初论》,《华侨华人历史研究》2001年第3期,第22页。
④ 吴潮、周望森:《浙江籍海外新移民研究初论》,《华侨华人历史研究》2001年第3期,第22页。

上,大专以上文化程度占 7%～8%。大专文化程度以上的新移民是温州、青田以外地区的出生者。杭州、宁波、绍兴、金华、台州等是留学生占新移民比重较大的地区。据浙江省出入境管理局的统计,1979—1995 年的 17 年期间浙江省自费留学人员为 13790 人。①

三、浙江省的代表性新移民输出地的情况

(一)丽水市青田县的新移民

就新中国成立后青田县的海外移民人数来看,1950—1976 年为 367 人,1979—1986 年有 10948 人出国,改革开放后这一期间每年平均有 1368 人出国。②

青田县原是贫困山区的一个县。根据吴潮等的叙述,相当于青田县总人口 1/3 的 18 万人移居海外或到海外务工,从而显著地减轻了该县的人口压力。③ 近 3 年期间,青田县的新移民年平均有 2 万人左右,2000 年为 3 万余人。④

据说青田县的新移民与偷渡密切相关。根据莫邦富基于中国记者常氏的原稿所写的《蛇头》,浙江省青田县是毗邻温州市的一个小县,流着一条称为瓯江的河。距离通列车的金华市有 100 多公里。青田县出了许多老华侨、新华侨、假难民等,县内的各乡村都有海外移居者,是华侨的"名产地"。⑤ 青田人往欧洲的偷渡渠道为:青田→厦门→昆明→景洪→色乐(缅甸)→清莱(泰国)→彭世洛(泰国)→曼谷→经由莫斯科往维也纳。但如莫邦富所述,偷渡存在着贩卖人口等许多涉及人身和金钱的危险。

---

① 吴潮、周望森:《浙江籍海外新移民研究初论》,《华侨华人历史研究》2001 年第 3 期,第 23、24 页。

② 李明欢:《欧盟国家移民政策与中国新移民》,《厦门大学学报(哲社版)》2001 年第 4 期。

③ 吴潮、周望森:《浙江籍海外新移民研究初论》,《华侨华人历史研究》2001 年第 3 期,第 26 页。

④ 吴潮、周望森:《浙江籍海外新移民研究初论》,《华侨华人历史研究》2001 年第 3 期,第 22 页。

⑤ 莫富邦:《蛇头》,日本草思社 1994 年版,第 152 页。

(二)温州地区的新移民

下面从改革开放后的新移民情况来看看浙江省的典型新移民输出地温州地区。

表 6-11 中的数字不包括为数不少的在异地申请出国出境和非法离境以及劳务输出而一去未归的人。因此,实际出国出境人数大大超过上述统计数字。[①] 温州正规的因私出国出境人员自 20 世纪 80 年代后半期开始增加,尤其是 20 世纪 90 年代后半期有了大幅度的增加。这从表 6-11、表 6-12a、表 6-12b 也可知道。

表 6-11　温州市公安局批准因私出国出境的人数(1983—1998 年)

单位:人

年份	出国人数	出境到港澳台人数	合计
1982—1983	4508		
1984	4751		
1985	5035	236	5271
1986	4207	566	4773
1987	7435	623	8058
1988	4306	666	4972
1989	7526	685	8211
1990	8607	639	9246
1991	7957		
1992	8759		
1993	7292		
1994	5173		
1997	16541	1092	17633
1998			26017

资料来源:《温州市志》(上)(下),中华书局 1998 年版,第 405、2404 页;《温州年鉴(1998)》,中华书局 1998 年版,第 314 页;《温州华侨史》,今日中国出版社 1999 年版,第 104 页。

[①]《温州华侨史》,今日中国出版社 1999 年版,第 104 页。

表 6-12a 温州人的海外华侨华人分布(1994 年)

单位:人

地　区	主要侨居国	人　数
欧洲 (165000)	法国	60000
	荷兰	35000
	意大利	30000 多
	西班牙	20000
	德国、比利时 奥地利 英国、瑞士 丹麦 瑞典 罗马尼亚 俄罗斯	20000 余人
亚洲 (25000)	新加坡	10000 余人
	日本	4300 人
	菲律宾、泰国 印尼 马来西亚 越南、印度 缅甸等	10000 多
美洲 (50000)	美国	40000 人
	加拿大、秘鲁 哥伦比亚 阿根廷 巴西等	10000
非洲		近 1000

注:1994 年海外温州人为 248000 人。
资料来源:《温州市志》(上),中华书局 1998 年版,第 406 页。

(三)温州市输出新移民的代表性地区

温州市的新移民虽然自改革开放后有所增加,但那只是温州市部分地区。1998 年,温州市总人口为 718 万人,由鹿城区、龙湾区、瓯海区 3 区和瑞安市、乐清市 2 市及洞头县、永嘉县、平阳县、苍南县、文成县、泰顺县 6 县组成。其中,新移民多的地区是瑞安市和文成县。1998 年瑞安市的人口为 117.76 万人,相当于温州市总人口的16.4%。同年文成县的人口为36.99万人,相当于温州市总人口的5.15%。① 虽说两市县的新移民较多,但实际上也只是两市县内的几个地区较为突出。

表6-12b 温州的海外华侨华人分布(1997年)

地区	温州人数
欧洲	200000余人
亚洲	近35000人
美洲	70000余人

注:1997年年底温州的海外华侨华人为30余万人。
资料来源:《温州华侨史》,今日中国出版社1999年版,第113页。

1. 瑞安市

根据1995年年底的调查统计,出生于瑞安市的海外华侨华人为23492人,其中丽岙镇最多,为6248人,接下来是仙岩4535人、城关2916人、桂峰1689人、枫岭1385人,瑞安市几乎所有的乡镇都有海外亲属。②

从1995年前后全世界23492名瑞安人的分布情况来看,第一位是法国,9881人,第二位是意大利,6202人,第三位是荷兰,3426人,第四位是美国,1475人,第五位是新加坡和西班牙,均为563人,第七位是德国,250人,第八位是澳大利亚,205人。③

1950—1978年期间,瑞安市丽岙镇的出国人员为209人。在改革开放开始后的20世纪80年代,出国人数大为增加,即:该镇的出国人员1980年为144人,1984年为139人,1985年为150人,1995年增加到了6248人,大多数是改革开放后出国的。

丽岙镇是温州市的重点侨乡。该镇改革开放后海外移居者的分布如表6-13所示。移居欧洲者占多数,尤其是移居法国者占了72%~83%。

---

① 《温州年鉴(1999)》,中华书局1999年版,"温州便览"。
② 《温州华侨史》,今日中国出版社1999年版,第105页。
③ 《温州华侨史》,今日中国出版社1999年版,第106页。

表 6-13　瑞安市丽岙镇海外移居者的分布情况(改革开放后)

单位:人

年份	合计	法国	荷兰	意大利	西班牙	美国	德国	奥地利
1986	968	806	138		1	17	6	
1994	4790	3473	316	643	8	35	21	5
1995	6235	4944	316	884	8	38	21	5
1996	7965	6270	495	1136	13	50	39	15
1997	9385	6912	506	1768	14	56	40	

注:20世纪80年代丽岙镇出国人数最多的年份是:1980年144人、1984年139人、1985年150人。《温州华侨史》,今日中国出版社1999年版,第104页。因此,可以认为在1986年海外居留者968人中有400人左右是1985年以前出国的人。

资料来源:《温州华侨史》,今日中国出版社1999年版,第179、182页。

根据1997年的统计,丽岙镇的海外移居者达到了9385人,比1986年的968人增加了8.7倍。1980年、1984年、1985年有433人出国,因此从1986年的海外移居者中扣除了该人数,改革开放以前该镇的海外华侨华人便是535人。由此可知改革开放后海外移居者快速增加的情况。

2. 文成县(以玉壶镇为主)

1997年文成县辖8个镇、27个乡,总人口371717人,占温州市总人口的5.25%。文成县是山村,北邻著名的新移民出生地——青田县。新中国成立后的1949—1985年,文成县的出国人员为3716人。在这3716人当中,2990人是1980—1985年期间的出国人员。① 可见改革开放后出现了许多出国人员。文成县侨乡共有12个,其中玉壶镇和周壤乡为温州市重点侨乡。玉壶镇有27个行政村。1992年5月撤区、并乡、扩镇时将东背乡、李林乡并入玉壶镇。当时该镇的人口是21770人,1996年年底减少到18000人。1992年至1996年年底期间,除了赴国内外地务工、学习之外,大多数是因出国定居而减少的。② 4年半左右便急速减少了3770人(相当于17%),而且减少的人大多是出国。1992年文成县玉壶镇的人口为21770人,其中海外华侨华人为5463

---

① 李明欢:《欧盟国家移民政策与中国新移民》,《厦门大学学报(哲社版)》2001年第4期,第47页。

② 《温州华侨史》,今日中国出版社1999年版,第199页。

人。玉壶镇是海外华侨华人占总人口25.1%的重点侨乡。

1948年,原玉壶区各乡镇出国人数累计为1141人。其分布为:日本372人、新加坡363人、法国169人、意大利105人、马来西亚74人、荷兰40人、德国9人等。文成县内出国人员最多的是玉壶镇,为320人。其侨居人数以新加坡和日本为多,分别为131人和125人。当时海外华侨人数仅次于玉壶镇的地区是朱雅乡,有203名海外华侨,其中日本最多,有104人。①

就改革开放后的1990年来看,原玉壶区10个乡镇出国人数共9119人,其中意大利最多,为4896人,接下来是荷兰2084人、法国1774人、德国270人、西班牙223人、新加坡180人、奥地利94人、马来西亚65人、比利时39人、美国28人、罗马尼亚22人、日本18人。侨居欧洲者占压倒多数。② 日本居留者则大幅度减少了。关于居住在日本的温州人减少的原因,如《温州华侨史》的"一战后温州人移居日本的热潮与华工在日本的遭遇"和《温州市志》(上)的"1923年温处两地旅日华工被日本暴徒杀害名单"等中所述,关东大地震时中国人(温州人)在日本受到虐待、歧视的问题大概是其根源。

此外,就1993年文成县玉壶镇海外移居者在居住国的职业来看,餐馆和食堂、成衣、皮革业是其三大行业。60.78%的人在餐馆和食堂工作,20.78%的人在成衣铺工作,15.83%的人在皮革厂工作。③ 大多数是不需要高文化水平的职业。

3. 文成县海外移民的原因

从表6-14可知,文成县是温州市近乎最贫困的县。文成县的农民人均收入1997年为1608元,1998年为1752元,还达不到全市农民人均收入的一半。

就1997年、1998年温州各县(市、区)乡镇工业总产值来看,文成县1997年为3.2019亿元,1998年为3.2194亿元,接近于最贫困线。最贫困的泰顺县1997年为3.0006亿元,1998年为3.4486亿元,超过了文成县。第一位是瑞安县,1997年为199亿元,1998年为220亿元。④

文成县在温州市是最贫困的山村,因此可以认为是由于贫困才往海外移居的。

---

① 《温州华侨史》,今日中国出版社1999年版,第196、197、198页。
② 《温州华侨史》,今日中国出版社1999年版,第198、199页。
③ 《温州华侨史》,今日中国出版社1999年版,第200页。
④ 《温州年鉴(1999)》,今日中国出版社1999年版,第91页。

表 6-14 温州市各区、市、县的年平均收入情况

单位：元

		1997 年	1998 年
温州市整体	城镇职工平均工资	8013	8942
	农民人均收入	3658	3833
鹿城区	城镇居民平均可支配收入	7848	8968
	农民人均收入	6510	6708
龙湾区	城镇居民平均收入		
	农民人均收入	5538	6181
瓯海区	城镇居民平均收入		
	农民人均收入		5605
文成县	城镇居民平均收入	4100	
	农民人均收入	1608	1752
苍南县	城镇居民平均收入	7112	
	农民人均收入	2982	3209
瑞安市	城镇居民平均收入	7417	8820
	农民人均收入	4135	4472
乐清市	城镇居民平均生活费收入	8115.6	8579
	农民人均收入	5028	5219
永嘉县	城镇居民平均收入		
	农民人均收入	2748	2938
洞头县	城镇居民平均收入	5115	5612
	农民人均收入	2625	2935
平阳县	城镇居民平均收入	5300	5424
	农民人均收入	3281	3321
泰顺县	城镇居民平均收入		
	农民人均收入	1304	1516

资料来源：温州市整体平均收入系根据《温州年鉴(1999)》(第 511 页)，其他各区、县、市平均收入系根据《温州年鉴(1998)》、《温州年鉴(1999)》。

（四）作为新移民输出地背景的"温州模式"

本节论述了包括温州市在内的浙江省各地的新移民。如上所述，温州是浙江省新移民输出地的典型地区。作为新移民输出地的区域社会经济的背景，这里就"温州模式"进行简单的论述。

1. 温州模式

温州市改革开放后作为"温州模式"而闻名。根据张仁寿、李红的《温州模式研究》，温州模式是改革开放后农村商品经济发展的模式之一，以家庭经营为基础，发展了纽扣等专业市场267个、大小商品市场472个（1986年），1987年在全国拥有具备14万余名供销员的供应销售流通网，具有"小商品、大市场"的特征。温州发展农村家庭工业，同时适应商品经济发展的客观需要，资金市场（民间借贷）、劳动力市场、技术市场、信息市场等生产要素市场也迅速发展起来。[①]

1978年，温州农村188万劳动力中，从事农业的占89%，存在百万以上剩余劳动力。[②] 改革开放后，温州地区内的非农业部门取得了发展，但仍需要到温州以外的地区打工挣钱。

2. 温州经营模式

家庭经营、专业市场、供销大军被称为温州模式的三大要素。这是改革开放后以薄利多销的方式在全国（大市场）销售温州生产的各种鞋类、打火机、灯具、灯笼、各种服装、纽扣、拉链等消费品、小商品的方法。

20世纪90年代，温州市约有100万人散居在全国各地经商，其中约有15万人为了销售小商品在全国活动，40多万人在外承包柜台、办厂开店，30多万人从事理发、修理、办饮食业等劳务活动。[③]

根据1997年的统计，在国内各地经商办企业的温州人约160万人（包括其子女），几乎占全市人口的1/5。中国的许多大中城市都有温州街、温州商城。[④] 尤其是北京的"浙江村"很有名。1994年居留在北京浙江村的59.12万

---

① 张仁寿、李红：《温州模式研究》，中国社会科学出版社1990年版，第18～20页、第128～156页；何荣飞：《温州民间市场考察》，人民出版社1989年版。
② 张仁寿、李红：《温州模式研究》，中国社会科学出版社1990年版，第192页。
③ 《温州市志》（中），中华书局1998年版，第1082～1083页。
④ 《温州年鉴（1998）》，中华书局1998年版，第129～130页。

人中有 1/3 是温州人。①

　　随着温州的家庭经济、民营经济的发展及温州民间金融机构的发展等,温州的人员移动扩大到了国内所有地区。可以认为,这种温州的经济社会环境也对海外移动(新移民)带来了一定的影响。

---

① 《温州市志》(中),中华书局 1998 年版,第 1084 页。

第七章

侨汇与侨乡的经济变化

前　言

　　中国国内亲属与海外华侨华人之间的血缘、地缘关系通过侨汇和信件已经非常牢固。至改革开放前期,来自海外的侨汇很少用于再生产,主要用于扶助国内侨眷的生活。对中国政府来说,在填补贸易差额方面,没有偿还义务的侨汇外币收入作为非贸易外汇收入来源是极为重要的。根据林金枝教授所述,在 1950 年至 1988 年的 39 年期间,有 23 年中国对外贸易为顺差,顺差额为 163.52 亿美元,而有 16 年对外贸易逆差额达到了 224.77 亿美元,两者相抵,逆差额为 61.25 亿美元。1950—1988 年同期的侨汇达到了 96.10 亿美元,即使同期外贸逆差额 61.25 亿美元以侨汇相抵,侨汇仍剩余 34.85 亿美元。由此可见,侨汇对中国的国际收支平衡起到了重要的作用。[1]

　　此外,就国内亲属的侨汇用途来看,从 1862 年至 1949 年中华人民共和国成立时,侨汇对企业的投资占整体的不到 4%,96% 被用于华侨华人国内亲属的生活费用和非生产性投资。在新中国成立后的 20 世纪 50—60 年代,侨汇用于生活消费 60%,建筑 20%,投资和公益事业 10%,婚丧喜庆应酬费 10%。[2]

　　正式将侨汇用于再生产必须等待中国进入商品经济时代。即:自 1978 年开始的改革开放时代,随着商品经济的发展,侨汇除了以往那种海外汇款之外,或寄物品,或回乡时带回外币,以多种途径投入侨乡的企业和生产的发展。

　　本章将论述四个方面的问题。第一,阐述新中国成立后来自海外的侨汇

---

[1]　李国梁、林金枝、蔡仁龙:《华侨华人与中国革命和建设》,福建人民出版社 1993 年版,第 268~271 页。

[2]　《华侨华人百科全书·侨乡卷》,中国华侨出版社 2001 年版,第 251 页。

对国内亲属的生活产生了什么样的影响。为此，很有必要弄清与侨汇相关的侨汇物资供应制。第二，为了阐明改革开放时期侨汇的变化，将对政治运动激烈的"文革"时期侨汇的状况分为"文革"前期和后期加以比较探讨，并考察其在改革开放时期如何延续或中断。第三，通过福建的事例，探讨改革开放开始后，尤其是进入20世纪80年代以后侨汇大幅减少的原因之一——"以物代汇"、"以钞代汇"的实际状况，论述福建省的代表性侨乡的经济增长、市场化的过程。第四，改革开放后进入20世纪90年代，侨汇又趋于增加。对此，将从新移民（新华侨）的角度来加以探讨。

上述这些问题拟主要根据中国银行厦门市分行行史资料汇编编委会编《中国银行厦门市分行行史资料汇编》（全3册，厦门大学出版社1999年版）加以考察。有关现代中国侨汇的基本资料长期以来因各种因素被蒙上了一层面纱。由于该资料汇编的出版，现代中国侨汇的结构及实况才略微清晰起来。

第一节　侨汇与物资供应制

侨汇是原先前往海外的华侨们寄给留在祖国、其后被称为"侨眷"的亲属的钱款。其历史从19世纪末开始一直延续至今。

这里令人关注的是新中国成立后，尤其是20世纪50年代中期以后侨汇物资供应制开始实施后的情况。20世纪30年代侨汇年平均有1亿美元。[①] 20世纪50年代以后的侨汇额如表7-1所示。新中国成立后至20世纪50年代侨汇年平均在1亿美元以上。1960年前后有所减少，1963年又趋于增多，"文革"时期的20世纪60年代后半期减少了30%左右，但到20世纪70年代有了大幅增加。

这些侨汇对国内侨眷的生活产生了什么样的影响呢？这与1957年开始实行的侨汇物资供应制有密切的关系。

这里有必要探讨侨汇汇回中国国内后如何对国内亲属产生影响。具体说来，它作为与侨汇相关的物资供应制度的形式出现。"文革"时代，这个制度被批为"物资刺激"、"特务经费"等而取消了。通过考察"文革"前10年与改革开放期间的侨汇物资供应制，"文革"期间与改革开放期间的中国社会的"侨汇与国内眷属之间的联系"将会凸现出来。

[①] 《中国银行行史(1912—1949)》，中国金融出版社1995年版，第214页；李国梁、林金枝、蔡仁龙：《华侨华人与中国革命和建设》，福建人民出版社1993年版，第229页。

1956年1月粮食部、商业部、侨务委员会联合对国内侨眷、归侨的生活必需品供应办法作出规定,对他们加强实行了粮食、食油、糖、棉布、肉类等物资的供应。当初这种办法没有同侨汇的多寡挂钩。1957年,在代表性侨乡广东、福建两省开始试行凭侨汇证对侨眷在定量外增加商品供应的办法。同年12月,国务院发布了《关于凭侨汇证增加物资供应的办法》。根据该办法,侨眷和归侨可以凭票证到指定的商店购买定量以外的统销统购商品,但价格略高于统销价。即:粮食、食用植物油高1～2倍,棉布高20%。当时是商品经济不发达、国家决定所有商品价格(尤其是生活必需品)的计划经济时代。政策上生活必需品被设定为低价格。实际上粮票、布票等票券比钱更重要,是一种配给经济。

1959年10月,国务院肯定了广东、福建两省的凭侨汇证供应物资的做法,并拟定了统一的供应标准在全国推广。具体标准是,每100元人民币的侨汇收入,可在定量供应之外,凭侨汇证增加供应粮食6公斤(包括大米、面粉和豆类)、食油1公斤、猪肉1公斤、棉布10尺,但价格高出国家牌价30%～100%。

20世纪60年代初期,由于消费品(尤其是粮食)供应紧张,各地凭侨汇证供应的物资不够充分,有必要紧急进口一些必需的物资。侨汇也用于紧急进口粮食。

1962年农业生产开始好转,对侨汇供应除了粮、油、糖、肉、布必须按规定切实供应之外,规定每100元人民币的侨汇按平价供应25元的日用工业品、其他副食品和高档商品。7月1日起,每100元人民币的侨汇供应的物资提高为65元,其中中央安排50元,地方安排15元。具体为:供应粮食15公斤、食油1.5公斤、白糖1.5公斤、猪肉1公斤、布10尺、针棉织品折布1尺。9月1日起再次提高供应标准,每100元侨汇供应粮食从15公斤增加到40公斤、食油2公斤、白糖2.5公斤、猪肉1.5公斤、棉布15尺、其他商品45元。1963年和1964年将棉布增加到了20尺,其他基本维持原来的供应标准。1965年供应标准由65元降为60元。1966年6月1日起供应的粮食由40公斤降为30公斤。但福建省仍为40公斤,其中10公斤由省政府补贴。

为了具体地实施以上这些与侨汇相关的生活物资供应,广东、福建两省成立了侨汇物资管理处,侨汇年额达30万美元以上的省、市、县、镇都设立了侨汇物资供应公司(华侨公司、华侨商店)。

表 7-1 中国银行厦门市分行侨汇解付统计与侨汇来源地(1950—1978 年)

单位:万美元

年份	全国	福建省	厦门中行侨汇解付统计				
			合计	厦门	晋江	福州	其他
1950	10562.6	2882	2131.5	141.5	1885.9	11.3	92.8
1951	18526.8	4122	3090	338	2572.9	25.7	153.4
1952	18298.2	4583	3233.5	272.6	2779.6	28.9	152.4
1953	14449	3683	2400.5	259	1924.2	10.5	206.8
1954	13116.6	3401	2360.3	212.7	1947.9	11.2	188.5
1955	14371.5	3459	2247.3	219.4	1802	9.8	216.1
1956	13938.2	3621	2254.3	217.9	1749.7	36.7	250
1957	13804	3968	2357.2	273.5	1703.5	40.9	339.4
1958	11738.5	2766	1666.1	194.3	1313.3	23.3	135.2
1959	8921.8	2208	1357.5	196.8	900.9	34.9	224.9
1960	11759.6	3189	1826.9	323.3	1081.3	68.2	354.1
1961	7525.5	1835	1097.6	169.7	777.2	21.8	128.9
1962	5090.7	1249	746.4	140.3	451.6	13.4	141.1
1963	11765.9	2700	1546.1	217.8	1133.2	23.4	171.7
1964	15571.3	3418	1909	260.6	1397.3	28.3	222.8
1965	18086.4	3964	2161.1	315.3	1545.3	34.8	265.7
1966	16695.6	3664	1947.4	278.4	1368.3	39	261.7
1967	15609.5	3017	1547.8	210	1145.8	17.7	174.3
1968	15971.3	3050	1504.8	203.7	1115.8	12.7	172.6
1969	18163.1	3259	1638.3	219.4	1215	15.2	188.7
1970	19319.5	3112	1430.3	178.3	1102.2	13.1	136.7
1971	22678.2	3478	1454.8	176.3	1171.7	10.7	96.1
1972	27854.5	3816	1400	179	1112	9	100
1973	35284.2	4837	1519	257	1128	10	124

第七章 侨汇与侨乡的经济变化

厦门地区侨汇的来源地

年度	新马	菲律宾	印尼	泰国	港澳	其他
1950	507.2	1012.7	142.2		401.8	67.6
1951	801.8	1324.1	319.5		534.5	110.1
1952	737.6	1721.3	283.1	14.9	400.5	76.1
1953	591.3	1354.6	208.3	8.4	205.9	32
1954	545.1	1382.7	277.3	11.3	134.2	9.7
1955	582.6	1284.7	223.6	15.2	125.5	15.7
1956	631.1	1144.3	312.7	14.5	130.5	21.2
1957	652.8	1102.2	386.8	26.8	171.5	17.1
1958	483.2	890.8	165	12.3	100.2	14.6
1959	420.3	589.8	210.5	10.6	115.4	10.9
1960	414.6	704.4	513.2	9.8	171	13.9
1961	246.8	617	117.9	7.1	79.6	29.2
1962	187.3	411	54.7	5.8	75.6	12
1963	425.2	816.8	144.2	9.8	126.1	24
1964	493	1021.3	178.5	11.5	180.9	23.8
1965	525.6	1121.9	256.3	13.4	212.4	31.5
1966	451.9	958.9	280.1	14.3	189.9	以下为日本
1967	394	783.8	138.9	10	160.5	—
1968	361.2	797.7	78.7	11	192.6	—
1969	414.2	818.5	117.9	14.9	208.4	—
1970	396.2	674.4	116.5	14.3	175.3	—
1971	379.8	638.7	116.8	12.4	255.3	—
1972	459	562	100	14	223	
1973	631	507	149	16	168	

续表

年份	全国	福建省	厦门中行侨汇解付统计				
			合计	厦门	晋江	福州	其他
1974	38978.6	5794	1964	351	1374	12	227
1975	41757.4	6587	2301.3	361.4	1536.6	16.7	386.6
1976	44299.7	7117	2254	360	1481	21	392
1977	53466	8142	2472	426	1541	29	476
1978	63253.4	9317	2841.6	523.6	1685	32	601

自1967年起凭侨汇证供应中断了多年,但"文革"后的1978年下半年起恢复凭侨汇证供应的办法。每100元人民币侨汇供应商品30元,其中地方供应粮、油、副食品10元(必须保证供应粮食10公斤、食油0.75公斤),商业部专项调拨适销工业品20元。供应办法采取按侨汇额发给侨汇物资供应证,分粮票、油票、副食品券和工业品券4种。①

改革开放后,商品经济有了发展,国家的统一物资管理体制不再实行,出现了取消票制的动向。这并不意味着票券制在改革开放后立即消失。

就笔者持有的"福建省侨汇券"来看,除了1980年、1981年、1984年、1985年、1987年的侨汇物资供应票之外,还有1990年、1992年的侨汇物资供应票。自1979年开始,尽管经过10年以上的改革,与侨汇相关的票券仍在发行。

侨汇自20世纪80年代前期开始大幅减少。在生活必需品难以购到的国家统制管理的配给物资时代,利用与侨汇相关的票券可以优先买到生活必需品、高级商品、家用物资等,是极为方便的票券。改革开放所带来的商品经济的发展以及走向货币经济时代的步伐意味着票券时代的结束。该步伐是循序渐进的。改革开放后,商品及外汇仍存在着多重价格。就外汇兑换来看,并存着国家的官方汇率、调剂汇率及黑市汇率。国内货币除了一般的人民币以外,还有一种来华外国人、海外华人使用的、称为"外汇券"(也称"外汇兑换券")的货币,外汇券的黑市汇率比官方汇率高,可以兑换人民币,并可优先购买高级商品。

---

① 郭令吾:《当代中国商业》(下册),中国社会科学出版社1987年版,第388～390页。

厦门地区侨汇的来源地						
年度	新马	菲律宾	印尼	泰国	港澳	其他
1974	702	741	246	22	203	—
1975	893.4	832.6	337.3	24.8	193.7	—
1976	864	799	359	18	206	3
1977	945	802	446	20	251	4
1978	1167	820	544	33	325.9	4

资料来源:全国数据系根据李国梁、林金枝、蔡仁龙:《华侨华人与中国革命和建设》,福建人民出版社1993年版;福建省数据系根据《福建省·华侨志》,福建人民出版社1992年版;厦门地区数据系根据《中国银行厦门市分行行史资料汇编(1950—1978)》(中),厦门大学出版社1999年版。

至1994年,中国并没有外汇市场。外汇调剂市场初步形成是在1986年以后。最初的个人外汇调剂市场1989年在上海开业,1991年开始在全国范围内成立个人外汇调剂市场。①

第二节 "文革"期间的侨汇

一、"文革"期间侨汇的减少与海外因素

一般认为侨汇在"文革"期间有大幅度的减少。因1960年前后的粮食危机,相当一部分侨汇被用于支援祖国的粮食进口,侨汇额相应地减少了。自1966年开始的"文革"初期,侨汇虽然减少了,但其金额要比20世纪60年代初期多。当时的情况基本上没有详细的记载。《中国银行厦门市分行行史资料汇编》(中)在这一方面是很珍贵的资料。

根据该资料汇编,"文革"初、中期侨汇减少的主要原因有以下几点:(1)"文革"前政府规定的有关侨汇的优惠政策被取消,与侨汇配对的物资供应被废除;(2)海外华侨华人的投资利息被冻结;(3)华侨优惠存款利息被取消;(4)

---

① 请参照第八章。

停付国外侨批局佣金等。华侨的国内亲属被批为"与海外有关系的人"及国外间谍,银行延迟或停止支付汇给国内亲属的侨汇,领取侨汇的国内亲属因受到批判而拒领侨汇,还有人希望停止华侨汇款。以上是源自国内的因素。关于这些内因,将在下一项"'文革'对侨汇业务的影响"中详细论述。另外还有海外因素。当时主要侨汇来源国——东南亚各国政局不稳,经济状况不好,因而严厉限制资金外流。

海外因素有以下这些:

(1)菲律宾地区。菲律宾汇往厦门中行的侨汇1972年与前一年相比减少12.01%,为562万美元。其原因主要是该地区政府实行军事管制,全国戒严,海外局全部停止收汇。

(2)印尼地区。1972年为100万美元,与前一年相比减少14.38%。其原因主要是该地区管汇较严。

(3)越南地区。汇往厦门中行的侨汇1972年为38万美元,比前一年减少7万美元。其原因主要是受到越南战争的影响。

(4)港澳地区。往厦门中行的汇款1972年为223万美元,与前一年相比减少12.65%。其原因主要是汇款多数属菲侨眷在港转汇,因菲律宾戒严,收汇受到了影响。[①]

侨汇增加的原因有国内因素和海外因素,但主要的还是海外因素。没有钱和环境,海外华侨华人便无法往祖国汇款。在华侨华人在居住国频繁地受到"排华运动"干扰的情况下,居住国政府与祖国建立外交关系对侨居当地的华侨华人的人身财产安全来说是很重要的。这一点请参照后述的"20世纪70年代侨汇的增加与海外因素"。

二、"文革"对侨汇业务的影响

"文革"在以下几个方面对国内侨汇业务产生了影响:(1)取消与侨汇配对的侨汇物资供应制;(2)鼓励华侨把优惠制侨汇转为储蓄;(3)取消针对华侨投资的优惠政策;(4)停止对国内侨眷的贷款业务;(5)停付国外侨批局佣金等。下面分别来看看这些影响。

---

① 《中国银行厦门市分行行史资料汇编(1950—1978年)》(中),厦门大学出版社1999年版,第483页。

(一)1957年实施的侨汇物资供应制于1966年11月取消

侨汇物资供应制有两种,一种是生活必需品粮食、食油、布等的供应,另一种是住宅建筑材料的供应。按照1966年10月关于侨汇物资供应的规定,福建省福州、厦门两市(不包括郊区)的粮食、布等与侨汇相关的供应全部取消,其余地区保留粮食一项。粮食供应的标准为:赡家侨汇每笔在500元人民币以下的,每100元供应大米20公斤,超过500元部分不再供应。属于侨汇存款、华侨投资、建筑侨汇、公益事业汇款,一律不再供应粮食。取消侨汇物资供应证,今后新到侨汇,由银行开具证明,由粮食部门付给粮食。关于1966年10月以前发行的旧侨汇粮票,按票面数额折半供应。关于该规定实施前存在银行(或投资公司)的旧票证,除赡家汇款按户累计每户在人民币500元以下的,每100元供应大米20公斤,超过部分不发以外,其余寄存的票证一律作废。关于侨汇供应布票,则全部作废。

建筑侨汇按原标准供应木材、铜材及水泥,其余物资取消供应。

对以上的粮食、布的规定由福建省军管会生产指挥部审查决定,1968年夏向下属的各专区、县的革委会、军管会生产指挥部传达。当时,在省军管会生产指挥部、省革委会的指示、领导下,侨汇并没有得到重视,而是注重对国内侨眷、归侨进行政治思想教育,提高他们的政治觉悟,更好地调动他们的革命积极性。为此,侨汇递送业务也停止了。那是侨汇被批为"间谍的经费"、"剥削来的钱财"的时代。此外,福州市和厦门市的侨眷当时应该与普通群众一样,可以从所属单位领到全家人的粮票、布票等,因此其生活应该与普通群众相同。

(二)停办优待华侨外币存款业务,鼓励一般储蓄

1968年以前,侨汇的外币存款可以得到优待,但"文革"期间它被批为"物资刺激",成了无产阶级政治的批判对象。此类存款以广东省(中山市、江门市、广州市等)为多。

(三)取消华侨投资优待政策

侨汇主管部门决定自1966年1月1日起取消对华侨投资公司股息的侨汇物资供应优待。关于现行的《华侨投资期满十二年继续投资的办法》,"文革"期间该办法被批为"维护华侨资产阶级利益,允许长期剥削的政策",自1967年7月1日取消了该办法。1962年中侨委下达的华侨投资当年股息

50%可以转投资和华侨储蓄存款转投资也同时停止办理。

"文革"期间关于侨汇的决定由省革委会和人民银行军代表等作出。1970年4月5日取消华侨投资公司的报告是由人民银行军代表拟定的。

华侨投资公司于1957年8月根据投资优待办法开始营业。当时国务院规定:投资期为12年,满期后可以退回股金,用人民币支付;投资股息年息8厘,也要用人民币支付;股息的50%经批准可以汇往国外。按照该规定,其后十几年以沿海地区为中心,在12个省份设立了投资公司,共吸收华侨投资5281万美元,折合人民币1.3亿元。

(四)停付国外侨批局佣金

新中国成立(1949年)之前,来自海外的侨汇大部分经由香港转汇中国内地。1931—1936年经香港转汇的侨汇在内地的侨汇中占了59%,1946—1948年经由香港转汇的侨汇占内地侨汇的80%。[①] 新中国成立后,经由香港转汇内地的侨汇也不少。这些侨汇均是通过香港的侨批局汇来的。香港有许多侨批局,它们作为中转站收取佣金。"文革"期间的1966年9月,中国银行广州分行职工曾建议停付国外侨批局佣金,为国家节约外汇支出40万多元港币。该行自1968年7月开始对香港侨批局6月份收汇佣金不再办理付给。[②]

20世纪70年代侨汇通过海外的侨批局寄回中国国内。这里拟简单地叙述一下20世纪70年代的侨批业。中华人民共和国成立时,民间的侨汇受理业称为"侨批业",在此之前称为"民信局"。

侨批业的不少工作人员在"文革"期间作为"与海外有关系的人"被批斗,大部分人被下放到工厂和农村劳动。1974年,侨批业被并入"海外私人汇款服务处"。1975年,侨批业的机构、名称被取消,中国银行接管了其所有业务。[③]

海外的民间侨批业也随之减少,许多汇款开始通过银行进行。20世纪70—80年代以前,在从东南亚汇到厦门的侨汇中,75%~80%是通过侨批局汇入的。但1990年前后通过海外民营侨批局汇入的侨汇减少到整体的5%

---

① 林家劲、罗汝材、陈树森等:《近代广东侨汇研究》,中山大学出版社1999年版,第20页。

② 《中国银行厦门市分行行史资料汇编(1950—1978年)》(中),厦门大学出版社1999年版,第503页。

③ 《福建省志·华侨志》,第200页;《华侨华人百科全书·侨乡卷》,第251页。

左右,即大部分开始通过银行汇款。

但就厦门地区的侨汇来看,1970年至20世纪70年代中期减少到了整体的5%左右,[1]基本上改为银行汇款。

而在华侨华人的居住国政府为了防止本国外币流出而经常禁止或限制海外汇款的20世纪70年代,侨汇大多通过香港的侨批业转汇内地。[2]

三、"文革"后期的1970年以后侨汇为何增加

从1975年的情况来看,厦门中行经办的侨汇仅上半年就达到了1233.3万美元,与前一年同期相比增加了20%。就汇款地区来看,从表7-1也可知道,来自菲律宾和新加坡的汇款大为增加。其原因是同一时期中国与马来西亚(1974年5月31日)、菲律宾(1975年6月9日)、泰国(1975年7月1日)等居住着许多华侨华人的国家实现了邦交正常化。[3] 邦交正常化后,东南亚各国的华侨华人回中国观光和探亲的日益增多,随之海外亲友的来信和侨汇也有了增加。[4] 中国与菲律宾邦交正常化后,菲律宾政府欢迎华侨加入菲律宾国籍,1972年实行军事管制时移往香港的华侨资金也在邦交正常化后开始返回菲律宾。

以上是外因。下面来看看"文革"后期(20世纪70年代初期)的内因(国内情况)。"文革"延续到"四人帮"倒台的1976年,但侨汇政策于1970年就已经开始改变。1968年前后,拒领来自海外的侨汇、将侨汇退给汇款人的国内亲属的"退汇"情况多有发生。居住着许多侨眷、传统上从新中国成立前就与华侨有血缘联系的著名侨乡厦门的市革委会于1970年6月19日发出了《转告"关于侨汇工作若干问题的请示"的精神》的通知,其中谈到拒领来自海外的侨汇、将侨汇退给汇款人的情况,并批评在一些侨汇工作干部中存在着"侨汇无用"、"侨汇危险"的错误思想。进而,通知还指出,要继续执行"保护侨汇"政策。归侨、国内侨眷接受海外亲属的汇款或继承国外遗产,是国家允许的,只

---

[1] 《中国银行厦门市分行行史资料汇编(1979—1995年)》(下),厦门大学出版社1999年版,第365~366页。

[2] 《中国银行厦门市分行行史资料汇编(1979—1995年)》(下),厦门大学出版社1999年版,第328、330页。

[3] 马宇平、黄裕冲:《中国昨天与今天》,解放军出版社1989年版,第732页。

[4] 《中国银行厦门市分行行史资料汇编(1950—1978年)》(中),厦门大学出版社1999年版,第484页。

要不是用于非法活动,不得擅自没收、冻结或拖延解付。① 1970年正值"文革"期间,在强调"抓革命、促生产"的年代,以"革委会"的名义发出保护侨汇的通知,令人吃惊。侨汇的增加也许是因为华侨华人经济力量的加强所带来的。而厦门中行的职员根据人民银行的指示,致力于办理国内的华侨委托支出及遗产继承、存款、捐赠等业务,代替华侨华人办理国内探亲及侨汇业务,努力保持与海外华侨华人的良好关系,这也应该是原因之一。

实际上,1970年6月19日,国务院同意人民银行和外交部《关于侨汇工作若干问题的请示报告》,重申"归侨、侨眷接受海外亲属汇款或继承海外财产,是国家允许的,只要不是用于非法活动,不得擅自没收、冻结,或拖延解付……"②1970年6月,国务院的这一有关侨汇工作的指示下达后,各省召开了侨务工作会议,强调要认真贯彻执行保护侨汇的政策,对于正当的侨汇不得擅自没收、冻结或拖延解付,不得随意到银行查阅侨汇。③

但是,在1970年至20世纪70年代中期厦门中行经办的侨汇中,票汇并没有增加。其原因之一可以认为是"以物代汇"(后述)的缘故。并非海外华侨华人没有向家乡汇寄钱物。

自20世纪70年代中期起,厦门中行经办的侨汇开始增加。如表7-1所示,1974年侨汇为1964万美元(1972年为1400万美元),1975年增至2301万美元,其后,1976年为2254万美元,1977年为2472万美元,1978年为2841万美元。就全国来看,进入20世纪70年代后,侨汇大为增加。即:1971年为2.27亿美元,1972年为2.78亿美元,1973年为3.53亿美元,1975年为4.17亿美元,1977年为5.35亿美元,1978年为6.32亿美元。自"文革"后期的20世纪70年代起,侨汇创下了现代中国历史上罕见的增长率。④

如前所述,20世纪70年代侨汇增加的原因有国内因素和海外因素,其中主要的是海外因素。海外华侨华人没有汇款的经济力量和环境,就无法向祖国汇款。在侨居海外的华侨华人在居住国频繁地受到"排华运动"干扰的情况下,居住国政府与祖国之间建立邦交对华侨华人的人身财产安全是很重要的。

---

① 《中国银行厦门市分行行史资料汇编(1950—1978年)》(中),厦门大学出版社1999年版,第510页。

② 《广东省志·金融志》,广东人民出版社1999年版,第433页。

③ 《河北省志·侨务志》,河北人民出版社1995年版,第172页;《江苏省志·金融志》,江苏人民出版社2001年版,第561页。

④ 详见第一章。

此外，1971年秋中国恢复联合国合法席位及1972年美国总统尼克松访华也对海外华侨华人的爱国心和向心力产生了很大的影响。

第三节　改革开放前后的"以物代汇"与"以钞代汇"

改革开放开始时，侨汇形态有了很大的变化，以物代汇和以钞代汇的情况增多了。最大的原因是当时中国国内物资不足，另一个原因是改革开放开始后从计划经济转换为货币经济，从单一计划体制变成了多重价格、多重汇率制。为此，出现了利用这一点直接带回外币在黑市等获得差额利益的做法。下面就这些情况加以论述。

一、改革开放初期的"以物代汇"

改革开放开始时国内因物资匮乏，即使有钱也难以买到足够的商品。商品的国营价格与市场议价之间有差距。例如，食油有1.5倍以上的差价。为此，不用侨汇，而以物品寄给中国国内亲友的现象增多了。这就是"以物代汇"。

来自海外华侨华人的赠品基本上是与侨汇物资相同的商品。这些赠品远比侨汇物资供应对国内侨眷有利。侨汇物资标准以人民币换算，每100元侨汇供应10元食品、食油、副食品和20元工业品，但如果是赠品，便不受人民币汇率的影响。具体说来，例如从香港寄来40元港币的赠品箱中装有2～5斤食油，如果是侨汇，这箱食油在中国内地需要330～825元港币。

20世纪80年代，对国内亲属来说，海外华侨华人的赠品中较为有利的主要是电视机、电子计算机等家电产品，例如一台24英寸的彩电由港澳同胞携带或邮寄给中国内地亲属，在中国内地销售的话，能获益1.5万～2万元。如果一年赠送1～2次电器产品，即使除去回乡费用及对内地亲属的赠家费，还有剩余。以上是1979年厦门市的情况。中国银行厦门市分行在改革开放开始时对以物代汇的赠品的骤增情况进行了调查。根据该调查，因华侨华人、港澳同胞携带、邮寄的物品取代侨汇在内地销售获益的人相当多。

赠品中家用电器和衣服等很多，电子计算机也不少。至1979年9月经厦门海关邮寄进口的计算机达到了71899台，其中厦门地区占25%，其余为晋江、龙溪、龙岩等地区，晋江地区的数量较大。晋江、石狮市在改革开放后的迅速发展可以认为与海外亲属以家用电器等商品取代侨汇的做法有着密切的关系。

在港澳同胞邮寄的物品中，布料、衣服也很多，1979年1—9月与前一年同期相比增加了47.21%。华侨华人、港澳同胞寄给厦门市亲属的物品除自用外,还用于出售或让信托商店收购。厦门信托商店1979年1—9月份门市收购的主要进口物资有:电子计算机784台,总值114711元,连同手表、照相机等,收购总金额达到了179770元。①

根据1980年1月21日的"中国银行厦门分行的1979年侨汇工作报告"②,1979年该银行侨汇增加是因为"四人帮"强加给侨汇工作上的不实之词得到澄清,激发了侨胞侨眷的爱国、爱乡热情。

但是,"以物代汇"增加的主要原因是侨汇的汇率比外汇汇率低,且与侨汇相关的物资供应不足,对国内侨眷来说侨汇较为不利。为此,许多华侨华人、港澳同胞从海外携带或邮寄了大量的计算机、电视机等。1979年1—11月,他们经海关携带或邮寄的计算机达83827台,其中营厦门信托公司收购数仅有257台,大部分出售,并作为内地亲属的赡家费用。

二、20世纪70年代的厦门海关与"以物代汇"

"以物代汇"的先兆实际上出现于20世纪70年代初期。

1969年,由于"文革"的影响,福建省福州、厦门两地的海关不允许来自港澳的物品邮寄入关,一律寄回港澳。但到了1970年秋,内地邮电部门和香港邮电部门之间互办1公斤以上20公斤以下邮件、邮包业务,开始从香港向厦门寄送邮包。至同年12月,寄自香港(包括经由香港)的邮包有3560件,其中90%以上是旧衣服。1971年"奇装异服"被寄回香港,当时价值不满30元的衣服,或旧衣服占50%以下的邮包属于限额内免税。邮包的主要物品是旧衣服,其他是化肥、药品、洋葱籽。1971年寄到厦门口岸的海外邮包为657940件,1973年寄到厦门口岸的海外邮包更多,有986657件,新中国成立以来仅次于最多的1962年。这些物品是旧衣服和海内外价格差距较大的生活必需品。在"文革"期间的20世纪70年代,来自香港等的海外亲属的邮包急速增加。

厦门海关于1973年年底执行对外贸易部指示,禁止邮寄旧衣服入境。此后,旧衣服邮包略有减少,但1974年仍有743679件邮包从海外寄到厦门,其

---

① 《中国银行厦门市分行行史资料汇编(1979—1995年)》(下),厦门大学出版社1999年版,第347~348页。

② 《中国银行厦门市分行行史资料汇编(1979—1995年)》(下),厦门大学出版社1999年版,第350页。

数量仅次于广州海关,居全国第二,物品多是海内外差价较大的洋葱籽、化肥等,而1975年则是尼龙蚊帐纱、西药等较多。

邮寄到厦门口岸的私人邮件的领取人除了厦门市居民之外,还有晋江地区、石狮市的居民。为此,1975年厦门市海关实施了《按户核放进口邮包管理办法》,在收件人占厦门海关关区九分之一的石狮实行,对其他地区实行重点户卡片管理。[①] 这种凭户口簿领取海外邮包的管理方法于1978年3月取消了。

改革开放开始后的1979年,厦门口岸邮寄入境的电子计算机骤增。即,1月份寄入735台,9月份即达15025台,按月平均近46%的速度递增。全年进口邮包890589件,比新中国成立后的第一个高峰期1962年增加7%,是第二个高峰期1973年的90%。

从1980年开始海外包裹的邮寄出现了根本的变化。即,由于厦门—香港间客轮的通航、厦门国际航线的开通,以往的邮寄方式已不再是港澳同胞、海外华侨华人与厦门关区居民之间的物质联系的唯一渠道。

三、商品市场的形成与海外亲属的赠品
—— 以"以物代汇"的代表性侨乡石狮市为例

石狮市是毗邻晋江市的著名侨乡,改革开放时期作为市场经济发展成效显著的地区而闻名。笔者从20世纪90年代中期开始曾几次访问该市。笔者拜访了石狮市人民政府,但每次都感到被访者不愿意公开资料。

下面来看看"文革"前石狮的侨汇与商品市场形成的关系。石狮在新中国成立前就被称为"小香港",那是因为美国造的牙刷、圆珠笔、钢笔、布料、奶粉等摆满各家店铺,当时美国货占整个石狮市场的一半以上。

新中国成立后,20世纪50年代初期的石狮是经商人员很多的一个镇,私营工商从业人员有1800人,其中纯商业从业人员1366人,服务业从业人员149人,饮食业从业人员173人,工业从业人员112人。该镇的工商业1956年完成了社会主义改造。但是,商业市场仍然根深蒂固。

石狮华侨有80%旅居菲律宾。菲律宾的政局当然一直对华侨有着很大的影响。1946年菲律宾脱离美国的统治而宣布独立,其基本政策是反共反华。1949年中华人民共和国成立后,20世纪50年代菲律宾政府强烈要求在

---

① 《福建省志·海关志》,方志出版社1995年版,第94~95页;《厦门海关志(1684—1989)》,科学出版社1994年版,第136~137页。

菲华侨归化菲律宾。1975年中菲建交后,菲律宾政府改变了过去的反华立场,开始承认在菲华侨的地位。也因为华侨经济的发展,石狮市的侨汇额增多了,即,从20世纪70年代起,华侨每年寄往石狮的物品约有20万包。[①] 起初是新、旧衣服,接着是布料等,许多多余的侨物被拿到市场出售。为此,20世纪70年代初,尽管还在"文革"期间,但石狮已逐渐形成了出售华侨物资的商品市场。主要商品是海外华侨华人寄来的旧衣服,在个体估衣摊上卖。此外,20世纪70年代初石狮的大量侨眷赴港定居,他们对此后石狮经济的贡献也不小。

"文革"时期,石狮也毫不例外地陷入了经济停滞。国营商业和供销合作社系统供应的商品严重不足。为此,海外华侨华人寄到石狮的物资便形成了"华侨物资采购市场"。此外,一些闲散居民还自筹资金,从外地采购农副产品和紧俏的国产日用工业品,开店摆摊应市,形成了以小商贩为主体的商品市场。当时,出现了两三百户无证商贩和许多小工厂,剩余劳动力也得到了利用。而且在当地掀起了"像章热",出现了33家像章厂。但是,这些经济活动被批为"资本主义复辟",1971年发动了一场清扫"地下黑工厂"和"新生资本主义分子"的斗争。

其后,商品市场一度销声匿迹,但几年后的1974年石狮销售华侨物资等的市场再度兴起,出现了918户商业销售点。这又被看作是"资本主义泛滥"。1975年初陈永贵副总理来福建视察,点名批评石狮是资本主义复辟的典型,并拍摄了纪录片《铁证如山》在全国放映。

1976年,"四人帮"垮台后,在当时的政治形势下,省、地、县派遣工作队再次进驻石狮,1977年该镇成了"两打"(打击经济犯罪和刑事犯罪)运动的重点地区。石狮市的商品经济就这样在"文革"时代尤其在20世纪70年代再三受到了严厉的打击。在政治领导一切的时代,即使不断受到批判,商品经济还是要出现,这是可以理解的。

改革开放大大打开了通往市场化的门户,对石狮的经济发展也开通了很大的通道。其导火线仍然是"文革"时代曾作为"资本主义复辟"的毒草受到批判的"华侨物资销售市场"。

20世纪80年代初期开始,中共福建省委书记项南所采取的措施对石狮的经济发展也起到了促进作用。他将福建省晋江陈埭镇的乡镇企业的发展称

---

① 《中国国情丛书:百县市经济社会调查·晋江卷》,中国大百科全书出版社1992年版,第539页。

为"在侨乡开放的一枝花"。改革开放后晋江的经济发展是因为与海外华侨华人的经济联系加强所带来的。① 改革开放后从海外流入石狮的物资除华侨华人自带的以外,1979—1983年间,每年从中国旅行社和邮局托运进来的包裹约100万公斤。② 服装、布料、日用品和家用电器占大多数。由于从海外寄来的物资太多,国营商店、供销社等国家商业部门在资金、人员、场地等方面都无法胜任这样大量的收购和代售业务,于是大量小商贩重新出现。而且,当时在东南沿海出现了严重的海上走私,这些走私货也运到了石狮市场。因此,20世纪80年代初期石狮成了海外华侨华人寄来的华侨物资和以广东、福建沿海为主的走私货的集散地和商品市场。其后,华侨物资失去竞争力,逐步被走私货所取代,从而使"以物代汇"变成了"以钞代汇"。这是因为在国内黑市将外汇换成人民币可以获得利益。

如上所述,在石狮市场,原来买卖华侨物资的商摊被走私贩私物品的集散、销售场所所取代。为此,1982年政府决定严厉打击石狮的走私贩私活动,但由于没有划清非法的走私活动和正当的商品交易的界限,故衣摊全部被取缔,表面上小商贩少了,但转到了地下市场。

1983年出台的中共中央文件表明要改革农村的商业体制,实现以国营商业为主导,包括私营商业在内的多种商业经济形式并存。按照该文件,石狮决定重新开放当地的商品市场,于是石狮的主要街巷出现了许多摊点和商店。1987年,形成了6类商品市场,即:服装市场(主要是新服装)、小电子产品市场(电子表、电子计算器、照相器材、打火机等)、日用工艺品市场(包括化妆品)、鞋帽市场、包装市场、五金塑料市场(包括塑料玩具)等,其中服装约占各类商品的80%。

石狮作为"小洋货"市场闻名国内外。实际情况是,改革开放后,石狮镇及周围乡镇企业生产的产品约占60%,从广东、上海、北京等地采购的名优产品约占5%,从经济特区等采购的进口货约占10%,走私货约占10%。此外,华侨和港澳同胞带进的海外商品约占15%。③ 华侨华人的赠物1987年还占有全部商品市场制品的15%,而实际上华侨华人的影响更大。当地乡镇企业的

---

① 详见第二章。

② 《中国国情丛书:百县市经济社会调查·晋江卷》,中国大百科全书出版社1992年版,第541页。

③ 《中国国情丛书:百县市经济社会调查·晋江卷》,中国大百科全书出版社1992年版,第544页。

产品也有许多是与海外华侨华人合资生产及委托加工生产的,从经济特区等采购的进口商品也有不少是来自华侨华人、海外同胞的。

据1987年的调查,每天从外地涌入石狮镇购物的有3万人。① 1984年石狮镇共有15个自然村,人口只有25663人。同年人民公社与原来的镇合并,1985年人口达到了84000余人。1987年该镇的总人口也只不过88140人。② 因此该年每天从外地来石狮购物的3万人相当于全镇人口的34%。

四、以钞代汇

自1980年起,访问中国的海外人士开始使用中国政府发行的货币"外汇兑换券(外汇券)"。1981年,这种外汇券与人民币牌价的差额达50%,人民币币值较低。外汇券在友谊商店等外国人专用百货商店可以优先买到市场比较紧张的商品。黑市每百元外汇券可卖人民币150~160元。③ 但表面上外汇券与人民币是等价的。

为此,华侨华人回乡访华团,例如1981年回厦门的菲律宾南乐崇德社一行50人,全部在中国使用了可兑换旅行支票或外汇的外汇券,没有一人使用侨汇。大部分回乡团都是如此。

其后,想要增加侨汇的中国政府1982年开始在友谊商店等销售乐声、天虹、牡丹等名牌电视机和台湾产S50型轻骑(定价900元),因此,1982年侨汇比前一年增加了。但是,在结构性"短缺经济"下使用外汇券将会冲击封闭的计划经济。改革开放之前,侨汇在切断与海外经济关系的结构下一直由国家控制着。外汇券的出现在物资短缺的经济下形成了双重货币(价格)结构。自改革初期人民币汇率一时曾有所上升,因此1983年前后具有外汇价值的外汇券的黑市价要比人民币高出30%以上。④

关于外汇券,这里想做一下说明。外汇券从1980年4月开始使用。这是中国银行总行发行的一种含有外汇价值的人民币代用券。外汇券只限在中国境内指

---

① 《中国国情丛书:百县市经济社会调查·晋江卷》,中国大百科全书出版社1992年版,第546页。

② 《中国国情丛书:百县市经济社会调查·晋江卷》,中国大百科全书出版社1992年版,第557页。

③ 《中国银行厦门市分行行史资料汇编(1979—1995年)》(下),厦门大学出版社1999年版,第351~352页。

④ 《中国银行厦门市分行行史资料汇编(1979—1995年)》(下),厦门大学出版社1999年版,第354页。

定的范围内使用。使用对象有短期来华的外国人、华侨、港澳同胞以及各国驻华机构、民间机构人员及常驻人员等。外汇券持有者能在指定范围内购买到一些人民币买不到的商品或服务。① 使用场所有酒店(住宿、吃饭等)、外国人专用百货商店(友谊商店),以及在大学访问、留学等费用。出境前,其余额可以在中国银行换回外币。由于是与外币联动的货币,自20世纪80年代初期在人民币升值的外汇汇率下,黑市上外汇券兑换外币要比同额的人民币兑换得高。

另外,侨汇仅具有与物资供应券联动的优越性。在物资缺乏的情况下,如果不能换到想要的物资,其优越性也没有什么作用。侨汇券不是货币,因此在黑市上流通性不强。为此,与外汇联动的正式流通货币——外汇券便具有比人民币更高的价值,这使得海外华侨华人停止向国内汇款,转向了"以物代汇"、"以钞代汇"。就是说,"以物代汇"、"以钞代汇"已开始冲击国内封闭的经济。

1983—1984年,厦门市经济特区开辟专门使用外汇券的商场,同一种商品,两种价格,用外汇购买比用人民币购买便宜60%~70%。这种情况在所有经济特区都一样。② 1983—1984年,华侨华人、港澳同胞带回的现金外汇比起寄回祖国的侨汇,即使扣除了侨汇券的价值,仍然高出40%~50%。当然,如表7-2所示,自1983年侨汇便逐步减少了。

1982年、1983年海外的侨批局也发生了变化,出现了侨汇办理业务利益少,禁止、限制侨汇的侨居国风险大,办理人员年龄大、没有继承人等问题。为此,1982年至1983年的一年间,先后有11家海外侨汇局停止收汇,其中新加坡、马来西亚2家,印尼1家,菲律宾8家。③

作为增加侨汇的措施,中国银行和侨办于1985年2月决定在厦门市经济特区范围内将侨汇从以往的可以兑换人民币转为可以兑换外汇券。这是为了阻止"以钞代汇"。但同年9月被外汇管理局叫停了。

1986年,将赡家汇款的地方外汇留成比例从以往的30%提高到50%,通过使用其外汇留成来充实面向华侨华人亲属的物资供应。但是,侨汇供应物资不足的状况并没有得到改善,与厦门百货公司的商品种类没有什么两样,因此侨汇物资供应制并没有什么特别的利益。

---

① 陈玉桢、吴和泉、徐涌:《外汇交易常识与技巧》,地质出版社1993年版,第233~234页。
② 《中国银行厦门市分行行史资料汇编(1979—1995年)》(下),厦门大学出版社1999年版,第360页。
③ 《中国银行厦门市分行行史资料汇编(1979—1995年)》(下),厦门大学出版社1999年版,第358页。

表 7-2 侨汇额及其来源地(1979—1995 年)

单位:万美元

年份	全国	福建省	其中厦门地区侨汇额及其来源地							
			合计	东南亚	港澳	台湾	日本	美国	欧洲	其他
1979	71546.3	9831	3005.1	2554.9	431.6		7.1	7.8	2.3	1.5
1980	66237.7	9817	3342.3	2707.1	605.5		8.1	12.5	2.2	6.9
1981	44992	7404	2353.2	2049.2	277.6		6	16.7	2.7	1
1982	54100	8519	1173.4	880.8	265.4		4.9	17.3	4.1	1
1983	44600	7560	656.8	347.1	274.3		3.1	28.4	2.6	0.8
1984	31700	4745	400.5	215.9	154.3		3.7	20.9	4.9	0.7
1985	18000	1950	83.9	50.5	14.3		2.2	7.7	0.9	8.5
1986	20800	2343	184	75.6	78.7			7.4	1	21.4
1987	16600	2087	192.7	99.2	51.6		3.8	8.7	6.8	22.6
1988	12900	1462	49.3	30	7.9		0.1	2.1	3.4	5.8
1989	7600	702	36.6	27	9.9		0.1	1.2	0.8	0.5
1990	12400	1091	99.8	49.1	28.6		0.7	2.5	1.2	17.9
1991	20700		102.7	42.4	40.5		2.3	2.6	1.4	13.5
1992	22800		484.9	57.3	332.5	21.8	17.2	34.3	4	17.7
1993	10800		945.6	120.6	535.9	10.7	97.4	83.3	17	80.6
1994	39500		1193	234	571.4	7.4	101.1	133	20.6	125.6
1995	35000		2281.2	405.1	938.2	17.8	258.9	260.4	53.1	347.6
1996	167200									

资料来源:1979—1981 年全国的数值系根据林金枝主编《华侨华人与中国革命和建设》(福建人民出版社 1993 年版);1982—1992 年的数值系根据许斌等主编《中国国际收支概论》(中国金融出版社 1995 年版);1993—1996 年的数值系根据《中国统计年鉴(1996—1997 年)》;福建省整体的数值系根据《福建省志·华侨志》(福建人民出版社 1992 年版);厦门地区的数值系根据《中国银行厦门市分行行史资料汇编(1979—1995 年)》(下)(厦门大学出版社 1999 年版)。

外汇黑市汇率自 20 世纪 80 年代后半期到出现统一外汇市场的 1994 年 1 月,与官方汇率的差距很大。就统一外汇市场出现的前一年,即 1993 年的状况来看,根据对辽宁省沈阳市的几位留学生的采访,8 月 1 万日元按官方汇率约兑换 520 元,黑市约为 800 元,有 50% 以上的差距。9 月也一样,10 月底 1 万日元按官方汇率约为 520 元,黑市为 730 元,有 40% 的差距,11 月中旬 1 万日元按官方汇率约为 515 元,黑市为 770 元,有 50% 的差距。

总之,至 1994 年实行单一汇率制之前,在官方汇率与黑市汇率之间,黑市的外汇价值再低也会高出 40%～50%。在这种情况下,"以钞代汇"日益增多。国内个人外币存款的增多反映了这一点。

因当时在政府的官方汇率与调剂汇率、黑市汇率之间有着差距,"以钞代汇"便成为华侨等利用这一点直接从海外带回外汇,在国内赚取差额利润的手段。例如,据福建省晋江外汇管理局、泉州中国银行在 1985 年初对晋江的抽样调查,华侨、港澳同胞回乡人数 35717 人,携入外币现钞折合港币 2.72 亿元。[①] 当时的外汇黑市价与银行的官方汇率有很大的差价,100 港元在银行兑换 47.58 元人民币,而外国人使用的外汇券按黑市价每元可兑换 1.7 元人民币。

第四节　改革开放后厦门地区侨汇的新变化

一、厦门地区的侨汇与"以钞代汇"

从表 7-2 可知,改革开放初期厦门中国银行办理的侨汇额 1979 年在 3000 万美元以上,1980 年为 3300 万美元,创下了最高纪录。侨汇的来源地与以往相同,东南亚地区占了大部分,即,来自东南亚的汇款 1979 年占了全部侨汇额的 85%(2554 万美元),1980 年占 81%(2707 万美元),1981 年占 87%(2049 万美元),1982 年占 75%,均占有相当大的比重。来自港澳地区的汇款也不少,即,来自该地区的汇款 1979 年占 14.3%,1980 年占 18%,1981 年占 11.8%,1982 年占 22.6%。东南亚和港澳两地区占了整体的 90% 左右。

---

① 《福建省志·金融志》,新华出版社 1996 年版,第 271 页。

表 7-3　1981—1995 年企业及个人外币存款额表（中国银行厦门分行部分）

单位：万美元

年　份	企业外币存款	个人外币存款
1981	661	34
1982	724	104
1983	979	103
1984	22320	249
1985	8893	738
1986	10640	904
1987	14236	1341
1988	19798	2092
1989	18994	3328
1990	33323	4818
1991	28427	5895
1992	27290	7709
1993	29591	10939
1994	10628	12074
1995	9509	12334

资料来源：《中国银行厦门市分行行史资料汇编(1979—1995 年)》（下），厦门大学出版社 1999 年版，第 539 页。

自 20 世纪 80 年代中期侨汇急剧减少。少的年份(1988 年、1989 年)厦门分行整体还不到 50 万美元。就侨汇来源地来看，尤其是东南亚地区和港澳地区均大为减少。侨汇是减少了，但海外的外汇流入额则增加了。表 7-3 显示了这一点。

企业外币存款与外资及贸易收入有很大的关系。居民外币存款很多情况下利用了"以钞代汇"。在国内居民外币存款额中，国外汇款所占的比重很小。在表 7-3 的 1989 年个人外币存款额 3328 万美元中，外汇户仅 621 万美元，占整体的 18.6%。1990 年个人外币存款额 4800 多万美元中，外汇户为 793 万美元,仅占 16.5%。带进现钞要比汇入的多得多。①

个人外币存款(丙种存款)是从 1984 年 7 月开始得到认可的。因此如表 7-3 所示,自 20 世纪 80 年代初期个人外币存款大为增加。全国的情况也大致如此,即:中国银行全国的个人外币存款从 1985 年的 1.87 亿美元增至 1987 年的 6 亿多美元、1988 年的 12 亿美元,到了 20 世纪 90 年代,其增长率更高。1990 年为 32 亿美元,1992 年为将近 2 倍的近 61 亿美元,1993 年为 91 亿美元,1996 年为 153 亿美元,1997 年为 175 亿美元。同年全国中行外币存款的一半都是个人外币存款。②

20 世纪 80 年代初期至 20 世纪 80 年代中期侨汇的减少是因为"以物代汇"较多。改革开放后不久侨汇骤然增加,虽然实施了发行侨汇物资供应票的政策,但因物资不足,侨汇物资供应票并没有得到充分的利用。由于"短缺经济",来自海外的高级电器产品(电视机、录音机、电冰箱等)在国内可以卖高价。当时是票券时代,生活必需品大部分需要用粮票、油票、布票、肉票等票券来购买。

二、20 世纪 90 年代侨汇的增多与新移民(新华侨)

从表 7-2 的厦门地区侨汇情况(1979—1995 年)可知,厦门地区改革开放时增多的侨汇自 1982 年急速减少,原有 3000 万美元以上的汇款减少至 40 万美元以下(1989 年)。

进入 20 世纪 90 年代后,侨汇又开始逐渐增加。从表 7-2 的全国情况来看,侨汇从 1993 年的 1.08 亿美元骤增至 1994 年的 3.95 亿美元、1995 年的 3.5 亿美元,1996 年更是达到了新中国史上最高的 16.72 亿美元。下面从表 7-2 来看看厦门地区的情况。1993 年开始急速增加,1992 年为 484 万美元,1993 年为 945 万美元,1994 年为 1193 万美元,突破了 1000 万美元,1995 年达到近 2 倍的 2281 万美元。来自美国、日本、港澳地区、欧洲、台湾地区的汇款的增加引人注目。美国自 1979 年以来就没有超过 30 万美元,但 1992 年达到了 34 万美元,1993 年为 83 万美元,1994 年为 133 万美元,1995 年比前一年骤增了近 1 倍,达 260 万美元。来自日本的汇款也在迅速增加,即:1992 年为 17 万美元,1993 年为 97 万美元,1994 年为 101 万美元,1995 年为 259 万

---

① 《中国银行厦门市分行行史资料汇编(1979—1995 年)》(下),厦门大学出版社 1999 年版,第 366 页。

② 请参照第九章和第八章。

美元,比 1992 年增加了 14 倍。就汇款额来看,来自港澳地区的最多,1992 年为 332 万美元,1993 年为 535 万美元,1994 年为 571 万美元,1995 年为 938 万美元。

进入 20 世纪 90 年代后,侨汇来源地发生了很大的变化。20 世纪 50 年代、60 年代、70 年代来自菲律宾的汇款在厦门地区的侨汇中占了 30％～50％。20 世纪 70 年代东南亚侨批局汇入厦门市中行的汇款占了整体的 75％～80％。① 20 世纪 90 年代,这种情况发生了变化。不仅侨汇的来源地发生了新的变化,在著名侨乡福建省泉州地区也发生了同样的变化。20 世纪 50 年代至 1982 年,从菲律宾和港澳地区汇到泉州地区(包括泉州市、晋江市、南安、惠安、安溪、德化、永春)的侨汇占了 70％左右,但 20 世纪 80 年代中期以后随着东南亚和港澳地区汇款减少,美国、西欧、加拿大、澳大利亚的侨汇开始成为泉州地区较主要的侨汇来源地之一。②

改革开放开始后,中国国内人员已逐步有可能往海外移动,即所谓"新移民"的出现。新移民的目的地与以前华侨一般前往东南亚有着根本的不同,越来越多的人前往富裕国家如美国、日本、加拿大、澳大利亚、欧洲各国。出国目的也是自费留学、就学居多,已经不仅仅是投靠海外亲属这样的依靠血缘关系出国。1997 年福建省侨办实施了"侨情普查",其重点是调查"新移民"。福建省是近年来非法移民海外的有名的省份。前往日本的非法移民较多的长乐、福清等广为人知。

根据该普查,福建省的新移民为 53.35 万人(其中 90％以上是 1979 年以后出国的)③,目的地为美国 13.24 万人、日本 7.7 万人、加拿大 2.37 万人、澳大利亚 2.02 万人、英国 0.63 万人,亚洲的菲律宾 9.43 万人、新加坡 4.25 万人、印尼 2.27 万人、马来西亚 2.05 万人。④ 前往美国的人最多,日本等也不少。这里大概没有包括非法移民,因此实际上有更多的福建籍新移民流到美国、日本等经济发达国家。根据该普查资料,新移民福建省内的出生地为:福州市(包括福清)25.93 万人,泉州市(包括晋江市)17.94 万人,厦门市 1.19 万

---

① 《中国银行厦门市分行行史资料汇编(1979—1995 年)》(下),厦门大学出版社 1999 年版,第 365 页。

② 《泉州市华侨志》,中国社会出版社 1996 年版,第 178、179 页。

③ 朱美荣:《福建省新移民问题剖析及相关政策初探》,《人口研究》2001 年第 5 期,第 65 页。

④ 《福建年鉴 1998》,福建人民出版社 1998 年版,第 106 页。

人,漳州市0.85万人,三明市0.82万人,莆田市0.63万人,南平市0.56万人,龙岩市0.51万人。由此可知福州市、泉州市(包括晋江、石狮市)是典型的新移民输出地。1997年前后笔者访问福州时,在该市的中国银行看到了侨汇柜台。根据20世纪90年代初期的统计,侨汇已大为减少。笔者感到奇怪,便问了该行的职员。根据该职员所言,"现在正在办理来自出国居住并已就业的中国人的私人汇款"。大概来自新移民的汇款正在增加,因此才设了"侨汇柜台"。20世纪90年代初期至中期,笔者每年都去福州市,但以前都没有注意到。就全国来看,进入90年代后,侨汇逐渐增多。1989年只有7600万美元的侨汇,到了1990年已有1.24亿美元,1996年急速增加,达到了16亿多美元。其原因可以考虑以下几点:(1)由于1994年的汇率制度改革,人民币官方汇率与外汇调剂价格正式并轨,实行以市场供求为基础的、单一的、有管理的浮动汇率制;(2)中国银行通过引进计算机处理设备等,追求汇款手续的快速化;(3)新移民的增加。尤其(3)是重要因素。

就全国的新移民动向看,1999年因私出国出境人员合计为288万人,其中占67%的193.3万人系出国旅游人数。自20世纪90年代后半期形成了海外旅游热。扣除出国旅游人数的出国出境人员为94.7万人。[1] 据2001年2月13日《人民日报》,2000年全国共批准公民因私出国出境人员总数达497万人次,其中批准公民出国310.9万人次,批准内地居民赴港澳地区177.2万人次,批准大陆居民因私事去台湾地区8.9万人次。

就与新移民密切相关的出国探亲人员及自费留学生来看,1999年的出国探亲者为53.6万人,自费留学生为8万人。2000年出国探亲者比1999年多出10.63%,达到了59.3万人。在这些人当中出现了新移民。总之,新移民(新华侨)确实增加了。

就在日中国人的情况看,自20世纪80年代末开始有了迅速的增加,即:1986年包括台湾的在日中国人为8.4万人,但1990年为15万人,1992年为19.5万人,1997年为25万人,10多年期间增加了近2倍。来自上海的在日中国人也在迅速地增加,即,1986年为3260人,但1988年已达到大约7倍的21140人,1990年为25390人,1992年为38000人,1997年为39434人。此外,20世纪90年代中期开始,来自中国东北三省的在日人员也有迅速的增加。[2]

---

[1] 《人民日报》2000年2月5日。

[2] 过放:《在日华侨认同的变化》,日本东信堂1999年版,第61页。

另外,出国经商和就业的人21世纪也会增多。2000年中国以经商、劳务、就业的名义出国的人比1999年增加81%,达到了21.4万人。

总之,20世纪80年代末以后,由于新移民(新华侨)的增加,他们对居住在祖国的亲友的汇款有了增加,20世纪90年代,汇款增加较快的来源地已经从老华侨居住的东南亚等地区转移到发达国家如美国、日本、加拿大等。

第八章

侨乡的外汇与金融市场化步伐

前　言

　　本章将考察海外华侨华人寄给中国国内亲属的侨汇、赠品以及投资对侨乡及其周边地区金融体系产生了什么样的影响。海外华侨华人寄给中国国内亲属的物品、金钱的情况直至近年仍未全面弄清。这与在改革开放前中国国内的政治运动有着密切的关系。作为"与海外有关系的人",中国国内亲属在"文革"中成了被严厉批判的对象。"文革"时期海外华侨华人也向国内亲属汇款,而国内亲属因害怕挨批,当时总想隐瞒来自海外的汇款。1994年笔者在福建省时,东南亚华侨的国内亲属对笔者说,汇款被发现后,即使很想要,却还得说"不要从资本主义国家寄来的钱"而拒绝领取。

　　改革开放对华侨华人的国内亲属来说是一个大转变。海外华侨华人推动了改革开放后的急速经济增长。海外华侨华人不仅对中国国内的亲属带来经济影响,也给全中国吹来了"南风"。

　　持续的经济增长需要有效的经济"体系"。中国从计划经济时代到市场经济化,经历了一个什么样的过渡期?这里想通过分析改革开放后一直处于对外开放、市场化第一线的侨乡的状况,阐明改革开放后经济结构的变化。

　　笔者几年来多次访问广东、福建的侨乡。但是,当地还没有形成能够随意进行实地调查的环境,查资料所受的制约仍然很大。这里想考察一下来自海外的金钱的流动对侨乡的金融结构带来什么样的影响。

　　本章以20世纪70年代末改革开放开始至外汇汇率得到统一的1994年为中心进行考察。因受资料限制,有不少问题必须留待今后探讨。对这一时期侨乡外汇流动的考察对阐明1994年以后的全国金融改革是必需的,不仅如此,对阐述改革开放后整个中国向出口依赖型经济的转换及向市场化的过渡也是至关重要的。

第一节 外汇留成

一、改革开放后全国的外汇留成

改革开放后,地方政府、部门、企业获准可进行外汇留成。这成为建立外汇市场的契机。此处拟概述全国的情况,接着将叙述代表性侨乡福建省的具体情况。

外汇留成从1979年至1993年年底大体可分为以下三个阶段。

1. 第一阶段:1979—1987年

这个时期有以下三个特征。(1)外汇留成比例较低,留成额不大。各地区、各部门将1978年的金额作为基数,针对增加部分的出口外汇收入,属于中央管理的商品,地方留成20%,属于地方管理的商品,地方留成40%。由于地方的留成比例低,地方和企业留成的外汇额不大。(2)各地的外汇留成比例不一样。经济特区与经济技术开发区及一般地区的外汇留成比例有很大的差距。例如,1980—1985年深圳特区的出口外汇收入由当地全额留成,而在经济技术开发区为"倒二八分成",即上缴中央20%,地方留成80%。(3)国家对留成外汇的控制很严。这种制度显然反映了留成的外汇基本上依然由国家控制的情况,创汇企业实际上对外汇没有直接的支配权。

2. 第二阶段:1988—1990年

这个时期外贸企业采取自负盈亏的方式,外汇管理体制有了很大的变化。轻工业、服装、工艺这3个行业作为外贸试点行业,得到了特殊对待。这个时期的外汇留成主要有以下两个特点。

(1)扩大留成外汇基数,提高留成比例。按照留成基数,将原来计划部分的超额外汇收入改为纯外汇收入,实行"倒二八"(中央获得20%,地方、企业获得80%)或"倒三七"(中央获得30%,地方、企业获得70%)分配。这样,地方、企业的外汇留成比以前大大增加了。

(2)在外汇留成方面实行了工业倾斜改革。例如,对上述的轻工业、服装、工艺3种试点行业的出口外汇收入实行"倒二八",机械电子产品出口外汇收入可全额留成,即实行机械电子工业及轻工业、服装工业、工艺产业的产业扶持政策。

3. 第三阶段:1991—1993 年

为了加强外贸企业的国际竞争力,1991 年取消了出口财政补贴。这也给外汇留成带来了很大的变化。(1)将外贸试点行业的外汇留成倾斜政策扩大到其他行业,统一了留成比例。(2)取消地区间外汇留成比例差距,形成各地区统一的外汇留成比例。(3)从 1991 年开始实行外汇额度的有偿上缴方法,国家进行充分的外汇储备,解决了部分外贸企业的外汇不足问题。

改革开放后,除了上述这些有关贸易的外汇留成之外,还实施了侨汇等非贸易外汇的留成。这样,地方、企业的外汇持有率便趋于提高。

表 8-1 列出了外汇留成分配比例。从该表可知地方、企业的外汇持有率趋于提高。

表 8-1 外汇收入分配比例的变化情况(1979—1993 年)

1979—1982 年	中央		地方	
	财政部门、贸易部门、贸易总公司等	主管生产部门等	地方政府:省、市、自治区地区、县	企业
1. 分级管理品种				
中央所管品种	超过去年部分的 80%	—	超过去年部分的 20%	地方政府留成额的 15%
地方所管品种	超过去年部分的 60%	—	超过去年部分的 40%	地方政府留成额的 15%
2. 广东、福建省	超过 1978 年实绩的 30%		超过 1978 年实绩的 70%	
经济特区(深圳)			100%	
经济技术开发区	20%		80%	
3. 主管生产部门等进出口公司的出口	80%			
4. 委托加工贸易				20%
地方所属企业	70%		15%	
主管部门所属企业	70%	7.5%	7.5%	

5.中小型补偿贸易				15%
地方所属企业	85%		7.5%	
主管部门所属企业	85%	3.75%	3.75%	15%
6.贸易外收入				
港湾收入	80%		20%	
交通运输	60%		40%	7.5%
侨汇	70%		30%	
旅游收入	60%		40%	7.5%
保险	90%		10%	

1985年	中　央	地　方
1.出口军事物资、原油及一般商品	75%	25%
2.同上商品的超计划出口部分	30%	70%

1988年开始	中　央	地　方
1.各地承包的计划内一般商品出口外汇收入	75%	25%（其中地方政府12.5%，企业12.5%）
2.超计划部分的外汇收入	20%	80%（其中地方政府12.5%，制造企业12.5%，贸易企业55%）
3.轻工业、工艺、服装3个行业按"倒二八"或"倒三七"分成	20% 30%	80% 70%
4."七五"期间汽车、电子集团、机械电气产品、军事物资等由地方全额留成	0%	100%
5.委托加工、纺织品加工、外汇收入	70%	30%

6.广东省、福建省外贸外汇收入		30%
7.经济特区（深圳等）		80%（经济特区内）
8.边境地区等		西藏100%
西藏、内蒙古、广西壮族、宁夏、新疆、青海、贵州、云南		55%
1991年	**中　央**	**地　方**
商品、劳务出口的外汇收入	无偿20%（有偿上缴30%）	制造企业10% 贸易公司40%
一般商品出口	无偿20% 有偿30%	10%（地方政府），出口企业40%
1993年	**中　央**	**地　方**
1993年开始取消外汇额度，进行现汇留成	无偿20% 有偿30%	10%（地方政府），企业40% 但是，出口机械电器厂家为65%
非贸易外汇分配 **1991年**	**中　央**	**地　方**
1.华侨汇款		30%～40%（20世纪80年代开始）
2.广东省、福建省的侨汇		赡家侨汇50% 建筑侨汇60%
3.旅游外汇收入		40%
4.航空（民航）外汇收入		40%
5.港口的外汇收入		20%
6.友谊商店（外国人专用商店）等		20%

资料来源：朱小华主编：《中央银行业务全书》，中国社会出版社1997年版，第475、476

页;今井理之:《中国的对外开放政策和国际关系》,日中经济协会,1985年4月,第53、54页;尹艳林:《汇率:多轨合并与适度管制》,中国财政经济出版社1993年版,第66页;大久保勋:《评论》,《日中经济协会会报》1991年4月号;《广东金融》1993年第2期,第46页;殷介炎等:《中国外汇管理与经营概览》,经济管理出版社1993年版,第22、23页等。

在地方、部门、企业刚刚能够留成外汇的1979年,留成外汇总额为10亿美元,仅占外汇总收入的5.4%,但1985年留成外汇额达到93.6亿美元,占了同年外汇总收入的31.1%。1988年全国的留成外汇额为185.05亿美元,1989年增至200多亿美元,1990年骤增至280亿美元。①

这些外汇流入市场,外汇市场便自然而然地产生。在这些外汇留成额中,在后述的外汇调剂市场中交易的比例1988年为33.5%(62.64亿美元),1989年约为40%(85.68亿美元),1990年为47.6%(132亿美元)。

另外,关于海外亲属汇给国内眷属的私人所有的外汇流动,请参看第三节的有关个人外汇调剂市场等部分。

1994年外汇留成制度取消。随着改革的进展,政府对外汇的限制趋于放宽。从计划经济时代到市场经济有什么样的过渡期呢?这里拟从改革开放后侨乡外汇的流向来探讨这个问题。

下面来看看代表性侨乡福建省的外汇留成情况。

二、地方外汇管理(福建省)

以下来看看著名的侨乡福建省的外汇收入、管理情况。

(一)外汇收入

改革开放前,可供福建省人民政府支配的地方外汇(包括贸易外汇固定分成和侨汇等非贸易外汇分成)是由中央核定的。改革开放前地方能够使用的外汇很少,只供地方进口医疗设备器材等使用。在1979年,全省能够使用的外汇仅1250万美元。

1979年,中央批准福建、广东两省实行"特殊政策,灵活措施",并下放外经、外贸管理权。为此,1980年福建省人民政府制发《福建省地方外汇、外资财务管理暂行办法》,规定地方外汇收支由中国银行福州分行统一经营管理。

---

① 尹艳林:《汇率:多轨合并与适度管制》,中国财政经济出版社1993年版,第56、57、72页。

福建省筹措的所有侨资、外资和归福建省使用的外汇以及有关人民币资金,均分别集中于本省在中国银行福州分行开立的外币存款、外汇额度和人民币往来3个专项账户内。

福建省各地区、各部门、各单位的外汇收入经福建省财政厅同意可在中国银行开立外汇额度账户,并按规定的用途和手续使用。

(二)外汇管理

以下来看看福建省的出口商品外汇管理、加工装配贸易外汇管理及非贸易外汇管理。①

1. 出口商品外汇管理

关于福建省的出口商品外汇留成,这里将按改革开放开始后的时间顺序进行论述。

福建省的对外贸易外汇收入自1980年起实行外汇包干办法。对外贸易外汇收入以1978年实绩为基数,1980—1981年增收部分全部留省;1982—1984年增收部分上交三成,省留七成。② 1980年以后福建省内的出口外汇收入的具体分成情况如下所示。

(1)1980年,规定省外贸局系统和非外贸系统的出口公司,以1978年出口收汇实绩为基数,按当年超基数出口创汇额,分成外汇额度20%。不过,笋干、香菇、水仙花头、兔毛、桂圆肉(1981年包括乌龙茶)等土特产品的分成比例提高到50%,粮食、食油、成品油、煤炭、水泥、原木、钢材等10个重要统配商品和出口亏损率在70%以上的高亏商品不实行外汇分成,可见并非一律同等对待。

地、市分得的外汇三分之二给县(市)或生产企业、供货单位,用于发展对外贸易和扶持出口商品生产。

(2)1981年,工业企业直接对外出口收入(加工贸易收入除外)的外汇以1978年实绩为基数,一定3年不变,当年新增的外汇额,实行三、一、六比例分成,即生产企业30%,地市县或省主管部门10%,省60%。

(3)1985年,对地方外汇分成比例作了调整,计划内出口外汇收入分成按当年的实际收汇数计算,除上交中央70%外,省分成17.5%,地(市)县(或部门)分成4.5%,企业分成8%。

---

① 《福建省志·财税志》,新华出版社1994年版,第419~424页。
② 《福建省志·财税志》,新华出版社1994年版,第414页。

(4) 1986年，计划内出口收汇按当年的实际收汇额计算，除上交中央70%、省5%之外，在余下的25%中，省分成9.5%，地(市)县(或部门)分成3%，企业或供货单位分成12.5%。超计划贸易出口收汇除上交国家30%外，省分成25%，地市县分成10%，企业或供货单位分成35%。

省外供应货源的计划外出口在省内留成70%的外汇中分给省外供货单位20%～30%。各地区、各部门、各企业(或供货单位)的留成外汇需要调剂时，除厦门特区外，由省集中进行。

在福建省11个贫困县(寿宁、柘荣、屏南、政和、建宁、上杭、长汀、连城、罗源、安溪、平和)，计划内出口收汇，县(市)分成12%，企业或供货单位分成12.5%。

机电产品出口收汇按当年实际收汇额，扣除进口原料、辅料及配套元器件、零部件用汇(占收入外汇的30%)后的净创汇额，上交国家50%，余下的50%直接分配给生产企业(包括零件厂家)30%，经营机电产品出口的外贸企业留成10%，负责组织机电产品出口的地方政府分成5%，中央主管部门5%。

厦门经济特区本岛的产品出口收汇以1978年为基数，基数内上交中央，超基数部分扣除"以进养出"用汇后，全部留给厦门特区使用。

(5) 1987年，超计划出口收汇留给企业的留成比例改为12.5%，与计划内出口收汇比例相同，但仍不给企业留成外汇额度，按外汇调剂价与中国银行外汇牌价的差额，每1美元奖给企业1元人民币。

(6) 1988年8月，为全面推行对外贸易承包经营责任制，鼓励出口企业和供货企业的出口创汇积极性，省经贸委、计委、国家外汇管理局福建分局制定《福建省地方贸易外汇分成暂行办法》。根据该办法，凡承担出口基数或超基数出口任务的各类外贸经营企业，在出口结汇后，按净收汇额计算，基数内一般商品出口，除上缴中央70%以外，在留成的30%中，供货企业留成12.5%，省分成14.5%，地(市)、县分成3%。如下所述，试点行业得到更多优惠。

关于试点行业公司和各地(市)承担试点行业(即轻工业、工艺、服装3个行业，自负盈亏的试点行业)出口任务的公司的出口收汇在1988年7月1日以前除上缴中央30%以外，70%留成部分中，省分成9.5%，地(市)、县分成3%，供货企业分成12.5%，外贸经营企业分成45%。1988年7月1日以后，除上缴中央25%以外，75%的留成部分中，省分成9.5%，地(市)、县分成3%，供货企业分成12.5%，外贸经营企业分成50%。其中分给省、地(市)、县和供货企业的外汇留成按每1美元额度补偿1.2元人民币。这意味着外汇牌价和外汇调剂价格存在差额。

（7）超基数一般商品出口收汇和试点行业超基数出口收汇，除上缴中央20%以外，属于省级外贸经营企业出口收汇超基数，按每1美元补偿2元人民币（银行牌价与外汇调剂价的差额），有偿集中10%[1]，分给供货企业12.5%，其余57.5%全部留给外贸经营企业。地、市的外贸经营企业的超基数出口收汇，除上缴中央20%和分给供货企业以外，其余部分由地、市自定(1988年。以下均为1988年）。

（8）机电产品出口收汇在扣除原材料费30%后，其余的若为100%，则上缴中央50%，分给生产企业30%，分给外贸经营企业7%，分给省6%、地（市）4%、中央主管部门3%。关于机电产品出口收汇，因收购制、代理制、自主出口，各地方的分配比例有所不同。对实行收购制的，出口生产企业所在地方政府留成7%，出口生产企业留成21%，其余72%留给外贸企业；对实行代理制的，出口生产企业所在地方政府留成7%，外贸企业留成4.9%，其余88.1%留给出口生产企业；对自营出口的生产企业，除地方政府留成7%以外，全部留给企业。

（9）厦门经济特区产品的出口收汇，按超基数全额留成；马尾开发区产品的出口收汇，从外贸经营企业成立之日起5年内全额留成。

在上述的特区、开发区两区内的出口收汇中，对省级公司每1美元给予1元人民币补贴，10%上缴省，即，有偿集中10%归省级使用，其余部分12.5%留给供货企业。

此外，在福建省，1980—1986年省、地（市）年留成外汇徘徊在1.52亿~1.8亿美元之间。[2]

2. 三项贸易外汇管理

下面来看看福建省的三项贸易与中小型补助贸易的外汇收入。

1980年，福建省人民政府制发的《福建省地方外汇分成暂行办法》规定，来料加工、装配业务的工缴费外汇收入，除用于支付外商提供的设备款以外，按净收外汇分成50%，其中20%给生产企业，用于进口必要的技术设备和原材料，支付出国洽谈业务、交流技术、培训人员和业务视察等费用；30%按承接加工、装配业务企业的隶属关系给地区、市或省主管部门。这是福建省的规定，但根据1979年9月国务院颁布的针对全国的规定，加工装配收入的工缴

---

[1] 《日中经济协会会报》1991年4月号，第8页。
[2] 《福建省志·金融志》，新华出版社1996年版，第504页。

费外汇,除了用于支付外商提供的设备款以外,留 15% 给企业,留 15% 给企业的所在地方,由省、市适当地分配给地、县一部分,其余部分必须按规定上缴。福建省的地方留成是按国务院的规定多分给地方的。

补偿贸易收入的外汇,在补偿期间扣除补偿进口设备的价款后,分成 15% 留给企业用于发展出口商品生产,其余的 85% 全部上缴中央。这也是根据 1979 年 9 月国务院的有关补偿贸易外汇收入的规定,净外汇收入的 85% 上缴中央,留 15% 给企业和地方,各半分配。但福建省全额留给企业。

1981 年,福建省对来料加工、装配业务的工缴费外汇收入,改按净收外汇省、地三七分成,即省 30%、地(市)70%。就地(市)70% 的具体分配情况看,其中 40% 给生产企业,30% 留地(市)。

工业企业直接对外经营来料加工、来件装配的工缴费外汇净收入实行三七比例分成,即企业留成 70%,地市或主管部门留成 30%。补偿贸易收入的外汇分成比例不变。工业企业直接对外经营补偿贸易收入的外汇,在补偿期间,外汇收入扣除补偿进口设备的价款后,企业分成 20%。补偿期满后,实行三、一、六比例分成,即企业 30%,地(市)或省主管部门 10%,省 60%。

1985 年与 1981 年的规定没有大的不同,来料、来样加工和来件装配所得的工缴费外汇收入扣除补偿进口设备的价款后的净收汇,省分成 30%,地(市)县(或部门)分成 30%,企业分成 40%。

自 1987 年 5 月,为鼓励开展补偿贸易业务,直接补偿项目在合同执行期间净收汇全部留归企业;间接补偿和综合补偿的净收汇按 40% 留归企业,30% 留归地(市)、县或省厅、局,30% 上缴省。对来料加工装配业务,自 1987 年 12 月 1 日起工缴费收入的外汇上缴省 10%,地、市、县(区)或主管单位留成 10%,其余的 80% 留给加工企业。加工企业留成的外汇可用于设备技术的更新改造和支付出国考察费用。自 1987 年年底,外国企业加工装配业务收入的外汇大幅增加,其使用也更加灵活,加工装配的市场化有了很大的进展。

三项企业集中于广东省的珠江三角洲地区和福建省的泉州、晋江等地,在外汇方面也促进了这些地区生产企业的市场化。

3. 非贸易外汇管理

非贸易外汇包括侨汇、旅游、港口、航运、国内商业、出版、文化、服务、银行收兑等外汇收入。

以下来看看各部门及企业等的非贸易外汇留成情况。

1979 年 7 月,中央批准福建实行特殊政策、灵活措施的文件中,规定中央对福建省非贸易外汇收入,以 1978 年实绩为基础,1980—1984 年外汇增收部分全部留省。根据该规定,福建省人民政府制发《福建省地方外汇分成暂行办法》,规定港口和航运收入的外汇按20%分成,归提供劳务的部门使用。

旅游、海员俱乐部、友谊商店等部门和刊登国外广告、开展文化交流等活动收入的外汇,给予20%的分成,用于各自发展对外业务的需要。

此外,对有侨汇收入的市、县,赡家侨汇分成3%。市、县分成后,要负责肉禽蛋、干鲜果和水产品等3种侨供物资的供应。建筑侨汇分成7%,市、县分成后,要负责解决地方建材供应、土地征用等。当时食品和建材都是国家统制的一级物资,由中央管理,一般群众难以买到。各市、县先建造住宅,后卖给华侨、侨眷所获得的外汇,以30%作为建工部门进口必要的建筑材料和推销活动经费,以10%作为建房所在城市的分成。

1981年,为促进非贸易部门增收外汇,对收汇不多的广告、文化、教育、医疗部门的外汇收入,规定3年内全数留成,作为扩大业务、添置必要设备之用。旅游外汇收入按五五分成,即省、地(市)各分成50%。

1982年,中央规定赡家侨汇地方留成30%,全部用于组织侨汇物资供应的进口,福建省确定分配给省粮食厅5%,省商业厅特需供应公司20%,地市县特需供应公司5%,负责组织侨汇商品供应。关于建筑侨汇,地方留成40%,其中10%拨给县(市),用于征地拆迁和地方建材供应,30%用于组织钢材、水泥、木材等建筑材料的供应。

1985年,增加了地方对赡家侨汇的留成,调整为中央、省各50%。建筑侨汇的地方留成增至60%,即中央40%,福建省60%。另外,关于传统上用于学校建设和医院、公路建设等的公益侨汇,福建省可全额留成。赡家侨汇、建筑侨汇、公益侨汇这3项侨汇由福建省侨办会同有关部门掌握用于组织侨供商品。侨办的作用是很大的。

关于其他非贸易外汇,旅游、港口、服务收汇省分成50%,省主管部门或地(市)县分成10%,收汇单位(例如酒店和旅行社等)分成40%。文教卫生广告外汇收入,省分成50%,省主管部门或地(市)县分成10%,收汇单位分成40%。省地联营的购物中心(例如厦门市有针对台湾人的百货店)的外汇收入,省分成50%,企业分成10%,联营投资各方分成40%。

1987年12月,对其他非贸易外汇分成比例作了如下调整。

(1)各地、市、县建造的商品房以外汇出售的外汇收入,省分成40%,地、市、县分成10%,部门分成50%。

表 8-2 闽南三角地区外汇收入

单位：万美元

		出口外汇	加工装配外汇	侨汇	外汇总收入（结汇数）
1985 年	闽南三角地区	9967.7	754.8	1048.8	12847.6
	厦门	9112.5	83.7	118	9953
	漳州	432.8	16	192	954.7
	泉州	420.9	655	738.6	1942
1986 年	闽南三角地区	12988	1327	1160	16869
	厦门	11664	97	215	12780
	漳州	616	24	213	1203
	泉州	708	1206	732	2886
1987 年	闽南三角地区	14881	1294	1419	18876
	厦门	13288	129	171	14302
	漳州	701	68	151	1344
	泉州	892	1097	1097	3230
1988 年	闽南三角地区	11649	1060	981	15658
	厦门	7614	116	64	9016
	漳州	2678	79	102	3434
	泉州	1357	865	815	3208
1989 年	闽南三角地区	16234	1295	478	19920
	厦门	12065	399	49	13983
	漳州	2295	117	63	2771
	泉州	1874	779	366	3166
1990 年	闽南三角地区	28594	1238	497	33240
	厦门	23469	173		25775
	漳州	2735	181	70	3577
	泉州	2390	884	424	3888

资料来源：厦门市、漳州市、泉州市统计局编：《闽南三角地区社会经济概况》，中国统计出版社 1986 年版，第 91 页；1987 年版，第 104～105 页；1988 年版，第 124～125 页；1990 年版，第 154～155 页；1991 年版，第 120～121 页。

(2)公安、民政、司法、商检等政法、行政业务外汇收入,省分成50%,地、市、县分成10%,单位分成40%。

(3)台胞接待站外汇收入,省分成50%,地、市、县分成10%,接待单位分成40%。

台湾人的家乡大多在福建省。为此,自1987年允许台湾人回乡探亲后,福建省厦门、泉州、晋江、福州等地区来自台湾的探亲人数急速增多。这是改革开放后福建省与其他省份不同的重要特征之一。

(4)港务局、轮船公司的客货运外汇收入,省分成40%,部门、地市分成10%,单位分成50%。

(5)旅游、服务外汇收入,省分成50%,地、市、县、部门分成10%,收汇单位(酒店、旅行社等)分成40%。另外,1988年福建省仅旅游外汇收入即达2.85亿元人民币外汇券,比1979年增长58倍。

1988年,福建省对上交省级的非贸易外汇额度,每1美元补贴0.5元人民币(其中已含奖励金)。

以上就改革开放后各时期福建省的外汇管理、分配情况进行了叙述。由此可知改革开放后各部门、组织、企业、个人都拥有了外汇。就1985—1990年闽南地区出口、加工装配、侨汇3项的外汇收入额来看,如表8-2所示,在这3项中仅侨汇从1988年开始就已大为减少。就地区来看,闽南3个地区当中,接受侨汇最多的地区是泉州地区。就包括福州的全省来看,20世纪80年代后半期泉州市的侨汇占了约50%。①

就出口、加工装配的外汇收入来看,虽有一些波动,但整体却有大幅度的增加。在这6年期间,闽南地区整体的3项外汇收入增加了1.6倍以上。3项中出口外汇收入增加了1.9倍以上。对外开放后闽南地区的对外经济活动出现了良好的效果。

第二节　个人外汇所有与海外华侨华人

一、全国的个人外币存款

改革开放后,已允许个人拥有外汇。但20世纪80年代初期个人持有的

---

① 《福建省志·金融志》,新华出版社1996年版,第274页。

外汇仍然很少。一般中国人拥有外汇并不被许可,得到允许的只是海外华侨华人的中国国内亲属,因为他们可以收到来自海外的外汇汇款。而且只有一小部分海外汇款归个人所有,大部分外汇归国家所有。

根据1981年12月国家外汇管理总局的规定(经国务院批准),收到由外国和港澳等地区汇入的外汇,必须结售给中国银行;对每笔人民币3000元(含3000元)以上的大额汇款,允许留存10％的外汇。回国、回乡定居的华侨、港澳同胞将外汇委托中国银行调回境内的,允许留存30％的外汇。①

中国政府当时对侨汇实施优惠措施,奖励外汇汇款。所谓优惠措施,是在把汇回的外汇兑换成人民币时,为了可以优先弄到国家统制的日用必需品,在兑换外汇时添附了优惠券。

当时的金融结构是,个人即使拥有外汇,也完全没有用处。不能把外汇存在银行,外汇市场也不存在。个人所有的外汇能够存入银行还是在20世纪80年代中期以后的事。

根据《经济日报》(1984年6月19日)报道,自1984年7月1日起各地中国银行将开办境内居民定期外币存款业务。境内居民都可以本人名义或与境外亲属联名开立账户。定期外币存款限美元、英镑、马克、日元、港元5种货币。这里所指的居民系归侨、侨眷、港澳台同胞的亲属。这些居民已持有的外汇可存入"外汇户",外钞可存入"外钞户"。定期存款分半年、1年、2年。开户起存金额不低于人民币150元的等值外币。

1984年时国内禁止外汇流通,因此有可能进行外币存款,但不能接受外汇支付。关于国内存款人或其直系亲属出国(境)、定居、探亲费用或出国子女的留学费用等,只有附上签证等证明材料,才有可能以外汇付现。按照该规定,外币存款折付人民币时,可以享受到与侨汇相同的优惠待遇。

1985年11月,为了使个人持有的外汇自由流通,允许以外汇支付外币存款的本金和利息。② 这在1985年时作为让海外亲属通过各种渠道带回的约4亿~5亿美元的个人手中③存款流通的一个手段,让这些存款存到中国银行。这样,1985年年底个人外币存款额达到了1.8682亿美元,比1984年增长89％。④ 另外,与1984年的规定一样,将外币存款兑换成人民币,可以享受与

---

① 《中华人民共和国法规汇编(1981年1月—12月)》,法律出版社1986年版,第138页。
② 《经济日报》1985年11月20日、12月27日。
③ 廖建祥、关其学:《广东对外经济关系》,广东高等教育出版社1988年版,第203页。
④ 《中国金融年鉴1986》,中国金融出版社1987年版,第Ⅲ-73页。

侨汇相同的优惠待遇。

个人外币存款(丙种存款)1986年除了个人定期存款以外,还开办了个人活期存款。1986年的个人外币存款由于丙种存款的限制放宽,比1985年的1.8682亿美元增加了1倍以上,达到了3.7565亿美元。在1986年年底的个人外币存款余额中,定期存款占78%,活期存款占22%。按币种划分,美元存款占了56%,港币存款占33%,英镑、马克、日元等其他币种占11%。① 美元占了一半以上,加上与美元联动的港币,占了90%。从地区来看,广东省的外币存款占了全国的30%。

中国银行于1984年5月开办个人外币存款(丙种)业务,1985年3月修改章程后在广东、福建、北京、上海4个省、直辖市试行,同年6月扩大为在10个城市试行。② 其主要对象除了海外华侨华人、港澳同胞对国内亲属的外汇汇款之外,还有他们回乡时(多在春节和扫墓时)带回的外币等。

1987年,由于全国的个人外币存款增多,同年2月起在全国各地的中国银行机构都可以进行个人外币存款。定期外币存款起存金额也从原来规定不低于人民币150元的等值外币调低为人民币50元的等值外币,活期外币存款起存金额为人民币20元的等值外币。当然,取款也可提取外币,其额度也考虑到了存款者的方便。外币存款货币除规定美元、英镑、日元、马克和港元5种货币可以直接存入之外,1987年又增加了法国法郎。③

由于这种扩大个人外币存款政策,1987年月平均增加个人外币存款2200万美元,就存款额来看,同年个人外币存款额达到了6.3837亿美元,已有100万户居民(个人)进行外币存款。

针对个人的外币存款称为"丙种"外币存款。"甲种"外币存款系指中国国内政府机关、团体、学校、企业、事业单位、金融机构、"三资"企业、外国驻华机构等的外币存款。"乙种"外币存款指的是外国人、华侨、港澳同胞等的外币存款。④

表8-3是专营外汇的中国银行的个人外币存款和全国(中国银行存款)的外币存款额。

---

① 《中国金融年鉴1987》,中国金融出版社1988年版,第Ⅲ-73页。
② 《当代中国的金融事业》,中国社会科学出版社1989年版,第365页。
③ 《中国金融年鉴1988》,中国金融出版社1988年版,第185页。
④ 《中国金融年鉴1986》,中国金融出版社1987年版,第Ⅲ-73页。

表 8-3 中国银行的外币存款合计与个人外币存款额(1985—1997年)

单位:亿美元

年份	中国银行全国合计	其中个人外币存款	年份	中国银行全国合计	其中个人外币存款
1985	53.64	1.87	1992	237.35	60.97
1986	83.23	3.756	1993	279.79	91.148
1987	120.25	6.38	1994	266.2	118.357
1988	153.455	12.098	1995	294.136	137.81
1989	172.85	19.93	1996	322.536	152.919
1990	228.44	32.708	1997	353.12	175.01
1991	192.37	44.32			

资料来源:《中国金融年鉴》,中国金融年鉴编辑部1991—1998年各年版。

个人外币存款额1985年为1.8682亿美元,1986年为3.7565亿美元,1987年为6.3837亿美元,1988年突破了10亿美元,为12.098亿美元,是前一年的两倍左右。1989年即使发生了"天安门事件",个人外币存款也有迅速的增加,达到近20亿美元的19.9336亿美元,1990年为32.7亿美元,1991年为44.3165亿美元,1992年为60.9739亿美元,比5年前增加了近9倍。1993年仅中国银行个人外币存款就达到91.1482亿美元,将近100亿美元,1994年为118亿美元,1995年为137.8亿美元,1996年为152.9亿美元,1997年为175.01亿美元,一直处于上升状态。

1994年以后,个人外币存款在全部外币存款额中所占的比例达45%～50%。就各地区的情况看,个人外币存款额如表8-4所示。

表 8-4 中国银行部分分行外币存款统计及中行个人外币存款总额

单位:万美元

(一)

年份	中国银行	广州分行	深圳分行	福州分行	上海分行	北京分行	海口分行	中行总计
1985	外币存款	102049	—	18785	34200	24350	—	536436
	个人存款	5525	—	1608	2024	1670	—	18682
	百分比	29.57%	—	8.60%	—	—	—	—

续表

年份	中国银行	广州分行	深圳分行	福州分行	上海分行	北京分行	海口分行	中行总计
1986	外币存款	130936	39754	23831	50002	39030	6091	832288
	个人存款	11446	15	2948	4933	4350	—	37565
	百分比	30.46%	—	7.80%	—	—	—	—
1987	外币存款	197852	69491	34922	72973	66760	6945	1202557
	个人存款	20435	2830	5269	7058	8909	964	63837
	百分比	32.01%	—	8.25%	11.76%	13.95%	—	—
1988	外币存款	207469	70342	51495	99874	83271	17560	1534555
	个人存款	34132	5755	9273	13353	20755	2263	120980
	百分比	28.21%	—	7.66%	11.03%	17.16%	—	—
1989	外币存款	227722	76504	60224	120981	91533	17604	1728568
	个人存款	56591	10817	15732	21896	31455	3439	199336
	百分比	28.38%	—	7.89%	10.90%	15.78%	—	—
1990	外币存款	316594	102389	86854	156417	119583	35079	—
	个人存款	90987	18070	24620	41463	49034	5028	—
	百分比	—	—	7.52%	12.67%	14.99%	—	—

(二)

年份	中国银行	广东省	深圳市	福建省	上海市	北京市	海南省	中行总计
1990	外币存款	245083	—	74054	111875	103916	11860	2284410
	个人存款	90987	—	2462	41463	49034	3612	327078
	百分比	27.82%	—	—	—	—	—	—
1991	外币存款	292161	93592	73780	146720	122305	24462	1923738
	个人存款	116599	22648	31208	58781	65078	6551	443165
	百分比	26.31%	—	7.04%	13.26%	14.68%	—	—

续表

年份	中国银行	广东省	深圳市	福建省	上海市	北京市	海南省	中行总计
1992	外币存款	370034	105425	91777	272138	160130	37039	2373537
	个人存款	142616	27875	41492	85708	91167	9127	609739
	百分比	23.38%	—	6.80%	14.05%	14.95%	—	—
1993	外币存款	420048	114177	125584	350176	233634	44948	2797906
	个人存款	178299	35899	66019	129446	136211	14785	911482
	百分比	19.56%	—	7.24%	14.20%	14.94%	—	—
1994	外币存款	417397	125275	104067	330947	303633	31073	2662080
	个人存款	213921	47262	72592	176774	189659	15530	1183574
	百分比	18.00%	—	6.13%	14.93%	16.00%	—	—
1995	外币存款	433742	—	106314	354990	355708	31494	2941363
	个人存款	238688		74825	217113	228933	15619	1378160
	百分比	17.32%		5.43%	15.75%	16.61%	—	—
1996	外币存款	461661	—	118451	357031	392305	31517	3225362
	个人存款	249017		81015	240373	269755	15808	1529193
	百分比	16.28%		5.30%	15.72%	17.64%	—	—

注:(1)百分比是占全国的比率。(2)有关中行部分分行的外币存款额和个人外币存款额,《中国金融年鉴》自1992年版起将各地分行的数值改成了各省、直辖市的数值,其详细数值从本表的1990年栏中开始体现,因此1990年有各中行分行和各省市两组数值。就两组数值来看,除海南省之外,个人外币存款额并无差异,而各地外币存款额的数值则不尽相同。有关这一点,《中国金融年鉴》中没有任何说明。

资料来源:《中国金融年鉴》1991—1998年,中国金融年鉴编辑部1991—1998年各年版。

广东省(中国银行广州分行)办理的个人外币存款额20世纪80年代占了全国中国银行个人外币存款额的30%左右。在名列前4位的地区中,第一位是广东省(中国银行广州分行),第二位是上海,第三位是北京,第四位是福建省(福州分行)。由此可知,代表性侨乡广东省和福建省的个人外币存款相当多。

个人外币存款额的增减与存款利息有关。此外,与外汇调剂汇率及外汇黑市汇率也有很深的关系。

另外,个人存款者至20世纪80年代末基本上是领取海外亲属汇款的人,但自20世纪80年代末,因限制放宽,海外新移民和从事出国旅游业的相关人员、外国人住宿的酒店从业人员等有可能获得外汇收入的人员已经可以获得外汇了。改革开放前,有海外关系的人只有海外华侨华人的亲属,但在改革开放进展的过程中,有海外关系的人已经扩大到旅游业人员,酒店、贸易从业人员,出国务工人员,"三资"企业从业人员等广泛的范围。取得外汇的途径除了海外华侨华人向国内亲属的非经济性汇款之外,因与海外相关的经济活动取得进展,经济性外汇收入也大为增加。

在个人外币存款兑换成人民币时,在中国银行以官方汇率兑换,并可享受侨汇的优惠待遇。就是说外币存款比换成附带侨汇券的人民币更有利。而黑市汇率比官方汇率+侨汇券更有利。因此,政府有必要设法让持有外汇的个人把外汇存入银行。

这种个人外币存款的动向与黑市汇率和外汇调剂中心价格有着密切的关系(参照表8-5)。

表8-5 官方汇率、调剂汇率、黑市汇率

1美元对人民币

月份	官方汇率	调剂汇率	黑市汇率	月份	官方汇率	调剂汇率	黑市汇率
1985年1月	2.81		2.9	1988年1月	3.72	5.73	4.6
2月	2.83		3.1	2月	3.72	5.73	4.85
3月	2.85		2.85	3月	3.72	5.9	5
4月	2.84		2.87	4月	3.72	6.7	5.4
5月	2.85		2.87	5月	3.72	6.75	5.8
6月	2.86		2.9	6月	3.72	6.75	6.3
7月	2.87		2.89	7月	3.72	6.75	7
8月	2.9		2.91	8月	3.72	6.8	8
9月	2.96		3	9月	3.72	6.75	7.9
10月	3.07		3.35	10月	3.72	6.44	8.2
11月	3.2		3.4	11月	3.72	6.56	9
12月	3.2		3.5	12月	3.72	6.59	10

续表

月份	官方汇率	调剂汇率	黑市汇率	月份	官方汇率	调剂汇率	黑市汇率
1986年1月	3.2		3.85	1989年1月	3.72	6.58	9.5
2月	3.21		3.75	2月	3.72	6.65	9
3月	3.21		3.82	3月	3.72	6.67	9.25
4月	3.21		3.87	4月	3.72	6.7	9.75
5月	3.19		4.1	5月	3.72	6.7	10.5
6月	3.2		3.85	6月	3.72	6.75	11
7月	3.64		4.2	7月	3.72	6.71	12.5
8月	3.7		4.15	8月	3.72	6.52	13
9月	3.71		4.25	9月	3.72	6.23	12
10月	3.72		4.3	10月	3.72	6.06	13.5
11月	3.72		4.1	11月	3.72	5.8	14
12月	3.72		4.06	12月	4.24	5.81	15
1987年1月	3.72		3.9	1990年1月	4.72	5.95	13.75
2月	3.72		4	2月	4.72	5.95	14
3月	3.72		4.25	3月	4.72	5.91	13.5
4月	3.72		4.55	4月	4.72	5.91	13.25
5月	3.72		4.53	5月	4.72	5.89	13.55
6月	3.72		4.65	6月	4.72	5.87	13.5
7月	3.72		4.67	7月	4.72	5.72	13.7
8月	3.72		4.58	8月	4.72	5.77	13
9月	3.72		4.6	9月	4.72	5.72	13.25
10月	3.72		4.35	10月	4.72	5.64	13
11月	3.72		4.25	11月	4.96	5.59	13.5
12月	3.72		4.48	12月	5.22	5.68	13.55

月份	官方汇率	调剂汇率	黑市汇率	月份	官方汇率	调剂汇率	黑市汇率
1991年1月	5.22	5.69	13.4	1993年1月	5.76	7.76	8
2月	5.22	5.72	12	2月	5.77	8.38	8.1
3月	5.22	5.74	11	3月	5.73	8.09	8.75
4月	5.27	5.78	11.5	4月	5.71	8.11	8.8
5月	5.31	5.83	11.75	5月	5.72	8.14	10
6月	5.35	5.87	12	6月	5.74	10.61	11.5
7月	5.36	5.86	11.9	7月	5.76	8.89	11
8月	5.36	5.81	11.5	8月	5.78	8.82	10.9
9月	5.37	5.84	11	9月	5.79	8.74	10.8
10月	5.38	5.79	10.5	10月	5.79	8.7	10.6
11月	5.39	5.85	10.1	11月	5.79	8.69	10.3
12月	5.41	5.87	10.1	12月	5.81	8.69	11.5
1992年1月	5.45	5.97	9.8	1994年1月	8.7		
2月	5.46	5.95	9.5	2月	8.7		
3月	5.47	5.96	9.2	3月	8.7		
4月	5.5	6.07	9	4月	8.7		
5月	5.5	6.21	8.7	5月	8.66		
6月	5.48	6.38	8.3	6月	8.66		
7月	5.44	6.69	8.5	7月	8.64		
8月	5.43	7.1	8.25	8月	8.59		
9月	5.49	6.95	8	9月	8.54		
10月	5.54	6.96	7.9	10月	8.53		
11月	5.61	7.08	7.95	11月	8.52		
12月	5.8	7.37	7.8	12月	8.48		

资料来源：1988年1月至1993年12月的全国外汇市场调剂平均价系根据刘光灿等：《中国外汇体制与人民币自由兑换》，中国财政经济出版社1997年版，第232页；1985—1989年的官方汇率系根据《汇价汇编1985—1989》（上），人民邮电出版社1993年版，第216~220页。1990—1994年的数值系根据《中国金融年鉴》，中国金融年鉴编辑部1991—

1995 年各年版。1985—1988 年的黑市汇率系根据 Philip P. Cowitt, World Currency Year Book 1988—1989, p. 426; 1989—1993 年的数值系根据 Philip P. Cowitt, World Currency Year Book 1990—1993, p. 420。

如表 8-5 所示，外汇兑换汇率有官方汇率、调剂汇率、黑市汇率等。在存在多重汇率的时代，从海外向国内亲属汇款或海外亲属回乡时带回的"个人所有的外汇"便会流向对他们更有利的汇市，即可以认为，侨汇外汇流向了有利的外汇调剂市场和黑市，而非国家规定的搭配侨汇券的汇市。

二、福建省各地的个人外币存款

福建省各地的个人外币存款如表 8-6 所示。

表 8-6　福建省的个人外币存款额（1979—1988 年）

单位：万美元

	1979	1980	1981	1982	1983	1984	1985	1986	1987	1988
福州	3	42	272	47	79	103	364	1220	2593	5732
厦门		29	35	66	120	179	737	919	1341	3004
泉州		9	42	98	96	123	361	661	1399	2392
漳州				4	5	11	32	87	145	300
莆田		3	11	44	16	35	89	154	267	397
龙岩						2	22	40	69	138
三明							3	17	44	112
宁德								3	12	25
南平									19	74
合计	3	83	360	259	316	453	1608	3101	5889	12174
工商银行								5%	10.5%	20.8%
农业银行										3%
中国银行	100%	100%	100%	100%	100%	100%	100%	95%	89.5%	76.2%

资料来源：《福建省志·金融志》，新华出版社 1996 年版，第 262、263 页。

从该表可知，自个人外币存款作为丙种存款得到许可的 1985 年起，福建省各地侨乡个人外币存款额均有增加。福建省1984年7月1日增设的以境内个人为对象的外币存款业务,主要对象是境内居民包括归侨、侨眷和港澳台同胞的亲属。① 全省的外币存款1985年为1608万美元,1986年为3101万美元,1987年为5889万美元,1988年为1.2174亿美元,每年都在增加。就地区来看,福州市、厦门市、泉州市列前三位。这3个市约占全省的80%。

下面来看看相关的福建省企业的外币存款,即甲种外币存款的企业部分。从表8-7可知,自1983年企业的外币存款一直在增加。因为自1983年1月1日起中国境内的机关、团体、学校、国营企事业单位、城乡集体经济组织和外资、中外合资企业已可以开立外币存款(中国银行甲种外币存款)账户。同时,海外华侨华人、港澳同胞也可以在中国境内开立外币存款账户(中国银行乙种外币存款),准备购置房屋的建筑侨汇也可以存入乙种存款账户。②

表8-7 福建省的企业外币存款额(1979—1988年)

单位:万美元

	1979	1980	1981	1982	1983	1984	1985	1986	1987	1988
福州	132	2030	3518	3613	8648	12788	7250	9046	16868	20865
厦门		304	788	730	1284	22392	8894	10706	14235	23293
泉州		161	74	492	583	2755	812	1210	1357	1660
漳州		3	24	27	109	267	134	126	242	528
莆田		1	9	22	19	114	73	142	275	601
龙岩						101	10	48	80	272
三明							13	45	58	72
宁德								47	57	94
南平										229
合计	132	2499	4413	4884	10643	38417	17186	21370	33172	47614
工商银行								2.30%	10.10%	7.10%
农业银行										
中国银行	100%	100%	100%	100%	100%	100%	100%	97.70%	89.90%	89.30%
建设银行										3.60%

资料来源:《福建省志·金融志》,新华出版社1996年版,第262页。

---

① 《福建省志·金融志》,新华出版社1996年版,第261页。
② 《中国涉外经济法规汇编1949—1985》,人民出版社1986年版,第762~765页。

对表 8-7 的企业外币存款额与个人外币存款额(表 8-6)加以比较,1985年企业外币存款额多出 9 倍以上,但此后两者的差距逐渐缩小。1988 年企业的外币存款达到了 4.7614 亿美元,而个人外币存款也达到了 1.2174 亿美元。从各地区来看,厦门市的企业外币存款占了全省企业外币存款的 50％左右。

第三节　中国的外汇调剂市场

如上所述,到了改革开放时代,已经形成地方、企业、个人分别拥有外汇的结构,即已经从国家统制走向了市场化。各部门、企业、个人所拥有的外汇已经在市场(包括黑市)上买卖。这里拟主要看看外汇调剂市场。

一、中国外汇调剂市场的形成与发展[①]

(一)外汇调剂市场的萌芽与起步(1980—1985 年)

1979 年以前,中国的外汇管理体制为:国家统一管理,出口外汇收入全部交给国家,企业所需要的外汇根据国家计划进行分配。

1979 年开始实施外汇留成制度,允许有外汇收入的地方、部门、企业拥有相当于国家规定的留成比例的外汇额度,并拥有自行使用外汇的权力。

这是因为有的外汇留成企业不需要外汇或只需要很少的外汇,而因进口需要外汇的企业却由于没有外汇或外汇不够以致不能进口。出于这种情况,便有了调剂外汇的必要性。政府自 1980 年 10 月开始在国内办理外汇调剂业务。

这一时期,中国的外汇调剂业务有以下这些特征。

(1)只能由中国银行进行外汇调剂。在中国银行设立了外汇交易服务所或外汇信托部门。在北京、上海、天津、广州、青岛、大连、福州、南宁、南京、杭州、汉口、石家庄这十二大城市实施了外汇调剂业务。外汇调剂仅限于国营、集体企事业间的留成外汇调剂。因此,能够参与调剂的企事业应是国营、集体企业。此外,经国家批准的从外国及港澳的借款也可参与外汇调剂。

---

① 主要资料:《外汇管理概论》编写组:《外汇管理概论》,西南财经大学出版社 1993年版;张光华:《我国外汇调剂市场的回顾与展望》,《金融研究》1990 年第 9 期;何泽荣:《中国外汇市场》,西南财经大学出版社 1997 年版。

由于使用外债会对国民经济调整起到副作用,因此,1981年4月停止了借款的调剂。

(2)仅允许现汇调剂。即:外汇额度不准直接买卖,要在银行换成现汇后买卖。但是,1981年8月以后允许通过中国银行进行外汇额度的直接买卖。

(3)调剂价格以贸易外汇内部结算价(1美元为2.8元人民币)为基本价格,在此基础上允许10%的浮动幅度,由买卖双方协商决定。实际上,贸易外汇内部结算价加10%的3.08元这一最高限价成了当时的外汇调剂价格。

(4)1985年年底,中国第一个外汇交易所在深圳成立。这就是后来的外汇调剂中心的前身。

这个时期中国处于改革开放初期,外汇流通量不多,外汇调剂规模也受到了限制。开始外汇调剂后的3年期间是双重汇率制的时期,官方汇率为1美元合1.5～2元人民币,贸易外汇内部结算价格为1美元合2.8元人民币,此外还有一种外汇调剂价格,即1美元合3.08元人民币。

在这种情况下,非贸易的外汇留成企事业单位通过参与外汇调剂市场,可以拿到比官方汇率1美元合1.58～1.8元更多的外汇。而从事贸易的外汇留成企事业最多仅可拿到1美元合3.08元(比官方汇率多10%)的外汇。

改革开放的进展增加了外汇收入,外汇支出也增加了,但外汇供需的矛盾也表面化了。加上社会总需求膨胀、物价上涨等因素,外汇调剂市场初步形成期的调剂价格如果仍保持1美元兑3.08元,将不符合当时的实际情况,尤其是1984年、1985年出现了非法的高价买卖。1985年10月,国务院决定在上海进行外汇调剂市场的改革试点工作,把外汇调剂价格调到1美元合4元人民币。

此外,1980—1985年期间外汇调剂累计成交额只不过10亿美元。而且调剂主要是在国营企业之间进行。[①] 对贸易和非贸易外汇留成额度的价格规定存在较不合理的差别,因此当时外汇调剂成交额很低。

(二)外汇调剂市场的初步形成(1986—1987年)

1986年初,国家外汇管理局制定了《关于办理留成外汇调剂的几项规定》,经国务院批准在全国试行。这个阶段是外汇市场的初步形成期。这个阶

[①] 刘光灿、孙鲁军、管涛:《中国外汇体制与人民币自由兑换》,中国财政经济出版社1997年版,第229页;何泽荣:《中国外汇市场》,西南财经大学出版社1997年版,第16页;尚明:《新中国金融50年》,中国财政经济出版社2000年版,第341页。

段外汇调剂市场的主要变化有以下这些。

(1)1986年4月,外汇调剂业务由中国银行移交给外汇管理局办理。外汇额度成交后,由外汇管理局监督交易双方进行交割和过户,现汇交易由中国银行或其他金融机构监督交易双方进行交割和过户。

(2)1986年10月国务院公布了《关于鼓励外商投资的规定》,目的在于解决外商投资企业的外汇不平衡问题。即:在经济特区和沿海开放城市,允许外商投资企业之间调剂外汇,但不能与国营、集体企事业单位之间进行外汇交易。

(3)在全国范围内调高了外汇调剂价格,每1美元的外汇留成额度调剂价格为1元人民币,美元现汇调剂最高限价为4.20元人民币。另外,外商投资企业之间的交易价格可以自由设定,不受最高价格的限制。

(4)这个时期,继深圳等经济特区之后,各省、自治区、直辖市以及计划单列城市都设立了外汇调剂中心。①

经过以上调整,外汇调剂市场的交易量趋于增加。1986年后三季度全国调剂外汇成交额为18.9亿美元,1987年猛增为42亿美元(参照表8-8)。但是,这个时期也存在着以下几个主要问题。(1)国营、集体企事业单位间的调剂价格仍然偏低,外资企业和经济特区的外汇调剂价格放开后,便大大高于国营、集体企事业单位间的调剂价格。(2)调剂外汇范围过小,除企业的留成外汇和超计划出口的留成外汇可参加调剂外,各地政府的自有或借入的外汇不能参加调剂。为此,调剂外汇供给量便很有限。(3)地方行政部门干预较多,省市间的外汇难以调剂,画地为牢的现象较为严重。(4)留成外汇的使用实际上受到使用外汇指标的控制,因此留成外汇交易受到一定的限制。②

表8-8 全国外汇市场调剂平均价

单位:亿美元

1980—1985年	1986年	1987年	1988年	1989年	1990年	1991年	1992年	1993年
10	24	42.5	62.5	85.66	131.64	204.5	251	227.6

资料来源:刘光灿等:《中国外汇体制与人民币自由兑换》,中国财政经济出版社1997年版,第232页。

---

① 《外汇管理概论》编写组:《外汇管理概论》,西南财经大学出版社1993年版,第246页。
② 《外汇管理概论》编写组:《外汇管理概论》,西南财经大学出版社1993年版,第246页。

(三)外汇调剂市场的发展阶段(1988—1993年)

至1987年年底,中国的外汇收支总额达到了700亿美元以上,对外出口每年增加15.2%,进口年平均增加14.2%,外汇储备额也从1981年的66.1亿美元增加到了1988年的175.5亿美元。

1988年,中国全面推行外贸承包责任制,轻工、工艺、服装3个行业是实行自负盈亏的试点,同时扩大了外汇留成比例,设立了外汇调剂中心。

这个时期外汇调剂市场的变化情况主要有以下几点。

(1)在国家外汇管理局的统一领导和管理下,经过上述准备,自1988年3月各省、自治区、直辖市、经济特区、沿海主要开放城市、计划单列市相继设立了外汇调剂中心,办理该地区企业、部门、地方及外商投资企业间的外汇额度和现汇的调剂业务。在北京设立了全国外汇调剂中心,办理中央部门之间和各省区之间的外汇额度和现汇的调剂业务。

(2)自1988年取消外汇调剂价格的限制,调剂价格根据外汇供求状况实行浮动,必要时由国家外汇管理局规定最高限价,中国人民银行在外汇调剂价格发生不正常波动时进行必要的干预。

(3)扩大了外汇调剂范围。自1988年,允许地方政府的留成外汇,华侨、港澳台同胞的赠捐外汇进入市场。另外,还开办了国内居民个人外汇的调剂业务。1991年,国内居民的外汇调剂交易已在全国范围进行。1988年,允许国营、集体企事业单位与外资企业之间进行外汇调剂。

(4)开办了公开的外汇调剂市场。1988年,上海创办了全国第一家公开的外汇调剂市场,实行公开化、市场化,提高了外汇交易的透明度。继上海之后,厦门、福州、深圳、大连等城市也开办了公开的外汇调剂市场。[①]

根据上述的外汇调剂市场政策,该市场的交易额自1988年有了很大的增加(参照表8-8)。即:1988年的全国外汇调剂成交额为62.5亿美元,占了同年全国留成外汇的33.85%,占了同年用于进口的外汇额的18%。1989年的全国外汇调剂成交额达到了85.66亿美元,比前一年增加了37.05%。

在上述情况中,与华侨华人、海外同胞密切相关的是自1988年他们对中国大陆的捐赠和汇给中国国内亲属的侨汇已经可以在外汇调剂市场上公开买卖了。此前来自华侨华人、海外同胞的外汇汇款额是按政府规定的近乎固定

---

① 《外汇管理概论》编写组:《外汇管理概论》,西南财经大学出版社1993年版,第246~248页。

的汇率换算成人民币的数额。

1988年以后华侨华人汇款（包括捐赠、赡家）参与外汇调剂市场是中国国内侨眷与海外经济联系的第一步。这对与外汇有直接关系的酒店、旅行社、友谊商店、旅游地等从业人员来说也开辟了个人与外汇市场关系之路。在经济结构方面转向了促进与外国经济接轨的金融市场化。

就外资企业来看，1994年以前外资企业（外商投资企业）的外汇买卖在外汇调剂中心办理。外资企业的外汇买卖自1996年纳入银行结售汇体系后，既可以选择银行，也可以选择外汇调剂中心办理。1998年12月1日，外汇调剂中心全部关闭，此后外资企业的外汇买卖统一进入了银行结售汇体系。[①]

二、个人外汇调剂市场

改革开放后，封闭的经济社会结构逐渐崩溃。改革开放开始后不久，在人员移动方面，许多华侨和港澳同胞等开始返乡，带来了外汇和现钞。海外人员和金钱局部地流入了中国。国家严加限制的与海外的关系出现了变化。出国留学、劳务输出人数虽然不多，但也在逐渐增加。他们回国时带回了一定量的外汇。改革开放后不久，由于人民币汇率的高估，他们不想把手中的外汇卖给国家。另外，在中国国内出现了以投靠海外亲属（华侨华人）移居海外的人为中心的"出国热"。但是，他们难以从国家手中分到外汇。由于这种情况，外汇黑市自然也就出现了。根据王华庆的叙述，1986年以后，价格总体水平在1美元合6~8元人民币之间，一般在7元左右。官方汇率1986年至1989年11月固定在3.72元，与黑市有近1倍的差额。在"出国热"出现高潮的1987年下半年至1989年上半年，黑市价格最高时超过1美元合8元人民币。[②]

在上述这种情况下，针对个人的外汇调剂市场出现了。

为了满足因私出国人员的需要，并抑制黑市，1989年9月1日，上海开办了对个人外汇调剂的业务，在此前后，部分城市也开办了个人外汇调剂业务。

1989年9月1日，上海个人外汇调剂市场开业的当天，调剂价格为现汇1美元合6.20元人民币，现钞价为6.11元人民币。其后至1990年年底，个人外汇调剂价格一路下跌。这是因为受到大额外汇调剂公开市场价格的影响，也受到同时期国库券价格的很大影响。即：1985年和1986年两年发行的国库券交易市场的收益率分别高达16%和20%左右。该收益率是个人外币存

---

① 《中国金融年鉴1999》，中国金融年鉴编辑部1999年版，第76页。
② 王华庆：《中国汇率的理论与实践》，上海人民出版社1992年版，第99页。

款(丙种存款)利率的两倍,这使得个人外汇也被用于购买国库券。

自1991年12月1日,在全国范围内开放了个人外汇调剂市场。这意味着居住在中国国内的公民及外国人已经可以把收到的境外汇入汇款、存放在境内银行的外币或持有的外币现钞,按国家外汇管理局当地分局通知的调剂外汇的买入价格出售给国家外汇管理局当地分局指定的银行。根据国家外汇管理局负责人的说明,国内居民个人自1991年12月1日可在外汇调剂中心以外汇调剂价格买卖外汇,这将会扩大外汇调剂市场,为归侨和侨眷及国内居民提供方便和好处。[1]

根据该负责人的说明,自1991年12月1日,在银行有存款的国内居民如果申请将存款卖给外汇调剂中心,银行可以以当地外汇管理局公布的外汇调剂市场价格兑换人民币。现金外汇也可在当地外汇管理局指定的银行卖出。比起以官方汇率卖给银行,当然可以换得更多的人民币。这意味着个人外汇交易除了黑市价格以外,也存在着国家公认的双重(或多重)价格(关于法定、调剂、黑市价格,请参看表8-5)。

主要的个人买家——因私出国探亲人员、移民出国人员、出国留学人员等已经可以在指定银行以当天的外汇调剂卖出价购入外汇了。

这大大扩大了个人外汇调剂市场的范围和规模。以上海为例,上海共设立外汇调剂中心对个人外汇调剂代办处79个,从1991年12月1日到10日,代办处买入118万美元,卖出23万美元,买入价为1美元等于5.81元(现钞)和5.85元(现汇),卖出价为1美元等于5.89元(现钞、现汇相同),其调剂价稍低于法人市场的调剂价。[2]

三、官方汇率、外汇调剂价格、外汇额度价格

1988年以来的人民币牌价、外汇调剂价格、外汇额度价格如表8-9所示。人民币牌价和外汇调剂价格这样一种双重价格是公开存在的,二者之差是外汇额度价格。

另外,实际上外汇留成比例至1992年只有60%,因此至1992年的双重名义汇率综合水平是以牌价汇率+外汇额度价格×外汇留成比例(即60%)计算的。

1988年为3.72元(牌价汇率)+2.66元(外汇额度价格)×60%(当时的

---

[1] 《中国通信》1991年12月5日。
[2] 王华庆:《中国汇率的理论与实践》,上海人民出版社1992年版,第102页。

平均外汇留成比例）＝5.32元。

按国家规定，全国外汇留成比例的平均水平从60％提高到1993年的80％。1993年的人民币双重名义汇率综合水平为5.8（牌价汇率）＋2.7（外汇额度价格）×80％＝7.96元。①

双重名义汇率综合水平与外汇调剂价格不同。双重名义汇率综合水平的意思并不是可以使用全部外汇额度，而是只有国家规定的外汇留成比例部分的外汇额度可以使用。按国家规定，这一外汇留成比例1993年以前为60％，1993年为80％。②

表8-9 双重汇率与外汇额度

单位：元人民币

	1988年	1989年	1990年	1991年	1992年	1993年
人民币牌价	3.72	3.76	4.78	5.32	5.51	5.76
外汇调剂价	6.38	6.38	5.8	5.7	6.5	8.5
外汇额度价	2.66	2.66	1.08	0.5	1.1	2.7
双重汇率水平	—	5.32	5.36	5.5	6.28	7.96

资料来源：杨帆：《狙击风暴：人民币汇率走势与反危机》，中国经济出版社1999年版，第73、226页。

如上所述，外汇兑换汇率有官方汇率、调剂汇率、黑市汇率等多重汇率。表8-5具体地表明了这一情况。

1986年8月官方汇率为1美元兑3.7元，至1989年11月没有变化，而外汇调剂价格从1988年1月1美元兑5.73元到同年4月升至1美元兑6.7元，其后至1992年夏季虽有一些变动，但并没有多大变化。但是，1992年11月调剂价格升至1美元兑7元人民币，其后至1993年年底升至近9元，人民币趋于贬值，最高时突破了10元。

---

① 杨帆等：《人民币汇率改革与金融创新》，中国青年出版社1996年版，第81～82页；杨帆：《狙击风暴：人民币汇率走势与反危机》，中国经济出版社1999年版，第73、226页。

② 杨帆等：《人民币汇率改革与金融创新》，中国青年出版社1996年版，第81～82页；杨帆：《狙击风暴：人民币汇率走势与反危机》，中国经济出版社1999年版，第73、226页。

黑市价格当然也对调剂汇率产生了很大的影响。黑市价格自 1988 年年底从 1 美元 9 元升到 10 元，1989 年中期以后 1 美元超过了 12 元，至 1991 年 1 月人民币贬值到 1 美元兑 13 元。但是，受到 1991 年以后经济发展的影响，1992 年秋季黑市价格无限接近调剂价格，1993 年 5 月前后开始比外汇调剂价格便宜 1 元左右，至 1994 年 1 月官方汇率与调剂汇率合并之前经历了同样的贬值过程（参照表 8-5）。

总之，在官方汇率、调剂汇率、黑市汇率这些多重汇率存在的时代，企业、个人等所持有的外汇并不是以单一汇率交易的。特别是从海外汇给国内亲属或海外亲属回乡时带回的个人持有外汇不是像以往那样以对个人（尤其是侨眷）不利的国家规定汇率来兑换，可以认为这些外汇流向了更有利的黑市。

1994 年 1 月 1 日实施了外汇管理大改革，即把人民币官方汇率与调剂汇率这种双重汇率并轨成单一汇率。同时，外汇留成制度被取消，外汇兑换券也停止发行了。

外汇汇率并轨（1994 年 1 月 1 美元＝8.7 元）后，人民币趋于升值（1997 年 12 月 1 美元＝8.27 元，其后至 1998 年年底大致相同），但由于其后实施的汇率管理手段——人民币汇率变动幅度限制，其变动幅度很窄（±0.25），因此加强了黑市的吸引力。1994 年外汇管理制度改革后，人民币贬值预期也很强烈，1998 年 6 月前后，外汇市场的人民币汇率为 1 美元兑换 8.12 元，但黑市达到了 1 美元约兑 10 元人民币。[1] 这种情况与非法外汇买卖有一定的关联，如套汇、逃汇、骗汇以及提前偿还外债等。[2] 其原因在于受 1997 年亚洲金融危机和人民币汇率贬值预期心理及走私活动等因素的影响。[3]

---

[1] 金坚敏：《中国的外汇市场与外汇管理政策的新变化》，《日中经协杂志》1999 年 4 月号，第 27 页。

[2] 金坚敏：《中国的外汇市场与外汇管理政策的新变化》，《日中经协杂志》1999 年 4 月号，第 27 页；《中国外汇市场年鉴（1999 年卷）》，中国金融出版社 1999 年版，第 7 页。

[3] 《中国外汇市场年鉴（1999 年卷）》，中国金融出版社 1999 年版，第 7 页。

第九章

改革开放后的民间金融与侨乡

前　言

改革开放后,市场经济组织化受到了重视,个体(私营)经济急速地发展起来,随之民营金融组织出现并复活了。旧中国时代,作为剥削民众的代表,高利贷广为所知,是中国革命永远要打倒的对象。但改革开放后,民间金融(包括旧时代的高利贷业)随着农村的农贸市场和乡镇企业的发展而复活了,关于民间金融,至20世纪80年代公开的资料还很少。

关于20世纪80年代中期民间金融的记述,散见于中国经济体制改革研究所综合调查组编《改革:我们面临的挑战与选择》(中国经济出版社1986年版)的分报告10之三"强化信贷资金约束,培育民间资金市场"、农业部编《农村资金的聚集和使用》(农业出版社1985年版)的"山西应县、广东遂溪县"之项、何荣飞《温州民间市场考察》(人民出版社1989年版)的温州资金市场等。

关于改革开放实施后的20世纪80年代末之前的金融机构和业务,邓力群和马洪等主编的《当代中国的金融事业》(中国社会科学出版社1989年版)作了相当详细的论述。该书论述了新中国成立以来至1986年的民间金融。进入90年代后,关于民间金融、个体金融的论文和资料迅速地增多。这反映了该时代的政策。

前述的《改革》一书是当时的改革派旗手学者陈一咨、王小强、白南风等所著。关于民间资金市场、钱庄(后述)、互助会,他们作了如下论述:"对少数个体工商业发达地区目前存在的私人钱庄和摇会,如果采取取缔的办法,只会使其转入地下,引起资金价格高抬,帮会势力发展,不如有限制地允许其存在。"①

该书是1985年2—11月期间国家经济体制改革委员会、国务院、各省市相关部门在重庆、沈阳、广州、北京、上海、厦门、温州等27个大中城市(除了综合改革试验城市之外,还包括非试验城市)进行的有关经济体制改革的大规模调查结果的报告书。他们调查了迄今为止经济改革的实际情况,表明了其后的改革方针和方向。

但是,关于民营金融组织的实际情况则很复杂。1986年1月,国务院的《中华人民共和国银行管理暂行条例》颁布,私人金融业务被禁止了。在浙江省温州市,以前得到当地工商行政部门许可的钱庄也不能公开地挂牌经营了。但是,温州的私人钱庄可以说是一种"公开的地下经济"。②

从资料方面对有关侨乡的侨汇和民间金融的具体情况进行详细的考察有很多困难。但是,海外华侨华人对中国大陆侨乡的汇款和他们回乡时带回的外汇等无疑被民间金融(包括地下金融)所利用。关于改革开放后的中国民间金融的资金来源,姜旭朝举出了居民工资收入、农民的劳动收入、个体及私营企业收入、各种黑钱(走私、贩毒、贪污、贿赂等),以及国外汇回侨乡的外汇。③实际上,在福建省石狮镇,1980—1986年全镇赚取外汇333万美元,其中70%是外商从黑市套购外汇支付的,黑市外汇的来源相当一部分是原来的侨汇。④

第一节 中国的新钱庄、互助会:
福建省和浙江省温州

钱庄也称"钱铺"、"钱店",各地称号不一样,旧时在中国北方称为"银号",南方则多称为"钱庄"。

中国的"钱庄"的出现是比较晚近的事件。明清时代曾繁盛过。明清两代

---

① 中国经济体制改革研究所综合调查组:《改革:我们面临的挑战与选择》,中国经济出版社1986年版,第223页。

② 姜旭朝:《中国民间金融研究》,山东人民出版社1996年版,第101页。

③ 姜旭朝:《中国民间金融研究》,山东人民出版社1996年版,第20页。

④ 《中国国情丛书:百县市经济社会调查·晋江卷》,中国大百科全书出版社1992年版,第564页。

银两和制钱(铜钱)是主要的货币。大额交易一般用银两,小额零星交易用制钱。早期钱庄的业务主要是从事银两和制钱的兑换。清代自康熙朝以后,商品经济有了一定的发展,在一些商业比较发达的城镇,由于社会经济生活的需要设立了钱庄。据统计,北京在康熙到道光年间开设的钱庄有389家。上海乾隆五十一年(1786年)到嘉庆二年(1797年)以前已有124家钱庄。①

一、新式钱庄的出现

因20世纪70年代末的改革开放,新式钱庄在南方的侨乡浙江省温州和代表性侨乡省份福建省的市场经济比较发达的城市出现了。关于"钱庄",浙江人称为"银背",福建人则称为"钱中"。据中国人民银行金融研究所杨照南和王延庆1985年进行的调查,20世纪80年代在温州地区曾出现过3家公开挂牌营业的钱庄。浙江和福建有不少地下钱庄。

挂牌的3家钱庄都是经过当地工商行政部门批准登记注册的私人钱庄。这3家钱庄是:(1)温州市苍南县钱库镇的"钱库钱庄";(2)乐清县乐城镇的"乐城钱庄";(3)苍南县金乡镇的"金乡钱庄"。另一个苍南县的"舥艚信用钱庄"也是经过工商行政部门批准设立的。这些钱庄虽然经当地(温州地区)政府工商行政部门批准,但是都未经当地中国人民银行金融管理部门的批准。②

1. 钱库钱庄是方培林独资经营的钱庄,由方妻和方父经营。截至1985年8月,该钱庄累计吸收存款652.19万元,贷款额达738.78万多元。关于存款利息,活期存款月息1%,定期(3个月以上)存款月息1.2%。贷款利率为月息1.8%~2.1%,有时高达2.5%。

2. 乐城钱庄是徐、徐、屠3位待业青年注册的钱庄。名义出资者为上述3人,实际上是8人,其中1人的父亲历任县人行行长、县农行行长、县财办主任。该钱庄于1985年3月28日开业。关于存款利息,活期存款月息1.0%,定期存款月息1.2%,贷款月息为1.8%~2.5%。

3. 金乡钱庄由3人注册。沈是个体商业户,江是原区工商联的会计,另一名顾问是原区供销合作社的党支部书记。该钱庄为合资组成,1984年9月25日开业。

4. 舥艚信用钱庄由7人合资,1985年初挂牌营业。存款月息为1.5%~2.0%,贷款月息为2.0%~2.5%。

---

① 姜旭朝:《中国民间金融研究》,山东人民出版社1996年版,第92页。
② 姜旭朝:《中国民间金融研究》,山东人民出版社1996年版,第96页。

钱庄的利率大约居于民间借贷和银行、信用社之间,比银行、信用社利率高,比民间自由借贷的利率低。

就温州以外的其他省、地区的钱庄来看,湖北省江陵县马山镇代三仁私人钱庄于1984年4月15日开业,至1986年9月经营了888天。在此期间组织存款32万元,累计发放贷款近80万元。代三仁原系集贸市场管理员。他在集贸市场的经营者之间充当信用中介人,经办存贷业务。起初,代三仁主要是利用到期向储户支付利息与当场"回扣"贷户利息的时间差以息作本获利,同时向存贷双方每笔业务收取2%的手续费。其后,在1985年银根紧缩时,代三仁私人钱庄成为贷方市场,存贷两旺。但是,1986年1月,《中华人民共和国银行管理条例》颁布,规定"个人不得设立银行或其他金融机构,不得经营金融业务"。其结果,代三仁的私人钱庄也停止了营业。[①]

旧中国钱庄存在于南方地区,尤其是浙江、福建、武汉一带,具有悠久的历史,而改革开放后又在浙江省、福建省出现了。[②]

福建省的事例是厦门假银行案。1983—1985年,厦门市同安县发生了一起金融诈骗案。住在同安县的沈姓农民雇了两名保镖,一个会计,一个出纳,宣称自办银行。同时又雇请50多人作为经纪人到处拉存款。至1985年3月存款被冻结为止,吸收存款累计近200万元,偿还存款70万元,利息30万元,其余近百万元资金连人一起不知去向。该案因利息高得离谱,许多群众受骗。开业时存款月息5%,后发展到22%,最高达36%,个别甚至达到100%。这家假银行没有办任何手续,与温州地区的私营钱庄不同,没有经过任何政府行政部门的批准,是沈姓农民擅自开办的所谓"私人银行"。[③]

但是,作为概念规定,什么叫钱庄,什么叫民间借贷,还有不清楚的部分。大概是实体先行,概念随后。

二、钱庄的问题

旧中国时代群众苦于高利贷,而高利贷资本家是中国革命打倒的对象。因这些历史的影响,改革开放后出现的钱庄看起来像是一个十恶不赦的"潘多

[①] 朱德林、胡海鸥:《中国的灰黑色金融——市场风云与理性思考》,立信会计出版社1997年版,第35、36页。

[②] 姜旭朝:《中国民间金融研究》,山东人民出版社1996年版,第95、96页。

[③] 姜旭朝:《中国民间金融研究》,山东人民出版社1996年版,第108、109页。

拉的盒子"。① 为此,如前所述,1986年1月,国务院公布了《中华人民共和国银行管理暂行条例》。

但是,同年5月,当时中国金融界的最高负责人陈慕华访问温州,针对温州的私人钱庄说,"私人办钱庄,是违反银行管理条例的,是不能允许的,已经办了的要予以清理、停业。今后不允许再办私人钱庄"。不过,陈慕华在温州的会议上继续说,"一些非金融机构,如各类公司,办理存贷款业务,按照银行管理条例是不允许的,但是从温州目前的情况看,对经济发展还有些作用,可以暂时存在,但不能再发展了"②,并没有一贯性。"为什么不允许钱庄存在?"人民银行行长陈慕华没有予以正面回答,答案似乎不言自明。

钱库钱庄经营者方培林说,党中央在1984年1号文件中鼓励农民集资兴办各种事业。集资就是入股,入股应得股息,拿股息无疑是合法的。那么,与股息性质相同的钱庄的利息也应该是合法的。此外,温州钱库镇是温州最大的综合性商品市场,一方面资金需求量很大,另一方面社会闲资又不少。银行、信用社存款利率太低,贷款手续繁杂,而钱庄存贷款利率介于银行、信用社与民间自由借贷的高利率之间,既有利于市场繁荣,又压制了高利贷。姜旭朝认为方培林的这一主张也有合理的成分。③

1986年1月颁布的《中华人民共和国银行管理暂行条例》明令禁止私人涉足金融业,公开挂牌经营的钱庄表面上已经不存在了。但是,私人钱庄的活动并没有停止,从"地上"转到了"地下"经营。即:在温州,农村股份经济、私人经济和家庭经济迅速发展,它们需要大量的资金。而温州的农民当时手头现金不少于10亿元。④ 资金需求的不平衡必定会产生地下金融。这是市场经济化的必然动向。

实际上,私人钱庄是政府也不得不承认的、已经被许多群众接受的既定的存在。正因如此,1991年最高人民法院发表公报《关于人民法院审理借贷案件的若干意见》,同年8月13日发出"民间借贷的利率可以适当高于银行利率,各地人民法院可根据本地区的实际情况具体掌握。但最高不得超过银行同类贷款利率的4倍(含利率本数)"的通知,如果是在此范围内,就要保护民间借贷的利息。

---

① 姜旭朝:《中国民间金融研究》,山东人民出版社1996年版,第99页。
② 陈慕华:《中国目前金融工作》,中国金融出版社1987年版,第147、148页。
③ 姜旭朝:《中国民间金融研究》,山东人民出版社1996年版,第100页。
④ 姜旭朝:《中国民间金融研究》,山东人民出版社1996年版,第101页。

三、互助会——合会、标会、摇会、抬会

改革开放后,沿海地区,特别是在福建省、浙江省等,传统的互助金融——互助会又复活了。

根据徐笑波等的调查报告,20世纪80年代中期,在合作经济和个体经济发展特别迅速的地区——温州地区等,形成一块规模很大的周转资金和闲置资金,钱庄和摇会等私营金融组织便应运而生。①

何荣飞在《温州民间市场考察》(人民出版社1989年版)中介绍说,在温州,改革开放后,家庭工业及专业市场急速发展。随之便需要大量的周转资金,抬会等民间金融市场又复活了,而且在20世纪80年代初期起到了很大的作用。该市抬会的复活与发展对其他许多乡镇企业的发展给予了很大的影响。介绍、宣传党的重要决定等的代表性出版社——人民出版社没有把该书作为"批评"的对象,而是好意地加以介绍,可见该书对包括摇会等民间金融的发展带来了不少的影响。但是,1986年5月,视察温州的陈慕华在当地的讲话中虽表扬了互助性质的民间金融,但却批评"抬会"等,称其不属于民间借贷的范畴,应坚决予以取缔。②

1. 互助会种种

互助会有着"标会"、"轮会"、"摇会"、"抬会"、"揆会"、"寿缘会"等许多称呼。这些综合起来被称为"合会"。

关于改革开放后的"会",根据对此有较详细研究的姜旭朝的论述,所谓"合会"是各种金融会的通称。③ 中国的合会组织历史久远,从农耕为主的时代就存在了。这是一种以血缘为基础,具有互助、合作的性质,自古就存在的民间金融组织,在现代社会仍然延续着,主要存在于农村。

改革开放以来,在商品经济发展的农村,出于融资的必要性,组织了各种各样的"合会"。合会组织的共同性是集中几个人,建立一个"会",召集人成为

---

① 姜斯栋、徐笑波:《金融改革"双轨制":强化信贷约束 开放民间资金市场》,《改革:我们面临的挑战与选择》,中国经济出版社1996年版,第222页;关于改革开放后的互助会,请参看姜旭朝《中国民间金融研究》,第五章:"中国合会的形式与内容";朱德林、胡海鸥:《中国的灰黑色金融——市场风云与理性思考》,第二章第三节:"无法辨别的民间金融互助会";Kellee S. Tsai, Banking: Gender and Rotating Savings and Credit Associations in South China, *The China Quarterly*, March 2000 等。

② 陈慕华:《中国目前金融工作》,中国金融出版社1987年版,第147页。

③ 姜旭朝:《中国民间金融研究》,山东人民出版社1996年版,第54页。

会首(或会头、会主),参加者成为会脚(或会员)。各人相互出资,最初会首(或会头、会主)可以使用全额,以后遵循一定的规则,会脚也可使用。

2. 合会形态

以下来看看中国的合会形态。①

(1)标会——也称写会。这种会的运行机制是用投标方法决定得会者。该会的特点是初次会额归会首坐得外,以后各期由会脚投标决定。投标之标的是每脚扣除利息数额。

(2)轮会——也称认会、坐会。其运行机制为,得会的次序由各会脚预先认定,人数一般不多,通常就6~10人,会期较长,一年为一期,短期也不下半年。各会逐期所纳会金大都一样,即使有所更改,也较整齐划一。其特点在于各人自认适当的位次,急需现金的人可以占先,有储蓄或手头有闲钱的人居于靠后的位次。

(3)摇会——也称缩金会。其运行机制是,除第一期由会首收得会额外,以后各期以摇骰决定次序,占数最多者得会。遇有同数者以先摇者得会。每期会额与第一期相同,人数为7~11人。由于交纳的会金逐期减少,因此也称缩金会。

(4)抬会——类似于摇会。抬会在改革开放后比较流行。仅1985—1986年一年,温州市乐清县就成立了12家抬会,会款总额从1000万元发展到4亿元,中小会主上千人,会脚达20万人。

该会主与会脚之间的关系如图9-1所示。

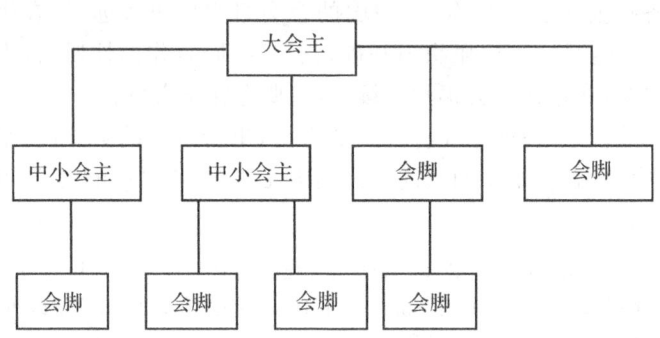

图9-1 抬会关系示意图

抬会以大会主为头,中间阶层有中会主、小会主,最低层有人数较多的会

---

① 姜旭朝:《中国民间金融研究》,山东人民出版社1996年版,第61、62页。

脚。做法是当会员加入抬会时，先交会主 1.16 万元，从第二个月开始，会主每月付给会员 9000 元，连续付 12 个月，计 10.8 万元。从第十三个月起，会员每月付给会主 3000 元，连续付 88 个月，计 26.4 万元。会主和会员在 100 个月（即 8 年间）期间进行高利贷款。①

改革开放后合会的发展与商品经济的发展的不平衡性和特殊性密切相关，即是从计划经济体制发展，过渡到市场经济化的时期所产生的金融方面的现象。

合会发展最快的地区是浙江省温州地区，接下来是福建、广东、四川等商品经济发展较快的地区。其中福建、广东是著名的侨乡。改革开放后，合会在商品经济发达的地区得到发展，这种发展的背景是个体、私营经济的发展。与旧时代的贫困阶层、贫困地区合会的存在不同，改革开放后合会的大规模化和急速发展均出现在商品经济较为发达的地区。

第二节 侨乡民间金融状况

一、侨乡与侨汇、探亲人员、游客

如第一章所述，广东省、福建省有很多来自海外华侨华人、港澳台同胞的侨汇。表 9-1 显示了后述"各地侨乡的民间金融"中所述的福建省晋江、石狮市，广东省梅县及"新式钱庄"中所介绍的浙江省温州市等的侨汇情况。此外，侨汇额中不包括海外华侨华人携带回国的部分。

表 9-1 福建省泉州地区、广东省梅州市、浙江省温州市等的侨汇情况

单位：万美元

年份	泉州地区合计	其中						福建省石狮市	广东省梅州市	梅州市梅县	浙江省温州市
		泉州市区	晋江	南安	安溪	永春	惠安				
1950	1798	252	1125	366	59				253.8	227	
1951	2652	184	1656	520	87				653.2	487	
1952	2772	145	1692	603	95				485.1	297	

---

① 姜旭朝：《中国民间金融研究》，山东人民出版社 1996 年版，第 62~64 页。

续表

年份	泉州地区合计	其中					福建省石狮市	广东省梅州市	梅州市梅县	浙江省温州市
		泉州市区	晋江	南安	安溪	永春	惠安			
1953	2375	182	1582	442	78				414.6	263	
1954	2419	202	1542	555	67				400.8	259	
1955	2335	192	1342	580	71				452.9	286	
1956	2271	169	1245	574	77				557.7	358	
1957	2288	185	1223	573	86				563.1	383	
1958	1743		958	415	60				455.2	289	
1959	1256		665	285	39				250.7	137	
1960	1602		841	358	42				273.6	159	
1961	1141		672	254	32				159.2	85	
1962	838		869	163	26				79.3	44	
1963	1802		1015	425	55				275.9	130	
1964	2216		1243	481	58				375.1	156	
1965	2476		1336	529	60				405.3	167	
1966	2306		1212	478	64				359.2	130	
1967	1901		1042	404	59				361.1	134	
1968	2009		939	438	53				321.4	98	
1969	1780		1174	429	65				371.1	102	
1970	1823		869	416	69				406.6	116	
1971	2094		1050	450	74				455.2	146	
1972	2313		1106	477	91				525.2	175	
1973	2597		1259	534	123				670.8	228	
1974	3413		1607	819	154				813.1	295	
1975	3696		1709	815	181				810.9	280	
1976	3842		1815	894	171				871	322	
1977	4420		2055	1001	199				1089	392	

续表

年份	泉州地区合计	泉州市区	晋江	南安	安溪	永春	惠安	福建省石狮市	广东省梅州市	梅州市梅县	浙江省温州市
1978	4829		2156	1078	241				1441.2	556	
1979	5869	762	2468	1515	335	307	420		1775.4	644	
1980	4921	649	1642	1379	397	364	474		2229.3	858	
1981	3490	383	960	976	365	292	357		1822.6	771	
1982	4139	493	1191	1166	410	346	441		1940	806	864.88
1983	3278	473	898	883	359	317	372		1530.8	657	785.69
1984	1852	250	380	587	255	240	249		1048.2	415	928.01
1985	745	114	119	258	132	131	100		495.5	187	
1986	728		120	257	83					168	
1987	983		195	455	126					115	
1988	813		33	337	49			11.8			
1989	298				77			4.1			
1990	396				41			8.2			
1991								18.8			
1992								21.0			271*
1993								24.2			390*
1994								151			1016*
1995								246			1420*
1996								256			2355*
1997								283			2646*

注:(1)泉州地区的美元数额系从《潮州市志》(上)(广东人民出版社1995年版,第1008页)的人民币金额与美元换算金额算出,不是根据官方汇率算出。

《中国银行厦门市分行行史资料汇编(1950—1978年)》(中)、《中国银行厦门市分行行史资料汇编(1979—1995年)》(下)(厦门大学出版社1999年版)的晋江侨汇额与《晋江华侨志》(上海人民出版社1994年版)及《晋江市志》(上海三联书店1994年版)的晋江侨汇额不同。改革开放前晋江市政府编辑的上述出版物中的侨汇额一直比中国银行厦门分行高,这也许是因为与海外亲属的人员交流的增加,侨汇不经过厦门中国银行而直接流入晋江市的缘故。

另外,厦门大学南洋研究院的华侨华人研究人员所使用的晋江侨汇额(例如该院发行的《南洋问题》1999年第1期"晋江侨乡研究专号")大多是上述后两册图书所刊载的侨汇额(以人民币表示)。本书也同样使用这些数值。

(2)＊的数额仅是温州市瑞安市丽岙镇的侨汇额(《温州华侨史》,第183页)。

资料来源:《梅州金融志》,中山大学出版社1991年版;《泉州市华侨志》,中国社会出版社1996年版;《温州华侨史》,今日中国出版社1999年版;《晋江市志》(上),上海三联书店1991年版;《福建省志·华侨志》,福建人民出版社1992年版;《石狮市志》,方志出版社1998年版;陈克振主编:《安溪华侨志》,厦门大学出版社1994年版;《南安县志》,江西人民出版社1993年版;等等。

侨汇在改革开放政策开始实施后不久达到最高额,进入20世纪80年代以后减少了,特别是20世纪80年代中期开始大为减少。但实际上即使进入20世纪80年代、90年代后,海外华侨华人带入中国大陆的外汇并没有减少,反而增加了。中国国内居民个人的外币存款急速增加表明了这一点。① 即,进入20世纪80年代后,侨汇大为减少,而海外亲属直接带回的外汇作为中国国内居民的个人外币存款存入银行,另有一部分流入黑市。

中国银行的个人外币存款情况如表8-3所示。1985年个人外币存款并没有达到2亿美元,但1987年达到6亿美元以上,1988年达到12亿美元。进入20世纪90年代后,增长率就更大了。1990年为32亿美元,1992年增加了近1倍,达到近61亿美元,1993年达到91亿美元,1996年达到153亿美元,同年中国银行外币存款总额的约一半是个人外币存款。

就各地的个人外币存款来看,北京、上海在20世纪90年代大为增加,而代表性侨乡广东省、福建省的中国银行个人外币存款绝对额虽在增加,但增长率却下降了(参照表8-4)。这意味着改革开放初期从海外吹到侨乡的富裕之风已经徐徐地扩散到其他大城市和沿海地区。这是因为,由于对外政策的影响,进入20世纪90年代后,与海外的经济交流急速增加、扩大,一般中国人(特别是涉外酒店、外贸、海外旅游等的从业人员)取得外汇的机会增多了。此外,他们获取外汇的活动所带来的个人外币存款额的增多,也反映了人民币贬

---

① 李国梁、林金枝、蔡仁龙:《华侨华人与中国革命和建设》,福建人民出版社1993年版,第274页。

值预期。

这里所要关注的是来自海外亲属的汇款及他们带回的外汇在中国国内的市场化和流通。

除了来自海外的投资以外,中国国内眷属可随意使用的外汇是侨汇以及海外亲属回国探亲时带回的外汇。这些海外亲属带回的外汇实际金额不详,但与海外亲属回国探亲和来华游客人数成正比。改革开放后海外亲属回到两大侨乡广东省、福建省观光旅游的情况如下所述。

从广东省入境的海外旅客仅港澳同胞(占全体海外旅客的约 94%)1985 年为 1600 万人(总人数,下同),1986 年为 2000 万人,1993 年为 3000 万余人,1997 年骤增至 4200 万余人。① 此外,来自台湾的入境者也从 1987 年的 3.3 万人增至 1988 年的 30 万余人、1996 年的近 100 万人、1998 年的 132 万人。

改革开放后,福建省海外华侨华人、港澳台同胞游客接待人数(总人数) 1979 年为 9.4 万人,其后逐年增加,1987 年增至 31 万余人,1989 年为 43 万多人,1996 年为 76 万多人,1999 年增至 100 万人以上。尤其是从台湾前往福建的旅客在 1988 年以后有了急速的增加。从 1987 年的 1.5 万人骤增至 1988 年的 14.5 万人,乃至 1990 年的 36 万人。其后,从台湾到福建省的旅客保持在 25 万人至 35 万人之间。②

此外,在全国著名的侨乡福建省晋江,进入 20 世纪 80 年代以后,每年回晋江探亲的华侨华人、港澳同胞总计约 5 万人次。根据晋江侨务部门的估计,以每人次带入港币 5000 元计算,每年带给晋江侨眷的港币就有 2.5 亿元。③

总之,自 20 世纪 80 年代起大量外汇开始流入侨乡。作为考察流入侨乡的大量外汇与侨乡民间金融关系的第一步,以下拟考察各地侨乡民间金融的状况。

另外,关于成为侨乡海外关系基础的侨眷人数及海外华侨华人人数等,如表 9-2 所示。关于各地侨乡的新移民状况,请参照第六章。

---

① 《广东统计年鉴》,中国统计出版社 1986 年、1987 年、1994 年、1998 年各年版。

② 《福建统计年鉴》,中国统计出版社 1980 年、1988 年、1989 年、1990 年、1991 年、1997 年、2000 年各年版。

③ 《中国国情丛书:百县市经济社会调查·晋江卷》,中国大百科全书出版社 1992 年版,第 382 页。

表 9-2　广东、福建两省及部分侨乡的海外华侨华人、国内眷属人数（1990 年前后）

单位：万人

	总人口（万人）	合计		台湾同胞	归侨、国内侨眷	
		华侨华人	港澳同胞		归侨	侨眷、港澳亲属
广东省整体	7783（2001年）	2000	500		51	1359
福建省整体	3440（2001年）	700	70		25	500
其中若干侨乡						
福建省						
泉州地区整体	573.34①a				10.23①a	298.73①a
其中泉州市区	49.34①a	40①b			0.52①a	2958①a
晋江	93.13①a	94.45②a	29.85②b	130②c	0.55①a	64.96①a
石狮	27.3①	35①c			0.09①a	18.03①a
广东省梅州市	417.78③	153③	23.1③		10.1③	106.1③
其中梅县	76.5④a	63④b	5④c	1④d		
浙江省温州市	718⑤a（1998年）	24.8⑤b				

资料来源：广东省、福建省系根据方雄普、谢成佳主编：《华侨华人概况》，中国华侨出版社 1993 年版，第 309～310 页。但两者的总人口是 2001 年的数值（《中国统计年鉴 2002》，中国统计出版社 2002 年版，第 94 页）。

①a《泉州市华侨志》，中国社会出版社 1996 年版，第 287 页（1990 年的数值）。

①b《泉州市华侨志》，中国社会出版社 1996 年版，第 289 页。

①c《泉州市华侨志》，中国社会出版社 1996 年版，第 300 页。

②a《晋江华侨志》，上海人民出版社 1994 年版，第 35 页。94.4 万人中的 68.8％（65 万人）是居住在菲律宾的人口。

②b《中国国情丛书：百县市经济社会调查·晋江卷》，第 378 页。1988 年的数值，包括石狮市。

②c《中国国情丛书：百县市经济社会调查·晋江卷》，第 379 页。包括石狮市的数值。

③方雄普、谢成佳主编：《华侨华人概况》，中国华侨出版社 1993 年版，第 396 页。

④a《梅县志》，广东人民出版社 1994 年版，第 203 页。

④b《梅县志》，广东人民出版社 1994 年版，第 1078 页。其中居住在印尼的 31.4 万人

(1985年的数值)。

④c《梅县志》,广东人民出版社 1994 年版,第 1082 页。

④d《梅县志》,广东人民出版社 1994 年版,第 1083 页。

⑤a《温州年鉴 1999》,中华书局 1999 年版,第 508 页。

⑤b《温州市志》(上),中华书局 1998 年版,第 406 页。其中居住在欧洲的 16.5 万人(占总体的 66.5%)。

二、各地侨乡的民间金融

以下来看看代表性侨乡的民间金融状况。

(一)福建省晋江市的民间金融

1. 晋江民间金融的兴起

改革开放后晋江的经济发展模式被称为"晋江模式"。利用闲置的侨汇、房屋、劳动力(三闲),乡镇企业和商品市场都得到了发展。企业活动需要巨额的资金。在资金市场不发达的阶段,民间金融的作用是很大的。

根据人民银行的调查,改革开放后至 1988 年前后,晋江市乡镇企业流动资金的 30%、个体工商业流动资金的 50% 不是依靠银行、信用社,而是通过民间借贷融通的。① 其主要方式是企业或经营者之间资金余缺的调剂和"标会"、私人存贷 3 种。依赖这种民间金融来发展乡镇企业的做法与称为"温州模式"的浙江省温州的做法是同一性质的。晋江与温州的不同点在于晋江的民间金融较多地利用了海外往该地区的汇款或其海外亲属带回的外汇。仅就海外亲属带回的外汇来看,至 20 世纪 80 年代中期,华侨华人、港澳同胞携入的外汇(现钞)每年可达 2 亿港元。然而,国家通过商业、旅游业、银行回笼的外汇仅占其中的 20% 左右,剩余的 80% 都流入了外汇黑市。晋江是作为大量接受侨汇的地区而闻名全国的侨乡,20 世纪 80 年代初期每年有 2000 万元左右的侨汇存入中国银行。可以认为这些外汇大多流向了民间金融。②

2. 晋江民间金融的具体形态

晋江的民间借贷有高利贷、普通借贷、互助借贷、标会、合会、民间"小银

---

① 《中国国情丛书:百县市经济社会调查·晋江卷》,中国大百科全书出版社 1992 年版,第 211~212 页。

② 《中国国情丛书:百县市经济社会调查·晋江卷》,中国大百科全书出版社 1992 年版,第 211~213 页。

行"等几种形态。以下分别对这几种形态加以考察。①

(1)关于"高利贷",形式上新中国成立后政府明令禁止,但实际上改革开放以后还不少。

(2)"普通借贷"年利率在20%～30%之间,一般数额不大,手续简便,双方均凭信用。1951年后"普通借贷"消逝,但1959—1961年国家经济暂时困难时期一度出现。1978年后,个体工商业者迅速增多,银行、信用社的"官方"贷款不敷周转,尤其是1986年国家压缩信贷指标,市场银根较紧,依靠民间普通借贷的人增多了。借贷双方一般是城乡私人与个体工商户,利息由以往的年利变为月利,高于国家银行利率,为2%～3%,有时3%～5%。

(3)"互助借贷"。

①私人现金借贷。亲戚朋友之间在经济上发生临时困难时,互相借贷现金,不立借据,也不收利息,完全凭信用。这种借贷以前和现在都存在。

②"招会"是流行已久的经济互助形式。会头邀请会脚入会,会金议定,按月或按季固定金额,不计利息。会头优先享受第一期会金。其后,一般是谁急需先给谁。另有"摇会",即由会脚每月抽签或摇点,抽中或摇中即先使用会金。会头仍先享受第一期会金。摇会于改革开放后出现。

③"互助储金会"是新中国成立后出现的一种经济互助形式。计划经济时代,一般在机关干部、工厂工人、商业职工、城市居民中组织。每月发放工资时向会员收储小量定额资金,以解决会员临时性困难。"文化大革命"时期,管理互助储金会的人因下放等离开当地,这种会大多解散。

(4)"标会"又称"会仔",是民间的一种信用互助形式。后来被利用作为投标竞争进行高利盘剥的手段。民国期间,晋江标会极为盛行,新中国成立初期,标会活动时断时续。但在相当长的一段时期用于解决群众之间生活消费临时资金需要。月息在2%～3%之间。

改革开放后的1987年初,在晋江市深沪、永宁、蚶江等乡镇,在某些高利贷者和金融投机分子的操纵下,标会形式及性质发生了重大变化。标会活动由自发结会变为由专人发起,进行挨家挨户宣传动员的公开活动。资金投向由以往的生活消费变为生产借贷、投资借贷和经商借贷,周期也从以往的"月会"变为"半月会"、"十日会"、"星期会"、"五日会"等,趋于短缩。甚至出现了类似赌博的"日日会"、"夜夜会"等连日开会的地方。股数也从十几股发展至几百股,甚至数千股;纳会款额从每股20元增至数百元,最高达5000元;月息

---

① 《晋江市志》(上),上海三联书店1994年版,第762～763页。

从2%~3%发展到15%,甚至高达20%。

1988年3月,人民银行晋江支行组织调查组深入深沪、永宁、蚶江等乡镇开展调查,人民政府也对标会进行清理取缔,但仍禁而不止。因为,如果完全禁止,金融市场不发达阶段的民间经济活动便会陷入窒息状态。

(5)"合会"是旧社会民间最流行的小规模金融合作组织,含有储蓄、保险性质。晋江合会主要有"父母会"和"关帝会"。

"父母会"是为了防止因父母去世发生临时经济困难的一种互助的义兄弟扩大组织。会员缴纳会费1~5元不等。遇有会员中的父母去世,其他会员每人另出1元或若干元临时助丧。晋江的这种合会在新中国成立以前有600余个,各会人数多寡不等,多者数十人,少者十余人。改革开放后也存在"父母会"。

"关帝会"是以共同信仰关帝而组成的一种互助组织。会员须缴纳会金,会金用于购买田地,称为"盟田"。每逢佛诞或节日,"关帝会"便演戏酬神,设宴聚会。会员经济发生临时困难,以"盟田"所出利息或其他会员出资相助。1949年以前全县计有200余个"关帝会",有的以乡村为单位,有的以几个人小团体为单位。

(6)晋江的民间"小银行"由来已久,一般由乡村中较有经济实力、有一定社会地位和信誉的家庭或个人经营。放款人绝大多数是妇女。民间小银行兼做存贷业务。20世纪80年代以来,晋江的所有乡镇都有这种小银行,尤其集中于沿海渔区。例如,沿海的深沪镇7个渔区中,每个渔区都有6~7人承办的小银行。各家小银行可供周转的资金少则10万~20万元,多则50万~70万元,个别多达100万元。

民间小银行的利率基本上随行就市,可以面议,有较大的灵活性。对贷款期限长,用于造船、办厂或有黄金、地契、有价证券抵押者,一般月息为2.5%;对周转期短或有风险者,月息为3%~3.5%;对个别用于非法活动,如赌博走私者,利率加高,在5%以上,有时高达10%。[①]

晋江市的小银行也有标会会头与小银行混为一体的。几家小银行联合形成"小银团",进行巨额贷款。

---

① 《晋江市志》(上),上海三联书店1994年版,第749~750页。

（二）广东省梅州市的民间金融（借贷）

1. 侨汇与梅州市

梅州市也是著名的侨乡。新中国成立后，居住在海外的华侨华人对梅州市侨眷的汇款仍然很多（参照表9-1）。

梅州市下辖8个县。这些县当中包括全国闻名的侨乡梅县。新中国成立后至1985年，梅县占梅州地区侨汇总额的约43%。1950年，梅县一县便占了整个地区侨汇的近70%，是梅州地区侨汇最多的县。在海外，从20世纪60年代至70年代初，来自印尼的汇款占了30%。① 改革开放后，来自香港的汇款有了增加。由于这种来自海外的汇款和改革开放后收入的增加等，改革开放后出现了民间金融（借贷）。

2. 改革开放后梅州市的民间金融

改革开放后梅州市农村民间借贷有以下五个特点。②

（1）农民参加借贷，纯粹出于自愿互助的性质，并非过去人民公社生产队核算时期的强制摊派制。

（2）借贷多用现金，借物还物的已经很少了。

（3）参加标会借贷的人很多，利率也较高。

（4）改革开放前的自由借贷额度很小，主要是用于生活消费方面的临时急需，而改革开放后的自由借贷很多是用于生产经营的周转资金。

（5）个人之间的自由借贷，相互信任是其基础，有无息、低息等。而标会的借贷，月息往往为2分、3分，甚至10分以上。1985年，因国家收紧银根，民间借贷利率极高。例如，同时期梅州叶塘区北塘乡居住着560户2750人，其中有14人放高利贷，放出金额4.4万元，月息为70‰，每月可收利息3115元，比银行、信用社的现行利率高7.7倍。借款人大部分是个体经商者，也有个别是借来建房、办喜事的。这种民间金融的资金来源首先是自有资金，其次是高于信用社存款利息向存户转借，还有将信用社贷款用于放高利贷的。

（三）石狮市、泉州市的标会

1988年，原晋江县下属的石狮镇、蚶江镇、永宁镇、祥芝镇独立出来组成了石狮市。石狮是著名的侨乡。在谈到石狮市民间金融之前，拟先谈谈改革

---

① 《梅州地方志·金融志》，中山大学出版社1991年版，第248页。
② 《梅州地方志·金融志》，中山大学出版社1991年版，第141～142页。

开放后外汇黑市金融与侨汇。1980—1986 年间石狮镇赚取外汇 333 万美元，其中 70% 是外商从黑市套购外汇支付的。黑市外汇的来源相当一部分是原来的侨汇转为带钞入境，还有的侨汇被"地下信局"套走转入黑市。①

就民间金融来看，关于石狮市的标会，20 世纪 30 年代出现的亲友间的"人情义会"是其雏形，1950 年至 20 世纪 60 年代重又出现，称为"家庭会"或"互助会"。

改革开放后，"家庭会"的互助色彩有所减退。1989 年，标会不再是改革开放前的成员少、金额小、借期短、利息低、主要用于解决生活困难的一种互济互助手段，而是用于经济活动的互助金融，金额大，利息也高。人们不惜借贷入会，利息也逐步从月息 2%～3% 剧增为每万元日息 50 元。

石狮市大小"会头"达 2000 多人，"会脚"遍布整个市。标会总发生额达上亿元。倒会初期，围绕结算的纠纷多有发生。因讨债索款，互抓人质、非法拘禁、打架斗殴等事件屡屡发生。各地都存在这种情况。例如，1988 年年底以来，福建省宁德市出现了严重的民间金融风潮，有 15000 人参加了 540 场"日日会"，但在几天之内纯亏损额达 2000 万元。倒会时围绕着赖债、抗债、讨债、逼债等发生了无数起非法拘禁、扣押人质、冻结款项等事件，其状况与石狮市一样。②

此外，20 世纪 90 年代初期，海外华侨华人占全市总人口 20% 以上的重点侨乡（海外华侨华人占侨乡总人口 20% 以上为重点侨乡，5% 或 7% 以上 19% 以下为一般侨乡）、作为"海上丝绸之路"的起点亦很有名的泉州市以个体经营者为中心，标会也大为流行。泉州城区及近邻共有 6 个"会头"片，"会脚"数不少于 1 万人，他们组织的会款约 1.5 亿元。但是，这些钱因被用于投机活动或挥霍，最终导致"倒会"。被挥霍亏空的金额占会款的 20% 以上。有 20 名会头携巨款外逃，卷走资金近 5000 万元，最多的一名会头携走 1200 万元。该"倒会"事件严重影响了泉州市区的治安秩序，诱发多起为追款发生的打架斗殴、非法拘禁、非法闯入私宅等案件，甚至出现自寻短见者。③

由于这种情况各地均有发生，急需民事案件的法制化，1991 年 7 月，最高

---

① 《中国国情丛书：百县市经济社会调查·晋江卷》，中国大百科全书出版社 1992 年版，第 564 页。

② 戴建志：《民间借贷法律实务》，法律出版社 1997 年版，第 149～153 页。

③ 朱德林、胡海鸥：《中国的灰黑色金融——市场风云与理性思考》，立信会计出版社 1997 年版，第 41、42 页。

人民法院颁布了关于人民法院审理借贷案件的若干意见。①

在泉州市,因不履行支付等而垮台的标会增多,1994年中期,泉州市政府实施了清除标会的活动。不过,关于改革开放后中国南方的女性参与互助会,1994—1997年期间在福建省和浙江省进行当地调查的蔡欣怡(Kellee S. Tsai)发现,在1996年调查的泉州市的企业家当中,有一半以上仍参加标会活动,其中90%是女性。②

(四)偷渡者与民间金融(地下银行)

NHK在1998年3月1日的电视节目《特写现代》中,播送了中国人非法入境情况与地下银行。根据该节目,近年来从中国偷渡到日本的人(大部分是福建人)往本国的汇款等多利用地下银行。1995年至1998年初期的3年期间,仅在关东被揭发的金额就达到了500亿日元。从1997年至1999年2月,警察查出的、出自在日外国人"地下银行"的汇款额为1000亿日元,其中汇往中国地下银行的金额最多,达815.4亿日元。③

根据一直跟踪采访在日中国偷渡者的记者森田靖郎的报道,从福建省长乐来日本的偷渡者多从当地的基金会借出偷渡费乘船而来。即:当地长乐的有权有势者陈姓人士以低利率向村基金会借钱设立私人金融机构,即"陈基金会"这样的小基金会,并以这些资金为本钱,向偷渡者放高利贷。地下银行以"信誉"维系。如果地下银行失去信誉,其在中国家乡的亲属便会被赶出"帮"。④"帮"是在华侨华人、侨乡社会基于地缘、血缘形成的统治、被统治的组织,是正式或非正式的社会组织,它形成了华侨社会的基本结构。⑤

非法滞留、非法就业的来自中国的务工者在日本不能通过银行向本国汇款。担心在银行和邮局被要求出示身份证和外国人登录证的非法务工者便委托地下汇款渠道代理汇款。来自福建省的偷渡者似乎大多是从福建的村内私人小基金会借钱偷渡的。据说小基金会成了为新的偷渡者垫付偷渡费用的贷款机构。森田靖郎指出,所谓的基金会是农户和渔民们为防备歉收和鱼荒集

---

① 戴建志:《民间借贷法律实务》,法律出版社1997年版,第163~167页。

② Kellee S. Tsai, Banking: Gender and Rotating Savings and Credit Associations in South China, *The China Quarterly*, March 2000, p.153.

③ 《朝日新闻》1999年2月26日。

④ 森田靖郎:《东京中国人》,日本讲谈社1998年版,第131~132页、第248页。

⑤ 游仲勋:《华侨——形成网络的经济民族》,日本讲谈社1990年版,第159、160页。

资成立的、类似互助会的民间金融机构。汉语大概称为"合会"。由此产生的是低息从基金会借款,设立小资金会,并集中这些资金高利贷出的地下银行。①

根据莫邦富的叙述,一名住在东京大田区的 28 岁的中国人是地下银行的汇款员,他曾在 3 年半期间向中国非法汇款 20 亿日元。如果通过地下银行向福建省汇款,手续费要比正规的银行便宜,汇款时间也短,一两天便能汇到家乡。可以在确认汇款无误后,再把钱打入相关人员指定的银行账户,因此安全上没有任何问题。地下银行从前就已存在,以前大部分是台湾资本。在台湾,地下金融业很是发达。②

大约 5 年前笔者也从台湾留学生那里听说,"台湾往大陆的汇款大多通过地下银行汇出,大陆的亲戚一两天便可收到"。

另外,2000 年 3 月,笔者从研究美国华侨的中国学者那里听说,美国华侨华人和务工的新移民(据说非法入境者居多)往中国汇款时利用了称为"钱庄"的地下银行。

用于偷渡的借款利息看来很高。月息为 5 分,因此债款过 2 年便会翻倍。为此,外出务工的人要设计好生活,即要算好每月赚多少钱才能还债,几年才能还清。因此,汇款快、手续费便宜又可以信赖的地下银行是必需的。③

根据 20 世纪 90 年代中期在福建省和浙江省进行有关改革开放后女性与互助会的田野调查的蔡欣怡所述,福建省长乐县作为从福建省向海外偷渡的输出地(港)而闻名。长乐市本身不是重点侨乡,只是一般侨乡。在长乐,大约要向蛇头支付 3 万~4 万美元的偷渡费用。蔡在长乐采访的"会"(互助会)参加者 70% 都向蛇头付了偷渡费用。在福建省省会福州,参加"会"的人每月要缴纳 100~500 元,而在长乐则要缴纳 1 万元。20 世纪 90 年代,偷渡美国的人很多,甚至被认为在美国非法入境的中国人有 95% 是从长乐出港的。在长乐市,仅 1995 年 1 年期间,从海外往该市的汇款就达到 3 亿多美元。根据在长乐的田野调查,蔡指出,偷渡已经成为长乐的地方经济不可或缺的一部分,

---

① 森田靖郎:《东京中国人》,日本讲谈社 1998 年版,第 248 页、第 254 页、第 340~341 页。

② 莫邦富:《蛇头》,日本草思社 1994 年版,第 338、339 页。

③ 森田靖郎:《东京中国人》,日本讲谈社 1998 年版,第 250 页。

这反映了"会"的规模和数量。①

三、侨乡的经济网络与民间金融
——以温州、晋江为例

上述的"各地侨乡的民间金融"中所见的浙江省温州、福建省晋江这两个侨乡在民间金融取得显著发展这一点上是一致的。改革开放后，作为家庭经济、民营经济的乡镇企业取得了迅速的发展，温州、晋江两地在全国都有许多供销员。可以认为，这些遍布全国的温州人、晋江人把家乡的产品（主要是工业制品）销往外地，形成了产品及资金、信息等有机地联系在一起的经济网络。这里可以看到人员、资金、物资、信息以侨乡为基点呈放射状扩大的结构。下面分别来看看两地的事例。

（一）浙江省温州市的事例

1997年，温州市外出从事经济活动的人达到160万人，几乎占全市人口的1/5。大部分省会、直辖市、自治区首府温州人都在2万人以上，其中北京、上海、天津、杭州、武汉、成都、沈阳等大城市有4万多人。许多大中城市都有温州村、温州街、温州商场。此外，温州人还在各地组织工商联合会（协会、经济促进会），在全国各地的温州商会达到11个，如四川省温州商会、昆明市温州总商会、厦门市温州企业联合会、武汉市温州商会、天津市温州商会等。这些组织是为了推动温州与全国各地的经济合作与交流，并服务在外温州籍工商业户。温州人在温州以外的国内各地经营的温州产品占了其销售额的近60％。②

改革开放后，温州市小商品生产有了发展，温州市内形成了好几个纽扣、灯具、皮鞋、纺织品等的大市场，从全国各地来了很多采购商，进而通过派到全国的供销员扩大了这些产品的销路。可以认为，其资金大部分是通过温州市民间金融（包括地下金融）来筹集的。

就是说，前述的温州市民间金融（私人钱庄、互助会等）与温州的物资、人员、信息配套，起到了推动民营经济发展的作用。

---

① Kellee S. Tsai, Banking: Gender and Rotating Savings and Credit Associations in South China, *The China Quarterly*, March 2000, p.151, p.152.

② 《温州年鉴1998》，中华书局1998年版，第129页；《温州年鉴1999》，中华书局1999年版，第443页。

1989年,温州个体、私营商业的社会商品零售总额占了46.31%,①个体、私营、合作经济、股份制工业企业在改革开放后也有很大的发展。

1980—1992年期间,温州市的个体工商户从1980年的1844家增至1992年的154000家。同时期其从业人员也从1584人骤增至202723人,营业额从426万元剧增至31.8514亿元。②

如果没有金融业的支持,个体、民营经济的发展是很困难的。但是,专业银行、信用合作社的贷款因具有计划性和贷款原则的制约,难以满足民营经济的资金需求,而且这些国有金融机构缺乏灵活性,民营经济难以适时利用。于是,除了前述的私人钱庄、互助会之外,典当业(参照第九章补论)也起到了满足温州民营经济发展的资金需求的作用。③ 但是,温州市人员的"外流"诱发了资本的"外流"。如果温州的当地产业失去比较优势,将来便有可能招致当地产业的空洞化。

(二)福建省晋江市的事例

在第二章的"结语"中已经论述了改革开放后晋江市(泉州地区)的市场从点扩大到面的情况,并指出改革开放后至20世纪90年代前期该市市场扩大的主要原因之一是将供销员派到全国各地的城市,从而形成了销售、信息网络。

这里拟论述其后发生的情况。

改革开放后,在发展民营经济的过程中,泉州地区的晋江市和石狮市一直在外派推销员。仅石狮市就有5万名石狮产品推销员。在泉州地区,这些推销员被称为推销大军,而且人数不断增多,2003年春,整个泉州地区有70万名推销员散布在国内外。泉州数十家知名企业在全国设立区域代表1200多个点、专卖店2300个、专柜500多个、办事处300多个。④

为推销泉州地区的产品而派到全国各地的许多泉州人为了扩大家乡的产品销售网,当然需要资金。

改革开放后,泉州地区将外资用于发展工业。这些外资大多数是港澳台同胞及海外华侨华人的资本。就晋江市来看,改革开放后至1997年晋江市累

---

① 《中国金融年鉴1990》,中国金融年鉴编辑部1990年,第314页。
② 张友余:《温州·温州人·温州路子》,中共中央党校1999年版,第15页。
③ 《中国金融年鉴1990》,中国金融年鉴编辑部1990年,第314页。
④ 《福建侨报》2003年4月18日。

计合同外资额为 29.4784 亿美元。其中港澳资本 22.148 亿美元,占了 75.1%,加上台湾资本,达到 24.2759 亿美元,港澳台资本约占全部外资的82.4%。①

进而,20 世纪 50 年代至 20 世纪 80 年代初,晋江每年都有 2000 万～4000 万元的侨汇从海外汇回。改革开放后,海外华侨华人直接带回的部分增多,进而通过地下银行(黑市)带入的部分也增多了。可以认为海外亲属对本国的汇款(包括带回部分、黑市汇款)大部分流入了民间金融。海外华侨华人及港澳台资本的一部分也流入民间金融。

根据《福建侨报》(2002 年 7 月 26 日),离乡在外从事经济活动的福建省的民营企业家和从业人员达到了 100 余万人,他们的资产总额达数百亿元。其中,截至 2002 年夏,福建有 30 多万人闯荡上海(主要是浦东开发区),投资办厂做生意,企业达 3 万余家,年均产值 150 亿元人民币左右。除上海之外,浙江省义乌的石狮街、武汉的晋江街、北京的莆田街等,都表明福建的民间资本"外流"到全国各地。

泉州地区不仅往外地派遣推销员,而且在外地投资设立企业,扩大生产销售范围,人员、资本、物资、信息均已配备,其经济网络以泉州地区这一侨乡为基点呈放射状向全国扩大。

这种经济网络也扩大到了海外。2003 年春已有约 400 名推销员走出国门推销泉州货,在欧美大陆、亚非拉地区的 100 多个国家都有泉州推销员的身影。② 泉州产品的大宗销售对象之一是俄罗斯。皮鞋、运动鞋、服装和安溪乌龙茶等泉州产品通过民间贸易大量流入俄罗斯,2001 年秋泉州商品交易量估计超过 30 亿美元。③ 当然,晋江推销员也被派到俄罗斯。匈牙利也出现了晋江街。

---

① 《南洋问题研究》(晋江侨乡研究专号)1999 年第 1 期,第 32、40、41 页;《晋江年鉴 1999》,中国社会科学出版社 2000 年版,第 9、10 页。
② 《福建侨报》2003 年 4 月 18 日。
③ 《福建侨报》2001 年 11 月 23 日。

第九章补论

民间金融机构：
当铺与民间金融

以上叙述了侨乡的民间金融状况。侨乡的民间金融无疑也是中国整体金融的一部分。关于一般民间金融（民间借贷），拟在此加以论述。此外，还将论及代表性的民间金融之一、已在侨乡（尤其是浙江省温州）普及的当铺。

第一节 现代中国的当铺

一、现代典当业的现状

改革开放政策实施以后，即中共十一届三中全会（1978年）以来，传统的民间经济组织不断地复活。20世纪80年代已出现了数家当铺。1988年9月成都出现了第一家当铺以后，当铺在北京、上海、太原、开封等数个大中城市相继成立，截至1993年年底，全国当铺已发展到了300多家。[①]

（一）典当业出现的背景

改革开放以来，中国的经济体制出现了很大的变化。随着个体、民营经济的大发展，在运输业、销售业、制造业等许多领域，个体、民营企业有了发展。但是，金融机构并不认可个体、民营企业。

改革开放后出现当铺的必要性有生活和生产两个方面。

从生活方面来看，改革开放后，生活水平提高了，但贫富差距扩大了。相对贫困的阶层在婚丧喜庆、医疗费等方面利用当铺，富裕阶层更换生活用品时也利用当铺。

---

① 姜旭朝：《中国民间金融研究》，山东人民出版社1996年版，第115页。

从生产角度看,改革开放以来,原有的以国有、集体经济一统天下的格局被打破,已开始承认个体经济。为此,个体、私营经济在改革开放后迅速发展,但资金流通结构仍受到计划经济时代的强烈影响。由于20世纪80年代强调个体、私营、乡镇企业"自力更生为主,国家支援为辅"的政策,个体、私营经济缺乏资金的状态持续了很长时间。①

国家银行难以满足广大个体、私营经济的资金需求,因此个体、私营企业家们便在民间金融市场寻找筹集资金的渠道。私人银行和称为钱庄的高利贷难以得到政府的批准,而当铺则比其他金融机构容易得到政府的许可。原因是当铺与高利贷等相比对社会的影响较小。政府认为其对国家产业政策的影响较小,当铺拿到比典当金更高的抵押物品,因此其风险小,纠纷也少。中国人民银行于1992年公布了《当铺拍卖法》,于1993年发布了《关于加强典当业管理的通知》。

改革开放以前存在的城市信用合作社和农村信用合作社扮演了国有银行的支援角色,对个体、私营经济单位的贷款手续复杂,且费时间,并非群众应急的金融机构。例如,1984年8月中国工商银行发布的《中国工商银行城镇个体经济贷款办法》规定了对个体经营者的贷款,其贷款条件包括:持有城镇正式营业执照,具备一定的生产经营条件、经营能力和一定的自有流动资金。20世纪80年代初期,具备这种贷款条件的城乡居民极少。即使拥有执照证明,具备一定的经营条件、能力和流动资金,也要受到工商银行专项贷款额度、期限、经营范围等各方面的限制。城市信用合作社、农村信用合作社对个体、私营经济单位的贷款也与工商银行的规定基本相同,即:其条件是具备工商行政管理部门发行的个体营业执照和一定的流动资金。②

(二)改革开放后典当业的现状

1. 当铺从消亡到复兴

在1948年10月30日中共中央的《对私营银行钱业的政策规定》中规定,"暂时允许私人金融业的存在,但应该进行严格管理"。在1949年9月颁布的称为新中国临时宪法的《中国人民政治协商会议共同纲领》中也规定,依法经

---

① 姜旭朝:《中国民间金融研究》,山东人民出版社1996年版,第119页。
② 李沙:《当铺》,中国经济出版社1993年版,第145~147页。

营的个人金融事业,应受国家的监督和指导。①

在1956年对工业、农业、商业进行社会主义改造的时期,私人典当业完全实行了全行业公私合营,其后,至改革开放前在中国大陆也没有官方当铺。长期以来,一般理解为当铺是剥削人民的高利贷业的一种。例如,《辞海》(1980年版)写道,典当是"旧中国以收取衣物等动产作质押,向劳动人民进行放款的高利贷机构。利率极高,剥削严重"。此外,1979年版《现代汉语词典》中也写道:"旧社会专门收取抵押品,放高利贷的店铺。"1985年出版的《经济管理大辞典》指出,当铺"是旧中国以实物抵押为条件的一种高利贷"。②

就政府对当铺的理解来看,计划经济时代的想法至20世纪80年代仍然很强烈,但就经济实况来看,私营经济还是先行的。

随着20世纪70年代末改革开放政策的实施,1987年,销声匿迹30余年后在四川省成都重新出现了第一家当铺。其后,北京、上海、太原、开封等数十个大中城市相继出现了当铺。到1992年年底,全国已有300多家当铺。1978年,党的十一届三中全会以后,以经济特区为中心,沿海地区经济急速增长,典当业也在南方各省迅速复兴。浙江省温州地区不仅当铺出现得早,而且其数量也很多。改革开放后,该地区最多时有44家当铺。

改革开放后,当铺之风从南刮到北,从沿海刮到了边境地区。有名的地方主要有山东省济南、辽宁省沈阳,以及有着典当传统的山西省。尤其是山西省,截至1993年4月,全省已有各类当铺及代办网点千余家,其中仅运城、临汾两地区就有40多家当铺。在边境地区,新疆乌鲁木齐市1992年9月出现了首家当铺。

当铺的名称几乎再也没有旧式当铺那种字号中用"当"不用"典",或用"典"不用"当"的习惯叫法,通常都是"典当"二字连用,并冠以字号,一般叫某某"典当行"、某某"典当商行"等。上海的"上海典当行"、北京的"北京金宝典当服务行"、山西太原的"山西省信用典当商行"、乌鲁木齐的"中达典当商行"、武汉的"典当拍卖商行"等较为有名。③

改革开放后出现的当铺与旧社会以"穷人"为对象的当铺不同,以企业、个人、居民为对象。质押的物品除了家用电器、金银首饰、生活用品之外,企业的

---

① 关于中国旧社会的"典当",详见天野元之助:《中国农业经济论(第二卷)》(日本不二出版公司1984年11月复刻版)第七章"农村金融"第四节"典当"。

② 李沙:《当铺》,中国经济出版社1993年版,第148页。

③ 李沙:《当铺》,中国经济出版社1993年版,第143页。

生产原料、机器设备、制成品等也是其经营范围。①

2. 各地当铺的营业状况（参照表9补-1、表9补-2）

改革开放以后出现的当铺并不像旧当铺那样以城乡贫民为对象，其服务对象主要是个体工商户。在中山市，个体工商户到当铺典当的占60%以上，其典当金额也占当铺营业额的60%以上。旧当铺的质押放款主要用于生活，现在当铺的资金投向已从以生活为主转向以个人经营的经济活动为主（参照表9补-1）。②

表9补-1 温州5家当铺情况（1989年）

单位：万元

当铺名称	抵押物品价值									贷款及其用途			合计
	动产					不动产				生产	经营	生活	
	金银	家电	机动车	其他	小计	房屋	设备	其他	小计				
金城当行	138.8	27.73	111.12		277.75	640.2			640.2	259.48	648	18.52	926
大公商行	110.53	6.41	24.58	8.02	149.45	402.74	14.3	8.2	425.24	14.3	555.97	4.5	574.77
鹿城商行	93	20	8		121.0	411	7		418	30	492	17	539
东瓯商行	43.1	11.1	9.6		63.8	210.4	4.5		214.9	55	210	13.7	278.7
公平商行	5.12	2.3	1.1	8.5	17.02	265.4			265.4		282.92		282.92
合计	390.65	67.54	154.4	16.52	629.11	1929.74	25.5	8.2	1963.74	358.78	2188.89	53.72	2601.39
					24.26%				75.76%	13.79%	84.14%	2.07%	100%
针对抵押物品的贷款比例										抵押品价值的50%～70%			
贷款利息（月）										2.4%～3.6%			

资料来源：《中国金融年鉴1990》，中国金融年鉴编辑部1990年版，第314～316页；黄鉴晖：《中国银行业史》，山西经济出版社1994年版，第330页。

二、温州的典当业

改革开放后，当铺出现较早、数量也多的代表性地区之一是浙江省温州市。温州是私营外币存款（钱庄）很活跃的地区。1988年2月9日，改革开放后第一家当铺——温州金城典当商行诞生了。其后不到1年便骤增至42家，

---

① 姜旭朝：《中国民间金融研究》，第120、121页。
② 《中山市金融志》，广东科技出版社1993年版，第45页。

仅温州市就占了全国当铺的 1/5。

温州当铺骤增是因为改革开放后乡镇企业、个人企业、私营企业发展较早,随着这些民营、私营经济的发展,需要可使其持续发展的金融业。专业银行和信用社因国家的计划和贷款原则的限制,难以应对新出现的民营、私营企业的需求。银行及其实际上的下属组织信用社是受国家计划影响最大的机构。

1989 年,在温州市开业的 42 家典当商行中,工商局、公安局等部门审批了 20 家,占 47.6%;鹿城区计经委审批了 17 家,占 40.5%;人民银行在有关政府部门的要求下,试验性地审批了 5 家,占 11.9%。① 可见行政上对当铺的管辖权并没有统一。

温州的当铺中没有一家是个人经营的,在 1989 年已开业的 34 家典当商行中,属全民所有制的 1 家,其余的属股份制形式。②

这些已开业的 34 家典当商行的运营资金主要来自以下三个方面。一是向金融机构借款。34 家典当商行共向银行贷款 3000 多万元,向城市信用社和农村金融服务社贷款 600 余万元。这 3600 余万元占了典当业资产总额的 58.9%。二是"内部集资",或向主管部门及一些企业单位借款。34 家典当商行借款 943 万元,占其资产总额的 15.4%。三是自有资金。34 家典当商行自有资金 1578 万元(其中集体股份 300 万元),占其资产总额的 25.7%。③

典当商行贷款未回赎时,因扣押着抵押物品,风险本来就小。如果贷款收不回来,贷出近 60% 的银行、信用社的损失当然比较大。当铺一般收取物品作抵押,通常短期内回赎。但是,在温州市,典当商行 75% 是向不动产贷款(表 9 补-1)。在针对典当业的法律尚未完善的阶段,对典当业的不动产拍卖显然还很困难。1989 年典当业向当地法院投诉的上百万元金额的案件,绝大部分未得到解决,贷款无法回收。④

1988 年,在福建省各地出现了当铺。例如,1988 年 5 月,福州、厦门、莆田、泉州、东山等 5 县市又先后由各个渠道集资成立 6 家具有股份制性质的小

---

① 黄鉴晖:《中国银行业史》,山西经济出版社 1994 年版,第 332 页;《中国金融年鉴 1990》,中国金融年鉴编辑部 1990 年版,第 314 页。

② 《中国金融年鉴 1990》,中国金融年鉴编辑部 1990 年版,第 314 页。

③ 《中国金融年鉴 1990》,中国金融年鉴编辑部 1990 年版,第 314 页。

④ 《中国金融年鉴 1990》,中国金融年鉴编辑部 1990 年版,第 315 页;黄鉴晖:《中国银行业史》,山西经济出版社 1994 年版,第 331 页。

额质押贷款处或典当商行,从事典当业务,以适应新形势下集体和个体工商户以及市民生产、生活上的临时资金周转的需要。① 质押期限多为1个月,贷款利息不尽相同。福州市的两家当铺月息为1.8%～2.4%,广东省中山市的当铺月息为3.0%(参照表9补-2)。② 该利率水平比民间借贷的利率低,比银行的贷款利率高。

表9补-2　各地当铺

当铺名称	长兴典当行 (1990年当时)	民利典押行 (1990年当时)	福州质押贷款处	福州隆达质押贷款处	金城典当商行
地址	中山路民权路22号	中山市民生中路119号	福州市南门	福州市横街	温州市鹿城街
开业日期	1988年8月3日	1988年8月9日	1988年5月6日	1988年5月6日	1988年2月9日
负责人	郭赞成	邝锡亮			
经营性质	集体经营	集体经营	股份制	股份制	股份制
从业人数(人)	6	4			
资本金(万元)	10	300			
月息(%)	3	3	1.8~2.4	1.8~2.4	
期限(月)	1	1			
业务范围	车辆、传呼机、家电、金银首饰(5元以上)	金银首饰、家电、宝石、工艺品(10元以上)	耐用消费品、交通工具、金银首饰、有价证券	耐用消费品、交通工具、金银首饰、有价证券	家电机械、金银首饰、交通工具、房屋
顾客状况	个体工商户、老人、家庭主妇	个体工商户、集体企业、老人			
月平均营业额(万元)	1	20			

资料来源:《福建省志·金融志》,新华出版社1996年版,第65页;《中山金融志》,广东科技出版社1993年版,第44页。

---

① 《福建省志·金融志》,新华出版社1996年版,第62页。
② 《福建省志·金融志》,新华出版社1996年版,第62、65页;《中山市金融志》,广东科技出版社1993年版,第44页。

北京当铺的抵押利率即是包括利息、税金、管理费、保险费、利润等在内的服务费率。20世纪90年代初期，北京金宝典当服务行的利率一月期为4%，两月期为5%，三月期为6%。同样在北京，阜昌典当行的利率却较高，一月期为5%，两月期为6%、三月期为7%。①

为了减少以上这种改革开放后当铺的存在、变化及负面影响，1996年4月，中国人民银行颁发了《典当行管理暂行办法》。为了禁止个人典当业，抑制高利贷，规定典当行实收货币股本金最低限额为500万元，加强了限制。② 就是说，事实上承认典当业这一非国有金融机构的存在，使其有利于推进市场化的金融改革。也可以说是根据实际情况随后制定规则。

第二节　民间借贷

一、民间借贷的形态

民间借贷有概念不明确的部分，这里拟考察改革开放后民间借贷的动向。关于农村民间借贷市场，刘文朝作了如下论述。"农村民间信用市场是农民及自发形成的组织相互借贷资金、直接融资的行为。它不是执行国家计划政策农业银行、信用社等金融机构融资的场所，而是一个没有固定场所，不受国家计划、政策法规约束，主要按市场供求确定利率、自有借贷的无形市场。"③

而且，刘文朝还说，这种农村民间信贷市场在中国农村一直存在。"20世纪50年代农业合作化实现以后，农村信用合作社逐渐取而代之，并称农村信用为'高利贷'，国家又视为非法，予以取缔、打击、抑制。此后一直到20世纪60、70年代，民间信用仍在悄悄发生，但量小隐蔽。中共十一届三中全会后，农村实行了联产承包责任制。特别是20世纪80年代以来，农村实行了以户为单位的'大包干'体制，农户获得了生产经营自主权，部分农民先富起来，资金有余，为发展民间信用提供了条件"。

---

① 李沙：《当铺》，中国经济出版社1993年版，第171、172页。
② 戴相龙：《领导干部金融知识读本》，中国金融出版社1997年版，第43页。
③ 刘文朝：《农村民间信用市场的分析与对策》，《农村经济问题》1996年第10期，第44页。

进入20世纪90年代后,民间信贷加速发展,"1994年全国民间借贷资金达500亿元,1995年猛增到1000亿元"。

关于这种民间借贷的形态,刘文朝说,除了农户相互借贷的形式之外,还有未经批准的"轮会"、"私人钱庄"、"基金会"、"储金会"等融资组织。① 万安培说,民间借贷又可以分为直接借贷型和中介人借贷型,其中中介人借贷方式的比例逐年上升,从经营角度上,还可以分为钱庄、合会、典当行、基金会等类型。②

关于改革开放后民间金融的正式研究成果之一是姜旭朝的《中国民间金融研究》(山东人民出版社1996年版)。该书写道,改革开放后,因民间经济的崛起,从而产生了民间金融。③

中国现代民间金融是市场化改革的产物,即:1978年以前的计划经济时代民间金融被排除在外,市场经济化的步伐使民间金融得以复苏。

改革开放后,20世纪70年代末至80年代初产生的民间金融因当时还是民间经济不发达的阶段,所以其规模、数量、范围和作用都还是比较小的。20世纪80年代中期至90年代初期是民间金融发展的兴盛时期,其强大的冲击力和旺盛的生命力给中国民间经济注入了强大的推动力。此时参加融资的范围也超出了民间经济,有些公有制企业也参与民间融资活动。但是,1992年以后至20世纪90年代中期,由于国家货币政策从紧,国家对民间金融活动控制较严,民间金融便转入地下活动。④

不过,即使在民间金融兴盛时期,政府也没有给予其合法的地位。非公有制的金融组织被视为"二等公民"、"私生子"。但实际情况是,没有它们的存在,就没有私营经济和个体经济的发展,因此根据实际情况,部分民间金融被视为合法的存在。

民间金融与"地下经济"密切相关。地下经济在国民收入中所占的比重在改革开放后急速增加。根据夏兴园等的推算,其比重1978年为0.07%,1979年为5.93%,1980年为9.4%,1981年为8.93%,1982年为6.12%,1983年

---

① 刘文朝:《农村民间信用市场的分析与对策》,《农村经济问题》1996年第10期,第44、45页。

② 万安培:《整治民间高利贷需要转变思路》,《中南财经大学学报》1997年第2期,第52页。

③ 姜旭朝:《中国民间金融研究》,山东人民出版社1996年版,"前言"第2页。

④ 姜旭朝:《中国民间金融研究》,山东人民出版社1996年版,第2、3页。

为9.27%,改革开放初期为10%以下。其后,1985年为10.33%,1986年为16.14%,1987年为25.59%,1988年为33.79%,1989年为29.01%,有了迅速的增加。支撑着地下经济发展的正是民间金融(包括高利贷)。① 2004年12月26日《朝日新闻》转载了《中国证券报》的有关中国"地下银行"的报道。据此,2003年中国非法民间金融"地下银行"的交易规模达7400亿～8100亿元,这相当于正规的银行交易的约30%。没能从国家金融机构得到贷款的中小企业和个人依赖高利率的地下银行(民间金融)的比例仍然很高。

姜旭朝将民间金融业分类为广义和狭义两个不同层次来理解。②

狭义的民间资金是指:(1)居民以储蓄存款形式表示的对国家银行和城乡信用合作社的现金要求权;(2)城乡居民手持的货币;(3)个体经济和私营经济所运营的自有资金部分;(4)中国农村广泛存在的合会、典当组织运营资金;(5)农村合作基金会基金。

农村合作基金会与民间合会是有区别的。民间合会是个人发起的民间组织,而农村合作基金会则明显带有地方政府作用的色彩。

广义的民间资金包括上述的狭义民间资金,加上所有的非公有制名下组织所拥有、运营的资金。外国投资不包括在内。因此,广义的民间资金就是把股份制企业的除国有的、法人的以及外资以外的所有属于私有资财的资金部分包括在内。据姜旭朝所述,民间资金的主要来源是居民借贷、农村合作基金会、私人钱庄。

下面将民间金融组织分为狭义和广义加以论述。狭义的民间金融组织指的是个人间的借贷(互助会)和私人钱庄等地下金融组织的借贷。私人钱庄一部分是有组织的钱庄,但绝大多数属于个人经营。广义的民间金融则有合会组织及其活动、社会集资活动、高利贷活动、一般居民之间的借贷活动、农村合作基金会的业务活动、民间典当行业的活动等。

在民间金融存在、发展的情况下,并没有关于民间金融的明确规则,民间金融没有得到合法地位,存在管理上的矛盾。但实际上民间金融对当地经济的发展有促进作用,因此地方政府对民间金融采取不闻不问的态度,对个别民间金融项目甚至采取支持的态度。③

---

① 姜旭朝:《中国民间金融研究》,山东人民出版社1996年版,第17、18页;刘少波:《我国目前的民间信用研究》,《暨南学报》(哲学社会科学版)1999年第1期,第10页。

② 姜旭朝:《中国民间金融研究》,山东人民出版社1996年版,第11、12页。

③ 姜旭朝:《中国民间金融研究》,山东人民出版社1996年版,第48、78、79页。

民间金融还显著地出现在农业合作基金会中。自1986年,四川、黑龙江、江西、江苏等地的乡政府组建了多种形式的集体金融组织,如农村合作基金会、集资站、互助储金会等。四川省1988年7月开始大办合作基金会,不到半年时间,建立乡(镇)合作基金会1879个,集资1.3亿元,全省已有71%的县建立了基金会。所谓农村合作基金会,实际上是乡(镇)政府为逃避农业银行和信用社的信贷限制办起的"第二信用社"。一般由乡长、农经站长兼任合作基金会理事长,并采用行政手段挖走农村信用社的存款,将原来的农业用资金挪用于利益高的非农业投资。①

地方政府出于"肥水不流外人田"的考虑,想到把当地的资金存到当地政府主办的"农村合作基金会",以便能够在当地使用。农业银行和农业信用社的存款置于中央的管理下,因此各地方政府试图将其作为当地专用款。在中央政府紧缩银根时,地方政府直接管辖的这种"农村合作基金会"便活跃起来。这是中央与地方的矛盾。根据陶建平所述,按国家有关规定,地方农业行政部门是农村合作基金会的主管部门,人民银行依法对基金会进行监督。但实际上却由乡镇机关和村委会全权管理,造成基金会法人地位不明确,致使人民银行实施监管执法时极易与地方政府和主管部门发生摩擦。② 地方政府的力量似乎比人民银行强。在著名的刊物《农村经济问题》中可以看到一些附有图片的农村合作基金会的广告。其具有代表性的基金会有河南省项城市农村合作基金会。该杂志1995年第8期、1996年第6期的封底刊登了附有照片的广告。项城市农村合作基金会的名誉会长由该市副市长兼任。③

改革开放后农村合作基金会最初出现于1984年,其后于20世纪90年代有了急速增加。到1994年年底,全国建立乡(镇)农村合作基金会17823个、村级农村合作基金会41137个,年末已聚集资金454亿元。④ 1997年年底,全国已有2万多个乡镇和近4万个村建立了合作基金会。其资金来源构成中,

---

① 吴强:《中国:农村金融改革和发展》,中国财政经济出版社1990年版,第116～117页。

② 陶建平:《论农村合作基金会在我国农村金融中的定位》,《农业经济问题》1998年第2期,第24～25页。

③ 《农业经济问题》1995年第8期,封底。

④ 曲国庆、刘成旭:《试论农村合作基金会的发展与完善》,《农业经济问题》1996年第4期,第36页。

个人股金占了 70%～80%,村社集体股金比例下降到不足 5%。①

1999 年农村合作基金会被撤销,但在部分地区转入地下经营。②

二、民间信贷市场的发展

(一)民间借贷利率

民间借贷利率一般比高利贷低,比银行、信用社高。

20 世纪 90 年代中期,银行、信用社的官方利率半年期为 10.08%。而民间借贷的月息较高,为 20%、30%、40%,其中也有月息达 50% 的地方。③ 根据《经济日报》(1996 年 11 月 29 日),民间借贷的利率多为 30% 以上,比国家规定的利率高出几倍。

1986 年,黑龙江省有关部门就私人借贷问题调查了 7 个乡镇,在总户数 3469 户中,有 13.8% 的农户利用了私人借贷。借贷总额为 62.7 万元,其中年利率在 40% 以上的有 25 万元。这 25 万元高利贷中,年利率 40%、50%、60%、70%、80%、90% 的分别占 17.2%、70%、1.8%、2.6%、8%、0.4%。据河北省保定市 90 余起高利贷调查,最低月息为 3.66%,最高的为 200%,绝大部分利率在 20%～90% 之间。④ 1990 年全国约有 20% 的人利用了民间借贷。

根据万安培的论述,江西省农村社会经济调查队 1993 年对赣州地区随机抽取的 105 个农户的调查表明,高利借贷月息为 5% 的占 45%,月息 6% 的占 14.3%,为同期银行利息的 3～4 倍。湖北省某市小河镇 15 个村的 243 起民间借贷中,月息 3% 的 71 起,占 30.3%,月息 3%～10% 的 149 起,占 67.7%,月息 10% 以上的 14 起,占 6%。四川万县市农行的调查也显示,20 世纪 80 年代中后期民间借贷利率一般为月息 5% 左右。但进入 20 世纪 90 年代,特别是在 1994—1995 年间,月息普遍已涨至 10%～20%,甚至有高达 100%～

---

① 许施智:《试论我国农村合作基金会发展演变过程中的政府作用》,《金融科学》1998 年第 1 期。

② 《金融时报》2006 年 4 月 3 日。

③ 刘文朝:《农村民间信用市场的分析与对策》,《农村经济问题》1996 年第 10 期,第 46 页;朱德林:《从市场经济的角度审视民间金融市场的发展》,《财经研究》1993 年第 3 期。

④ 黄苇町:《中国的隐形经济》,中国商业出版社 1992 年版,第 228、229 页。

130%的,高出银行贷款利率100多倍。①

(二)民间借贷与高利贷的差异

在各地,许多人认为"民间借贷"与过去苦于高利贷时代的贷款不同。

关于改革开放后在农村自然发生的"民间借贷"的变迁史,我们已经作过概述。各地政府费尽心思把"民间借贷"作为与高利贷不同的借贷方式。例如,1984年1月,陕西省人民政府就民间借贷与高利贷的差别发出了如下通知。"划分民间正常借贷和高利贷,可以按信用社最高放款的1倍,即以月息一分八厘为界线。超过界线的,均以高利贷论处,轻者,降息退息,重者还要没收本金。"②

1984年2月,农业银行总行转发陕西省人民政府的通知,供各地研究参考。1984年5月,农业银行总行发出了《关于农村自由借贷情况的通报》。根据该《通报》,借贷利率大体有3种类型。一是亲友帮助、邻里互助,以无息、低息或略高于信用社利率,帮助解决生产、生活困难。这种借贷是互助互利的资金融通,它占了农村民间自由借贷总数的40%。二是部分社员从事种植业、养殖业、加工业生产或因儿女婚事、建房等资金不足而借钱解决急需,其利率一般为月息2分(2%)左右,有些则达到3分(3%)。这种类型约占农村借贷总数的40%。三是高利贷,收取高于国家规定的几倍或近10倍的利息,这种类型约占借贷总数的20%。③

从农业银行总行的《通报》可以看出,高利贷的定义是,借贷的利率超过或者变相超过国家规定的利率,即构成高利贷。就是说,利息的比例是最重要的,而借贷形态等没有得到多大重视。1996年,全国法院审理的民间借贷纠纷案件已突破50万件。④ 其主要原因是借贷手续、合同不完整问题及利息高出银行借贷利息4倍以上问题、私人地下银行等。关于高利借贷,1991年7月2日,最高人民法院在《关于人民法院审理借贷案件的若干意见》中的第6条规定,"民间借贷的利率可以适当高于银行的利率。但最高不得超过银行同

---

① 万安培:《整治民间高利贷需要转变思路》,《中南财经大学学报》1997年第2期,第52页。

② 徐唐龄:《中国农村金融史略》,中国金融出版社1996年版,第384页。

③ 徐唐龄:《中国农村金融史略》,中国金融出版社1996年版,第384、385页。

④ 戴建志:《民间借贷法律实务》,法律出版社1997年版,第4页。

类贷款利率的4倍"。① 1986年1月颁布的《中华人民共和国银行管理暂行条例》明确规定严格禁止私人金融机构存在。将1991年的民间金融利息与银行利息相比,允许最高4倍的规定是很大的变化。这是逐步走向市场经济的非计划经济与以往的计划经济的摩擦日趋显著之时,保护以政府的"计划"为主的金融部门的银行法与作为实体的市场经济的发展所带来的民间金融活动之间的攻守。1986年,国务院发布了禁止私人金融活动的《中华人民共和国银行管理暂行条例》。这一年,不仅个人之间的借贷活动,四川、江西、江苏等地的乡政府都有组织地积极展开了集体金融活动,即组建前述的农村合作基金会、集资站、互助储金会等。这也是个人金融及这些组织向银行、信用社提出挑战的时期。②

(三)农户利用民间借贷额

农户利用的民间借贷有两种类型。一类是信贷,来自农业银行、农村信用社的贷款。另一类是民间借贷。

1984—1990年的农户利用贷款额如表9补-3所示。从该表可知,1986年以后,其重心已经从正规的信用贷款机构(银行、农村信用社)转到民间信贷。民间信贷的规模也于1996年急速扩大,达到了3000亿元。

进入21世纪以后,民间借贷的势头并未减弱。2003年中国农村个人借贷现象非常普遍,据有关部门对15个省的24个县市的41个村的调查,95%的村发生过个人借贷。③

---

① 戴建志:《民间借贷法律实务》,法律出版社1997年版,第164页。
② 吴强:《中国:农村金融改革和发展》,中国财政经济出版社1990年版,第115、116页。
③ 朱泽:《我国地下金融发展状况和治理对策》,《南方农村》2003年第5期,第12页。

表 9 补-3　农户利用贷款额

单位：亿元人民币

	1984年	1985年	1986年	1987年	1988年	1989年	1990年	1993年	1994年	1995年	1996年
农业银行、农村信用社的贷款额	373.3	373.95	333.49	440.05	424.42	313.79	424.23				
民间信用贷款额	256.22	304.76	379.79	448.12	595.07	686.65	659.77	300[①]	500[②]	700~1000[③]	3000[④]
总额	629.52	678.71	713.28	888.17	1019.49	1000.44	1084				

资料来源：徐笑波等：《中国农村金融的变革与发展 1979—1990》,当代中国出版社 1994 年版,第 219~220 页。该民间贷款额是中国农业银行对全国 2 万家农户进行的家庭经济调查所得到的户均民间信贷借款额乘以 1984—1990 年各年度农户数的数值。据说民间贷款在沿海地区农村盛行,因此存在地区差距,而且出于没有公开的民间金融的特性,很难得到准确的数值。但可以看到其动态。

①万安培：《整治民间高利贷需要转变思路》,《中南财经大学学报》1997 年第 2 期,第 52 页。

②刘文朝：《农村民间信用市场的分析与对策》,《农村经济问题》1996 年第 10 期,第 44 页。

③万安培：《整治民间高利贷需要转变思路》,《中南财经大学学报》1997 年第 2 期,第 52 页。刘文朝：《农村民间信用市场的分析与对策》,《农村经济问题》1996 年第 10 期,第 44 页。

④戴建志：《民间借贷法律实务》,法律出版社 1997 年版,第 1 页。

第十章

新阶段的侨汇与新移民、个人外币存款与中国银行

第一节　外币存款与中国银行

如前所述，20世纪50—60年代的侨汇每年都有1亿～2亿美元。其后的"文革"期间至改革开放开始的侨汇情况已在以上各章作了论述。至改革开放后的20世纪90年代中期的侨汇及个人外币存款也已作了阐述。

20世纪90年代后半期以来进入了侨汇及与侨汇密切相关的个人外币存款迅速增加的新阶段。本章拟就这一阶段的情况进行论述。

一、作为外汇银行的中国银行

在1949年以前的旧中国时代，中国银行是国际汇兑银行，总管理处设在上海。1949年新中国成立以后，中国银行总管理处迁往北京。1953年10月，中央人民政府指定中国银行为外汇专业银行，直属中国人民银行领导。[①]为此，中国银行具有对外汇的统一经营和集中管理两个职能。1979年3月，出于对外开放政策的需要，经国务院批准，中国银行从中国人民银行分设出来，成为国务院的直属机构。国务院同时成立国家外汇管理总局，对外挂中国银行和国家外汇管理总局两个牌子，继续履行对外汇实行统一经营和集中管理两个职能。[②]

中国银行是国家外汇专业银行。1979年以后，中国银行贯彻对外开放政策，积极开展国际金融活动。在经营外汇买卖业务、筹集利用外国资金、扶植

---

①　《中国金融年鉴1986》，中国金融出版社1987年版，第Ⅱ-10页。
②　范迪奎、李若虹、孙江：《中国银行与企业》，中国金融出版社1989年版，第3页。

出口生产和引进先进技术设备、支持对外贸易发展和办理国际结算、执行侨汇政策和增加侨汇收入等方面发挥了重要的作用。①

就是说,管理侨汇的专业银行(尤其是国内)是中国银行,这种状况一直持续到改革开放后不久。中国银行出于业务的需要,设置了国内和海外分支机构。截至1985年年底,中国银行的国内机构为344个,其中总行1个,分行65个,支行153个,办事处125个。这些分支机构主要分布在各大中城市、主要口岸和侨乡。

1985年,中国银行在伦敦、纽约、新加坡、卢森堡、巴黎、悉尼、东京及香港、澳门等有310个分支机构、1万名职工。此外,该行还与世界上152个国家和地区的1235家银行的3461个总行及其分支机构建立了业务代理关系。这对中国与这些国家和地区的贸易、非贸易结算及其他经济往来提供了方便。②

1980年12月18日发布的《中华人民共和国外汇管理暂行条例》第3条规定,"中华人民共和国经营外汇业务的专业银行为中国银行"。③ 这样,当时只有中国银行拥有经营外汇(含外币)业务的权利。

从1987年起,外汇业务的经营引进了竞争机制,逐渐改变了中国银行独家经营外汇业务的局面。1996年,中国的大部分银行都经营外汇业务。④

二、个人外币存款与中国银行

中国银行的外汇经营业务内容与其他银行不同。如国家外汇管理局发言人的关于"国内居民因私兑换外汇"的发言(1996年5月)中所言,境内居民因私兑换外汇只授权中国银行一家办理。中国银行是较早从事外汇业务的银行,在外汇业务操作方面有着丰富的经验。海外的分支机构和代理行不断增多,汇兑与结算相对方便、快速。为此,1996年春中国银行仍然是境内居民兑换外汇的唯一指定银行。⑤

但是,随着外汇体制改革的不断深化,境内居民因私兑换外汇的业务将会

---

① 张亦春:《中国金融改革沉思录》,中国社会科学出版社1994年版,第479页;尚明:《新中国金融五十年》,中国财政经济出版社2000年版,第75页。

② 《中国金融年鉴1986》,中国金融出版社1987年版,第Ⅱ-11页。

③ 殷介炎、凌则堤、宋海鹏:《中国外汇管理与经营概览》,经济管理出版社1993年版,第517页。

④ 《中国金融年鉴1997》,中国金融年鉴编辑部1997年版,第14页。

⑤ 《中国金融年鉴1997》,中国金融年鉴编辑部1997年版,第18页。

逐步(从中国银行)放开到其他银行。① 但可以说,至少在1996年之前中国银行办理了境内居民个人外币存款的很大一部分业务。

表10-1列出了中国银行的外币存款额,表10-2是1997年以后全国外币存款额的变动情况。

表10-1 中国银行的外币存款额

单位:亿美元

年份	合计	其中企业等	其中个人外币存款
1991	192.37		44.32
1992	237.35		60.97
1993	279.79		91.15
1994	266.2		118.36
1995	294.136		137.81
1996	322.536		152.919
1997	353.12	178.11	175.01
1998	426.47	184.75	241.72
1999	498.11	163.21(企业存款)	319.93(储蓄存款)
2000	607.129	180.44(企业存款)	410.04(储蓄存款)
2001	637.86	163.39(企业存款)	458.87(储蓄存款)
2002	696.82	175.38(企业存款)	506.21(储蓄存款)
2003	659.34	160.60(企业存款)	482.42(储蓄存款)

注:根据《中国金融年鉴》1999年版(第463页),1998年度中国银行(各地)的个人外币存款额为241.72亿美元,外币存款合计额为426.47亿美元。关于其来源,就各项外币存款总额(第462页)来看,"储蓄存款"为241.72亿美元,与个人外币存款额相同。可以认为,"中国银行各地区外币存款余额"表中的"个人存款"额与"中国银行外汇资金来源"表中的"储蓄存款"额是相同的意思。

另外,《中国金融年鉴》2000年版以后便没有标明个人外币存款额。但根据《中国金融年鉴》2000年版以后的"中国银行外汇资金来源"表中的内容及《中国金融年鉴》1999年版的上述内容,1999年以后"中国银行各地区外币存款余额"表中的"储蓄存款"可以理解为"个人存款"。

资料来源:《中国金融年鉴》,中国金融年鉴编辑部1992—2004年各年版。

---

① 《中国金融年鉴1997》,中国金融年鉴编辑部1997年版,第18页。从表8-6可知,20世纪80年代末福建省的个人外币存款中约20%由工商银行经办。

表 10-2　全国外币存款额(1997 年 12 月—2004 年 6 月)

单位:亿美元

年月	合计	其中个人外币存款	其中企业存款等		
				企业存款	信托等
1997 年 12 月	767.5	291.4	475.3	374.8	101.3
	[586.9]	[268.3]		[277.1]	
1998 年 6 月	805.4	350.4	455.0	365.1	89.9
	[628.2]	[321.1]		[272.0]	
1998 年 12 月	884.7	412.5	472.3	384.6	87.7
	[702.3]	[376.6]		[290.2]	
1999 年 6 月	921.8	470.1	451.7	377.6	74.1
	[741.6]	[428.7]		[285.2]	
1999 年 12 月	1031.7	553.5	478.2	398.0	80.2
	[829.1]	[501.1]		[295.7]	
2000 年 12 月	1283.0	730.0	553.0		
2001 年 6 月	1340.0	760.0	580.0		
2001 年 12 月	1349.0	816.0	533.0		
2002 年 5 月底	1436.3	855.4	580.9	488.7	
2002 年 12 月底	1506.7	893.6	613.1	515.8	97.3
2003 年 6 月底	1510.6	908.6	602.0	501.7	
2003 年 12 月底	1487.1	855.1	631.9	519.3	
2004 年 6 月底	1510.7	803.6	707.1	569.2	

注:1997—1999 年的外币存款是国内金融机构的外币存款。其中包括中国工商银行、中国农业银行、中国银行、中国建设银行、国家开发银行、中国进出口银行、交通银行、中信实业银行、中国光大银行、华夏银行、广东发展银行、深圳发展银行、招商银行、上海浦东发展银行、福建兴业银行、中国民生银行、城市商业银行、财务公司、信托投资公司、租赁公司。

[　]内的数值系中国银行、中国工商银行、中国农业银行、中国建设银行、国家开发银行、中国进出口银行 6 家银行的外币存款额。参照《中国金融统计(1997—1999)》,第 95 页。

资料来源:《中国金融统计(1997—1999)》;赤间、御船、野吕等:《关于中国的外汇制度》,《日本银行调查月报》2002 年 5 月号;《中国金融年鉴 2002》,中国金融年鉴编辑部 2002 年版;《金融时报》2004 年 1 月 16 日、7 月 14 日;等等。

从表 10-1 可以知道中国银行的个人外币存款额有了很大的增加。表 10-2 的中国整体金融机构外币存款状况也一样,个人外币存款从 1999 年 12 月的 554 亿美元增至 2000 年的 730 亿美元,增加了 176 亿美元[①],增长率为 32%。2001 年 12 月的个人外币存款额增加到 816 亿美元,比年初增加 82 亿美元。[②]

表 10-2 是中国国内金融机构的外币存款额,括号内的外币存款额是中国银行等 6 家银行的个人外币存款额。从该表可知,6 家银行占了 90% 以上,其中中国银行占了大多数。从该表 10-1、表 10-2 来看 1997 年以后的情况,中国银行的外币存款额占了整体的一半以上。仅就个人外币存款额来看,中国银行占了 1997 年全部个人外币存款额的 60%。其后中国银行在全部个人外币存款额中,1998 年占 58.6%,1999 年占 57.8%,2000 年占 56.2%,2001 年占 56.2%。

除了中国银行以外,办理个人外币存款的主要银行还有中国工商银行和中国建设银行(表 10-3)。中国工商银行的个人外币存款额虽然远远不及外汇专业银行中国银行,但仅就 1997 年以后的情况看,至 2000 年中国工商银行在全国个人外币存款额中所占的比重略高于 18%。因此,1997 年以后中国银行和工商银行两行的个人外币存款占了整体的 75% 左右。建设银行的个人外币存款额虽然比工商银行少,但也在增加。建设银行的个人外币存款额 1995 年超过了 10 亿美元,1997 年以后占了整体的 7% 左右。

中国银行、中国工商银行、中国建设银行 3 行 1997 年以后占了全部个人外币存款额的 81% 以上。在这 3 行中就个人外币存款的动向来看,起到重要作用的无疑是外汇专业银行——中国银行。20 世纪 80 年代自不待言,20 世纪 90 年代中期之前个人外币存款额也比其他银行多。

进入 21 世纪以后,除了上述 3 行以外,招商银行、广东发展银行、上海浦东发展银行等的个人外币存款额逐年增加。如下文所述,企业的外币存款额虽有增减,但私人的外币存款在 2003 年之前不断增大,其后也达到了 800 亿美元。为此,各银行均致力于个人外币存款的获得。

[①] 《中国金融年鉴 2001》,中国金融年鉴编辑部 2001 年版,第 7 页。
[②] 《中国金融年鉴 2002》,中国金融年鉴编辑部 2002 年版,第 4 页;陆世敏、戴国强:《2002 中国金融发展报告》,上海财经大学出版社 2002 年版,第 392 页。

表 10-3　中国工商银行、中国建设银行的外币存款(储蓄存款)情况

单位:亿美元

年度	中国工商银行		中国建设银行	
	外币存款	其中个人外币存款	外币存款	其中个人外币存款
1987	3.12			
1988	6.40	2.80	3.10	
1989	12.80	5.47	5.60	
1990	26.10	9.50	11.08	1.35
1991	36.30	13.40	13.94	2.02
1992	54.80	18.20	28.57	3.01
1993	73.00	26.30	44.87	5.12
1994	86.40	36.00	48.82	7.96
1995	104.90	42.50	56.45	11.69
1996	112.80	47.70	61.97	15.20
1997	120.44	54.78	70.39	19.75
1998	147.28	77.24	77.31	28.93
1999	177.93	102.36	90.49	40.47
2000	230.08	132.59	114.08	56.47
2001	237.94	142.37	117.05	60.44

资料来源:《中国金融年鉴》,中国金融年鉴编辑部 1989—2002 年各年版。

　　从各地区看全国金融机构的个人外币存款,1997—1999 年期间代表性侨乡广东省尤为突出,每年占整体的 22% 以上,福建省占 5% 左右。一直处于建设高潮的上海在 16% 左右,北京占了 17% 左右。①

　　可以认为,个人外币存款额的骤增与侨汇的增加密切相关。例如,根据《中国金融年鉴 2002》,2001 年国际收支经常转移项目顺差为 84.92 亿美元,同比增长 34.6%。经常转移项目顺差保持逐年增长的主要原因在于中国居

---

①　《中国金融统计(1997—1999)》,中国金融出版社 2000 年版,第 97 页。

民获得的侨汇收入逐年增加。① 2002年,国际收支经常转移顺差规模达到129.84亿美元,其主要原因也是来自境外的侨汇收入快速增长。② 海外华侨华人、海外同胞对中国国内亲属的汇款(包括携入的现钞)大量地流入。包括部分参与资本市场等,侨汇在中国国内的流动性正在加强。

下面来看看企业的外币存款。从列出全国外币存款额的表10-2来看企业等的外币存款额,自1997年12月,其增长率很低。1997年12月至1999年的企业存款等外币存款额不断有小幅增减波动,但没有大的变化。2000年12月比前一年增加75亿美元,但一年后的2001年年底降到了比前一年年底低533亿美元。其后,自2002年开始,企业存款等外币存款趋于增加,但2003年6月之前与个人外币存款的差距并未缩小。

1997年以后企业的外币存款动向从表10-1的中国银行外币存款变化也可看出。中国银行的企业等外币存款额呈现出与表10-2中的全国的企业等外币存款同样的动向。

全国的外币存款情况在1996年以前似乎没有公布。作为替代资料,可以利用中国银行的外币存款状况。尤其是中国银行公布的个人外币存款额,可以认为其表明了20世纪90年代之前的全国的状况。如上所述,其原因在于20世纪90年代初期之前中国银行是中国国内居民兑换外币的指定银行。

三、企业的外汇管理与外币存款

1994年1月1日双重(多重)汇率制改为"有管理的单一汇率制",此后,便取消了企业的外汇留成制、上缴国库及企业能够使用的外汇额度管理制度。

就国内企事业单位的经常项目外汇收入来看,关于按国家规定批准的留成外汇部分,除了可以在指定银行开立外汇账户之外,所有外币都必须按国家外汇牌价卖给外汇指定银行。

1994年1月以前企业的贸易及非贸易外汇收入,关于按国家规定批准的外汇留成以外的部分,必须通过办理外汇业务的银行卖给国家,国家给予企业外汇额度。

自1997年10月15日,核定每个企业可保留外汇的最高金额不得超过其

---

① 《中国金融年鉴2002》,中国金融年鉴编辑部2002年版,第85、86页。

② 《中国金融年鉴2003》,中国金融年鉴编辑部2003年版,第88页。

上年进出口总额的15%。① 企业的外币存款额即使从表10-1和表10-2来看，其增长率也不大。而同样从表10-1和表10-2来看，个人外币存款额却在增加。尤其是2000年一年期间的个人外币存款急速增加，其中中国银行增加90亿美元（比前一年增加28%），全国增加176亿美元（比前一年增加31.9%）。其前后年的个人外币存款额也持续增加。

个人外币存款额的增加拉动了整体外币存款的增加。

四、外币存款骤增与个人外币存款

如何理解上述的个人外币存款的持续骤增是至关重要的。如果没有对这一点加以分析，就不可能理解中国的国际收支和外汇问题。

就中国的外币存款骤增的主要原因来看，《日本银行调查月报》（2002年5月号）的赤、御船、野吕的论文《关于中国的外汇制度》举出了以下3点：(1)由于自1996年数次降低利率，1998年前后开始人民币存款利率便低于美元存款利率，居民的外币持有热情普遍提高；(2)1997年1月以后，当地企业的外币持有限制得到部分放宽；(3)在亚洲金融危机（1997年）所致的出口停滞等背景下，人民币贬值预期加强了。②

(1)的外币存款利率与人民币利率的差距对外币存款额造成影响应是主要因素之一。2001年年底居民外币存款额为816亿美元，比同年初增加了82亿美元，但2000年已比前一年增加176亿美元，达730亿美元。2001年居民外币存款的增长率比2000年下降了很多，根据《中国金融年鉴2002》，其原因在于境内外币存款利率连续9次下调。③ (2)的企业外汇留成即使从企业外币存款的数额来看，也不是很大的因素。但从结构上看，基于上述各种原因，指出"内外利率差（人民币和美元的利率差）开始对中国的国际收支产生影响"是正确的。从表10-1、表10-2的个人外币存款额的变化可以知道，个人外币存款的增加是其决定性的因素。而且，海外华侨华人携带回国或从多渠道带入中国国内的外币与居民私人外币密切相关。

个人外币存款的增加与居民私人外币管理体系有很大的关系。下面就这一点加以论述。

---

① 《中国金融年鉴1998》，中国金融年鉴编辑部1998年版，第52页；《外汇管理法规解释和说明》，中国民主法制出版社1998年版，第6,7页。

② 《日本银行调查月报》2002年5月25日，第166页。

③ 《中国金融年鉴2002》，中国金融年鉴编辑部2002年版，第4页。

(1)1996年12月中国通过接受国际货币基金组织(IMF)协定第8条款，放开了对个人经常项目下的外汇管制，个人经常项目下外汇收付，汇入、汇出不加限制，并保证供汇。关于个人外汇管理，由于未进行经常项目和资本项目的划分，实际上个人外汇收支均被视为经常项目外汇收支，使得不法分子利用非法手段，以汇率差额套汇、逃汇。①

这些情况将在第二节中加以论述。它与侨汇从20世纪末开始骤增的主要因素密切相关，即：许多侨汇作为个人外币存款不断流动。

(2)自2001年2月19日，境内居民个人可以使用境内现汇存款和外币现钞存款购买针对外国投资者的B股。2001年6月1日前，境内居民个人只能使用在2001年2月19日(含2月19日)前已经存入境内商业银行的现汇存款和外币现钞存款，以及2001年2月19日以前已经存入境内商业银行、2001年2月19日后到期并转存的定期现汇存款和外币现钞存款，从事B股交易；2001年6月1日后，境内居民个人可以使用2001年2月19日后存入境内商业银行的现汇存款和外币现钞存款以及从境外汇入的外汇资金从事B股交易。②

就是说，居民私人的外币已经能够参与资本市场。居民私人出国(境)前可以购买的外币限额也于2003年9月1日得到大大的放宽。即：相对此前的2000美元(前往香港、澳门等为1000美元)，如果出境时间在半年以内的，每人每次可向银行购汇等值3000美元；出境时间在半年以上的，每人每次可向银行购汇等值5000美元。9月1日以后，自费留学人员的供汇范围由2003年以前的大学预科以上(含预科)人员扩大到所有出境学习人员。③

(3)个人外币存款额从20世纪80年代中期开始一直在增加，这从中国银行的个人外币存款额可以知道(参照第八章第二节)。中国银行的个人外币存款额于1993年达到91亿多美元，1996年超过150亿美元，达到152.9亿美元，1998年已经达到了241.7亿美元。与此相关的法律当然会制定。在1996年12月中国接受国际货币基金组织(IMF)协定第8条款，取消经常项目下的所有外汇兑换限制，放开个人经常项目下的外汇管制的背景下，20世纪90年代中期个人外币存款开始骤增。在中国国内，法律也明确规定对个人外币存

---

① 《外汇管理法规解释和说明》，第49页。
② http://www.safe.gov.cn/News/N24.htm.
③ 详见《国家外汇管理局关于调整境内居民个人经常项目下购汇政策(国家外汇管理局新闻通稿2003年9月1日)》，http://www.safe.gov.cn/News/N198.htm.

款进行保护和管理,即,1996年5月国家外汇管理局公布了《境内居民因私兑换外汇办法》,1996年6月中国人民银行颁布了《结汇、售汇及付汇管理规定》,1996年12月国家外汇管理局、海关总署印发了《关于对携带外汇进出境管理的规定》。

2001年12月,中国加入WTO,为了应对新的形势,方便境内居民个人用自有人民币购买外汇,规范境内居民个人购汇管理,改变一家银行垄断个人购汇业务的状况,中国国家外汇管理局于2002年7月26日下发了《境内居民个人购汇管理实施细则》。[①]

如上所述,中国的个人外币存款自20世纪90年代中期急速增加,而外币存款增加则始于20世纪80年代中期。此后出现了与国际市场接轨所致的国内外利率差扩大、部分个人外币存款参与资本市场、带往海外的外汇额度趋于增加等情况。

此外,表10-2的个人外币存款额自2003年下半期开始减少。这可以认为部分个人外币存款流入股票投资等资本市场,或追求内外利率差而转移存款等。可以认为,其背景除了与全国经济相关的长期的"三农"问题和就业问题之外,还有新出现的固定资产投资的骤增、政府对导致钢铁及建筑业等部分产业过热投资的金融贷款结构进行金融宏观调控所带来的影响。[②]

第二节 侨汇与新移民

改革开放后不久侨汇急速增加,但20世纪80年代前期就已经开始减少,而且减少幅度很大,这种情况一直持续到20世纪90年代。进入20世纪90年代后侨汇才开始增加,但初期的增加速度比较缓慢,到了20世纪90年代后期才急速增加(请参照图1-1、表1-1)。尤其是进入2000年以后,仅半年时间侨汇就超过了20亿美元,2003年仅前半年就超过了55亿美元。

在1970年之前,侨汇额每年都是1亿~2亿美元。计划经济时代难以想象的巨额侨汇在改革开放后(尤其是进入21世纪后)大量流入。

---

① http://www.pekinshuho.com/2002-32/32-2.htm.
② 《如何看待中国经济》,《北京周报》(电子版)2004年第19期;《周小川谈基本保持金融紧缩》,《北京周报》(电子版)2004年第35期。

一、2000年后的侨汇骤增及其背景和主要原因

如表10-4所示,自2000年开始侨汇急速增加。20世纪50年代、60年代的侨汇每年在1亿~2亿美元之间,因此20世纪90年代后期开始的侨汇增多引人注目。特别是2000年前半年有21亿美元的侨汇流入,其后侨汇便有大幅度的增加。2000年以后公布的侨汇额迄今为止都是半年期间的数额。从2003年之前的半年期间的侨汇额来看,可以知道侨汇占了国际收支经常转移顺差额的约70%。

表10-4 全国的侨汇额和经常转移顺差额(2000—2003年各上半年)

单位:亿美元

	2000年上半年	2001年上半年	2002年上半年	2003年上半年
国际收支经常转移顺差额	28.73	34.76	57.32	75.13
其中侨汇额	21	26	42	55.52

资料来源:《金融时报》2001年10月31日、2002年10月18日、2003年10月17日。

侨汇历来有很强的季节性。就是说,海外华侨华人习惯在每年一次的重大节日春节给中国国内亲属汇钱或寄贵重物品,现在仍有这种习惯。但在经济发展显著的中国沿海地区(侨乡大部分在广东、福建、浙江等沿海地区),由于改革开放的进展,可以不必依赖侨汇赠家的侨户越来越多,海外华侨华人向国内亲属的汇款也成了其他目的的汇款。既有人为了回国后的生活而向本国汇款,也有人用于在本国放贷,还有人为了偿还出国借款而汇款。

自20世纪90年代末,美国和日本政府开始对中国政府施加人民币升值的压力,在期待人民币升值的投机性外资流入中,应该说侨汇也受到了利用。也有一些侨汇被用于投资,即使用境内外币现钞存款购买B股。[①]

根据2001—2003年的国际收支状况的说明,"侨汇的大幅增长是经常转移顺差增长的主要原因"。[②] 这里从国家外汇管理局的《2002年上半年我国国际收支情况分析》来看看这种情况。"2002年上半年,经常转移顺差规模达到

---

① http://www.safe.gov.cn/News/N21.htm.

② 南轲:《就今年上半年我国国际收支状况有关问题国家外汇管理局有关负责人答记者问》,《金融时报》2003年10月17日。

57.32亿美元,同比增长65％,大大高于往年水平。这主要是由于我国居民来自境外的侨汇收入增长。上半年我国的侨汇收入达到42亿美元,远远高于上年同期26亿美元的水平。"①2003年仅上半年侨汇收入便达到55.52亿美元。同年上半年的国际收支经常转移顺差为75.13亿美元,比前一年上半年的57.32亿美元增长31％,其主要原因在于侨汇的大幅增加。② 表10-5列出了1996—2003年的中国国际收支经常转移顺差额的变动。在1996年的经常转移(无偿转让)顺差21.29亿美元当中,16.72亿美元是侨汇。侨汇占了经常转移顺差额的78.5％。③ 其后,1997年开始国际收支表示方式改变,"侨汇"栏不必明确表示了。但可以认为在经常转移顺差额中侨汇额占了很大的比重。根据转载国家外汇管理局的各年度《中国国际收支状况分析》的《金融时报》,2001年、2002年、2003年国际收支经常转移顺差大幅增长的主要原因都是由于侨汇的增加。④

表10-5　中国国际收支经常转移顺差额(1996—2003年)

单位:亿美元

	1996年	1997年	1998年	1999年	2000年	2001年	2002年	2003年
经常转移顺差额	21.29	51.43	42.78	49.43	63.11	84.92	129.84	176.34

资料来源:《中国金融年鉴》,中国金融年鉴编辑部1997—2004年各年版。

国际收支的"经常转移"包括侨汇、无偿捐赠、赔偿等项目。贷方表示外国对中国提供的无偿转移,借方反映中国对外国的无偿转移。分为①各级政府和②其他部门,①的各级政府指国外的捐赠者或受援者为国际组织和政府部门,②的其他部门指国外的捐赠者或受援者为国际组织和政府部门以外的其他部门或个人。⑤

根据《中国统计年鉴2000》,国际收支的"经常转移"所包括的内容有"社

---

① 《上半年我国国际收支状况分析》,《金融时报》2002年10月18日。
② 南轲:《就今年上半年我国国际收支状况有关问题国家外汇管理局有关负责人答记者问》,《金融时报》2003年10月17日。
③ 《中国金融年鉴1997》,中国金融年鉴编辑部1997年版,第458页。
④ 《金融时报》2002年5月10日、2003年5月23日、2004年4月29日。
⑤ http://www.safe.gov.cn/statistics/BOP_20011.htm.

会保险付款、社会补助、侨汇、无偿捐赠、赔偿等"。①

国家外汇管理局在《2002年中国国际收支状况分析》中说明,21世纪后的中国国际收支经常转移的大幅增加表现在中国国内人民币存款利率较高,国内外对人民币汇率稳定的信心增强,甚至出现较强的升值预期,企业和个人从境外调回资金兑换成人民币的意愿较强。② 此外,2003年也延续了同样的情况,侨汇收入仍趋于增加。就是说,人民币升值的压力及预期使来自海外的侨汇增加了。

侨汇原来是海外华侨华人及港澳台同胞因与国内亲属的地缘、血缘关系对家乡的汇款。改革开放后不久急速增加,但20世纪80年代前期开始不断减少,进入20世纪90年代后又开始增加,20世纪90年代后期开始加大了增幅,进入21世纪后持续急速增加。急速增加的原因之一与人民币汇率密切相关。20世纪90年代后半期开始中国制造的威力引起了全世界的注目,实际上人民币也给全世界带来了影响。

在1997年亚洲金融危机前,人们就强烈预感人民币将会贬值,但因金融危机发生后亚洲经济仍然稳定,中国政府明确表明不实施人民币贬值。进入21世纪后,来自日本、美国等的人民币升值压力趋于高涨,甚至发展到2003年8月美国财务部长斯诺访华与中国政府首脑商量人民币升值问题的地步。在2003年9月的亚太经合会议(APEC)和同月的西方7国财长和央行行长会议上也对人民币升值进行了讨论。

适合于所有经济的外汇制度是不存在的,在这些会议上探讨了更加灵活的人民币汇率变动。③ 人民币已经不是一国的金融问题,而成了给世界经济带来直接或间接影响的问题。进入21世纪后,因基于中国经济持续增长的人民币升值预期,出现了国外资金大量流入中国的情况。但在中国,政府(人民银行)一直严格地管理着外币流通。1994年形成了将官方汇率、外汇调剂汇率等多重汇率一体化的"有管理的浮动汇率制度"。④ 这种有管理的浮动汇率设定为中国人民银行规定的在交易基准汇价上下0.25%的浮动范围。⑤

---

① 《中国统计年鉴2000》,中国统计出版社2000年版,第86页。
② http://www.safe.gov.cn/News/N169.htm。
③ 《朝日新闻》2003年8月28日、9月6日、9月22日。
④ 余永定:《消除人民币升值恐惧症》,《北京周报》2003年第39期。
⑤ 龚浩成、戴国强主编:《2000年中国金融发展报告》,上海财经大学出版社2000年版,第353页。

1997年大量对冲基金流入亚洲,导致了亚洲金融危机的发生,但对冲基金和游资未能流入中国。

2003年9月国家外汇管理局发言人接见记者时说道:"一些市场人士根据(2003年)上半年外贸顺差45亿美元、外商直接投资303亿美元,而同期外汇储备增加601亿美元,简单推测有250亿美元的国际短期资本(也有人称之为'热钱')流入中国。这种说法很不准确。"他说,"目前的资金流入较多,除外商直接投资外,主要是因为国内企业和居民个人的资金回流较多,结汇较多。真正属于国际资本市场意义上的'热钱',数量还是非常有限的",并表明"我们对国际短期资本仍然保持着高度警惕"。①

但是,根据腾剑峰的论文《维持人民币汇率稳定与涉侨经济工作的关联》(《华声报》2003年10月17日),中国面临着国内"热钱"的投资压力。根据该论文,应该说"从近期的外汇收支平衡表动态监测以及目前的种种迹象来看,热钱流入中国的现象非常明显"。从该论文可知,2003年上半年,中国对外贸易顺差45亿美元,实际利用外资303亿美元,合计348亿美元。相对于增加的601亿美元的外汇储备,我们可以估计约300亿美元的热钱通过各种渠道流入中国。在外国资本进入证券市场还有诸多限制的情况下,投资将成为资本流入的主要渠道,而利用"侨资"名义进入中国会更加隐蔽和便利。

长期以来,"引进来"一直是中国侨务经济工作的重点,地方侨办更把其作为"有为有位"的重要砝码,引资的热情十分高涨,这就很容易被国外的投机分子或者一些不法华侨华人所利用,成为他们投机人民币升值的特殊手段。这些手段通常有:(1)通过海外华侨华人成立假的合资项目,然后将钱提前到汇,如果人民币升值,立刻想办法套现外逃。(2)一些侨资企业在出口中虚报利润用于结汇,即高报出口额,立即结汇兑换人民币。这种现象在江浙一带已经出现。(3)利用国内侨眷将美元资金分散兑换成人民币存入银行或买进国债进行套利。(4)利用海外华侨华人投资中国的房地产市场。侨胞向来有海外赚钱后回国买房置地的传统,尤其对长三角经济圈的房地产投资令人关注。②

从《瞭望》周刊也可看到,关于中国的热钱情况,网络信息所介绍的专家们

---

① 国家外汇管理局新闻发言人:《就人民币汇率等有关问题答记者问》,http://www.safe.gov.cn/News/ N204. htm。

② 中国侨网:http://www.hsm.com.cn/node2/node116/node1165/node1378/userobject6ai127776.html。

的看法也基本上与腾剑峰论文的观点一致。①

国家外汇管理局负责人根据2003年上半年的国际收支情况,认为受利率和汇率等因素影响,出现了境外资金的内流,不排除出于套利和投机目的的资金流入,从而承认热钱在中国的存在。关于热钱数额,专家估算流动在国内的"热钱"在250亿～400亿美元之间,并没有定数,但热钱在中国已经增加并在流动的情况是不可否认的。中国国内企业和个人在对外结算中使用各种手段,即在出口额中弄虚作假,或故意提前结汇,或以假合资项目用于结汇,为了利用人民币升值,令热钱流入中国国内。以上是对外贸易方面的热钱,而以购入中国国内的股票、债券、房产为目的的热钱的流通量也很多。《瞭望》周刊还记载,中国国内的外币存款也有人民币升值预期所带来的新动向。中国目前有1500亿美元的外币存款,其中有很大部分是个人和企业的外币存款,出于人民币升值预期,卖出美元、转为人民币存款的现象已在一些城市出现。例如在青岛市,2003年上半年企业和个人的外币存款额持续大幅下跌,比年初下降了3115万美元,6月份个人外汇储蓄存款首次出现了负增长。

境外热钱下赌人民币升值以各种形式流入中国国内的股市、债券市场、不动产市场,对此,中国侨网(2003年10月31日)根据《瞭望》周刊的资料,撰文《国际"热钱"流入挑战中国金融监管体制》作了报道。②

由此可以了解到侨汇混在热钱中流入中国股市、债券市场、不动产市场的可能性。事实上侨汇也已进入了一个新的阶段。

二、21世纪各地侨乡的侨汇与新移民

如全国的情况所示,自2000年侨汇一直在迅速地增加。关于这一点,将从汇款地和收款地的代表性地区的情况加以考察。

(一)来自美国(纽约)的侨汇

从20世纪90年代末开始,在纽约华埠多家银行门口总有中国新移民往本国汇款的队列。由于福州新移民增多,纽约华埠国宝银行自1995年年底开设了福州与纽约的汇款专项业务。在1999年、2000年的汇款业务中,福州新

---

① 中国侨网:http://www.hsm.com.cn/node2/node116/node120/node885/node2070/ node2141 userobject6ai 130993.html。

② 中国侨网:http://www.hsm.com.cn/node2/node116/node120/node885/node2070/ node2141 userobject6ai130993.html。

移民占总数的 75% 和 77%，每年将近 2 亿美元款项从纽约国宝银行汇往福州地区。在办理往中国大陆汇款的纽约的银行之间，竞争非常激烈。美国最大的汇款业务机构西联（Western Union）公司原本标准是汇往中国大陆 2000 元以下，收费超过 100 元，但中国银行仅收费 17 元，结果西联公司也对汇往中国大陆的 2000 元以下汇款的收费改为 17 元。①

通过银行从纽约汇到福州的侨汇，办理完汇款手续后 15 分钟，福州的收款人即可在当地邮电局收到汇款。根据《广州侨商报》（2002 年 12 月 30 日），2002 年从纽约汇到中国大陆的 7.5 亿美元的侨汇通过国宝银行、中国银行、国泰银行等汇出。据说汇款人是新、老华侨华人。为了能在春节时寄到中国，年底汇款者在上述银行门口排起了长队。

2003 年通过纽约的银行汇到中国大陆的款额也很多，仅通过国宝银行汇回的款额就达到 2 亿美元。从 2004 年春节期间纽约的银行往中国大陆汇款的情况可以看到同年汇回中国大陆的总金额已超过 10 亿美元。其中，汇往中国福建、广东和浙江的金额最多②，汇款人则主要是堪称美国新移民的中国务工人员。

(二) 福建省明溪县、长乐市、莆田县的侨汇与新移民

"侨乡"指过去前往海外（主要是东南亚）谋生的，被称为苦力、华侨、华工、契约工、猪仔等的"华侨"的出生地。

改革开放后出现了新的"侨乡"。对外开放以后，从侨乡出国投靠海外亲属（华侨华人）的人很多，与此同时，也出现了从以往没有多少华侨华人的地区走出新移民（新华侨）的地方。福建省三明市明溪县即是其中之一。20 世纪 90 年代明溪县有 3169 名农民出国务工，自 1995 年以来他们每年寄回家乡的外汇达 1000 万美元。在该县，为了解决出国农民的资金不足问题，国有商业银行和农村信用社提供贷款，此外，为了适应海外劳务市场的需求，该县开办了烹调、电脑、电工、英语、俄语等培训班，还制定了对出国者保留责任田等优惠政策。③ 2002 年明溪县正在建设中的 400 套楼房约有 80% 的资金依靠海外汇款。2001 年全县农民每人年均纯收入为 3272 元，2002 年增至 3413 元，

---

① 《福建侨报》2001 年 8 月 3 日。
② 《福建侨报》2004 年 2 月 13 日。
③ 《福建侨报》2002 年 5 月 3 日。

对外劳务收入占其中的20%左右。①

明溪县最初的出国务工者是出生于浙江省温州市文成,大约在20世纪70年代末80年代初迁居明溪县沙溪村的胡志明,他于1989年通过侨居欧洲的温州文成人的帮助前往意大利打工。据2002年年底的统计,明溪县6000多名出国人员中,前往意大利的占36%,前往匈牙利的占34%,前往俄罗斯的约占14%。② 20世纪90年代以后明溪县便成了新的侨乡。侨居国是以意大利、匈牙利为中心的欧洲。

福建省长乐市也是侨汇较多的地区。长乐市作为前往美国等的偷渡者输出地而闻名。该市的侨汇收入1991年是1600万美元,1998年增加到了2.3亿美元,如果加上由地下钱庄汇回的,可达到5亿~6亿美元,远远超过了长乐市的财政收入(2.8亿元)。③ 来自长乐的偷渡者大部分是改革开放后出国的。

作为传统的侨乡而闻名的福建省莆田县2002年春人口为110多万人,每百人中至少有1人出国务工。在莆田县埭头镇石城村,自1994年有800人依靠海外亲属到海外打工,至1999年的6年间累计创汇1.6亿元。他们先在老家参加英语培训,然后按正规手续,在太平洋、印度洋上"走船"赚外汇。江口镇有几千人、庄边镇有500多人到海外打工。莆田县出国务工人员除了外派当船工以外,还有往新加坡当建筑工人,到以色列做农工的。20世纪90年代后期海外务工人员每年为莆田县创造了2亿多元的现金收入。④

改革开放后莆田县的侨汇1979—1983年为5475万元(年均1095万元),1984—1990年为4169万元(年均595.57万元),改革开放初期往本国的汇款年平均有1000万元以上,但1984年后开始减少。⑤

另外,莆田县的总人口1995年为155.9万人,但1999年为110.7万人,⑥约减少了40万人。同一时期乡(镇)数量从21个减少到17个,这可以认为是

---

① 李明欢、江宏真、俞云平:《一个旅欧新侨乡的形成、影响、问题与对策》,《华侨华人历史研究》2003年第4期,第12页。

② 李明欢、江宏真、俞云平:《一个旅欧新侨乡的形成、影响、问题与对策》,《华侨华人历史研究》2003年第4期,第9~11页。

③ 朱美荣:《福建省新移民问题剖析及相关政策初探》,《人口研究》2001年第5期,第67页。

④ 《福建侨报》2002年4月5日。

⑤ 《莆田县志》,中华书局1994年版,第508页。

⑥ 《中国县(市)社会经济统计概要2000》,中国统计出版社2000年版,第353页。

与周边地区的行政区划整理、合并等引起的减少。

(三)上海市,浙江省温州市、青田县等的侨汇与新移民

关于上海市的因私出国,改革开放后,尤其是 20 世纪 80 年代末有了增加。侨汇也随之增多。20 世纪 80 年代中期以后汇往上海的侨汇额出现了很大的变化。广东省是全国最大的侨乡,福建省是全国第二大侨乡,而上海出生的海外华侨华人数在全国并不位于前列。[①]

从 20 世纪 80 年代中期开始,上海市的侨汇额便接近于福建省,更有 1989 年超过福建省的情况。上海在 20 世纪 80 年代中期以后成了中国的代表性侨乡。上海市的侨汇额 20 世纪 80 年代达到了与第二大侨乡福建省同样的水平,可以认为这与上海新移民的增加有关。

改革开放后从浙江省温州市、青田县前往欧洲等的新移民不断增加。他们也往家乡汇款。青田县 1995 年外汇收入 5500 万美元,折合人民币 4.7 亿元。此外,同年温州文成县侨汇达 2.1 亿元,其中大部分是新移民汇回的。[②]

温州市的新移民和出国人员往家乡的汇款较多,这从整个温州市的侨户外币存款额也可看出(表 10-6)。20 世纪 80 年代末开始国内亲属的外币存款急速增加。1982 年为 150 万美元,但 10 年后的 1992 年达到了 1.1269 亿美元,增加了 74 倍以上。

表 10-6 温州市整体的侨户外币存款额

单位:万美元

年 份	外币存款额
1982	150
1986	533
1987	1000
1989	3600
1990	5004
1991	7089.8
1992	11269

资料来源:《温州华侨史》,今日中国出版社 1999 年版,第 305～306 页。

---

① 关于这一点,请参照第六章第三节"上海市的新移民"。
② 石炳祥:《我国新移民概况与新移民工作》,《华侨与华人》1999 年第 2 期,第 71 页。

就温州全市的侨汇额来看,1982年为1548万余元,1983年为1531万余元,1984年为1546万余元。1984年即使加上华侨华人带进外币换成外汇券的555万元,也只有2102万元,①没有多大变化。自20世纪90年代后期起,温州市新移民开始增多,因此20世纪90年代开始侨汇已有增加。仅从温州瑞安市丽岙镇来看,也可知道侨汇增加与移民的增多密切相关。瑞安市丽岙镇是前往欧洲的新移民较多的地区。尤其是移居法国的新移民占了72%～83%,新移民从1995年开始超过了6000人。②

如表10-7所示,温州瑞安市丽岙镇的侨汇自20世纪90年代中期开始有了急速的增加。

表10-7 温州瑞安市丽岙镇的侨汇状况(1992—1997年)

单位:万美元

年 份	侨汇额
1992	271
1993	390
1994	1016
1995	1420
1996	2355
1997	2646

资料来源:《温州华侨史》,今日中国出版社1999年版,第183页。

以20世纪80年代的汇率换算,20世纪80年代初温州全市的侨汇额为③:1982年1548.66万元,约805.46万美元;1983年1531.32万元,约773.39万美元;1984年1546.59万元,约553.2万美元。仅瑞安市丽岙镇一个镇1994年的侨汇便达到1000多万美元,足以超过20世纪80年代初温州市整体的侨汇额。由此可知来自该地区的新移民的汇款增加情况。

---

① 《温州华侨史》,今日中国出版社1999年版,第305页。
② 详见第六章第五节"浙江省的新移民"。
③ 《中国金融统计(1952—1987)》,中国金融出版社1988年版,第157页。

终章

21世纪的侨汇与中国经济

前　言

在终章中，针对改革开放后海外华侨华人与中国经济的关系，就以上没有充分论述的几个重要方面和进入21世纪后的中国的侨汇进行了考察。

第一节就改革开放后海外华侨华人与中国经济增长进行了论述。在第一目中可知新华侨华人在改革开放后的30年期间达到600万人以上，他们多前往欧美，前往亚洲的人较少。新华侨华人（新移民）的存在对了解今后全世界华侨华人与中国的关系是很重要的，而且对了解侨汇的新动向也很重要。在第二目中探讨了依赖海外华侨华人投资的中国的政策。迄今为止这一方面的资料基本上还没有公开。在第三目中探讨了改革开放后对中国经济增长做出贡献的海外华侨华人的投资。

第二节就进入21世纪后中国的侨汇状况进行了考察。在第一目中就全中国的侨汇情况，在第二目中就福建省、广东省的侨汇情况进行了考察。在第三目中，根据郁贝红等著《侨村蒜岭的变迁》（社会科学文献出版社2010年版）介绍福建省福清市侨村蒜岭村的新移民和侨汇情况。该著作是郁贝红等人从2002年至2005年期间多次对该侨村进行调查所取得的研究成果。本目就该书的新移民与侨汇进行了介绍。

第三节考察浙江省温州市侨汇的新情况。进入21世纪后，巨额侨汇领取地区从以往的台山（广东省）、晋江（福建省）移到了温州市和福州市（包括福清、长乐、连江）。尤其是温州市，是侨汇额以及新华侨华人（新移民）人数特别多的侨乡。温州市不仅侨汇和个人外汇流入量（包括隐性）多，而且有着巨额的民间资金，并试行民间借贷和新的出路——个人海外投资。这些情况对考察侨汇整体的新动向是很重要的，因此，虽然温州只是浙江省的一个市，但这里还是设为单独的一节进行了探讨。

第四节作为第九章(改革开放后的民间金融与侨乡)的续篇,对侨汇和民间金融进行了论述。

最后在结语中就21世纪的侨汇和热钱进行了阐述。

第一节 改革开放后海外华侨华人与中国经济增长的关系

一、海外华侨华人与新华侨华人的兴起

如前所述,华侨系指居住在国外的中国公民,华人系指已取得外国国籍的华侨或华裔。而新华侨主要指改革开放后因私出国、移居海外的中国公民。新华侨与新华人的差别是已否加入外国国籍。

根据中国侨务部门的推算,从20世纪到21世纪初期,海外华侨华人的总人口约为3975.8271万人。① 根据2010年6月18日《福建侨报》,中国的海外侨胞达4500万人。另据《2008年世界华商发展报告》,2008年海外华侨华人总共约为4800万人。②

改革开放后,海外移民急速增加。1978年12月至2001年,约有200万名中国大陆公民移居海外。③ 这些新华侨华人的移居地主要是北美、西欧、澳大利亚等,与19世纪中期前后因经济压迫等经济原因作为契约劳工前往东南亚等地谋生的近代华侨不同。新华侨华人的移居目的是探亲、联姻、留学、技术投资、务工等。中国的新移民输出地主要是广东、福建、浙江及北京、上海等沿海大中城市。

中华人民共和国成立(1949年)至改革开放(1978年)前,中国政府批准的因私出国者仅21万人,其中还以归侨、侨眷出国探亲者居多。④

根据前述的《2008年世界华商发展报告》,新华侨华人在改革开放后的30

---

① 国务院侨办侨务干部学校:《华侨华人概述》,九州出版社2005年版,附表。
② 世界华商发展报告课题组:《2008年世界华商发展报告》,中国新闻社2009年版,第3页。
③ 国务院侨办侨务干部学校:《华侨华人概述》,九州出版社2005年版,附表。
④ 国务院侨办侨务干部学校:《华侨华人概述》,九州出版社2005年版,附表。

年期间达到了637万人。① 具体为：1978—1998年的21年期间为180万人，1999年为40万人，2000—2008年的9年期间为417万人。637万人的数值与中国各地的华侨华人相关机构所掌握的数值出入不大，因此可作为参考。

《2008年世界华商报告》根据各地华侨相关机构的资料，就新华侨华人的中国国内的主要输出地编制了表1。

表1 改革开放以来新华侨华人人数与主要输出地

输出省、市	新华侨华人人数（万人）	数据来源与数据截止时间
福建省	110.497	《福建日报》(2006年)
北京市	30	北京市侨办(2004年10月)
天津市	30	天津市侨办(2008年12月)
浙江省	145	浙江省侨办(2008年12月)
广东省	100多	广东省侨联(2004年12月)
上海市	50	上海市侨办(2008年11月)
东北三省（黑龙江、吉林、辽宁）	40	韩国《朝鲜日报》(2008年10月)

资料来源：世界华商发展报告课题组：《2008年世界华商发展报告》，中国新闻社2009年版，第6页。

改革开放后，中国各地出现了海外移民，因此，除了表1中的省、市以外，剩余的20多个省、市、自治区(不包括香港、澳门)的海外移民虽然很少，但20多个省、市、自治区合计起来，人数也是相当多的。例如，来自广西、云南、山东、武汉、海南、南京等省、市、自治区的移民就不少。因此，全国600万新移民这个数值是可以令人信服的。

新移民去向的变化改变了以往传统的海外华侨华人的分布。

从表2可知，海外华侨华人的分布从东南亚转到了美洲(包括加拿大)及欧洲、大洋洲等。20世纪50年代初期，即新中国成立后不久，亚洲的华侨华人数量占了海外华侨华人总数的96.45%。实施改革开放政策20多年后的

---

① 世界华商发展报告课题组：《2008年世界华商发展报告》，中国新闻社2009年版，第5页。

2000年前后,居住在亚洲的华侨华人的绝对数有了增加,但占全体的比重下降到了82.85%。而美洲从2.12%增至10.9%,欧洲从0.31%增至3.66%,大洋洲从0.81%增至1.98%。

19世纪的"老华侨"主要是苦力,20世纪70年代以前的第一代华侨华人多从事传统的手工业和服务业,通称为"四把刀"(菜刀、木工刀、剪刀、理发刀)(根据《华侨华人概述》和《2008年世界华商发展报告》)。而新华侨华人除了劳工之外,还有留学生、专业技术移民、投资移民等。

表2 20世纪50年代初及2000年前后华侨华人分布的变化

	20世纪50年代初		2000年前后	
	华侨华人数量（万人）	比重(%)	华侨华人数量（万人）	比重(%)
亚洲	1166.7	96.45	3294	82.85
美洲	25.6	2.12	433	10.9
欧洲	3.7	0.31	145	3.66
大洋洲	9.8	0.81	78.6	1.98
非洲	3.7	0.31	24	0.61
总计	1209.7	100	3975	100

资料来源:世界华商发展报告课题组:《2008年世界华商发展报告》,中国新闻社2009年版,第4页;国务院侨办侨务干部学校编著:《华侨华人概述》,九州出版社2005年版,附表。

不过新移民中有许多偷渡者,把握其实际人数有很多困难。今后因偷渡对象国的严厉取缔和通过扩大对单纯劳动力的技术培训交流等来扩充正规的移民渠道,以及输出国方面采取的对策等,偷渡者人数将会发生变动。

二、依赖海外华侨华人投资的政策与中国经济建设

1983年,党和政府深刻认识到中国经济建设与海外华侨华人关系的重要性,1983年9月3日,国务院在《关于加强利用外资工作的指示》中指出,"利用外资、引进先进技术,对加快我国社会主义现代化建设具有重要的战略意义",并在第三的(七)中指示,"对华侨和港澳、台湾同胞在国内投资给予特殊

的优惠。由国务院侨务办公室同有关部门制定具体方法,报国务院批准"。①

其后,党中央领导人在1984年4月20日举行的全国省级侨办主任会议上的讲话进一步明确了这一认识。中共中央总书记胡耀邦在这次会议上指出,"三千万华侨华人是了不起的力量,搞得好,可以变成促进四化建设、实现统一祖国扩大海外影响和争取国际友人的重要力量",胡耀邦就华侨华人在国内的投资指出,"吸收华侨、华人投资很重要",我们要有意识地把他们的投资引向开发性的生产,"投资开发性生产的,要有优待办法"。②

中共中央书记处书记习仲勋也指出,"据说华侨和外籍华人在海外大约有两千亿美元资金。③ 可以设想,如果能在八十乃至九十年代吸收他们拥有资金的百分之十,即大约二百亿美元,这对我国的四化建设将是一个很大的支援和帮助。为此,中央已决定通过立法对华侨和港澳同胞、台湾同胞等在祖国大陆的投资给以优惠待遇"。④ 这些国家领导人的讲话表明中央政府已将吸收侨资工作与促进现代化建设联系起来,并决定通过法律的形式确定侨资的优惠政策。

下面具体地看看中国政府对华侨华人、港澳台同胞的优惠政策。

1985年4月2日发布的《国务院关于华侨投资优惠的暂行规定》,在第3条中制定有11项优惠措施。第1项规定,华侨投资的企业,从开始获利的年度起,3年免征所得税,从第四年起,4年减半征收所得税;第2项规定,在减免税期满后的年度,其所得税税率按现行税法税率减征20%;第5项规定,华侨投资者从企业分得的利润,如继续在国内再投资,期限在5年以上的,经税务机关审查批准,退还再投资部分已纳所得税款的50%;第10项规定,华侨投资的企业使用的土地,其年限按当地规定执行,其费用按当地规定减收10%～30%。这些规定对华侨实施了优待措施。另外,第4条还规定,华侨投资者可以聘请国内亲属或亲友充任其代表或代理人。华侨投资者可以在投资的企业适当安排其亲属就业,并允许其在企业所在地落户和享受商品粮供应。而且,华侨投资者可以选择独资经营(第2条)。

---

① 张赛群:《中国侨务政策研究》,知识产权出版社2010年版,第95页。
② 张赛群:《中国侨务政策研究》,知识产权出版社2010年版,第95、96页。
③ 根据《2009年世界华商发展报告》(中新网,2010年5月20日),2009年的世界华商企业总资产约为3.9万亿美元。此外,根据《2008年世界华商发展报告》(第15页),2007年世界华商企业总资产额为3.7万亿美元,2008年受全球金融危机的影响,仅为2.5万亿美元。
④ 张赛群:《中国侨务政策研究》,知识产权出版社2010年版,第96页。

第10条还规定,港澳同胞、台湾同胞在内地的各种形式的投资,可以按照本暂行规定执行。就是说,这个华侨投资暂行规定是对华侨、港澳台同胞的投资提供优惠的规定。①

如任贵祥(中共中央党史研究室研究员)所言,该暂行规定是新时期最早的有关华侨投资的规定,较之改革开放前重视公有制的相关法规条例,作为允许并奖励属于完全私有性质的海外华商资本在中国大陆独立存在发展的规定受到了注目。②

上述暂行规定于1990年8月19日取消,同日又发布了《国务院关于鼓励华侨和香港澳门同胞投资的规定》,共22条。第1条规定,"为促进我国经济发展,鼓励华侨和香港澳门同胞在境内投资"。第2条规定,"华侨、港澳投资者可以在境内各省、自治区、直辖市、经济特区投资。鼓励华侨、港澳投资者依照国家有关规定从事土地开发经营"。③ 从这一时期开始经济特区掀起了高层建筑建设热潮。笔者自1992年前后亲眼见到厦门、深圳等地开始的高层建筑建设热潮。这大概与该规定的第2条有关。

第3条规定了华侨、港澳投资者的投资形式。除了"三资"企业(第1项至第3项)外,还有购买企业的股票和债券(第4项),购置房产(第5项),依法取得土地使用权、开发经营(第6项)。第5项、第6项反映了在第2条的基础上重视华侨、港澳同胞在房地产开发方面的投资。其后至今,大城市、沿海地区的土地开发、高层建筑建设热潮便持续不退。其兴起的重要因素之一可以说是该规定。

第4条规定,鼓励华侨、港澳投资者投资兴办产品出口企业和先进技术企业,并给予相应的优惠待遇。第6条规定,华侨、港澳投资者可以用可自由兑换货币进行投资。第8条和第9条规定,国家对华侨、港澳投资者的投资和其他资产不实行国有化。国家根据社会公共利益的需要,对华侨、港澳投资者的投资企业实行征收时,依照法律程序进行并给予相应的补偿。第10条至第12条对华侨、港澳投资者投资获得的合法利润的处理、税收减免、借款方式等

---

① 人民网法律法规库,《关于执行〈国务院关于华侨投资优惠的暂行规定〉的通知》,海关总署,1985年5月9日,http://www.people.com.cn/item/flfgk/gwyfg/1985/307205198502.html;任贵祥:《海外华侨华人与中国改革开放》,中共党史出版社2009年版,第235~236页。

② 任贵祥:《海外华侨华人与中国改革开放》,中共党史出版社2009年版,第236页。

③ 全国人大华侨委员会办公室法案室编:《涉侨法律法规选编》,中国民主法制出版社2004年版,第4-153页。

作了规定。第15条规定,华侨、港澳投资企业依照经批准的合同、章程进行经营管理活动。企业的经营管理自主权不受干涉。第17条规定,华侨、港澳投资者在境内投资可以委托境内亲友为其代理人。① 在第17条的规定中,已经没有1985年的暂行规定第4条中所定的允许投资者亲属在投资企业所在地落户的部分。这大概与1992年时笔者在经济特区汕头、厦门、深圳所采访的情况有关,即通过华侨、港澳台同胞投资取得城市户口的境内亲属不多,而通过购房取得城市户口的人居多。尽管如此,第17条的规定也显示了与一般外国企业对华投资不同,华侨、港澳同胞投资者可以聘请境内亲属或亲友充任其代理人的特征。

三、海外华侨华人、港澳台同胞的投资与改革开放后的中国经济增长

关于改革开放后华侨华人、港澳同胞的投资与中国经济的关系,根据国务院侨办资料,截至2005年年底,全国"三资"企业总数已达552942家,其中华侨华人和港澳同胞创办的企业(简称"侨资企业")约占70%,累计实际利用外资达到6259.06亿美元,其中华侨华人和港澳同胞投入的资金约占60%。② 港澳企业在投资数量和投资规模上约占侨资企业的50%。2006年6月28日中国人大网和《人民日报》均报道了全国人大华侨委员会主任陈光毅的包括上述内容的谈话。就是说,在2006年之前全国累计批准成立的50多万家外商投资企业中,海外侨胞和港澳同胞创办的企业约占70%,在实际利用外资6200多亿美元中,海外侨胞和港澳同胞投入的资金(侨资)约占60%。其中,在中国最大的侨乡广东省,华侨华人和港澳同胞创办的企业为36840家,占广东省全部外资企业的60%,引进侨资900多亿美元,占广东省实际利用外资的60%以上。③

中国侨联组织人事部干部林晓东将改革开放后的海外华侨华人、港澳同胞对祖国大陆的投资分为第一阶段(1978—1983年)、第二阶段(1984—1991

---

① 全国人大华侨委员会办公室法案室编:《涉侨法律法规选编》,中国民主法制出版社2004年版,第4-153~4-155页。

② 国务院侨务办公室:《华侨华人在境内投资创业权益保护问题研究》,2009年1月12日,http://www.gqb.gov.cn/news/2009/0112/1/11998.shtml。

③ 《贯彻侨法是全社会的共同责任》,http://www.npc.gov.cn/npc/xinwen/jdgz/zfjc/2006-06/28/content_349980.htm;任贵祥:《海外华侨华人与中国改革开放》,中共党史出版社2009年版,第225页。

年)、第三阶段(1992—1998年)进行了论述。根据该论述,在第一阶段的6年间,外商投资金额达7亿美元,其中侨胞投资占90%,约6.3亿美元。投资主要集中在深圳、珠海、厦门和汕头4个经济特区。投资项目多为来料加工业。经过第一阶段的改革开放初期,第二阶段的8年间便到了一个急速发展的阶段。8年间,外商投资额达到284.5亿美元,其中华侨华人、港澳同胞的投资占80%,约为230亿美元。侨胞的投资不仅数额剧增,而且投资区域也由经济特区扩大到14个沿海港口城市及东部广大地区。第三阶段因邓小平发表南方谈话(1992年)等,改革开放全面展开,外资也进一步增加。1992年至1998年的7年间,外商投资金额达到2100亿美元,其中侨胞投资占66%,约为1400亿美元。投资地区除了以往的东部沿海地区之外,已扩大到中西部地区,遍及全国31个省、直辖市和自治区的主要城市。投资领域涉及轻工业、IT产业、旅游业、生物工程、基础设施行业等。[①]

林晓东指出,中国改革开放初期的外资大部分是来自华侨华人、港澳同胞的投资,进入20世纪90年代后,其投资比例逐渐减少,但至90年代后半期,仍占有外商投资的65%以上。尤其是改革开放初期华侨华人及港澳同胞投资起到了很大的作用。

另外,林晓东所说的侨胞投资(外商投资)准确地说是外国直接投资。关于外国直接投资的来源地,邹宏元、何泽荣的《中国转型期国际收支研究》(中国金融出版社2006年版)第四章第二节比较详细地叙述了1980年中期至2004年来自港澳台的投资。在1987年外国直接投资额23.14亿美元中近70%是来自港澳地区的投资。1993年外国直接投资骤增为275.15亿美元,其中65.54%是港澳地区的投资,同年台湾地区的投资占了11.41%。1979—1991年,从香港地区流入的资金占中国的外国直接投资总额的62%,日本占14%,美国占10%。[②]

香港的投资比例很大。实际情况相当复杂。其一,是"返程投资"。内地企业为了利用政府对外资的种种优惠政策,先在其他国家或地区,如香港注册一个公司,然后假借外资的名义回内地投资。有估计表明这种投资占中国的

[①] 林晓东:《试论华侨华人和港澳同胞对祖国大陆的投资及其法律保护》,《华侨华人历史研究》2000年第2期,第28~29页。

[②] 邹宏元、何泽荣:《中国转型期国际收支研究》,中国金融出版社2006年版,第149页。

外国直接投资的1/4。[①] 其二,比如台湾的公司由于台湾当局不允许直接投资大陆,便通过第三国或地区(多通过香港)对大陆投资;许多西方国家的公司也通过香港的中介投资到中国。历史上,香港地区在国际贸易中也作为中国与世界的中介。为此,无法准确统计出来自香港地区的外国直接投资中有多少是真正的香港本地投资,有多少是其他国家和地区的投资。总之,不能否认改革开放后香港地区在中国引进外资(侨汇也一样)方面的作用是很大的。

第二节 21世纪的侨汇

一、全国的侨汇

上一节就实施改革开放政策后中国的经济发展与海外华侨华人、港澳同胞的关系进行了探讨。

如上所述,侨资企业对华投资趋于增大。它们与一般外国企业投资很大不同点是与中国大陆之间存在着血缘、地缘关系。海外华侨华人是海外中国人或具有中国血统的人。

侨资企业的投资与一般外国企业的对华投资相比,在企业活动方面或许大多没有什么区别。但是,海外华侨华人对祖国的汇款和捐赠自新中国成立前就作为血缘、地缘的纽带延续至今。这是形成海外华侨华人与祖国关系之基础的重要因素。

在第十章中已经就新阶段的侨汇,对至2003年前后的部分地区乃至全国的侨汇额以及个人外币存款情况进行了论述。本章将对其后的温州等地乃至全国的侨汇情况进行探讨。

首先把全中国的侨汇的变化情况列为表3。侨汇额在时间数列上并不十分明确,因此这里作为参考列示了自1991年至2009年的经常转移顺差额。经常转移项目包含所有的非资本转移项目,即侨汇、工人汇款、无偿捐赠、赔偿等。

表中外汇管理局发表的数字为"侨汇(外)",世界银行发表的数字为"侨汇(世)"。经常转移顺差的65%~70%可以认为是侨汇额。

[①] 邹宏元、何泽荣:《中国转型期国际收支研究》,中国金融出版社2006年版,第150页。

表 3 和图 1 的侨汇中包括国家外汇管理局的统计数值和世界银行报告的统计数值。就 2005 年来看,世界银行的数值似乎比外汇管理局的数值高出 20%左右。

表 3　经常转移顺差与侨汇额情况表

单位:亿美元

年份	经常转移顺差	侨汇(外)	侨汇(世)
1991	8.31		
1992	11.57		
1993	11.7		
1994	13.37		
1995	14.35		
1996	21.29	16.72	
1997	51.4		
1998	42.78		
1999	49.43		
2000	63.11	49	
2001	84.9		
2002	129.8		
2003	176.3		
2004	229	148	
2005	253.9	174	213
2006	292		
2007	386.7		257
2008	458		350
2009	337		

资料来源:1996 年根据《中国金融年鉴 1997》,中国金融年鉴编辑部 1997 年版,第 458 页;2000 年根据《2005 年上半年中国国际收支报告》,中国金融出版社 2005 年版,第 3 页;2005 年外汇管理局统计数字 174 亿美元系根据《2005 中国国际收支报告》,中国金融出版社 2006 年版,第 14 页;2005 年世界银行统计数字 213 亿美元系根据《人民日报》(海外版)2006 年 3 月 7 日,王昭记者报告;2007 年世界银行报告 257 亿美元系根据中国新闻网 2008 年 3 月 20 日,http://www.chinanews.com/cj/hgjj/news/ 2008/03－20/1197501.shtml;2008 年世界银行报告 350 亿美元系根据人民网(日语版)2009 年 6 月 25 日。

1991—2009 年经常转移差额系根据《中国金融年鉴》,中国金融年鉴编辑部 1997—2008 年各年版,中国金融年鉴杂志社有限公司 2009—2010 年各年版。

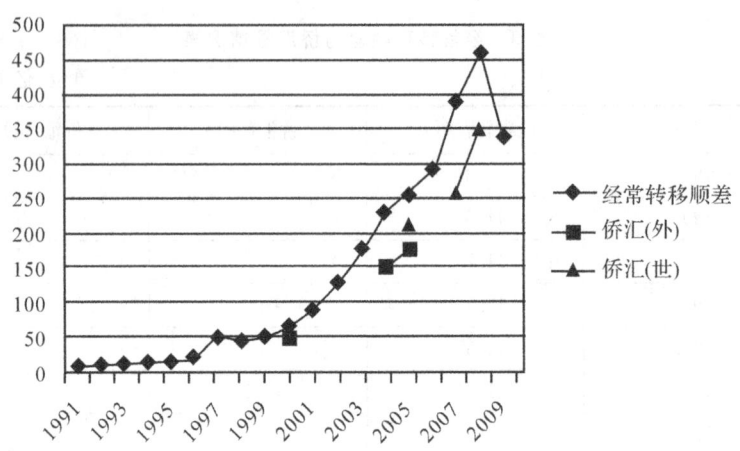

图 1　经常转移顺差与侨汇额变化图
注:(外)为外汇管理局;(世)为世界银行。

实际上,改革开放后国家外汇管理局正式发表整年的侨汇额应该说还是第一次。第十章中就新阶段的侨汇作了叙述,但 2000 年以后的侨汇额均是上半年的数值,没有整年的数值。

只有国家外汇管理局国际收支分析小组的《2005 年上半年中国国际收支报告》和《2005 中国国际收支报告》设专栏发表了全国的侨汇额。《中国国际收支报告》2006 年上半年版、2006 年版、2007 年版、2008 年版都没有关于侨汇的数值。

可以认为《2005 年上半年中国国际收支报告》和《2005 中国国际收支报告》是中国政府有关侨汇的极为珍贵的公开报告,因此这里将详细地加以介绍。

就《2005 年上半年中国国际收支报告》来看,在"一、国际收支概况"的"经常转移顺差增长较快的原因分析"专栏中叙述道,2000—2005 年中国的经常收支顺差增加的"最大部分是侨汇","侨汇每年都占经常转移收入的一半以上且增长迅速"。"2000 年侨汇收入 49 亿美元,2004 年达到 148 亿美元,2005 年上半年为 70 亿美元。"从 2000 年到 2004 年侨汇增加了 2 倍。而且,《2005 年上半年中国国际收支报告》表明侨汇的来源是美国和香港地区,从美国和香港地区流入的侨汇占全部侨汇的50％以上。从侨汇的流向来看,"粤、浙、沪、闽4地区的侨汇收入占全国侨汇收入的80％以上"。以往广东省、福建省是两大侨乡。这一点似乎没有变化,但浙江省和上海市在改革开放后侨汇急速增加。浙江省的骤增应与后述的温州新华侨(新移民)有关。

下面来看看《2005中国国际收支报告》(以下简称《2005报告》)中的侨汇情况。

根据《2005报告》中的"二、国际收支主要项目分析"专栏2,2005年,随着中国经济体制改革的深化和对外开放程度的提高,个人跨境收支(个人通过中国境内银行发生的所有对境外的资金收付)已从单一的侨汇发展为包括贸易、服务及投资性质的复杂交易,规模也随之迅速膨胀。近年来,受本外币利差和人民币升值预期影响,个人跨境收支保持高速增长态势。而且2005年个人跨境收支规模仅占全部跨境收支规模的4％,但资金净流入规模却占全部跨境资金净流入的20％以上(2000年为9％)。从交易性质来看,个人跨境收入中经常转移所占比例最大,为259亿美元,占全部个人跨境收入的41％。其中侨汇174亿美元,占个人经常转移收入的67％。侨汇资金主要来自美国和香港地区,占全部侨汇的50％以上。侨汇主要流向粤、浙、沪、闽4地区,占全部侨汇的80％以上。近年来传统侨乡广东、福建的侨汇流入规模保持稳定,而浙江、上海的侨汇年增幅均在40％以上。而且,从上海、浙江的房地产价格远高于广东、福建的情况来看,不排除侨汇增长与房价波动之间存在一定联系的可能。

国家外汇管理局已正式承认近年来个人在上海、浙江的房产投资活动和该地区的侨汇有很大的关系。侨汇以往起到赡养祖国亲属的作用,但自进入改革开放后经济持续发展的21世纪,其用途大为变化,即:从非经济的赡家变化为追求个人经济利益的外汇资金的活动,而且数额很大。关于这一点,将在热钱与侨汇的关系及浙江省温州市的事例中详细论述。

就个人跨境收入来看,旅游及服务等服务业收入是个人跨境收入的第二大项目。2005年个人服务外汇收入为213亿美元,占全部个人跨境收入的34％。[①]

2001年12月,以中国加入WTO为契机,国家外汇管理局在中国国际收支报告(《2005年上半年中国国际收支报告》及随后发表的《2005报告》)中首

---

① 国家外汇管理局国际收支分析小组:《2005中国国际收支报告》,中国金融出版社2006年版,第14页。

次正式论及了侨汇问题。长期以来,针对侨汇仅偶尔发表一些片段性的数据,人们很难从公开场合了解侨汇的整体情况。为此,对现代侨汇进行时间序列研究的中国国内学者也很少。中国国内学者利用广东省侨办、侨联,福建省侨办、侨联和国务院侨办,北京的华侨华人研究所发行的资料(可能内部资料也很多)所进行的研究仅有一些。

与国际金融有直接联系的国家外汇管理局这一国家机构开始论及侨汇可以说是划时代的。这是中国登上WTO这一世界贸易的共同舞台所带来的结果。国家外汇管理局发表的侨汇资料还不充分,但相信今后会逐步公开。

以中国共产党机关报《人民日报》为首,中国的媒体也开始强调侨汇对中国经济的重要性。例如,在2006年3月7日《人民日报》(海外版)第5版的华侨华人栏目中,记者王昭发表了《侨汇:一种不应被忽视的资源》的报道。关于2005年的全中国的侨汇,《人民日报》没有提示国家外汇管理局发表的数额(170亿美元),而提示了世界银行发表的213亿美元,即:2005年中国以213亿美元的汇款接收额名列全球第二位,这一金额还不包括非正规渠道的移民汇款。正是看中潜力巨大的侨汇市场,进入21世纪后,各家国际汇兑公司加紧了在中国的布局。根据该《人民日报》的报道,自2003年前后欧美银行与中国国内银行合作的汇款业务急速增加。西班牙对外银行下属的BTS汇款公司与中国银行(侨汇通),英国速汇金公司(Money Gram)与中国工商银行、交通银行、中信银行,英国通济隆公司(Thomas Cook)与中国建设银行,西联汇款(Western Union)与中国邮政、中国农业银行都达成了合作关系,围绕办理侨汇展开了竞争。海外移民汇款中有名的西联汇款和《人民日报》也介绍过的速汇金汇款办理着美国、英国、澳大利亚等21个国家和地区汇往中国的侨汇,侨汇的办理逐渐向全世界公开,世界银行的报告甚至比中国国家外汇管理局公布的数额更接近实际情况。

正如《人民日报》所指出的那样,由于中国国内经济的发展,侨汇的用途也从过去多用于赡养国内亲属扩大到投资实业和捐赠公益事业。2005年1年期间便有213亿美元的侨汇,其数额是巨大的,相当于当年外商对华直接投资额603.25亿美元的近1/3。关于巨额侨汇的汇款手续费,如2006年3月7日《人民日报》(海外版)报道,速汇金公司对从美国、英国、澳大利亚等21个国家及地区汇入中国的汇款手续费给予优惠,将2000美元汇款手续费由50美元降低到15美元,可见全部侨汇额的手续费是巨大的。

关于2007年的侨汇额,根据2008年3月20日中国新闻网转载新华网的报道,据世界银行公布,2007年的侨汇额仅次于印度,列世界第二位,达到257

亿美元。美国是世界最大的移民汇款国,2006年移民汇款额为422亿美元,第二位是沙特阿拉伯的156亿美元。①

此外,2009年6月25日人民网(日语版)就2008年的侨汇进行了报道。其内容是美国的中文报纸《世界日报》所引用的世界银行的报告,中国2008年所收到的侨汇额达350亿美元,仅次于印度,居世界第二位。据该报道,在过去几年间,美国华人往母国(家乡)的汇款总额出现了两位数的急速增加,但2008—2009年的世界经济萧条对美国华人往祖国家乡的汇款产生了很大的影响。中国银行旧金山分行负责人李根宝分析,"华侨华人汇款额减少除了经济衰退等原因之外,也受到汇率和政策因素的影响"。美元对人民币汇率不断降低,以及中国政府目前的新政策,即限制每个中国居民每年兑换人民币的美金不得超过5万美元,②这些情况也影响到了侨汇。在李先生供职的中国银行,2008年的侨汇额比2007年有所下降,2009年上半年与2008年同期比约减少20%。这一数字印证了世界银行发展部的莫哈帕他(Mbhapatra)的预测,即"中国收到的侨汇中约五分之一来自美国,中国今年接受侨汇总数将与世界总趋势一致,呈下降局面"。③另外,2009年6月23日中国新闻网也报道了与《人民日报》(日语版)同样的内容。

2009年的侨汇因世界经济萧条而大为减少,这从表3中2009年的经常转移额与前一年比减少了121亿美元的情况也可知道。2010年侨汇又有增加。根据2010年11月22日中国人民网,2010年中国的侨汇收入为510亿美元。尽管存在通胀压力、沿海地区与内陆地区的贫富差距、环境问题、政治体制改革等诸多问题,但中国经济从全世界范围来看仍保持稳定,因此可以认为,尤其是因为人民币升值预期和在中国国内投资等,包括假汇款在内的海外华侨华人的侨汇正在增加。关于这一点,请参照"热钱与侨汇"的内容。

---

① 同样的内容在2008年3月20日的环球网上也可看到。

② 国家外汇管理局于2007年1月5日制定的《个人外汇管理办法实施细则》的规定。每人每年结汇5万美元以下,相对于急速增加的个人外汇收入应是不够的。

③ http://www.chinanews.com/hr/hr - mzhrxw/news/2009/06 - 23/1745730.shtml.

二、21世纪福建、广东的侨汇

(一)21世纪广东的侨汇

在广东省侨乡,侨汇较多的是台山市。改革开放初期,台山市的侨汇收入占了广东省侨汇总额的近3/4。当时每年侨汇达2000万美元,多的年份曾达到5000万美元。① 在2002—2005年期间,广东省通过银行办理和申报的侨汇资金年均增幅达到53.05%,到2005年广东省的侨汇年收入已达50.92亿美元。② 这是广东省惠州市人民银行职员所提供的数值,应该是可信赖的。此外,据前述的国家外汇管理局国际收支分析小组的《2005年上半年中国国际收支报告》,粤、浙、沪、闽4地区占全国侨汇的80%。在《2005报告》中也说明至2005年的几年来"广东省、福建省的侨汇资金流入规模保持稳定,年增幅很小"。

改革开放后广东省的侨汇主要用于购房。侨汇购房政策的实施系根据1988年2月的《广东省华侨用侨汇在城镇购买住宅照顾亲属入户暂行规定》。③ 当时许多老华侨希望回国定居,因此让亲属不用人民币,而用外汇购买住宅,同时有可能让一部分中国国内亲属由农村户口转为城市户口。④

享受侨汇购房入户优惠待遇的侨眷并不多,因此广州市根据2003年8月的《关于广州改革常住人口调控管理制度有关问题的复函》(自2003年8月16日实施)逐步取消优惠待遇。而一般居民购房入户的政策在广州市得到了实施。⑤ 广州市2002年年底常住人口总数为1100万人,其中有广州市户口的人为720.6万人,由于至2005年年底要把常住人口抑制在1130万人以内,自2004年1月1日已完全取消侨汇购房入户政策,申办蓝印户口手续也已停

---

① 《广州日报》2009年3月6日。

② 赵塾、盛俊:《假侨汇的真意图——基于对广东省侨汇资金的分析》,《银行家》2007年第2期。

③ http://www.people.com.cn/item/flfgk/dffg/1988/D422019198801.html,法律法规库。

④ 《福建侨乡报》1999年1月2日;金羊网2003年7月9日,http://www.ycwb.com/gb/content/2003-07/09/content_551955.htm;另外,关于广东省利用侨汇购房的情况,请参照第一章的"结语"。

⑤ 《广州日报》2003年8月29日,http://www.southcn.com/estate/news/gzls/200308290943.htm。

止受理。① 这是通过取消为积累资金让华侨华人利用侨汇购房入户的优惠措施，来控制大城市广州市常住人口的政策。除了广州市以外，上海等大城市也采取了同样的政策。这意味着分离城市和农村户口，给予拥有城市户口的人以优厚的社会保障这样一种区别对待的户籍制度的取消即使已在一些中小城市实行，也很难马上在大城市实施。

广东省的经济发展一直主要依赖外资。在外资当中，尤其依赖海外华侨华人和港澳同胞的资本（侨资）。到2006年，在最大的侨乡广东省创办的侨资企业累计36840家，约占外资企业总数的60%，引进侨资900多亿美元，占广东省实际利用外资的60%以上。②

与海外华侨华人的投资相比，广东省依赖侨汇取得经济发展的部分较小。广东省侨汇额多的地区是台山市（关于这一点，请参看第三章第二节）。

台山市传统上赴美国、加拿大的移民较多，改革开放后赴美国的移民也特别多。台山侨汇一贯较多，但利用侨汇的产业的发展却不快。关于台山最近的海外移民情况，2009年3月6日《广州日报》已作过报道。以下根据该报道加以考察。

台山市常住人口为100多万人，台山籍华侨华人和港澳同胞达130万人，超过了台山市常住人口。他们的移居目的地大多是美国、加拿大，因而台山被称为"美国、加拿大华侨之乡"。他们汇回台山的侨汇传统上以春节期间为多。2008年春节前，经中国银行汇到台山市的侨汇为1200万美元。2009年春节前因美国经济萧条，减少到了700余万美元。除了中国银行以外，也有通过西联和建设银行、农业银行汇回的侨汇。此外，还有委托亲属汇款的办法，通过多种渠道汇到台山市。据该报报道，台山市外事侨务主任说，因2009年的美国金融危机，台山籍美国华侨华人的生活稍显困难，但通过多渠道汇往台山市的侨汇总额并没有怎么减少。台山人与福建省晋江人和浙江省温州人不同，并非利用海外华侨华人的投资为台山市的经济发展尽力，他们多采取向传统移居地进行连锁移居这样一种旧移民形式。如台山市外事侨务局办公室主任所言，台山1个家庭有1人以上移居海外（主要是美国），现在（2006年）江门地区每年有1.5万人移居海外，属于江门地区的台山市每年有近一半（7000

---

① 《穗停办蓝印户口及侨汇购房入户》，南方网，http://www.southcn.com/estate/jiadian/200312250277.htm，2003年12月25日。

② 任贵祥：《海外华侨华人与中国改革开放》，中共党史出版社2009年版，第225页；中国人大网，www.npc.gov.cn，2006年6月28日。

人左右)投亲移居。其内容与第三章第一节所述的20世纪80年代的情况大致相同。

根据台山市对外贸易经济合作局的文章《近30年,台山对外贸易飞跃发展》,1979年的改革开放初期,台山批准成立的外商投资企业共有10家,其中"三资"企业6家,来料加工企业4家,实际利用外资仅为361万美元。当时,海外华侨、港澳台同胞不愿意回来投资办实业,主要原因是投资环境尤其是交通环境落后。台山地处珠江三角洲西南端,距香港只有90多海里,但当时没有港口;距广州147公里,却要经过几道渡口,而且公路狭窄。另外,能源、电信也很落后。[1] 就是说,基础设施还不完善。

改革开放20年间,台山市的交通、能源、电信等基础设施得到了完善。根据台山市对外贸易经济合作局资料,通往广州的高速公路(20世纪90年代末笔者曾数次利用过这条高速公路)、广东西部沿海高速公路(87公里)也于2001年开通,以高速公路为主的现代交通网已经建成。从台山到珠海特区乘车不到1小时,到广州市乘车不到2小时。此外,还有通往香港的客船,每天都有航班。

如上所述,由于投资环境得到了改善,至2007年年底,20多个国家和地区的海外投资者在台山市创立的"三资"企业达到了1011家,是1979年的101倍,实际利用外资2亿多美元,是1979年的55倍多。在台山市的这些外资企业中,海外华侨华人、港澳同胞的投资占了相当大的比重。外商投资在技术方面处于从劳动密集型转换到技术密集型的过程,投资方式则处于从加工贸易到合资合作,进而到全额独资的转换过程。纺织、服装、金属机械等是支柱产业。但是,如台山市对外贸易合作局的资料所述,外商投资大部分是在20世纪90年代中后期以后进行的。从该资料可知,在珠江三角洲地区,台山市的经济发展较晚。台山市的侨汇、外资情况与第三章所述的内容没有大的差异(请参照第三章)。

(二)21世纪福建省的侨汇

据2007年12月12日美国《世界日报》报道,正在纽约访问的中国银行福建省分行代表团成员透露,今年仅通过中国银行汇至福建省的汇款就高达35亿美元,占全省所收美国汇款的60%,全省预计2007年收取的美国侨胞汇款

---

[1] 台山市对外贸易经济合作局:《近30年,台山对外贸易飞跃发展》,http://waimao.tsinfo.com.cn/show.asp?ID=260。

将达到或超过破纪录的 50 亿美元。①

根据 2008 年 11 月 14 日《海峡导报》，海外侨民通过正规渠道每年汇到福建省的金额近 30 亿美元。其中 50％强的 15 亿美元系通过西联办理。西联总裁在 2008 年 11 月 13 日访问福建省时透露，2007 年西联办理的汇往中国的金额达到了 45 亿美元。

根据 2006 年 3 月 7 日《人民日报》（海外版）记者王昭就"侨汇"的报道，侨乡大省福建省目前每年至少有 200 亿元人民币的侨汇。②

中国银行福建省分行副行长高红军 2010 年 12 月 4 日介绍，2010 年 1—10 月通过侨汇通从美国汇出的福建移民侨汇比 2009 年翻了一番，总金额约达 3.5 亿美元。中国银行与侨汇通合作的业务量占福建省美国侨汇业务量的 1/3。因此 2010 年仅美国的福建新移民，侨汇金额就可达 10 亿多美元。③ 据记者陈长森在 2005 年 6 月 12 日《福州晚报》中的报道，每年从海外汇入福建省的侨汇在 200 亿元（1 美元＝8.26 元）以上，成为该省民间游资和银行存款的重要来源。据国家外汇管理局福建省分局统计，2001—2004 年福建省因私涉外收入共 111.25 亿美元，折合人民币 920 亿元，这成为民间借贷的主要资金来源，2004 年全省民间投资占全社会固定资产投资的比重高达36.8％。

从以上报道可以知道，福建省进入 21 世纪后侨汇仍有近 50 亿美元。至 20 世纪 80 年代，以晋江为中心的泉州地区收取了很多侨汇（请参照第二章、第七章、第九章）。但是，自 20 世纪 90 年代后半期，随着来自福建省其他地区的新移民的增加，主要的侨汇领取地也发生了变化，长乐、福清、连江等福州地区取代了泉州地区。

以下来看看福州地区各地（长乐、连江、福清）的情况。根据 2007 年 12 月 16 日网易新闻，在美福建籍华侨华人汇款人数最多的是长乐市移民，如中国银行长乐支行行长俞兆强所言，2005 年旅美华侨华人经中国银行汇至长乐的金额近 5 亿美元，2006 年达 7.5 亿美元，2007 年预计达 9 亿美元。福建省连江县旅美华侨华人有几十万人。如中国银行连江支行行长林弘所言，2006 年

---

① 中国新闻网，http://news.163.com/07/1216/16/3VRKJ26J000120GU.html，2007 年 12 月 16 日。

② 同样的内容在 2008 年 1 月 16 日中国新闻网、2005 年 6 月 12 日《福州晚报》（电子版）上也可看到。

③ 中国新闻网，http://news.66wz.com/system/2010/12/06/102256940.shtml，2010 年 12 月 6 日。

通过中国银行和其他金融机构从美国汇到连江县的侨汇为4.2亿美元,2007年预计有4.6亿美元。长乐、连江的侨汇都达到了历史最高额。①

根据源于2007年8月6日《经济观察报》的《长乐论坛》的文章《长乐市侨汇收入远远超过了当时长乐市的财政收入?》,长乐市侨汇收入1991年是1600万美元,1998年是2.3亿美元,如果加上由地下钱庄汇回的,可达到5亿~6亿美元,远远超过了当时长乐市的财政收入。②

进入21世纪后,与长乐市毗邻、同处沿海地区的福清市的侨汇也在增加。例如,2004年福清海外企业和务工人员从日本汇回外汇30亿元人民币,从美国汇回10亿美元。③ 根据2007年8月《经济观察报》,福清公安局出入境管理科工作人员对该报记者说,近几年福清通过正规渠道出国的务工人员平均每年为12000~15000人。但知情人表示,通过非正规渠道出去的人员至少是这个数字的"两倍以上"。如福清市劳动局局长刘常光所言,从出国务工人数之多来说,福清"全国闻名"。流行的说法就有:"日本怕福清,台湾怕平潭,美国怕亭江,英国怕长乐,全世界怕福建。"关于亭江,根据2005年1月12日《福州晚报》文章《侨胞乐兴业亭江天地新》,亭江属于福州市马尾经济技术开发区,位于闽江口的亭江镇,人口2.8万余人,归侨、侨眷占了人口总数的94%。亭江籍海外华侨华人4万余人,大部分住在美国。2003年通过中国工商银行马尾亭江分理处的美国银行侨汇金额共2000笔,达到4000万美元(3.3亿元人民币)。④

关于正规、不正规的许多劳务移民出国的背景,根据福建省政府发展研究中心的研究,福清市剩余劳动力超过10万人,1979年以来,在福清人持有护照的合法移民、出国人员当中,在国外滞留不归的人约有6万人。例如,在日本,一个福清人务工1年,平均能汇回15万元人民币。这些人的出国大大减轻了福清的就业压力。⑤

---

① 《美闽籍移民年节汇款回乡年增10% 今年或破50亿》,网易新闻,2007年12月16日,http://news.163.com/07/1216/16/3VRKJ000120GU.html。

② http://www.changle.com.cn/thread-34582-1-1.html。http://finance.sina.com.cn/consume/xfmspl/20070805/10083852525.shtml。

③ 《全省每年海外汇款200亿》,《福州晚报》2005年6月12日。

④ http://www.66163.com/Fujian_w/news/fzen/fzwb/20050112/GB。

⑤ http://finance.sina.com.cn/consume/xfmspl/20070805/10083852525.shtml。

(三)侨村福清市蒜岭村与侨汇

蒜岭村是属于福建省福清市新厝镇的一个行政村。

郁贝红等著《侨村蒜岭的变迁》(社会科学文献出版社 2010 年版)作为中国百村调查丛书之一出版。该丛书是中国社会科学院继《中国国情丛书:百县市经济社会调查》之后主编的调查报告。作者是福州大学的郁贝红博士等。笔者认为侨村福清市新厝镇蒜岭村的调查报告甚为重要,为此拟以该村的侨汇状况为中心加以叙述。

该书是 2003 年 1 月郁贝红等对改革开放后蒜岭村 356 户的出国、出境务工者(包括合法的出境劳务者、偷渡者和自费留学者)的情况进行问卷调查的报告。其数值包括 2003 年时不少合同期满回国的出境劳务者人数及偷渡务工后自首回国的偷渡者人数。

从表 4 来看,改革开放初期该村出国出境人员(包括通过正规、不正规渠道的出国出境人员)还很少,每年只有 1~3 人。从 1992 年前后开始增加,1993 年达到 19 人,其后每年有 5~10 人出国、出境,从 1999 年的 16 人增至 2000 年的 36 人,2001 年的 37 人,2002 年的 38 人。2003 年因仅统计到 1 月份,因此只有 1 人。由此可以了解改革开放后该村海外移民的趋势。

表 4　1984—2003 年出国出境人员情况表

时间	人数(人)	百分比(%)	时间	人数(人)	百分比(%)
1984 年	1	0.5	1995 年	8	4
1985 年	2	1	1996 年	10	5
1986 年	—	—	1997 年	7	3.5
1987 年	2	1	1998 年	7	3.5
1988 年	1	0.5	1999 年	16	8
1989 年	1	0.5	2000 年	36	18
1990 年	3	1.5	2001 年	37	18.5
1991 年	2	1	2002 年	38	19
1992 年	4	2	2003 年	1	0.5
1993 年	19	9.5	总计	200	100
1994 年	5	2.5			

注:2003 年 1 月问卷调查。

资料来源:郁贝红等:《侨村蒜岭的变迁》,社会科学文献出版社 2010 年版,第 156 页。

福清市新厝镇是福清市的主要侨乡,该镇主要的侨村有两个。蒜岭村是其中一个村。根据1989年蒜岭村的统计数字,全村有541户,村民1786人,其中归侨、海外华侨华人的国内亲属占了94%。根据1995年该村的统计,总户数517户,其中归侨、海外华侨华人的国内亲属为366户,占了70.79%。蒜岭人的海外移民具有一百年以上的历史,清末便大量移民海外。当时称为"走番",主要是移民去南洋谋生。

表5 截至2008年5月蒜岭村民出国出境务工者情况表

国家、地区	男(人)	女(人)	合计(人)	国家、地区	男(人)	女(人)	合计(人)
新加坡	56	44	100(83)	塞浦路斯	0	2	2(1)
英国	42	30	72(12)	马达加斯加			(1)
法国	24	6	30	德国			(2)
阿根廷	13	10	23(3)	瑞士	1	0	1
西班牙	13	8	21(2)	葡萄牙			(1)
意大利	13	6	19(11)	匈牙利	1	0	1
芬兰	7	10	17(8)	乌拉圭			(1)
日本	14	2	16(35)	香港	1	0	1
澳大利亚	5	5	10	澳门	44	44	88(141)
韩国	6	4	10	台湾	2	7	9
美国	3	2	5(1)	其他	15	11	26(33)
马来西亚	2	2	4(1)	合计	264	193	457(293)
以色列	2	0	2(24)	比例(%)	57.8	42.2	100

注:括号内的数值是2003年1月蒜岭村的海外务工者人数。见郁贝红等:《侨村蒜岭的变迁》,社会科学文献出版社2010年版,第158页。另外,2003年1月澳门(141人)系包括去港澳台务工者的人数。

资料来源:郁贝红等:《侨村蒜岭的变迁》,社会科学文献出版社2010年版,第149页。

新中国成立后,与中国国内的其他地方相同,因私出国被视为"卖国"、"反革命",除了因公出国以外不能出国。自20世纪70年代中期,开始允许归侨、侨眷出国、出境探亲或继承遗产。一些蒜岭村村民便以这种方式到香港、澳门定居。一些村民也开始请港澳朋友帮忙编造邀请信出境。1979—1984年,出境限制开始放宽,19名蒜岭村民赴香港定居,70名村民免费办理手续去澳门务工。去香港、澳门务工每天可以得到比内地(当时内地务工一天2元)多近

10倍的收入。这一消息传到蒜岭村后,该村便掀起了到香港、澳门务工的热潮。似乎也有许多偷渡者。自20世纪90年代,海外务工成了蒜岭村重要的经济支柱。截至2003年6月,蒜岭村海外务工者(包括偷渡出境人员)总计318人,占全村人口的18.8%,他们分布于20多个国家和地区。到2008年5月进一步增加,出国出境务工者达457人(参照表5)。

截至2003年6月,蒜岭村的海外务工者(包括偷渡者)为318人,结合表4、表5加以考察,可知该村的海外务工者大部分是改革开放后出国出境的,尤其在2000年以后有了急速的增加。

表5所示的海外务工者中的许多人经出国劳务公司办理手续去海外务工。出国劳务公司分配的国家和地区以新加坡、以色列及香港、澳门为多。这种劳务出口合同期满就要回国。其中也有新加坡政府允许定居的人。根据2003年的统计,获许在新加坡定居的蒜岭人达到了21人。[①] 表6是20世纪70年代至2003年6月定居海外、加入外国籍及港澳台籍者人数。

表6　20世纪70年代至2003年6月定居海外或加入外国籍和港澳台籍者人数

单位:人

定居的国家、地区	男	女	计
阿根廷	2	0	2
澳大利亚	6	4	10
意大利	3	4	7
加拿大	2	1	3
日本	5	2	7
西班牙	2	0	2
新加坡	9	12	21
香港			112
澳门			123
台湾	1	5	6
合　计			293

资料来源:郁贝红等:《侨村蒜岭的变迁》,社会科学文献出版社2010年版,第149页。

---

① 郁贝红等:《侨村蒜岭的变迁》,社会科学文献出版社2010年版,第158页。

表6的实际情况似乎相当复杂。

在1997年亚洲金融危机发生时,东南亚各国遭遇经济困难,新加坡也陷入不景气,拖欠工资现象骤增,因此许多蒜岭村的务工者也回国了。香港、澳门等地的经济也受到亚洲金融危机的影响,就业机会减少,蒜岭的务工者亦纷纷回到内地。其后劳务目的地便开始转向以色列等。2000年前后蒜岭村的偷渡者一般喜欢去日本。因为在日本赚的钱比其他国家多,偷渡费用也不像美国那么高。①

该村海外务工(包括偷渡)者的动机是为了高收入。从2003年1月的问卷调查来看,360名出境务工者中有200人(55.6%)回答"境外工资水平高",因此才去境外务工。② 排名第二的理由是"国内就业困难",有65人(占18.1%)。"探亲"在360人中仅有29人(占8.1%)。为接受高等教育而出国的人在360人中有34人(占9.4%),不足10%。由此可知该村村民出国出境务工的动机大多是为了赚钱。根据2003年12月对该村的问卷调查,国内务工者的年平均收入不足3万元,而海外务工者的年平均收入为69737元,比国内务工者高出2.32倍。

蒜岭村是侨乡,但投靠海外亲属出国出境的人却很少。从2003年1月的问卷调查来看出国出境方式,在353名出国出境者当中有60.6%(214人)是通过劳务公司办理出国手续合法出境的。第二多的出国出境理由是留学43人(12.2%)和配额出国43人(12.2%),都是合法出国出境。该村商业移民(2人)、技术移民(3人)等高级海外移民很少。

偷渡的方式有两种。一种是出境方式本身是违法的;另一种是先以合法身份出国出境,在海外从事的工作与签证不符,签证期满后仍继续在境外非法务工。

通过劳务公司出国出境务工的情况还很少时,非法移民的偷渡目的地主要集中于港澳。一般在夜间乘渔船渡海抵达港澳,个别付不起偷渡费用的村民干脆游泳到澳门。

2003年前后偷渡方法有:(1)办理海外旅游手续,到达目的地后非法滞留,从事劳务;(2)办理假签证和假海员证,冒充海员到达目的地后非法滞留;(3)办理出国留学,但实际上以务工为目的,签证到期后仍非法滞留;(4)异地偷渡,即先通过合法途径到达某地后,再以某地为跳板进入务工目的国。偷渡

---

① 郁贝红等:《侨村蒜岭的变迁》,社会科学文献出版社2010年版,第158~159页。
② 郁贝红等:《侨村蒜岭的变迁》,社会科学文献出版社2010年版,第161页。

方法已经多样化。①

根据2003年1月海外务工问卷调查,直接作为非法移民出国出境的人在353人中有20人(5.7%)。上述的(4)在353人中有9人(2.5%)。

异地偷渡有两种方式。一种是以合法身份先到达某地,然后通过当地的蛇头组织偷渡到目的国;另一种是以投资移民等身份移居到发展中国家,然后通过各种途径移居到目的国。

偷渡与蛇头有着极其密切的关系。在寻找蛇头并达成交易的过程中,血缘和地缘的社会关系网络发挥着很大的作用。在蒜岭村内,人们通过亲戚或朋友等社会网络相互交流、沟通海外信息,并在与蛇头联系时相互牵头担保。离开血缘和地缘的社会关系网络,即使有钱也很难与蛇头联系上。村民与蛇头之间都要充分信任。蛇头在偷渡成功之前不收任何费用,家人在确认亲人的确偷渡成功后,就立即付款。②

下面来看看蒜岭村海外务工者对家乡的汇款。

表7 蒜岭村海外务工者年平均收入

年平均收入	人数(人)	百分比(%)
4000元以下	20	8.6
4000元~1万元	30	12.9
1万~2万元	32	13.8
2万~3万元	29	12.5
3万~4万元	24	10.3
4万~5万元	25	10.8
5万~6万元	15	6.5
6万~7万元	5	2.1
7万~8万元	9	3.9
8万~9万元	6	2.6
9万~10万元	12	5.2
10万元以上	25	10.8
总计	232	100

注:2003年1月问卷调查。
资料来源:郁贝红等:《侨村蒜岭的变迁》,社会科学文献出版社2010年版,第171页。

---

① 郁贝红等:《侨村蒜岭的变迁》,社会科学文献出版社2010年版,第162~163页。
② 郁贝红等:《侨村蒜岭的变迁》,社会科学文献出版社2010年版,第165页。

表7是2002年年底蒜岭村海外务工者的年收入。1万元以下还称不上年收入,因为他们刚到达海外,工作不久。年收入最低的地区是澳门,在1万~2万元之间。2万~4万元的大体是在新加坡务工的年收入,4万~6万元的大体是在意大利和法国务工的年收入,6万~7万元的大体是在以色列或香港务工的年收入,6万~10万元的大致是在韩国务工的年收入,10万元以上的多是在爱尔兰、英国和美国务工的年收入。[①] 即:年收入的差距与其说是因为务工者的资质,不如说是因为务工国家及地区之间的收入差距。

该村的出境务工者在海外挣得的钱除了自己的生活费以外,几乎都汇回蒜岭。2002年汇款回乡的205名出境务工者约有半数全年汇款额在1万~4.5万元,另有1/4的务工者的汇款额相当大。

他们汇款回乡的途径如表8所示,45%是通过银行汇款,利用邮局汇款为5.8%,即通过金融机构汇款占整体的50%以上。有82人(29.5%)委托同乡人回国时带回。合法出境的回国人员自己带回的有45人(16.2%)。利用地下钱庄非法汇款的人很少,只有5人(1.8%)。实际上通过地下钱庄等非正式途径的汇款与非法移民劳工人数等成正比,因此实际数额也许更多。但是非法汇款很难准确地统计。

表8　蒜岭村海外务工者的汇款途径

汇款途径	人数(人)	百分比(%)
银行	124	44.6
邮局	16	5.8
地下钱庄	5	1.8
托人带回	82	29.5
自己带回	45	16.2
其他	6	2.1
合计	278	100

注:2003年1月问卷调查。
资料来源:郁贝红等:《侨村蒜岭的变迁》,社会科学文献出版社2010年版,第171页。

下面来看看海外务工者汇回家乡蒜岭的款项是怎样使用的。

---

① 郁贝红等:《侨村蒜岭的变迁》,社会科学文献出版社2010年版,第171页。

出境头 3 年汇回的款项在第一选择中最多的是用于还债,占 38.8%(根据 2003 年 1 月问卷调查,下同),在第二选择中还债也占了 24.5%。用于盖房居第二位,在第二选择中占 14.9%。用于生活支出居第三位,占 20.6%,在第二选择中占 27.7%。用于储蓄养老居第四位,占 7.3%,在第二选择中占 7.4%。用于子女教育在第一选择中只有 3.6%,但在第二选择中却占了 17%。大概生活有富余,便用于子女的教育。用于做生意的仅占 3%。

下面来看看出境务工 3~8 年者汇款的用途。在第一选择中最高的是"盖房",占 31.5%;"生活支出"居第二位,占 27.0%,在第二选择中也很高,占 25.0%;储蓄养老居第三位,占 15.7%,在第二选择中占了 13.6%;子女教育居第四位,占 10.1%,在第二选择中占了 36.4%。可见生活有富余,便用于子女的教育。务工头 3 年最高比例的"还债"仅为 4.5%,在第二选择中也仅占 6.8%,即出境务工 3~4 年,出境时的借款便有可能还清。①

这里来看看出境务工究竟需要多少借款。通过劳务公司办理手续的出境费用与偷渡费用相比并不是太高,但对中国的一般家庭来说还是很贵的。办理去务工收入低的澳门的费用在几千元至 1 万元之间,去香港的费用为 4 万~5 万元。早先到新加坡的费用需要 6 万~7 万元,后来降至 4 万~5 万元。到以色列的费用需要 7 万~8 万元。而通过蛇头办理的偷渡费用则与目的国的收入相关,也与偷渡的难度及安全相关。早期去法国才 11 万~12 万元,去英国 18 万元,但 2003 年前后去法国要 18 万元,去英国则需要 34 万元。②

根据 2003 年 1 月的问卷调查,出境费用在 324 人中有 63.6% 的人依靠借债。借债渠道第一靠亲戚,209 人中有 152 人(占 72.7%);第二靠朋友,209 人中有 20 人(占 9.6%);第三是借高利贷,209 人中有 19 人(占 9.1%)。③ 即使向朋友借贷,有的也是高利贷,因此仅据 2003 年 1 月的问卷调查无法准确区分。

总之,许多人为出国出境所借的款项需 4 年左右还清,其后 5 年左右继续务工赚钱"盖房"。

《侨村蒜岭的变迁》第 216 页登载了蒜岭村 1983 年和 2003 年的照片。从照片可知,在 21 年期间几层楼的豪华住宅林立,该村发生了很大的变化。

---

① 郁贝红等:《侨村蒜岭的变迁》,社会科学文献出版社 2010 年版,第 173 页。
② 郁贝红等:《侨村蒜岭的变迁》,社会科学文献出版社 2010 年版,第 166~167 页。
③ 郁贝红等:《侨村蒜岭的变迁》,社会科学文献出版社 2010 年版,第 168 页。

以上叙述了改革开放后蒜岭村出境务工移民和往本国汇款的情况。在海外务工相当困苦,只能从事不稳定的3K(险、脏、重)工作。如果是偷渡者,务工时还必须避免让警察发现。

如果中国国内有充足的就业机会,即使收入比海外少一些,也有安全安心的生活环境,冒险偷渡的人也许会减少。笔者2010年12月采访的福州市某媒体公司的总经理说:"最近从福清去日本的偷渡者已经减少了很多。"

第三节 改革开放后浙江省温州市侨汇的新动向

一、21世纪温州市的侨汇与海外华侨华人

(一)温州籍海外华侨华人

2008年3月19日,温州市政府公布了"温州市侨情概况"。根据该资料,温州籍海外华侨华人的数量如表9所示。

表9 温州市各县(市、区)海外华侨华人统计

单位:万人

	鹿城区	瓯海区	龙湾区	瑞安市	乐清市	永嘉县	平阳县	苍南县	文成县	泰顺县	洞头县	合计
人数	6.57	6.2	0.26	9.17	3.79	4.6	1.15	0.48	10.24	0.01	0.03	42.5

资料来源:http://xxgk.wenzhou.gov.cn/xxgk/jcms_files/jcmsl/web38/site/art/2008/3/19/art_3066_5。

中华人民共和国成立前,温州华侨华人的人数只有3.8万人。新中国成立后至改革开放前的海外温州人为5万余人。基本上是自然增长。改革开放后,移居海外的温州人有30余万人。其中80%以上的温州华侨集中在欧洲和美国。[①]

温州市属于浙江省。有关整个浙江省华侨华人的资料很少。根据方雄普、谢成佳主编的《华侨华人概况》,浙江省作为全国重点侨乡之一,分布在世

---

① 温州市政府信息公开,2008年3月19日,http://xxgk.wenzhou.gov.cn/xxgk/jcms_files/jcmsl/web38/site/art/2008/3/19/art_3066_5。

界90多个国家和地区的华侨华人和港澳同胞有31万人,他们大多聚居在欧洲(法国、意大利、荷兰、西班牙)和美国、巴西以及日本、新加坡等。全省归侨及海外亲友的眷属约40万人。① 该数值应该是在20世纪80年代前后统计的。浙江省的主要侨乡为宁波、温州、青田等。唐宋以来,宁波即是对外交通和贸易的重要口岸,1990年前后宁波的海外乡亲有7万余人。

近年来,温州的海外移居者特别多。与移居者人数成正比,侨汇也相当多(后述)。

尤其在改革开放以后,移居海外的温州人急速增加。首先就改革开放前的温州海外移民来看,当时是海外移居受到严厉限制的时代,1950—1978年文成县有462人、瑞安市丽嶴镇有209人、永嘉县七都镇有928人移居海外。他们当中相当一部分人先到澳门、香港,然后转赴欧美国家。从中华人民共和国成立到1978年12月中共十一届三中全会召开之前(即改革开放前),温州人从大陆出国的只有数千人。②

温州人移居海外人数骤增是在改革开放以后。1982—1994年温州市公安局批准发照人数高达75500多人。③ 该数值不包括从国内其他地区申请出国的温州人和劳务公司以劳务出口派遣到海外、到期后不回国的人及偷渡者,因此实际的温州出国人员应是相当多的。

根据2010年12月13日人民网《温州频道》所载的《温州样本:43万华侨华人遍布世界》,目前至少有43万个温州籍华侨华人遍布世界131个国家和港澳地区,此外还有约20万个温州籍台胞。2010年在海外的43万个温州移民中,有85%以上是在改革开放以后移民海外的。根据温州市侨办的统计,43万温州华侨中有33.7万侨居欧洲,而移民到意大利、法国、荷兰、德国、西班牙的温州人又占了全欧洲温州华侨的92.68%。④

(二)21世纪温州市的侨汇与个人外汇流入

进入21世纪,温州市的侨汇似乎有了急速的增加,但公开发表的资料却不多。吴国联主编的《温州金融生态透析》(上海三联书店2006年版)是对温

---

① 方雄普、谢成佳:《华侨华人概况》,中国华侨出版社1993年版,第319页。
② 《温州华侨史》,今日中国出版社1999年版,第102页。
③ 《温州华侨史》,今日中国出版社1999年版,第104页。
④ http://wz.people.com.cn/GB/13469908.html;http://finance.66wz.com.system/2010/12/13/102272700.shtml。

州市侨汇情况加以补充的珍贵的资料。该书以中国人民银行温州市中心分行课题组为中心,2005年前后就温州市的"金融改革"、"外汇操作对区域经济金融的影响"、"个人外汇隐性资本流入监视测定体系"、"民间金融"等进行了归纳,是中国人民银行温州市中心分行课题组的研究成果。

表10　温州市侨汇

单位:亿美元

年份	2000	2001	2002	2003	2004	2005	2006	2007	2008	2009
侨汇				13.86①	20.55②	26.48③		80④		

资料来源:①《浙江新闻》浙江在线新闻网,http://www.zjcl.com.cn/05zjnews/system/2005/02/09/006058330.shtml. www.zjol.com.cn,2005年2月9日。

②《温州日报》2006年2月7日,http://www.zjol.com.cn/05zjnews/system/2005/02/09/006058330.shtml。

③《人民日报》(海外版)2006年2月10日第5版,2006年3月7日第5版;温州市人民政府侨务办公室:《温州市侨情概况》,2008年3月19日,http://xxgk.wenzhou.gov.cn/xxgk/jcms_files/jcms1/web38/site/art/2008/3/19/art_3066_5947.htm/。

④《人民日报》(海外版)2008年7月18日第5版。《华侨经济反哺温州》,《温州日报》2008年6月30日;温州侨网,2008年6月30日。

这里根据该书,就侨汇等温州市个人外汇流入量,隐性资本的流入因素、流入方式,监视个人隐性资本流入的困难进行了整理。

1. 温州市个人外汇流入量

这里根据银行统计来看看温州市个人外汇现汇流入量。2003年温州市个人外汇收入94424笔,金额15.35亿美元(同比增加52.3%)。2004年1—6月个人外汇收入54707笔,金额9.37亿美元(同比增加45.3%)。以上系通过银行流入的现汇。此外,通过温州市邮政局西联汇款汇入的外汇2003年为713万美元,2004年1—6月达到910万美元。① 这些是金融机构留下的记录。

根据上述的中国人民银行温州市中心分行课题组于2003年前后对温州市的600名客户进行的问卷调查和该课题组成员与外汇从业人员的座谈等,以下以"隐性资本流入量"为中心加以分析。

---

① 吴国联:《温州金融生态透析》,上海三联书店2006年版,第274页。

首先从温州市正常的经常项目外汇流入来看,其中有正常的经常项目赡家款。该项目便是侨汇。从表10可以看出该款项是很大笔的。结汇后用于生活开支、购买自住房、储蓄存款等。此外还有一些个人显性资本流入,即投资类账户、费用类账户、收购类账户和保证类账户,2003年其流入量仅为70.38万美元。

其次,表11的"隐性资本流入"部分主要有3类。第一类是结汇后进行投资,投资额为3.2亿美元,约占个人外汇收入20亿美元的16%。该部分中多投资房地产,约占45%;办企业约占36%;投资证券和期货市场约占18%;其他投资约占1%。第二类是以外汇形式投资个人外汇买卖和B股,2003年其流入量约为1700万美元。第三类是个人外汇流入经审批后转投资(即设立外商投资企业),量比较少,2003年全年发生50笔,金额为1607万美元。3项合计,个人外汇隐性资本流入约为3.5亿美元。从表11就2000—2004年10月近5年的情况来看,温州市个人外汇隐性资本流入额为10.6亿美元。[①] 如中国人民银行温州市中心分行课题组所认为的那样,通过银行系统流入温州的外汇只是一部分,现钞携入是另一种重要方式。[②]

表11 温州市外汇隐性资本流入趋势

单位:亿美元

	2000年	2001年	2002年	2003年	2004年1—6月	2004年1—10月
个人外汇流入	4.8	6.2	9.6	20	10.5	21
其中隐性资本流入	0.8	1	1.5	3.5	2	3.8

资料来源:吴国联主编:《温州金融生态透析》,上海三联书店2006年版,第277页。

2. 温州市个人隐性资本流入的原因及流入方式

中国人民银行温州市中心分行课题组就温州市的个人隐性资本的流入原因作了如下说明。

(1)温州华侨在海外从事的行业档次不高,往往采取现金交易的方式避税,其收益通过正规渠道汇款比较困难,便采取各种方式将外汇转到境内。有的华侨甚至将外汇现钞打包托运到中国。主要的一种方式是携带现金入境的

---

① 吴国联:《温州金融生态透析》,上海三联书店2006年版,第276～277页。

② 吴国联:《温州金融生态透析》,上海三联书店2006年版,第274页。

方式,或采取"私汇"形式流入,即委托境外地下组织汇款。如法国一些华人开办的现钞"零找店"利用这种方式每年汇入国内的外汇达到 10 亿美元以上。

(2)国内多种投资渠道吸引隐性资本的流入。近年来,温州房地产市场异常活跃,名闻全国的"温州炒房团"已经成为一种经济现象。该市的个人外汇买卖业务交易量位居全国前列,即:房地产和个人外汇买卖业务在温州市成了隐性资本流入后重要的投资渠道。

据中国银行温州市分行反映,常有华侨刚刚汇入几十万美元,几天后就结成人民币购买房产。温州市个人外汇买卖业务也十分火爆,2003 年交易额达 291.5 亿美元,全国排名第三,仅次于北京和上海。赚取汇差也很盛行。通过外汇买卖、外汇对人民币买卖等赚取汇差。

(3)温州丰富的侨汇资源也是隐性资本流入的源泉。温州分布在世界 87 个国家和地区的华侨有 41 万人,大多是拥有数十或数百万欧元资产的"中产阶级"。他们为资本流入提供了充足的源泉。

(4)人民币升值预期也对隐性资本的流入起到了推波助澜的作用。许多侨民将外汇转移到国内,并结汇成人民币等待升值。2004 年 10 月上旬,市场谣传人民币即将升值,结果连续 5 天中国银行温州分行的个人日结汇量猛增至平常的 3 倍以上,最高日结汇量达到了 7325 万美元。

3. 对个人隐性资本流入难以监测

(1)对个人外汇流入的监测与控制几乎是空白。比如 2002 年启用的外汇账户管理系统,其监测重点是对公单位的现汇账户资金流动情况。因对个人外汇管理较松,个人现钞流动是隐性资本流入的重要渠道之一。

(2)银行对个人隐性资本流入难以监控。其原因是大部分个人外汇收入均没有注明用途。如以赡家侨汇性质进行申报,很容易使资本项目外汇混入经常项目外汇。

(3)对于居民,银行一般在汇入时就审核其资金的合法性,但从实际操作中看,以赡家款等名义汇入的单笔金额呈不断放大的态势,其中相当比例有可能实际上属于资本项目。最近(大概是 2004 年前后)某华侨甚至以赡家款名义要求给国内亲戚汇入 500 万英镑并结汇。[①]

从该研究可知,对以往那种用于赡家的侨汇,中国银行的审查已经放宽,即使认为实际上属于资本项目的资金,也会宽大处理。这与以往中国政府的侨汇政策有关。其背景有:改革开放后中国政府采取了依赖海外华侨华人来

---

① 吴国联:《温州金融生态透析》,上海三联书店 2006 年版,第 279~281 页。

发展经济的政策(关于这一点,请参照本章第一节)。

(4)海关对现钞携带入境的管理比较宽松,基本上仅由旅客自愿申报,现场检查等制约措施较少。而且个人携带现钞的申报意识普遍较弱,导致外汇现钞携入量一直是个未知数。

(5)关于个人外汇收入与 B 股的关系,境内居民可以使用境内商业银行的外币现汇存款和现钞存款从事 B 股交易。银行只是在处理业务时审核居民或非居民身份,在会计科目设置与统计体系中均没有设置与 B 股市场相配套的项目,无法获得现钞资金转入 B 股市场的数据。有关个人外汇现钞流入与炒 B 股的统计并不充分。

从上述的中国人民银行温州市中心支行课题组的调查研究,可以知道对个人隐性资本流入难以监测的情况,即:目前银行对个人外汇收支的来源和去向尚无法进行有效的区分和监控。

二、温州市的个人海外投资与民间资金

我们已经知道温州市有巨额的个人外汇流入。由于人民币升值预期,外汇仍继续流入。温州的民间资金异常充裕。据 2004 年前后温州银监分局估算,温州目前的民资应该在 1200 亿元到 1500 亿元之间。①

根据 2008 年 12 月 15 日人民网的报道,温州本地民间资本超过 3000 亿元,加上外流到全国各地的 3000 亿元左右的民间资金,温州具有总额高达 6000 亿元的庞大民间资本。② 也有 2009 年温州民间资本达到 7000 亿元的报道。③ 根据 2011 年 1 月 11 日《21 世纪经济报道》(第 11 版金融投资),温州的民间资本从 5 年前的 3000 亿元累积到现在的 8000 亿元。而且根据该报道,温州当地累积的民间资金与激增的侨汇在寻找新的投资对象,因此,温州外经贸局颁布了[2011]1 号文件《温州市个人境外直接投资试点方案》。根据该方案,18 岁以上、持有居民身份证和护照的温州籍个人投资者已有可能到海外投资。温州目前已经成为全国唯一的个人能够进行海外直接投资的试点城市。按该方案的规定,个人投资者单笔海外直接投资额不超过 300 万美元,而复数投资者共同实施的海外直接投资项目也不超过 1000 万美元。但规定个

---

① 《银监部门调查:温州民间资金总量约 1500 亿》,人民网,http://finance.sina.com.cn/g/20040713/0929866754.shtml,2004 年 7 月 13 日。

② http://nc.people.com.cn/GB/8516848.html。

③ 《21 世纪经济报道》,温州报道,2009 年 7 月 29 日。

人投资的领域必须是非金融企业。

至2008年的几年期间,温州民间资本一直游走在地产、资源、股票、工矿企业(煤等)等投资市场上。自2007年年底以来,股市大幅调整、房地产市场面临持续向下压力,温州游资已陆续从股市和房地产市场撤退。[①] 巨额温州民间资金的一部分处于"休眠"状态。

由于缺少投资渠道,温州汇市的外汇交易量很大,至2010年的几年来一直处于仅次于北京、上海两大城市的状态。两大城市大多是机构或企业在炒汇,而温州则以个人炒汇为主。

金融监管部门担心温州的巨额民间资金没有投资对象,会大量地投入地下钱庄、高利贷等领域。温州市银行2010年前后民间借贷问卷调查显示,温州民间借贷规模已经达到了1800亿元。[②] 凭个人信用进行无担保贷款的民间借贷一直支持着温州市中小企业的发展。有人认为,2007年前后用于温州民间借贷的资金即使低估也有6000亿元。[③] 的确,温州市的民间资金如果用于民间借贷,应该会有这么大的规模。

第四节 侨汇与民间金融

一、从侨汇看民间金融

要理清侨汇与民间金融的关系是很困难的。这里首先从一些正式的资料来看看两者的关系。根据2005年6月12日《福州晚报》(记者:陈长森),每年从海外汇入福建省的侨汇在200亿元以上,这成为该省民间游资和银行存款的重要来源。据国家外汇管理局福建省分局统计,2001—2004年福建省因私涉外收入共111.25亿美元,折合人民币920亿元,这还不包括通过现金等形式流入的资金。因此,福建省民间资金实力雄厚。民间借贷是福建省民间投资、县域经济、中小企业和当前宏观调控行业的主要资金来源之一,2004年全省民间投资占全社会固定资产投资的比重高达36.8%。另一份资料是2006年

---

① http://nc.people.com.cn/GB/8516848.html.

② 《温州民间借贷规模已达1800亿多为无担保运作》,http://finance.66wz.com/system/2010/12/20/102289411.shtml.

③ 《文汇报》2007年6月4日。

第3期《金融参考》中所载的《温州民间借贷考察及其启示与路径》一文。根据该文,2005年初温州市有中小企业7.7万家,其资金来源有自有资金、银行贷款、民间借贷3个部分,2003年年底三者的比例为57∶37∶6,其中占较大比例的"自有资金"除了经商者的积累、城乡居民的劳动收入和储蓄、从亲友和银行借入的资金以外,还有"侨属侨眷的自有资金"。如"21世纪温州市的侨汇与海外华侨华人"一目所述,温州的侨汇数额是很大的。此外,根据该文,2004年6月末在上述三者的比例中民间借贷上升了4个百分点左右,[①]可以认为利用民间借贷的比重比表面的数字要大得多。

民间借贷当然会产生比国营金融机构(银行、信用社等)高的利息,但如果利息过高(高利贷),便会出现问题。1997年7月最高人民法院《关于人民法院审理借贷案件的若干意见》第6条规定,"民间借贷的利率可以适当高于银行的利率,但最高不得超过银行同类贷款利率的4倍"(参照第九章)。从2008年1月30日《财经》杂志网络版以及2010年11月30日《厦门日报》的"财经新闻"专栏、《厦门晚报》的"财富、金融"专栏的有关民间借贷的报道也可确认该规定已经奏效。[②]

二、民间金融规模

民间金融与"地下经济"有着密切的关系(关于这一点,请参照"第九章补论")。

据2006年1月出版的中央财经大学的《中国地下金融调查》的调查测算,2003年中国地下借贷规模介于7405亿元和8164亿元之间。据说这一数值相当于正规途径融资规模的近30%。[③] 人民银行副行长吴晓灵表示,根据央行调查统计司对民间融资的调查推算,2005年年底民间融资规模为9500亿元(占GDP的6.96%左右)。[④]

在民间借贷活跃的浙江省,2003年民营中小企业通过民间借贷的规模大约为1400亿元。[⑤]

---

① 《温州民间借贷考察及其启示与路径》,《金融参考》2006年第3期,第25页。
② http://finance.sina.com.cn/g/20080130/13234472388.shtml.
③ 《我国地下金融约8000亿》,中证网,http://www.cs.com.cn/cjsh/03/200601/t20060104_835431.htm,2006年1月4日。
④ 中证网,http://www.cs.com.cn/xwzx/200602/t20060206_852488.htm,2006年2月6日。
⑤ http://finance.sina.com.cn/g/20050202/15571343115.shtml.

在浙江省,温州市的民间资本额特别巨大。如"温州市的个人海外投资与民间资金"一目所述,2010年年底该市的民间资本增至8000亿元。温州市巨额个人外汇收入和分散在全国各地的巨额资本需要投资对象,而且要从海外投资找到出路。

三、从依赖民间金融转变为股份上市
——以福建企业为例

据福建省对外经济关系研究会会长李鸿阶所言,20世纪末许多福建企业创业时均依赖民间借贷。至2010年,在证券市场筹集资金已成为福建企业筹资的重要手段。在境外上市的福建企业的数量居全国第一,超过了在深沪交易所上市的该省企业的数量。2010年前后福建省有170多家上市公司,其中在深沪交易所上市的有69家,在境外上市的超过100家。除了香港市场外,美国纽交所、纳斯达克市场以及新加坡、韩国、德国、马来西亚等国家的资本市场也有福建企业。[①]

具体情况可以从福建省泉州的企业了解到。根据2010年6月2日《南方周报》,截至2010年5月底,泉州上市公司数量近50家,其中晋江市就占了半壁江山。[②]

关于晋江企业的股份上市,《晋江年鉴(2009)》作了如下叙述。至2008年全市共有13家上市公司。以1998年恒安国际在香港上市为开端,2004年七匹狼在深交所上市,同年另有1家公司、2006年2家公司、2008年3家公司分别在新加坡、深圳、韩国的证券交易所上市。通过资本市场募集资金为69.5亿元,证券市场总市值达420多亿元。

晋江企业利用民间资本(民间借贷、银行贷款、自我储蓄)和外资取得了发展(请参照第二章)。

进入21世纪,作为晋江发展的新动力,晋江市把引导企业上市作为今后晋江经济工作的重点,确定了通过资本市场来发展企业的方向。[③]

早在2006年,晋江市政府就组团前往江苏省江阴市考察资本上市工作,用江阴上市企业的成功案例,鼓励本地企业筹备上市。上市企业借助资本市

---

① 《福建侨报》2010年12月31日。
② http://www.infzm.com/content/45910.
③ 陆学艺:《晋江模式新发展——中国县域现代化道路探索》,社会科学文献出版社2007年版,第115~119页。

场募集了大量股市资金,完成了设备换代、技术升级,实现了低成本迅速扩张,进一步增强了在国内外市场的竞争力。[①] 晋江企业已经走上了全球化之路。

结语:21 世纪的侨汇与热钱

如上所述,进入 21 世纪后侨汇有了急速的增加。进入 21 世纪,出于中国的人民币升值预期及房地产投机、股票投资等目的,巨额的侨汇从海外流入中国国内。但是,如果说汇回中国的侨汇全部是"侨汇",也未必如此。因为还有假"侨汇"。

根据赵堃、盛俊的论文《假侨汇的真意图:基于对广东省侨汇资金的分析》,把外汇"乔装"成侨汇资金从海外汇入境内主要有以下 3 种方法。(1)境外企业直接汇给境内居民个人。大多表现为汇款人明显都是境外公司而非个人,资金用途实为支付个体企业的出口贸易货款。(2)境内外关联人分别在境外开立个人账户,收取境外进口商货款后,再由境外账户汇款给境内关联人,其侨汇款项用于该企业日常生产运营。(3)以"化整为零"方式分散汇款。由于结汇金额低于 1 万美元,银行无须审核其真实身份证明和合法外汇来源证明。因此,境外公司以多笔小额汇款的方式,将汇款全部申报为赡家"侨汇",结汇后主要用作该公司在内地相关企业的日常生产经营。[②]

中国建设银行研究院赵庆明就侨汇与热钱的关系说,"贸易、个人单方面转移、地下钱庄,这三大方面已经成为热钱流入的主渠道"。2000 年以后近 10 年期间通过"侨汇"流入中国境内的外汇急速增加。从外汇局公布的国际收支平衡表显示的经常项目下"其他部门"(主要部分请参照第十章)的经常转移数字可以了解侨汇的动向。表 3 列出了经常转移顺差的数值。其数值是从"贷方"(外国向中国的无偿转移)中扣除"借方"(中国向外国的无偿转移)后的"顺差"。仅就贷方的数值看,如《21 世纪经济报道》(2009 年 11 月 26 日)所载,2000 年为 67 亿美元,2001 年为 89 亿美元,2002 年为 137 亿美元,2003 年为 183 亿美元,2004 年为 242 亿美元,2005 年为 277 亿美元,2006 年为 315 亿美

[①] 陆学艺:《晋江模式新发展——中国县域现代化道路探索》,社会科学文献出版社 2007 年版,第 116~117 页。

[②] 赵堃、盛俊:《假侨汇的真意图——基于对广东省侨汇资金的分析》,《银行家》2007 年第 2 期。

元,2007年为426亿美元,2008年为525亿美元,2009年上半年为200亿美元,有迅速的增加。根据赵庆明所述,其中大约有四分之三具有热钱性质。借助侨汇、分账户、小额汇入,从而逃避外汇管理,已经成为热钱低成本入境的坦途。①

根据张明、徐以升所述,一般说来,热钱的"定义是一国的金融市场中投机的短期国际资本,在该国市场的滞留时间不超过1年"。②

在鼓励个人持有外汇的国家外汇管理局发布的《个人外汇管理办法实施细则》(2007年1月)中,将个人年度购、结汇总额由以前的2万美元提高到5万美元,采取了"藏汇于民"的政策。③ 这一调整标志着原来"宽进严出"的管理理念业已调整,但在强烈的人民币升值预期下,在"藏汇于民"方面收效甚微,却成为不少热钱涌入的主渠道之一。

2009年12月1日人民网在《巨额热钱涌入中国:褪去"隐形"的翅膀》的文章中说,"热钱这几年持续大量流入中国是不争的事实"。关于侨汇与热钱的关系,与前述的《21世纪经济报道》(2009年11月26日)一样,该文表明"当前借助侨汇分账户、小额汇入,已经成为热钱低成本入境不再'隐形'的方式"。而且该文还表明,通过侨汇流入境内的外汇急速增加。从2000年到2008年,经常项目下其他部门的经常转移数字逐年递增,从最初的67亿美元不断攀升至525亿美元,这其中相当一部分应该是热钱。关于热钱骤增的原因,该文提出了以下3点:(1)人民币升值的预期或长期升值的趋势;(2)新兴发展中国家包括中国等在全球金融危机中经济快速恢复增长的预期及事实;(3)中国资本市场的迅速发展。④

金融方面的代表性报纸《金融时报》(2009年11月25日)也介绍了赵庆明的有关热钱与侨汇关系的见解,即:"自2005年以来,个人通过侨汇名义结汇流入国内的资金不断增多,现在已经高达每年数百亿,这已经成为'热钱'进入国内的一个重要渠道。"⑤

---

① 《21世纪经济报道》2009年11月26日,第9版,"金融"。

② 张明、徐以升:《中国的热钱规模推测》,《季刊中国资本市场研究》,野村财团,2008年秋季号,第5页。

③ 国家外汇管理局:《关于印发〈个人外汇管理办法实施细则〉的通知》(2007年1月5日)。《外管局就个人外汇管理办法实施细则答记者问》,《金融时报》2007年1月6日。

④ 中国新闻网,http://world.people.com.cn/GB/10486935.html,2009年12月1日。

⑤ http://blog.sina.com.cn/s/blog_6015b6140100gqwk.html。

据《广州日报》报道,热钱来源的四类主体是:(1)发达国家的跨国公司;(2)中外合资的跨国公司;(3)中国外向型的贸易公司;(4)海外个人投资者。就其中的前三者来看,国际资金转移到境内,主要是基于人民币升值预期和利差因素;而个人投资者则以通过侨汇形式买房或炒股居多。[1]

从以上介绍的报刊等也可了解侨汇作为短期国际资本——"热钱"流入中国境内的情况。

其背景有外汇管理的巨大变化。如国家外管局所承认的那样,当前对中国国际收支平衡产生影响的问题不是"过去的外汇不足",而是已经转移到巨额的贸易顺差和过快的外汇储备的增长。外汇管理方针也从"宽进严出"转为平衡的管理。[2]

在外汇不足的时代,侨汇不仅用于赡家,而且作为非贸易外汇收入受到中国政府的重视。改革开放后,对外贸易逐渐发展,外汇不断增多,不仅沿海城市,其他地区居民的生活水平也在不断提高。

经济制度也有与经济发展不相称的部分。金融制度便是其中之一。特别是侨汇,一直以来主要是华侨华人、海外同胞用于赡养国内亲属。由于中国经济的发展,不需要赡家汇款的国内亲属增加了。此外,改革开放后,随着祖国的经济增长,移居发达国家的新华侨大多将赚到的资金投向中国国内从事经营活动。这种动向如前所述已经在温州等地出现。

侨汇作为赡家资金的用途已大大转变为用于经济活动(投资、创业等),即:以侨汇汇回境内,将汇款转用于经济活动,对此,除了国家的管理放宽之外,税收方面也受到了优待。财政部于1980年10月28日规定,"华侨从海外汇入我国境内赡养其家属的侨汇,免征个人所得税"。[3] 可以认为该规定此后在一定程度上也是很有效的。

从项义军等主编的《国际结算》(清华大学出版社2007年版)中的"侨汇政策"来看,侨汇工作并非单纯的结算,侨汇工作不仅是一项结算工作,还是一项政治性较强的政治工作。中国政府一贯重视侨务工作。侨汇是侨务工作的有机组成部分,受国家侨务方针政策的指导。长期以来中国实行"服务侨胞、便利侨汇和保护侨汇"的政策,充分体现了对侨汇工作的重视。为了进一步调动

---

[1] 《广州日报》2009年11月2日,第20版,"金融"。

[2] 人民网日文版,2010年7月12日。

[3] 人民网, http://www.people.com.cn/item/flfgk/gwyfg/1980/215412198004.html。

侨胞、侨眷的积极性,国家采取了各种具体措施。例如在侨胞、侨眷自愿原则下,鼓励他们把侨汇投入到生产、修建房屋、兴办公益事业、开发各种经济项目等方面。侨汇是国家一项重要的外汇收入,在中国经济建设中发挥着越来越重要的作用。

关于侨汇的概念,前述的《国际结算》一书作了如下叙述。侨汇(Overseas Chinese Remittance)是华侨汇款的简称,属于海外私人汇款。它是指居住在国外的华侨华人、港澳台同胞从国外或港澳地区寄回,用以赡养国内家属的汇款。①

海外华侨华人、港澳台同胞与中国大陆亲属的关系是以血缘、地缘为中心的个人间的关系。显示该网络强大的代表性之物是侨汇。侨汇一方面是从海外汇入国内赡养家属的私人汇款,另一方面则反映了国家针对海外华侨华人的政策。

---

① 吕佳、项义军主编:《国际结算》,清华大学出版社 2007 年版,第 253~254 页。

后　记

初次访问中国时的情景现在仍历历在目。即使在大城市北京,人们所穿的衣服也大多是藏青色和草绿色的人民装,自行车是主要的交通工具。当时是"文革"末期,是城市居民没有布票和粮票就难以买到衣服和食物的计划经济时代。自1978年12月实施改革开放政策,开始进行市场化,虽几经波折,但却义无反顾地迈出了坚实的脚步。其间也有很大的挫折,其中之一是1989年的"天安门事件"。

1987年笔者在中国进行了长达8个月左右的研究活动,年底才回国,一年后即发生了"天安门事件"。此后,日本的许多论调多对其后的中国经济持悲观态度。许多专家判断,即使顺利地度过危机,到经济恢复也需要很长的时间(甚至有人说需要几十年以上)。但是,实际上进入20世纪90年代后,中国成功地实现了持续而急速的经济增长。关于改革开放后的中国经济,不可否认,脚踏实地的出色研究在日本还不多见。

使中国的高速经济增长成为可能的原因之一是海外华侨华人对祖国、家乡的投资、汇款、捐赠等的经济活动和支援。不弄清这些情况,便难以从根本上把握改革开放后中国经济的发展。

如前言所述,本书就"侨汇"和"新移民"进行了归纳。关于中国与海外华侨华人的经济关系,笔者长期以来一直想要把握人员、资金、商品、信息的流动。其中,笔者以现实中有可能进行考察的领域为中心进行了研究,其研究成果成了本书的内容。关于"侨汇"和"新移民"的先行研究很少,公开的资料也不多,即使前往当地,也难以进行预想的田野调查。

在侨乡中,"侨户"与一般家庭(非侨户)的经济差距究竟如何?政府对"侨户"的房屋、财产或身份问题等的政策在改革开放后具体有哪些变化?笔者曾就这些问题多次准备了问卷调查表前往侨乡。但是,虽然可以做一些采访,却没能用上问卷调查表。弄清实际情况仍然需要充满热情的、脚踏实地的研究活动。这是今后的课题。

译 后 记

本书著者山岸猛教授1944年生于日本群马县，1973年于拓殖大学研究生院国际经济研究科修完硕士课程后，进入德山大学经济学部执教，历任助教、讲师、副教授、教授，随后任八千代国际大学政治经济学部教授以及秀明大学综合经营学部教授。在此期间，曾任日本现代中国学会干事、中国辽宁大学专家、日本一桥大学客座研究员、日本现代中国学会会员、亚洲政经学会会员、日本华侨华人学会常任理事等，现为中国研究所所员。

山岸猛教授一直从事现代中国经济的研究和教学，尤其是侨汇研究几乎成了他半生的研究课题。山岸教授严于治学，勤于笔耕，迄今已出版和发表许多著述，例如《中国手工业变革过程的诸问题——主要对大跃进时期前后的考察》、《关于中国农业机械化运动的一个考察》、《中国的物资管理体系改革与非中央统制物资》、《现代中国计划经济》、《侨汇与侨乡的经济变化》等。

本书以改革开放后的侨汇和新移民为研究对象，试图通过侨汇和新移民的调查研究，深入了解现代中国经济，尤其是侨乡经济以及华侨华人经济。为了完成本课题，从1992年到21世纪初期，著者几乎每年都独自走访福建、广东等省，对侨乡及中国各地农村进行深入的实地调查，写下了多篇有关侨汇和侨乡的学术论文，而这些论文又成了本书坚实的基础。本书利用翔实的调查材料，并参考大量的中文文献资料，对侨汇、侨乡经济及新移民进行了详尽的考察和分析。关于本书的内容和学术价值等，李国梁教授和著者已分别在中译本序和前言中作了记述，这里不作赘述。

因译者才疏学浅，译文中定有不少错误与不当之处，还请诸位读者不吝赐正。

本书的翻译和出版得到山岸猛教授、汪慕恒教授、李国梁教授、聂德宁教授的热心帮助，在此一并对诸位教授表示衷心的谢忱。

译 者
2011年11月1日

图书在版编目(CIP)数据

侨汇:现代中国经济分析/(日)山岸猛著;刘晓民译.—厦门:厦门大学出版社,2013.5

(厦门大学东南亚研究中心系列丛书)
ISBN 978-7-5615-4222-4

Ⅰ.①侨… Ⅱ.①山…②刘… Ⅲ.①华侨—外汇—研究—中国 Ⅳ.①F832.63

中国版本图书馆 CIP 数据核字(2013)第 013187 号

责任编辑:薛鹏志　董兴艳
封面设计:洪祖洵

厦门大学出版社出版发行
(地址:厦门市软件园二期望海路 39 号　邮编:361008)
http://www.xmupress.com
xmup @ xmupress.com
厦门集大印刷厂印刷

2013 年 5 月第 1 版　2013 年 5 月第 1 次印刷
开本:720×970　1/16　印张:21.5　插页:4
字数:380 千字　印数:1~2 000 册
定价:54.00 元
本书如有印装质量问题请直接寄承印厂调换

i